Uwe Wagner

DIE BERUFSAUSBILDUNG ZUM TRADER

Die perfekte Vorbereitung für das Handeln an der Eurex

FBV

Bibliografische Information der Deutschen Nationalbibliothek
Die Deutsche Nationalbibliothek verzeichnet diese Publikation in der Deutschen Nationalbibliografie.
Detaillierte bibliografische Daten sind im Internet über http://dnb.d-nb.de abrufbar.

Für Fragen und Anregungen:
info@finanzbuchverlag.de

2. erweiterte Auflage 2016

© 2016 by FinanzBuch Verlag
ein Imprint der Münchner Verlagsgruppe GmbH,
Nymphenburger Straße 86
D-80636 München
Tel.: 089 651285-0
Fax: 089 652096

Die im Buch veröffentlichten Ratschläge wurden von Verfasser und Verlag sorgfältig erarbeitet und geprüft. Eine Garantie kann dennoch nicht übernommen werden. Ebenso ist die Haftung des Verfassers beziehungsweise des Verlages und seiner Beauftragten für Personen-, Sach-, und Vermögensschäden ausgeschlossen.

Alle Rechte, insbesondere das Recht der Vervielfältigung und Verbreitung sowie der Übersetzung, vorbehalten. Kein Teil des Werkes darf in irgendeiner Form (durch Fotokopie, Mikrofilm oder ein anderes Verfahren) ohne schriftliche Genehmigung des Verlages reproduziert oder unter Verwendung elektronischer Systeme gespeichert, verarbeitet, vervielfältigt oder verbreitet werden.

Redaktion: Judith Engst
Lektorat: Leonie Zimmermann
Umschlaggestaltung: Melanie Melzer, München
Umschlagabbildung: Shutterstock, Bildbearbeitung: Pamela Machleidt
Satz: inpunkt[w]o, Haiger
Druck: Florjancic Tisk d.o.o., Slowenien
Printed in the EU

ISBN Print 978-3-89879-929-4
ISBN E-Book (PDF) 978-3-86248-771-4
ISBN E-Book (EPUB, Mobi) 978-3-86248-772-1

Weitere Informationen zum Verlag finden Sie unter

www.finanzbuchverlag.de

INHALT

Einführung 9
   1 Ein Wort vorweg ...   14
   2 Ein Blick zurück   16

Selbstständiger Händler – eine wirkliche Berufsperspektive oder
reines Wunschdenken? 21
   1 Das Geschäftskonzept   22
   2 Kann man vom Trading wirklich leben?   31
   3 Persönliche Voraussetzungen, die beachtet werden sollten   39
   4 »Rendite ist Rendite – hier wirkt die Schwerkraft«   41
   5 Unser Arbeitsplan, um das Traden zu erlernen   43
   6 Wie sollte man das Buch lesen?   51

Themenkomplex 1:
Das wichtigste Arbeitsinstrument ist unser Denken 53
   1 Wir denken in Analogien und Kategorien   54
   2 Erfahrungen sammeln: an der Börse extrem wichtig   62
   3 Erfahrungsbildungsmaschine: Marktnachbereitung und
      Nutzung aller Hilfsmittel, die man bekommen kann   71
   4 Die Visualisierung und Imagination kommender Kursbewegungen   75
   5 Nützliche Hilfsmittel, um Theorie und Praxis in Einklang
      zu bringen   77
   6 Die Erstellung eines Handelsregelwerkes   82
   7 Verluste blockieren, verängstigen und demotivieren   87
   8 Weiterführende Fachliteratur, die hilfreich und
      empfehlenswert ist   106
   9 Kann man Handeln wirklich erlernen?   107
  10 Es passiert im Kopf ...   107
  11 Hinterfragen Sie sich selbst ...   110
  12 Finden Sie den für Sie geeigneten Markt und Handelsstil   113
  13 Setzen Sie sich realistische Ziele   114

14	Selbstdisziplin ist wie ein Muskel, der trainiert werden muss	117
15	Problemlösungen (persönliche Probleme/Trading)	123
16	Entspannung	125
17	Ursprünglich gute Handelsergebnisse werden systematisch schlechter – warum?	129
18	System 1 oder System 2?	131
19	Halten Sie sich an die Reihenfolge!	134

Themenkomplex 2:
Ausbruchs- und Wiedereinstiegshandel.............. 137

1	Ich bin überzeugter Kurzfrist-Trader	141
2	Die Arbeit mit dem Regelwerk	145
3	Der Ausbruchs-Trade	146
4	Der Wiedereinstieg	158
5	Fact-Sheet (Grundkurs – Handelsausbildung)	170
6	Der X_Trader®	181
7	Die wichtigsten Markt- und Ordertypen und deren Orderbuchpräsenz	184
8	Die jeweilige Marktseite	185
9	Darstellungsmöglichkeit des Marktes als Orderbuch	186
10	Der Marketmaker	189
11	Was macht den Marketmaker-Markt so besonders?	190
12	Welche Märkte sind besser?	193
13	Wann kommen die unterschiedlichen Ordertypen in den Märkten zum Einsatz?	194
14	Gibt es eine optimale Einrichtung des Trading-Platzes?	208
15	Wie viele Monitore Sie brauchen	213

Themenkomplex 3:
Die Spuren im Markt verraten die Interessen der Akteure......... 215

1	Ein erfolgreicher Trader muss die Spuren im Markt lesen können	215
2	Die Weichen wurden in den 80ern gestellt ...	218
3	Die European Exchange (EUREX)	226
4	Für fast jedes Termingeschäft sind Margins zu hinterlegen	229
5	Ordertypen an der EUREX	231
6	Die Spurenleger	234
7	Die Steckbriefe	246
8	Wie erlernt man die Spurenerkennung und ihre profitable Umsetzung im Markt?	252

Themenkomplex 4:
Der Contra-Handelsansatz 255
    1 Der Contra-Trade   255
    2 Contra-Trades mit direktem Bezug zu Chartmarken   259
    3 Der innere klassische Contra   260
    4 Der Wächter   263
    5 Der Contra-Handel innerhalb einer engen Konsolidierungszone   268

Themenkomplex 5:
Die Handelsprodukte 277
    1 Optionen – die Königsklasse der Trading-Instrumente   277
    2 Futures – unser Hauptinstrument und die Waffe des Kurzfristhandels   318

Themenkomplex 6:
Marktanalyse 333
    1 Was Reflexivität bedeutet   335
    2 Kernfrage: Sind Marktentwicklungen zuverlässig prognostizierbar?   336
    3 Was Prognose bedeutet   337
    4 Märkte sind reflexiv und damit nur sehr schwer prognostizierbar   341
    5 Überprüfung der charttechnisch gültigen Grundprämissen   346
    6 Wie sich die technische Analyse tatsächlich anwenden lässt   356
    7 Wie geht es weiter? Chancenreiches Handeln in einem nicht prognostizierbaren Markt ...   358

*Meiner Frau Catrin
und meinen Töchtern Magdalena Isabel und Helena Pauline gewidmet,
ohne die alles nichts wäre.*

Der Trader

Ein Trader ist das Symbol dessen, was Menschen verbindet – das moralische Symbol für Respekt vor menschlichen Wesen. Wir, die wir von Werten und nicht von der Beute leben, sind Trader – mit Leib und Seele. Ein Trader ist ein Mensch, der verdient, was er bekommt, der nie das Unverdiente gibt oder nimmt. Ein Trader bittet nicht darum, für seine Niederlagen bezahlt oder seine Fehler geliebt zu werden. Ein Trader wirft weder seinen Körper noch seine Seele weg. Er arbeitet nur für materielle Werte und gibt seine inneren Werte – Liebe, Freundschaft, Achtung und Wertschätzung – nur für menschliche Tugendhaftigkeit hin – als Preis für sein eigenes selbstsüchtiges Vergnügen, das ihm Menschen bereiten, die er respektieren kann. Die mystischen Parasiten, die den Trader schon immer geschmäht und verachtet, die Bettler und Plünderer dagegen verehrt haben, wissen um den heimlichen Grund für ihren Hohn und Spott: Ein Trader ist die Instanz, die sie fürchten: ein gerechter Mensch.

Ayn Rand

EINFÜHRUNG

»Jeder Meister seines Faches hat einmal als Katastrophe angefangen.«

T. Harv Eker

Ein noch junger Trader fragte mich einmal, welchen der vielen Themenkomplexe, die in der Fachliteratur beziehungsweise in Seminaren besprochen werden, ich für den wichtigsten halte, um das Traden wirklich erfolgreich zu erlernen. Diese Frage provoziert eine selten beachtete Gegenfrage, nämlich die nach dem zukünftigen Handelsschwerpunkt. Will der Betreffende künftig in einer kapitalstarken Handelsorganisation arbeiten? Will er Kommissionsgeschäfte tätigen oder in einer Vermögensverwaltung strategisch investieren? Oder geht es um das konkrete Spekulieren im kurzfristigen Zeitfenster, mit Eigen- oder Fremdkapital? Von der Klärung dieser Fragen im Vorfeld hängt die sinnvolle Beantwortung der an mich gestellten Grundfrage ab.

Die am Markt erhältliche Fachliteratur ist bis heute zu einem überaus umfangreichen Sammelsurium von Spezialthemen angewachsen. Auch wenn der reale, praktische Nutzen dieser Werke sehr unterschiedlich zu bewerten ist, decken sie dennoch ein gewaltiges Themenspektrum ab. Das verleitet rasch zu der Annahme, man benötige nur endlich das richtige Zählmuster, die korrekt interpretierbare Formation oder einen genialen Indikator, um den Kursrhythmus richtig beurteilen, einschätzen und schlussendlich treffsicher prognostizieren zu können. Ich persönlich halte die jeweiligen Einzelthemen für lesens- und auch erlernenswert, doch zäumen sie meiner Einschätzung nach das Pferd von hinten auf. Vor dem Hintergrund meiner 25-jährigen Berufserfahrung im Handel von Futures und Optionen meine ich, die Schwerpunkte werden an der falschen Stelle gesetzt. Denn es kommt darauf an, welches Produkt wir handeln, in welchem Markt wir handeln, welche Kapitalgröße wir umsetzen und welches Handelszeitfenster wir wählen. Entsprechend diesen Parametern sind die zu beherrschenden Themen, ihre Bedeutung und Auslegung und ganz besonders ihre Wertigkeit und Reihenfolge unterschiedlich. So wie ein Pilot zwar das Fliegen eines Flugzeuges im Allgemeinen erlernt, so muss er darüber hinaus Lizenzen für die jeweiligen

Flugzeugtypen erlangen, um dann erfolgreich fliegen zu können. Nicht anders müssen wir das Traden verstehen. Sehen wir uns allein die Zusammensetzung der Handelseinheiten von Banken, Hedgefonds und Handelsgesellschaften an, wird deutlich, wie spezialisiert die Tätigkeiten eines jeden Einzelnen in dieser Menge von Personen in den Handelsräumen oder auch Pits sind. Und damit meine ich nicht einmal jene, die für eine reibungslose Abwicklung der Geschäfte in den sogenannten Middle- oder Back-Offices arbeiten. Allein die Händler, strukturiert im jeweiligen Front-Office, sind auf konkrete Aufgaben und Schwerpunkte spezialisiert, die unterschiedlichstes Wissen, unterschiedlichste Fertigkeiten und unterschiedlichste Herangehensweisen verlangen. So steht für den Optionshändler im Vordergrund, die Risikoparameter der von ihm gehandelten Derivate, deren Zusammenspiel und ihre jeweilige Wechselwirkung auf die Wertentwicklung seines Portfolios zu beherrschen. Der Indexarbitrageur fokussiert auf Basis der Zinsentwicklung, Dividende (einschließlich steuerlicher Aspekte) und interessiert sich weniger für Richtungsszenarien der Kursentwicklung. Der Kommissionshändler, dessen Aufgabe die effiziente Orderausführung zugunsten des Kunden ist, muss sich weniger in die Gedankenwelt und Arbeitsweise der Kurzfristhändler hineindenken. Vielmehr muss er den jeweilig aktuellen Orderfluss im Markt im Blick haben. Damit wird deutlich, dass der jeweilige Wissensschwerpunkt erheblich vom speziellen Tätigkeitsfeld des Händlers abhängt.

Diesen unseren Platz innerhalb des Marktes müssen auch wir finden und uns zu eigen machen. Der gleiche Jungtrader, der mir (vielleicht unbewusst) die wohl für ihn wichtigste Grundfrage gestellt hatte, beeindruckte mich noch durch eine weitere Aussage, die man nicht treffender hätte formulieren können: »Ich will nicht nur das Traden erlernen, ich will Trader werden.« Um diese Meisterschaft zu erlangen, reicht es nicht, hart dafür zu arbeiten. Das allein ist es gar nicht, ich glaube vielmehr, es ist eine Verständnisfrage.

Mit diesem Buch spreche ich konkret jenen Trader an, der mit überschaubarem Kapital im sehr kurzfristigen Zeitfenster spekulativ unterwegs ist. Ziel des Traders ist, an möglichst jedem Handelstag einen akzeptablen Kapitalbetrag als realisierten Gewinn zu erwirtschaften, um damit seinen und idealerweise den Lebensunterhalt seiner Familie bestreiten zu können. Ich werde mich somit konsequenterweise auf einen der liquidesten Märkte konzentrieren, den Terminmarkt, und hier auf das wohl liquideste Produkt, die Futures.

Ich möchte im Vorfeld auch noch einige weitere Prämissen aufzeigen, die das notwendige Verständnis unserer Rolle als Trader für diese Art des Handels im Markt definieren sollen:

Ein jeder spekulative Trader im Markt benötigt über kurz oder lang einen sogenannten Wirt. Als Wirt bezeichnet man jene Akteure, die durch ihre Handelsaktivität die Kurse in Bewegung bringen. Dabei trägt ein Wirt zum einen die spekulativ eingegangene Position hoffentlich in die erwartete Richtung mit, zum anderen nimmt er die Position ab, wenn diese durch den Spekulanten in den Markt hinein geschlossen wird. Wirte sind in der Regel die nächstgrößeren Marktteilnehmer.[1] Für uns, konkret für Sie und mich, sind nahezu alle Akteure an der Börse potenzielle Wirte, denn unsere eingesetzte Kapitalstärke ist nur ausreichend, um einen oder mehrere Kontrakte (sagen wir bis maximal 20 Futures auf den FDAX) gleichzeitig zu handeln. Dieser Sachverhalt bringt uns somit gleich zur ersten Kernprämisse unserer eigenen Einordnung:

▶ Wir bewegen den Markt nicht. Andere bewegen ihn, nicht wir. Und wenn wir ihn nicht bewegen, führt uns diese erste Prämisse gleich zur zweiten.

▶ Es sind nur die anderen Akteure, die durch ihre jeweilige Aktivität an der Börse eine Kursbewegung auslösen, um uns hoffentlich profitabel zu tragen. Somit sehen wir die anderen Akteure nicht als unsere Gegner, sondern als unsere (unfreiwilligen) Helfer, die daher Wirte genannt werden.

Die Akzeptanz dieser beiden Prämissen zieht weitere Konsequenzen im Verständnis unserer Rolle und unserer Bedeutung im Markt nach sich.

▶ Der Erfolg unserer Handelsaktivitäten kann nicht primär davon abhängen, ob wir eine technische, fundamentale oder politische Ausgangslage beziehungsweise Umsetzung durch andere als »richtig« oder »falsch« einschätzen, ob wir deren Ansicht teilen oder nicht, ob wir andere für cleverer als uns oder umgekehrt halten. Der Erfolg kann nur davon abhängen, ob wir die anderen Akteure (und hier konkret unsere jeweiligen Wirte) richtig einschätzen. Die Frage lautet nicht: »Sehe ich das richtig?«, sondern: »Wie wird mein Wirt die Sache sehen?« Wir müssen wissen, wann er kauft, wie sein Buch aussieht, wann er seine Positionen glattstellt.

---

[1] Als Wirte können auch in Größe, Kapitalstärke bzw. Handelsart mit uns gleichgestellte Akteure gelten, sofern diese in der Masse die Funktionen von Zeit zu Zeit im Markt innehaben, welche sonst von einzelnen größeren Akteuren übernommen werden.

Mit diesen drei Prämissen beantworten wir die eingangs gestellte Frage: »Welcher der vielen Themenkomplexe, die in der Fachliteratur beziehungsweise in Seminaren besprochen werden, ist für einen jungen, lernenden Trader der wichtigste, um das Traden wirklich erfolgreich zu erlernen?« Es geht darum, Spuren zu lesen und daraus die richtigen Schlüsse zu ziehen. Nur das ist wichtig, zumindest wenn wir die Fragestellung auf uns als »kleinste« Trader-Spezies beziehen. Wir sind die kleinsten Handelseinheiten im Markt, wir sind aber auch die wendigsten Trader. Zwar eignen wir uns kaum als ernst zu nehmende Wirte für die Arbitrage, für den Kommissionshändler oder auch den beruflichen Kurzfristhandel. Doch können wir auf ein breites Spektrum von potenziellen Wirten zugreifen. Dieser Vorteil erfordert aber auch, möglichst viel über die jeweiligen möglichen Wirte zu wissen, idealerweise alles.

Wir müssen wissen, welche Gruppen von Akteuren wann im Markt dominant sind. Wir müssen wissen, was sie tun, aus welchen Motivationen heraus sie agieren und wie sie arbeiten. Wir müssen ihre Spuren im Markt lesen und für uns nutzbar machen können. Wir müssen erkennen, wann und wo sie kaufen oder verkaufen (könnten) und wann sie wahrscheinlich glattstellen oder eindecken. Wir müssen wissen, mit welchen Produkten sie arbeiten. Wir müssen zudem wissen, welchen Einfluss diese Produkte oder die Art ihres Handelns auf den Kurs der Futures haben, die wir selbst handeln. Damit wird deutlich: Das Wissen, das wir uns notwendigerweise im Vorfeld aneignen müssen, ist komplex und muss stetig wachsen. Damit wird auch deutlich: Es darf keine Trennung zwischen Theorie und Praxis geben, sondern Theorie und Praxis wirken zusammen. Denn gutes Trading ist die logische Konsequenz aus schlüssigem, fundiertem und komplexem Wissen und der entsprechenden Erfahrung. Von dem preußischen Militärtheoretiker Claus von Clausewitz stammt die Aussage: »Krieg ist eine bloße Fortsetzung der Politik mit anderen Mitteln.« Analog dazu ließe sich formulieren: »Traden ist eine bloße Fortführung der Theorie, nur mit anderen Mitteln.«

Trader unserer Größenordnung haben einen enormen Vorteil: Wir sind enorm flexibel. Wir besetzen eine Nische, die uns kein institutioneller Trader je wird streitig machen können. Die geringe Positionsgröße erlaubt uns, jederzeit rasch in den Markt zu gehen, sich darin rasch zu drehen oder wieder auszusteigen. Zudem haben wir die freie Wahl: Ein jeder kommt für uns als Wirt infrage. Deshalb müssen wir alle potenziellen Wirte kennen und ihr Verhalten studieren.

Um erfolgreich handeln zu können, benötigen wir noch eine vierte Prämisse:

▶ Wir betrachten alles aus der neutralen Distanz. Nichts, das man uns als gesichertes Wissen verkauft, übernehmen wir ungeprüft oder ohne die notwendige Skepsis. Wir hinterfragen alles und prüfen es möglichst aus Sicht unserer Wirte.

»In den Märkten gibt es Widerstände und Unterstützungen.« – Gibt es diese wirklich? Warum gibt es sie? »Kurse drehen an Pivot-Punkten.« – Ach ja? Ist das so? »Die Börse wird an diesem Punkt drehen und auf XY Punkte steigen.« – Woher weiß derjenige das, der diese Aussage trifft? »Gaps (Kurslücken) werden immer geschlossen.« – Ach du lieber Gott! Wer hat denn dieses Gerücht in die Welt gesetzt? Oder das folgende: »Die Big Boys treiben die Märkte hierhin und dahin, um die kleinen Fische abzufischen.« – Geht's noch?

Jede Aktivität an der Börse ist an eine Motivation geknüpft, die es zu verstehen gilt. Jede Aktivität ist unweigerlich an Risiken gebunden, die der Akteur eingeht und kontrollieren muss. Börse und Trading sind ein überaus komplexes Geflecht aus Emotion, Wissen, Erfahrung, Chance und Risiko. Aber eines sind sie ganz sicher nicht, zumindest nicht im professionellen Bereich: ein Spielcasino.

Nun habe ich schon einige Worte über den Sinn und die Grenzen von Trading-Regelwerken verloren und den Fokus auf unser Hauptthema gerichtet: die Marktakteure und deren Handeln und Auftreten im Markt sowie auf die Produkte (Futures und Optionen). Daneben steht aber auch das Themengebiet »Marktanalyse« im Fadenkreuz. Sind Märkte wirklich prognostizierbar? Ich habe da meine Zweifel und begründe diese mit einem Verweis auf die Reflexivität der Märkte.

Stellen Sie sich vor, ich sage Ihnen: »Wenn ich den Hund da vorn provoziere, wird er mich zunächst anknurren, dann wird er bellen, und wenn es ganz schlimm kommt, wird er mich beißen.« Das ist eine schlüssige Prognose. Jetzt wende ich diese auf Sie als Person an. »Wenn ich Sie jetzt provoziere, werden Sie wahrscheinlich mir gegenüber laut und im schlimmsten Falle werden Sie handgreiflich.« Doch werden Sie das wirklich? Ich kündige Ihnen das Experiment an und Sie werden jetzt einmal der Beobachter sein. Zugleich aber sind Sie auch der Beobachtete. Wie hoch schätzen Sie jetzt die Wahrscheinlichkeit ein, dass in diesem Experiment das prognostizierte Ergebnis eintreten wird? Wohl eher nicht: In dem Wissen, beobachtet zu sein, werden Sie wohl kaum laut oder gar handgreiflich werden. Diese Reflexivität ist ein Phänomen, das zwar offensichtlich ist, aber dennoch immer ignoriert wird. Stattdessen argumentieren wir im Zusammenhang mit der Börse noch immer mit Analysemethoden, die ihren Ursprung hatten, als man noch vom »Homo oeconomicus« ausging, einem bedingungslos rational handelnden Menschen, dessen einziges Ziel die Nutzenoptimierung ist. Das aber sind Methoden, die zur Blütezeit der Mechanik entwickelt wurden. Wenn ich Marktprognosen lese, frage ich mich manchmal, ob hier über das Marktverhalten unbeobachteter Börsianer auf dem Mars geschrieben wird, die keinen freien Willen haben und zudem unsere Thesen nicht im Entferntesten kennen. Schreiben wir nicht vielmehr über uns selbst? Und sind wir dabei nicht wieder Beobachter und Beobachtungsobjekt in einem?

Wir müssen die Methoden der Marktanalysen kennen – ohne Zweifel. Aber lassen wir die Kirche im Dorf: Stellen wir uns lieber die Frage nach der jeweiligen reflexiven Qualität. Führen wir lieber dort, wo es geht, auch entsprechende statistische Auswertungen durch, um ein Indiz mehr in der Hand zu halten, ob und inwieweit eine reflexive Reaktion als sinnvoll unterstellt werden kann. Wenn wir wissen, dass wir am Markt Beobachter und Beobachtungsobjekt in ein und derselben Person sind, dann sehen wir uns auch so. Beobachten wir uns selbst ständig, beobachten wir unsere eigenen Emotionen und unser eigenes Verhalten im Markt. Ein guter Händler hält stets etwas Abstand. Zum Markt, aber auch zu sich selbst.

Ich möchte mit diesem Buch nicht die schier endlose Vielzahl klassischer Fachbücher fortsetzen, sondern ich möchte die Fäden aufnehmen und versuchen, diese neu zu knüpfen. Mit diesem Buch soll sich Ihr Blickwinkel auf die Börse als Markt der Märkte und als zentrales Nervensystem unseres Wirtschaftslebens verändern. Am Ende soll das auch zu einer Veränderung Ihres praktischen Agierens führen. Ich spreche in erster Linie den kurzfristig orientierten und spekulativ ausgerichteten Trader im Tagesgeschäft an. Aber ich hoffe, auch allen anderen Akteuren noch die eine oder andere Anregung zu geben. Ich freue mich auf unsere Zusammenarbeit.

1 Ein Wort vorweg ...

Hin und wieder habe ich die Möglichkeit, vor Interessenten einen Vortrag zu Themen des technischen Handels an der Börse zu halten. Dabei beginne ich meist mit der Frage, wer bereits aktiv im Markt tätig ist, also schon Erfahrungen im Handel von Wertpapieren oder Derivaten erworben hat. In der Regel melden sich drei Viertel der Teilnehmer. Auf die Frage, wer sich vorstellen könnte, eines Tages vom Trading zu leben, melden sich mitunter noch etwa die Hälfte. Über die Jahre hinweg stelle ich fest, dass es einen steigenden Prozentsatz von Interessenten gibt, die sich durchaus zu dieser Idee hingezogen fühlen.

Aus meiner Sicht ist diese Tendenz beeindruckend. Ernsthaftes Trading ist eine aufregende, überaus interessante und vielseitige Tätigkeit. Für mich persönlich zählt der Beruf des Traders zu den spannendsten und erfüllendsten Berufen unserer Zeit. Aber es ist auch ein Beruf, der mit Mythen belastet ist und von dem sehr viele junge angehende Trader falsche, idealisierte Vorstellungen haben. Ich kann den Beruf des Traders nur mit Superlativen beschreiben. Super abwechslungsreich, super spannend, super interessant, aber auch super hart, super anstrengend und mitunter psychisch und physisch sehr belastend. Nicht selten ist das Dasein als Trader aber auch super langweilig, wenn der Markt auf der Seite liegt und man Gefahr läuft, wegen Untätigkeit die Aufmerksamkeit zu verlieren. Denn plötzlich springt der Markt an und man muss wieder hellwach sein, um rasch und vor allem richtig reagieren zu können. In nur wenigen Berufen und Tätigkeiten hängen die Trauben so hoch wie in unserer Berufung. Diese können dick und saftig sein, aber sie hängen hoch, sehr hoch.

Auch ich hatte idealisierte Vorstellungen, als ich vor 25 Jahren begann, an der Börse aktiv zu werden. Und ich habe viel erlebt, auch Dinge, die ich gern vermieden hätte, die aber vielleicht doch prägend waren. Ich hätte mir mitunter gewünscht, in einigen Bereichen nicht mangels vernünftiger Vorabinformationen immer gleich in die Fritteuse gesprungen zu sein. Diese Erinnerung motiviert mich dazu, alles zusammenzutragen, was ich in all den Jahren an der Börse gelernt habe, um in diesem Geschäft überleben zu können und nicht zu denen zu gehören, die am Ende über kurz oder lang auf riesigen Trader-Friedhöfen enden. Ich habe mir also vorgenommen, ein Buch zu schreiben, das ich gern selbst zu Beginn meiner Trader-Laufbahn gelesen hätte.

Es gibt allerdings noch eine weitere Motivation für dieses Buch. In meinem Verständnis ist der Beruf des Traders etwas Hochseriöses und Ehrenwertes, so wie andere anerkannte Berufe auch. Doch immer wieder wird unsere Berufung durch unprofessionelle Darstellungen in die falsche Ecke gedrängt und als unseriös und unethisch abgestempelt. Ich möchte mit diesem Buch den Versuch unternehmen, das Trading wieder dorthin zu stellen, wo es hingehört. Ich möchte es weder überhöhen noch abwerten, sondern aufzeigen, was ernsthaftes Trading tatsächlich ist und was es leisten kann. Und was könnte der ehrlichste Weg sein, dieses Ziel anzusteuern? Schlichtweg darzulegen, was ich gelernt habe und was ich persönlich für sinnvoll und wichtig halte. Damit wird es ein sehr persönliches Buch sein. Es soll auch nicht als »in Stein gemeißelte Weisheit« missverstanden werden. Aber doch möchte ich versuchen, wieder Sachlichkeit und Transparenz in das Thema »Trading« zu bringen.

Folglich werde ich mich weniger auf Grundlagenthemen stützen, die bereits inflationär mal mehr und mal weniger praxistauglich beschrieben wurden. Vielmehr möchte ich den Fokus auf die Fakten und Informationen legen, die mir geholfen haben, 25 Jahre am Terminmarkt zu bestehen – mit allen Höhen und Tiefen.

2 Ein Blick zurück

Ich gehöre noch zu der Generation, die in der Trainee-Ausbildung in der Deutschen Bank den sogenannten Kamin-Weg gegangen ist. Im Unterschied zur heutigen Zeit, in der jeder Trainee eine breit gefächerte Ausbildung erhält, die ihn durch alle wichtigen Geschäftszweige eines Finanzinstitutes führt, lag mein Schwerpunkt von Beginn an auf dem Börsenhandel. So besuchte ich als Youngster das Parkett. Dann wurde ich in der Wertpapierhandelsabteilung in die Tätigkeiten der Händler und in deren Geschäftsabläufe eingeführt. Schließlich schlug ich an der damaligen, erst ganz frisch gegründeten DTB (Deutsche Terminbörse) fokussiert die Laufbahn eines Marketmakers für das Institut ein. Hierzu gehörte nicht nur eine sehr fundierte theoretische und praktische Ausbildung in Deutschland, sondern auch ein Aufenthalt in einem Ausbildungszentrum in Chicago, in dem alle Absolventen im Bereich Optionspreistheorie geschult und geprüft wurden.

Mein weiterer Berufsweg verlief vom Marketmaker (bei dem es in erster Linie um das Erwirtschaften von Arbitragegewinnen ging) hin zum Futures- und Optionshändler – mit dem Ziel, durch den zielgerichteten Aufbau von Positionen spekulative Gewinne zu erwirtschaften. Diese Ausrichtung kam natürlich nicht von heute auf morgen, sondern war ein eher schleichender Entwicklungsprozess. Hintergrund dieser zunehmend spekulativen Ausrichtung der Handelsaktivitäten, die sich bei nahezu allen Marketmakers ausprägte, war die immer mehr zunehmende Effizienz der Optionsmärkte. Es wurde immer schwieriger, aus den Preisstellungen, die man selbst durchführte oder auf die man bei anderen Akteuren reagierte, Arbitragegewinne zu erzielen. Die Preisstellung im Optionsmarkt wurde in den 90er-Jahren (besonders ab deren Ende) weitestgehend automatisiert, wobei sogenannte Quotenmaschinen zum Einsatz kamen. Folglich wurden die Arbitragegewinne immer seltener und auch in ihrer Marge immer kleiner, sodass die Ertrags-Zielvorgaben auf dem klassischen, risikoarmen Arbitrageweg kaum mehr zu schaffen waren. Im Gegenteil: Die immer weiter fortschreitende Automatisierung der Preisbildung und die daraus resultierende ansteigende Effizienz im Markt erhöhte das Risiko, selbst Opfer falscher Preissetzungen zu werden. Dadurch konnten Verluste entstehen, durch welche die mittlerweile beklagenswert kleinen Arbitragegewinne mitunter beängstigend schnell wegschmolzen.

Es war eine fast folgerichtige Entwicklung: weg von der reinen Arbitrage, hin zu einem spekulativ richtungsorientierten Trading. Doch damit änderten sich die Problemstellungen. Jetzt ging es nicht mehr darum, möglichst einen realen Wert (zum Beispiel eine Aktie) gegen dessen synthetische Darstellung (Reversal oder Conversion) risikoarm auszuarbitrieren. Jetzt ging es darum, bewusst auf eine erwartete Kursrichtung zu setzen und damit ein entsprechendes Risiko einzugehen. Plötzlich wurde es extrem wichtig, sich Gedanken darüber zu machen, wohin der zu handelnde Wert über seine Kursentwicklung steigen oder fallen würde. In den Anfangszeiten meiner Marketmaker-Tätigkeit waren Überlegungen dieser Art eher unbedeutend, ja nicht einmal erwünscht. Ein spekulatives Risiko auf sich zu nehmen war unter klassischen Marketmakern in Zeiten guter Arbitragemöglichkeiten nicht üblich. Mitunter wurde man sogar dafür getadelt, wenn man entsprechende Arbitragemöglichkeiten zu spät erkannt hatte und dieses Defizit kompensieren wollte, indem man bewusst Richtungsrisiken einging. Das war aber häufig nötig, um einen möglichen Quotierungsfehler wieder halbwegs auszugleichen.

Die steigende Notwendigkeit, sich mit dem Thema »Kursprognose« zu beschäftigen, ließ eine große Zahl von arbitrageverwöhnten Händlern nach Methoden, Praktiken und Offenbarungen suchen, diese Herausforderung zu meistern. Ich setzte mich mit allem auseinander, was mir in dieser Hinsicht hilfreich erschien. Ich las dazu, wie wahrscheinlich jeder interessierte »Halbkenner« der Materie, Unmengen von Literatur und schnappte hier und da Hinweise und Meinungen älterer Händler auf, die mich an ihren Techniken teilhaben ließen. Doch ich begriff immer mehr, dass selbst gestandene Akteure an der Börse nicht immer wirkliche Kenner ihrer Herangehensweise waren und dass sie ihre Gewinne mitunter ihrem Informationsvorsprung und ihrer Marktnähe verdankten. Selbst noch in den 90er-Jahren war nämlich der technische und informationelle Unterschied zwischen Privatanlegern, Fondsmanagern und Händlern am Parkett aufgrund des damaligen Standes der Technik immens.

Ich experimentierte mit allen gängigen Methoden der möglichen und unmöglichen Kursprognose und war mitunter genervt, wenn vermeintlich erfolgssichere Herangehensweisen in der Praxis versagten. Erschwerend kam hinzu, dass ich innerhalb meiner beruflichen Tätigkeit als Händler nahezu tagtäglich eine ansprechende Performance abliefern musste (wie alle, die in diesem Bereich tätig sind). Der Erfolg musste her, und das möglichst schnell!

Zunehmend entdeckte ich meine Zuneigung zu allen Themenbereichen der technischen Analyse. Das klingt heute weniger aufregend, als es damals war, denn in meinen ersten Jahren als Händler war diese Methodik in einem deutschen Finanzinstitut weitaus weniger anerkannt als heute. Technische Analyse galt weithin als »Kaffeesatzleserei«. Und besonders in großen Banken folgte man eher dem Mainstream und agierte vorrangig fundamental orientiert, wie zum überwiegenden Teil auch heute noch.

Ich hatte das Glück, dass mein damaliger Vorgesetzter meine Hinwendung zur technischen Analyse bemerkte und förderte. Zudem zeichnete sich im Kapitalmarkt im Allgemeinen und in der Deutschen Bank im Besonderen ein Kulturwandel ab. Mein Chef förderte meine Aktivitäten in dieser Richtung nicht nur, sondern trieb sie förmlich voran nach dem Motto: »Wenn schon, dann bitte richtig!« Er räumte mir die Möglichkeit ein, während meiner Arbeit, nach Börsenschluss von extra bestellten, technisch orientierten Händlern anderer Banken eine zielgerichtete Ausbildung in den Grundlagen des technisch-systematischen Handels zu durchlaufen. Und er förderte den Aufbau einer Gruppe von weiteren geeigneten Händlern mit diesem Themenschwerpunkt. Plötzlich griff alles ineinander: zunächst meine mühsam erarbeiteten Kenntnisse aus dem Selbststudium, dann die Erarbeitung in der Gruppe, die Lehren der Händler im Aufbau und in der Führung technischer Handelssysteme, unsere dann immer mal wieder auftretenden Analyse- und Handelsfehler und der Druck, diese konkret zu überprüfen und abzuklopfen. All das mündete letztlich in immer bessere und vor allem immer stetigere gute Handelsergebnisse. Der Appetit auf mehr wuchs und wuchs. Ein jeder wird das Gefühl kennen, wenn man nach Mühen und Durststrecken plötzlich Erfolg hat und merkt, dass dieser immer seltener zufällig ist, sondern eine gewisse Form von Kontinuität zeigt. Die Motivation wächst und wächst und wird schließlich fast zu einer Manie. Ich las keine Romane oder Geschichten mehr – aus Sorge, mich in dieser Zeit keinen Fachbüchern zuwenden zu können und damit etwas zu verpassen.

Meine Ausbildung im Bereich des technisch orientierten Handels, die auch technische Analysemethoden umfasste, wurde immer konsequenter, konkreter und nachhaltiger. Mittlerweile arbeitete ich in einem Bereich der Bank, in dem es um die spekulative Verwaltung des Eigenkapitals ging. Hier zählten nur noch Trading-Gewinne und damit wurde das Suchen und Finden von Trends und Impulsrichtungen zu meinem Lebensmittelpunkt. Wir zerlegten alle greifbaren Indikatoren in ihre Formel-Einzelbestandteile, um sie dann (zum Teil) modifiziert wieder zusammenzubauen. Immer mehr stellte ich die Ausführungen in der klassischen Fachliteratur in Zweifel und entwickelte meine eigenen Vorstellungen in diesem Metier.

Mittlerweile hatte ich meinen Arbeitgeber auf eigenen Wunsch hin verlassen, fragte mich danach aber oft, ob dieser Schritt wirklich richtig war. Jetzt musste ich mich mit Themen beschäftigen, die mir in der Bank von anderen abgenommen worden waren. Ich hatte Visionen, doch wurde ich mit bürokratischen, aufsichtsrechtlichen Notwendigkeiten konfrontiert, denen ich (nennen wir es naiv und leichtsinnig) nicht die notwendige und geforderte Aufmerksamkeit entgegengebracht hatte und von denen ich in meiner Zeit als angestellter Händler abgeschirmt war. Der Aufbau einer eigenen Wertpapierhandelsbank scheiterte schlussendlich und stellte sowohl alle Beteiligten als auch meine Familie und erst recht mich vor Situationen, welche man nicht für möglich gehalten hätte und niemandem wünscht. Ich zog die Reißleine, übernahm in jeder Hinsicht kommentarlos jede Verantwortung, mit allen Konsequenzen, und baute meine Selbstständigkeit im zweiten Anlauf wieder auf dem auf, was ich kann, nämlich das Traden von Futures. Heute arbeite ich wieder als Trader in einer Gruppe von Tradern, mit denen ich bereits während meiner beruflichen Laufbahn zusammengearbeitet habe.

Mit diesem Buch möchte ich jetzt vor allen Dingen jene interessierten angehenden Händler unterstützen, die sich dem Traden als Arbeitsmittelpunkt verschreiben wollen. Denn Trader und Fluglotsen haben eines gemeinsam: Sie müssen unter Zeitdruck komplexe Zusammenhänge jederzeit durchschauen und beherrschen und sie üben darüber hinaus Berufe aus, die sie nicht autodidaktisch erlernen können. Ich erhielt zu meiner Zeit als Händler in der Deutschen Bank eine fundierte Ausbildung auf der Grundlage einer über Jahrzehnte hinweg bewährten Struktur und Methodik. Und ich möchte dieses Wissen und die Erfahrungen aus bisher 25 Jahren Handel an der Börse weitergeben. Natürlich kann ein Buch, wie umfassend es auch immer sein mag, nur eine Grundlage schaffen, welche sich aber dennoch an der Realität orientiert. Auf dieser Grundlage bauen wir dann mit einer intensiven Ausbildung auf, die ein umfassendes theoretisches Wissen mit einer praktischen Trader-Ausbildung verbindet. Am Ende hat der Absolvent die Möglichkeit, eine Prüfung als »zertifizierter Börsenhändler EUREX« bei der EUREX in Frankfurt a. M. abzulegen und sich damit die Voraussetzung zu schaffen, die notwendig ist, um im Terminhandel beruflich Fuß zu fassen oder anderwärtig direkt an der Börse erfolgreich handeln zu können.

Plötzlich kamen Fragen auf wie etwa folgende: Welche organisatorischen und rechtlichen Rahmenbedingungen muss ich erfüllen, um auch bei einem ausreichenden Handels-Know-how überleben zu können? Wie viel Kapital muss ich haben, um vernünftig arbeiten zu können? Welcher Broker ist der richtige für mich? Die ganze Administration meiner Tätigkeit mit all ihren Höhen und Tiefen war am Ende nicht minder anstrengend und nervenaufreibend als der Handel selbst. Und manches hätte ich mir gerne erspart.

Sie haben sich vielleicht entschieden, als Händler in das letzte große Abenteuer unserer Zeit zu starten, und ich habe mir vorgenommen, Sie dabei zu begleiten. In einem Handelsteam erfolgt die Wissensvermittlung allerdings parallel und überlappend. Das kann man in Form eines Buches so nicht darstellen. Vielmehr werden die einzelnen Themen linear aufeinanderfolgend abgearbeitet und am Ende dennoch ein sinnvolles Gesamtbild ergeben. Und dann muss das erworbene Wissen durch stetiges Üben gefestigt werden.

SELBSTSTÄNDIGER HÄNDLER – EINE WIRKLICHE BERUFSPERSPEKTIVE ODER REINES WUNSCHDENKEN?

Bevor wir uns mit dem Trading im Besonderen und den wichtigsten Rahmenaspekten im Allgemeinen befassen, wollen wir uns zunächst mit der Kernfrage beschäftigen, welche die erste Entscheidung von Ihnen erfordert: Kann man vom Trading wirklich leben? Welche Aspekte müssen bedacht und berücksichtigt werden in steuerlicher, rechtlicher und familiärer Hinsicht? Welche Konsequenzen ergeben sich daraus? Welche Anforderungen werden durch den Markt an uns Trader gestellt?

Ein jeder, der in der Beschäftigung mit der Börse mehr als ein Hobby sieht, wird sich früher oder später fragen, ob man mit Trading seinen Lebensunterhalt bestreiten kann. Oft führen einseitige und unkritische Darstellungen sowie Erfolgsberichte in den Medien, in Vorträgen, auf Messen usw. zu unrealistischen Erwartungshaltungen und verleiten zu übereilten Entscheidungen. Insbesondere im täglichen Geschäft, aber auch im Hinblick auf die real möglichen Ergebnisse können Wirklichkeit und Erwartung weiter auseinanderliegen, als bei den meisten selbstständigen Berufen üblich. Gerade deshalb ist es wichtig, das Für und Wider dieser Berufswahl sachlich abzuwägen.

Neben monetären Aspekten müssen auch weitere Weichenstellungen und Zwänge beachtet werden, die der Beruf eines selbstständigen Traders mit sich bringt. Was muss unter rechtlichen Gesichtspunkten berücksichtigt werden? Wie sieht die steuerliche Behandlung von Gewinnen und Verlusten aus?

Wenn wir uns im Folgenden diesen Fragen widmen, vernachlässigen wir die grundsätzliche Entscheidung zwischen einer selbstständigen Tätigkeit und einer Tätigkeit im Angestelltenverhältnis. Sie wäre ohnehin prioritär zu klären und ich setze sie hier als getroffen voraus. Eine gefühlte »Unfreiheit« in abhängiger Beschäftigung (allerdings mit geregelter Arbeitszeit, monatlich gesichertem Einkommen,

Urlaub und Pensionsansprüchen) gegen eine erwartete, aber nicht immer wirklich erzielbare »Freiheit« in Selbstständigkeit einzutauschen, das ist eine Entscheidung, die jeder für sich allein treffen muss. Das gilt nicht nur im Börsengeschäft.

Doch ist die Entscheidung, sich selbstständig zu machen, erst einmal getroffen, herzlichen Glückwunsch! Dann geht es zunächst darum, den Rahmen abzustecken.

1 Das Geschäftskonzept

Die Motivationen, sich mit dem Thema Börse auseinanderzusetzen, sind verschieden. Doch im Kern geht es um die Möglichkeit, sich eine solide nebenberufliche Zusatzeinnahmequelle zu schaffen oder sogar ganz davon leben zu können. Dieses Ziel ist ambitioniert wie jede andere selbstständige Tätigkeit auch. Es erfordert somit bereits im Vorfeld eine entsprechend solide Planung und Vorbereitung. Hierzu bietet es sich an, einen Geschäftsplan aufzustellen, der zwei Themen umfasst:

▶ Zum einen müssen darin die Voraussetzungen und Rahmenbedingungen des Vorhabens dokumentiert werden.

▶ Zum anderen müssen die wirtschaftlichen Faktoren abgeklopft werden, die notwendig sind, um das selbst gesteckte Ziel zu erreichen. Dabei kommt es nicht nur darauf an, einen Anfangs- und einen Zielpunkt zu definieren, sondern auch einzelne Teilabschnitte festzulegen, um die jeweilige Ist-Situation mit der Soll-Situation abzugleichen.

Sehr oft wird das Projekt »Selbstständig an der Börse handeln« leichtfertig, blauäugig oder mit einem gehörigen Schuss Selbstüberschätzung angegangen. Die Gefahr ist deshalb besonders groß, weil durch Literatur und gelegentlich besuchte öffentliche Seminare mitunter der Eindruck entsteht, dass der Handel an der Börse ein rasch zu erlernendes und damit überaus lukratives Handwerk ist. Solide Planung und Vorbereitung bleiben dabei oft auf der Strecke oder kommen zu kurz, was schlussendlich dazu führt, dass das angestrebte Ziel verfehlt wird.

Ich schlage Ihnen im Folgenden eine bewährte Struktur für Ihr Geschäftskonzept vor und lege Ihnen ans Herz, dieses gewissenhaft anzufertigen und es auch immer wieder zur Überprüfung Ihrer Entwicklung heranzuziehen.

1.1 Kurzbeschreibung Ihres Vorhabens

Formulieren Sie zu Beginn Ihres Geschäftskonzeptes Ihr Vorhaben und Ihre Zielsetzungen. Wichtig ist eine konkrete Festlegung dazu, ob Sie Ihre Handelsaktivitäten an der Börse als Ergänzungstätigkeit (Zusatzeinkommen) oder als Haupttätigkeit anstreben. Legen Sie sich fest, welche Handelsform Sie bevorzugen. Diese muss zu Ihrem Charakter und zu Ihren Eigenheiten passen, aber auch mit möglichen äußeren Sachzwängen korrespondieren.[2]

Welche Voraussetzungen bringen Sie bereits mit? In welchen Märkten, mit welchen Produkten haben Sie bereits Erfahrungen gesammelt? Wie sahen Ihre Erfolge aus, wie Ihre Misserfolge? Versuchen Sie, einen Zusammenhang herzustellen zwischen Ihrem Charakter und Ihrem Verhalten auf der einen Seite sowie Ihren bisherigen Handelsergebnissen. Prüfen Sie zudem sorgfältig: Lassen sich bereits jetzt Aspekte erkennen, die stetige Erfolge in der Vergangenheit verhindert haben (mangelnde Kenntnisse, Schwierigkeiten, die Übersicht zu wahren, emotional gefärbter Handel, strukturarmes oder gar strukturloses Vorgehen)? Falls ja, setzen Sie sich damit auseinander und überlegen Sie, wie Sie mögliche Defizite künftig vermindern und sogar ganz ausschalten können.

1.2 Formulierung der Zielsetzungen

Bei der Formulierung der Zielsetzungen kommt es darauf an, ein realistisches Gesamtziel zu definieren und den Weg dorthin in sinnvolle Teilschritte aufzugliedern. Hierfür nötig sind zum Beispiel Antworten auf die folgenden Fragen:

▶ Welche rechtlichen, steuerlichen und versicherungstechnischen Aspekte sind für die Durchführung des Vorhabens zu beachten?

▶ Welche Infrastruktur (Hardware, Software) ist sinnvoll beziehungsweise sogar notwendig? Dieser Aspekt umfasst auch Anbindungen: Welcher Broker ist der richtige? Welche Anbindung wird genutzt? Mit welcher Handelsoberfläche wollen Sie zukünftig arbeiten? Welche Charting-Software bevorzugen Sie?

---

[2] Ich persönlich sehe meine Stärken im sehr kurzfristig ausgerichteten Handel, in dem zwischen Positionseröffnung und Positionsschließung nur wenige Sekunden bis Minuten liegen. Das liegt unter anderem auch daran, dass ich sehr ergebnisorientiert bin. Längerfristige Positionierungen machen mich nervös. Ich habe dann das Gefühl, nicht mehr die volle Kontrolle über die laufenden Positionen zu haben. Somit würde ein anderer Handelsansatz meinem Naturell nicht entsprechen und wäre folglich auch nicht sinnvoll bei der Zielumsetzung.

- In welchem Markt wollen Sie handeln (z. B. FDAX) und welches Zeitfenster soll Ihren Handelstätigkeiten zugrunde liegen (z. B. Intraday-Trading/Scalping)?

- Besteht die Möglichkeit, regelmäßig mit Gleichgesinnten zu kommunizieren?[3] Wenn ja – in welcher Form (z. B. virtueller Handelsraum)? Wie ist die Informationsbeschaffung organisiert?

- Wie ist die permanente Fort- und Weiterbildung organisiert? Hier erscheint es sinnvoll, sich entweder ein eigenes Stufenprogramm aufzusetzen oder externe Ausbildungen in Anspruch zu nehmen. Im Vorfeld ist allerdings genau und kritisch zu prüfen, inwieweit die Inhalte Ihr Stufenprogramm tatsächlich direkt unterstützen und inwieweit sie auch die dafür notwendige Inhaltstiefe und Seriosität bieten.

- Welche Lern- und Entwicklungsziele wollen Sie erreichen? Orientieren Sie sich dabei an Ihrem persönlichen oder einem externen Stufenplan.

1.3 Wie sind Ihre persönlichen Voraussetzungen?

Ein sehr wichtiger Punkt ist, Ihr Vorhaben und auch Ihre zeitliche Konzeption mit Ihrer Familie beziehungsweise mit Ihrer Partnerin oder Ihrem Partner abzustimmen. Die Familie muss Ihre Planung nicht nur akzeptieren, sondern auch unterstützen. Unterschätzen Sie den zeitlichen Einsatz nicht, den Ihr Vorhaben tagtäglich von Ihnen einfordert.

Und dann kommen die finanziellen Aspekte. Es wäre im höchsten Maße unverantwortlich, sich bereits zu Beginn der eigenen Aufbau- und Ausbildungsphase mit Echtgeld an der Börse zu versuchen. Bis zum ersten Echtgeld-Handelsschritt ist es ein weiter Weg. Ein zu früher Start kostet mit sehr hoher Wahrscheinlichkeit per saldo Geld.

---

[3] Die Kommunikation mit gleichgesinnten Dritten ist aus meiner Erfahrung ein unbedingtes Muss. Ein Handel als One-Man-Show ist die schlechteste aller denkbaren Ausgangslagen. Handelsräume in den Banken und anderen Handelsinstitutionen sind nicht so groß, weil es zu wenig Platz gibt, sondern weil die Kommunikation unter den Händlern gewährleistet sein soll. Heute muss man nicht mehr zwingend an einem Standort zusammensitzen, man kann sich auch über moderne Kommunikationssoftware zusammenschalten. Doch ich betone einmal mehr: Ein Austausch mit anderen muss sein!

Prüfen Sie, ob Sie über genügend finanzielle Reserven verfügen, um Ihre Aufbau- und Ausbildungsphase zu finanzieren, ohne diejenigen Mittel anzugreifen, die nach dem Schritt in den Echtgeld-Handel als Ihr Arbeitskapital eingesetzt werden sollen.

Bereiten Sie sich auch auf Zeit nach dem Einstieg in den Echtgeld-Handel vor: Wie viel Kapital werden Sie benötigen, um damit genau Ihre Zielstellung finanzieren zu können (Zusatzeinkommen, eigener Lebensunterhalt, ggf. Lebensunterhalt der Familie)? Berücksichtigen Sie auch Steuern, Versicherungen, Altersvorsorge, Rücklagen, Hard- und Softwarekosten usw.[4]

Haben Sie ein Ausstiegsszenario? Ich möchte Ihnen nicht den Mut nehmen. Aber die vertraglichen Bindungen und Verpflichtungen dieser Art von Selbstständigkeit erlauben uns, durchaus auch ein Ausstiegsszenario zu durchdenken: Schließlich gehen Sie keine bindenden Verträge in großer Zahl ein. Sie verpflichten sich zu nichts, was nicht rasch wieder gekappt werden könnte. Betrachten Sie also die Möglichkeit eines Ausstiegs ohne große Nachwehen als einen Tätigkeitsvorteil, den Sie als Fallschirm für den Notfall immer im Kopf haben sollten.

1.4 Rechtliche Aspekte

Die Rechtsgrundlage, die das Betreiben von Finanzgeschäften regelt, ist umfassend und für den Nichtfachmann mitunter verwirrend. Eine Überwachung erfolgt über jeweilige nationale Aufsichtsorgane. In Deutschland ist die Bundesanstalt für Finanzdienstleistungsaufsicht (BaFin) zuständig. Diese Behörde mit Sitz in Frankfurt am Main und in Bonn untersteht wiederum dem Bundesministerium der Finanzen. Sie beaufsichtigt und kontrolliert als Finanzaufsicht alle Bereiche des Finanzwesens in Deutschland.[5] Die Aufsicht der BaFin fußt auf drei Säulen: auf der Bankenaufsicht – geregelt im Kreditwesengesetz (KWG), auf der Versicherungsaufsicht im Rahmen des Versicherungsaufsichtsgesetzes (VAG) und auf der Wertpapieraufsicht nach dem Wertpapierhandelsgesetz (WpHG).

---

[4] Weitere Ausführungen dazu finden Sie in den folgenden Kapiteln.
[5] Mit der Schaffung des einheitlichen europäischen Bankenaufsichtsmechanismus (SSM) im Rahmen der europäischen Bankenunion gab die BaFin die Aufsicht von »signifikanten« (systemrelevanten) Banken im November 2014 an die Europäische Zentralbank (EZB) ab.

Als Trader sollten Sie sich zumindest so weit mit dieser Behörde und ihren rechtlichen Regularien auseinandersetzen, als Ihnen eine Einschätzung möglich sein muss, ob Ihre konkrete Tätigkeit von der aktuellen aufsichtsrechtlichen Gesetzgebung tangiert ist oder nicht. Der Finanzaufsicht unterstellt ist Ihre Tätigkeit in dem Moment, in dem Fremdkapital, also das Kapital Dritter, ins Spiel kommt. Solange Sie nur mit eigenem (und zwar nur Ihrem eigenen) Geld handeln, werden Sie (zumindest bis zum aktuellen Zeitpunkt) nicht tangiert. **Der nicht kommerzielle, nicht gewerbliche Eigenhandel ist bis jetzt noch immer erlaubnisfrei.**

Anders sieht es aus, wenn Sie Drittgelder verwalten. Es reicht bereits, wenn Sie Gelder von Freunden oder Bekannten annehmen, um damit zu spekulieren oder um diese Gelder zu investieren. Um hier nicht in eine rechtlich schwierige Lage zu kommen, sollten Sie unbedingt im Vorfeld prüfen, inwieweit Sie mit Drittgeldern zu arbeiten beabsichtigen. Falls Sie diese Absicht haben, lassen Sie sich im Vorfeld ausführlich beraten. Sollte das für Sie relevant werden, wenden Sie sich direkt an die BaFin, um sich entsprechend juristisch aufklären zu lassen. Ein Verstoß gegen das KWG oder auch WpHG ist kein Kavaliersdelikt. Es kann unter Umständen strafrechtlich verfolgt werden.

1.5 Steuerliche Aspekte

Neben der rechtlichen Klärung steht auch die Klärung der steuerlichen Fragen im Mittelpunkt der Vorbereitung unserer Tätigkeit. Hierbei geht es in erster Linie um die Klärung, ob Eigenhandel, selbst wenn dieser eine hohe Umsatzfrequenz aufweist, als gewerblich oder als nicht gewerblich einzustufen ist. Die meisten Finanzämter werden auf Anfrage in der Regel darauf verweisen, dass die Tätigkeit des Daytraders (und das ist hier unser zentrales Thema) als gewerblich zu betrachten ist. Folglich fallen die Gewinne nicht unter die 25-prozentige Abgeltungsteuer, sondern unterliegen dem höheren, nämlich gewerblichen Steuersatz.

Mittlerweile gibt es jedoch einige Finanzgerichtsurteile, die diesen Standpunkt der Finanzämter nicht stützen, sondern das Handeln in eigenem Namen und auf eigene Rechnung als nicht gewerblich einstufen.

Was heißt es, »gewerblich« als Händler tätig zu sein? Ich möchte mich im Folgenden auf Ausführungen von Professor Dr. Klaus F. Bröker beziehen, der seit 20 Jahren als Rechtsanwalt im nationalen und internationalen Umfeld auf die Bereiche Banken, Börsen sowie Kapitalmärkte spezialisiert ist. Er berät in- und ausländische Finanzdienstleistungsinstitute. Prof. Dr. Bröker ist geprüfter Börsenhändler, lehrt Compliance, bildet Börsenhändler aus und ist Autor zahlreicher Fachbücher und Artikel.[6]

Die Gerichte nehmen entsprechende Differenzierungen vor. Das Finanzgericht (FG) Schleswig-Holstein entschied mit Urteil vom 29.03.2007, Az. 2 K 343/04, dass bei der Abgrenzung zwischen der (noch) privaten Vermögensverwaltung und dem gewerblichen Handel mit Finanzinstrumenten auf das Gesamtbild der Verhältnisse und auf die Verkehrsanschauung zu achten ist. Ein Gewerbebetrieb ist danach gemäß § 15 Abs. 2 EStG eine selbstständige, nachhaltige Betätigung in der Absicht, Gewinn zu erzielen.[7] Nach dem Gesetz muss sie sich als Beteiligung am allgemeinen wirtschaftlichen Verkehr darstellen und darf weder als Ausübung von Land- und Forstwirtschaft noch als Ausübung eines freien Berufes noch als andere selbstständige Tätigkeit angesehen werden. Hinzu kommt nach Ansicht des Gerichts als ungeschriebenes Tatbestandsmerkmal, dass diese Tätigkeit den Rahmen der privaten Vermögensverwaltung überschreiten müsse.

Es heißt weiterhin, dass als Anzeichen für einen Gewerbebetrieb demnach »der Umfang der Geschäfte, das Unterhalten eines Büros oder einer Organisation zur Durchführung von Geschäften, das Ausnutzen eines Marktes unter Einsatz beruflicher Erfahrungen, das Anbieten von Wertpapiergeschäften gegenüber einer breiten Öffentlichkeit und andere für die private Vermögensverwaltung ungewöhnliche Verhaltensweisen«[8] gelten müssen.

Im Revisionsurteil (BFH) entschied der Bundesfinanzhof, dass eine hohe Umschlaghäufigkeit und das hohe Volumen nicht ausreichen würden, um eine gewerbliche Tätigkeit annehmen zu können (02.09.2008, Az. X R 14/07). Vielmehr müsse der betreffende Händler für andere tätig werden, hieß es weiter. Dies erfordere aber eine Zulassung als Institut nach dem KWG. Wer über eine solche Zulassung nicht verfüge, der handle typischerweise im Rahmen der privaten Vermögensverwaltung. Denn in diesem Fall verwalte er nur eigenes Vermögen, es sei denn, er erfülle noch weitere Kriterien, die ihn als Gewerbetreibenden einstufen.[9]

---

[6] Traders' / Ausgabe November 2009 / Traders´ media GmbH, Barbarastrasse 31, 97074 Würzburg (Kontaktdaten Dr. Klaus F. Böker: Internet: www.24legal.de, E-Mail: broeker@24legal.de).
[7] Ebenda.
[8] Siehe dazu www.eltee.de/education_id.php?id=221
[9] Ebenda.

In besagtem Artikel, auf den ich mich hier beziehe, verweist der Autor Prof. Dr. Klaus Böker zudem auf eine Entscheidung des Finanzgerichts Berlin-Brandenburg vom 29.08.2007, Az. 3 K 5109/03 B, in dem die Tätigkeit der Daytrader noch genauer umfasst wird. Diese Entscheidung wurde durch den BFH als Revisionsinstanz am 24.06.2008, Az. X R 38/07, bestätigt. In diesem Fall hatte, so die ausdrückliche Feststellung des Gerichts, ein gelernter Bankkaufmann ausschließlich auf eigene Rechnung gehandelt. Er tätigte in eigenem Namen und mit eigenem Geld via Daytrading im Echtzeithandel nachhaltig taggleich An- und Verkäufe von Wertpapieren, überwiegend als Leerverkäufe, und platzierte seine Orders dabei über seine Depotbank beziehungsweise über einen Online-Broker.[10]

Zusammenfassend führt Bröker die Merkmale gewerbesteuerfreier Daytrader wie folgt zusammen:

▶ Keine Erlaubnis als Finanzdienstleistungsinstitut nach dem KWG

▶ Keine Erlaubnis als Wertpapierhandelshaus nach dem WpHG (Hinweis: Wer keine KWG-Erlaubnis hat, kann auch keine Zulassung nach dem WpHG bekommen.)

▶ Keine Tätigkeit als Finanzunternehmen nach § 1 Abs. 3 KWG

▶ Kein direkter Handel mit anderen Marktteilnehmern (gemeint ist: keine Teilnahme am Börsenhandel als nach § 19 BörsG zugelassener Börsenhändler)

▶ Einsatz ausschließlich eigenen Vermögens

Dabei gelten als »unschädlich« bei dieser Einstufung:

▶ Daytrading

▶ Hohe Handelsvolumina

▶ Leerverkäufe

---

[10] Ebenda.

- Geschäftsmäßige Organisation (Argument des Gerichts: Jeder Privatmann verfüge schließlich über PC, Internet, Handelssoftware, Telefon etc.)

- Berufliche Vorbildung (solange nicht im Rahmen der beruflichen Tätigkeit mit anderen institutionellen Händlern Geschäfte getätigt werden)

Als Fazit kann zusammengefasst werden: Solange wir unsere Tätigkeit im Eigenhandel und Daytrading im Sinne der Definition des Finanzgerichts Berlin-Brandenburg gestalten, laufen wir nicht Gefahr, als Gewerbetreibender eingestuft und damit zur Gewerbesteuer herangezogen zu werden. Das dürfte auf die große Mehrheit der Daytrader zutreffen. Dennoch entbinden uns diese Rahmenbedingungen nicht davon, stets qualifizierten Rat für den Einzelfall einzuholen.

1.6 Versicherungstechnische Aspekte

Solange Sie als nicht gewerblicher Daytrader tätig sind (und von diesem Sachverhalt gehe ich hier aus), unterliegen Sie keinen besonderen, auf Ihre Tätigkeit zugeschnittenen Versicherungspflichten. Somit gehe ich hier nur auf die wohl zwei wichtigsten persönlichen Versicherungen eines nicht gewerblichen Traders ein: auf die Krankenversicherung als Selbstständiger sowie auf die Rentenversicherung.

Bei der **Krankenversicherung** wird die Frage im Mittelpunkt stehen, ob Sie privat oder gesetzlich versichert sein wollen. Unterstellen wir den Sachverhalt, dass Sie bereits privat versichert sind, ändert sich durch die Tatsache, dass Sie nicht mehr als Angestellter arbeiten, nichts. Sie sind nicht verpflichtet, sich wieder gesetzlich zu versichern. Im Gegenteil: Tatsächlich können sich Selbstständige generell privat versichern beziehungsweise privat versichert bleiben. Wenn Sie ausschließlich als Privatier im Rahmen Ihrer persönlichen Vermögensverwaltung handeln, haben sie gar keine Möglichkeit, in die gesetzliche Krankenversicherung zurückzuwechseln. Die einzig mögliche Alternative für einen solchen Rückwechsel hätten Sie, wenn Sie sich arbeitslos melden, um zum Beispiel den Übergang in die Selbstständigkeit zu überbrücken. Im Falle einer Arbeitslosigkeit wird man automatisch in der Krankenkasse pflichtversichert und muss entweder ausdrücklich widersprechen oder alternativ die private Versicherung kündigen. Die Konsequenz eines Widerspruchs gegen die Pflichtversicherung ist allerdings, dass der Rückweg in die gesetzliche Krankenversicherung dann für immer versperrt ist.

Dies gilt auch für privat versicherte Arbeitnehmer, deren Einkommen wieder unter die Pflichtversicherungsgrenze sinkt. In diesem Falle müssen diese sich dann wieder gesetzlich versichern, wenn sie sich nicht ausdrücklich befreien lassen. Eine Befreiung von der gesetzlichen Krankenversicherung wäre dann allerdings endgültig und unumkehrbar.

Ein interessanter Aspekt in diesem Zusammenhang ist noch das Krankengeld. Dabei handelt es sich um eine Lohnersatzleistung. Das heißt jedoch: Wer keinen Lohn mehr erhält, hat auch keinen Anspruch mehr auf Krankengeld. Hier ist es für gesetzlich Versicherte dringend erforderlich, mit der Krankenkasse zu sprechen, die erforderlichen vertraglichen Änderungen vorzunehmen oder diesen Baustein ggf. zu kündigen. Wer sich noch nicht sicher ist, ob er nicht doch wieder angestellt tätig wird, kann sich auch eine Anwartschaft auf Krankengeld erhalten. Diese Anwartschaft kostet zwar ein paar Euro im Monat, hat aber den Vorteil, den Krankengeldbaustein wieder reaktivieren zu können, ohne zuvor eine Gesundheitsprüfung durchlaufen zu müssen.

Zu bedenken ist auf jeden Fall, dass seit 2009 eine Krankenversicherungspflicht besteht. Man ist also gut beraten, dafür zu sorgen, dass ein gesetzlich anerkannter Versicherungsschutz gegeben ist, da man sonst rückwirkend mit exorbitanten Beiträgen belastet werden könnte. In jedem Falle sollte auch hier eine Beratung durch entsprechende qualifizierte Stellen erfolgen.

Im Zusammenhang mit der **Rentenversicherung** ist festzuhalten, dass Sie als privater Trader nicht rentenversicherungspflichtig sind. Sie können sich natürlich freiwillig versichern, aber diese Entscheidung liegt einzig bei Ihnen. Sollten Sie jedoch schon mit längerer Berufstätigkeit einen gewissen Anspruch erworben haben, können zwei Punkte relevant sein:

Um ggf. eine Erwerbsminderungsrente zu bekommen, müssen in den letzten 36 von 60 Monaten Pflichtbeiträge entrichtet worden sein. Das heißt konkret: Nach spätestens 24 Monaten müssen wieder Pflichtbeiträge eingezahlt werden, um den Anspruch zu erhalten. Pflichtbeiträge fließen im Gegensatz zu freiwilligen Beiträgen nur im Rahmen eines versicherungspflichtigen Beschäftigungsverhältnisses. Sie können also von Selbstständigen nicht einfach selbst eingezahlt werden. Wer sich hier den Anspruch erhalten will, kann sich einen rentenversicherungspflichtigen Minijob besorgen, um diese Anforderung abzudecken. Durch einen Minijob wird man nicht gesetzlich krankenversicherungspflichtig, wenn man bereits privat versichert ist. Man muss sich auch nicht endgültig befreien lassen.

Wer plant, vorzeitig auch mit Abschlägen in Rente zu gehen, benötigt mindestens 35 Versicherungsjahre. Wer davon nicht mehr allzu weit entfernt ist, kann entweder für diese Versicherungsjahre freiwillige Beiträge beziehungsweise Nachzahlungen entrichten oder aber die fehlende Pflichtversicherungszeit durch einen Minijob auffüllen. Hier ist es egal, wann diese Beiträge geleistet werden. Es reichen wie gesagt freiwillige Beiträge, die man einfach selbst einzahlen kann, wobei der jeweilige Mindestbeitrag (der sich jedes Jahr ändert beziehungsweise jedes Jahr ansteigt) ausreicht.

Ich kann nur noch einmal unterstreichen, dass ein Beratungstermin bei der Deutschen Rentenversicherung oder dem sonstigen zuständigen Versicherungsträger sehr sinnvoll ist.

2 Kann man vom Trading wirklich leben?

Das selbstständige Traden an der Börse eröffnet zumindest die Option auf ungleich größere materielle Erfolge für die eigene Existenzsicherung als selbstständige Arbeit in anderen Erwerbszweigen. Diese Chance ist aber mit ungleich höheren Risiken gekoppelt. Die Erfolge und die Befriedigung, die mit dem selbstständigen Handeln an der Börse zu erzielen sind, können berauschend sein und die Lebenshaltungskosten der Familie, den Aufbau der Altersvorsorge, alle Versicherungskosten und Steuern besser sichern als andere selbstständige Tätigkeiten.

Aber die Risiken, all das trotz harter Arbeit nicht zu erreichen, sind real und folgenschwer. Es ist nicht die Regel, die eigenen Erwartungen nach Jahren oder auch Jahrzehnten erfüllt zu sehen. Vielmehr sind Menschen, die ein sorgloses Leben als Vollerwerbs-Trader fristen, noch immer die Ausnahme.

Ich möchte niemandem die Lust und die Motivation nehmen, sich beruflich in diese Richtung zu entwickeln. Das läge mir sehr fern, denn ich persönlich halte diese Tätigkeit unverändert für etwas sehr Erstrebenswertes und würde, wenn ich noch einmal die Wahl hätte, diesen Entwicklungsschritt sicherlich erneut gehen. Aber das Trading ist und bleibt eine »Knochenmühle«, die mit anderen Unsicherheiten behaftet ist, als wir sie in einem eher klassischen Betätigungsfeld hätten. Dessen müssen wir uns bewusst sein.

Reden wir zunächst über das Geld, denn alle Gespräche, die ich mit interessierten Börsenbegeisterten im Hinblick auf eine selbstständige Tätigkeit als Händler geführt habe, fokussierten sich in relativ kurzer Zeit auf dieses Thema. Das Kapital ist zweifellos eine Schlüsselkomponente – sowohl in Bezug auf die Ausgangslage als auch zur Sicherung der regelmäßig notwendigen Einnahmen.

So wird immer zuerst gefragt: Wie viel Kapital benötigt man, um vom Handel leben zu können? Hier entzünden sich dann die heftigsten Diskussionen um eine seriöse Antwort. Aber die Frage ist entweder falsch gestellt oder an der falschen Stelle platziert. Denn die Kapitalhöhe ist nicht die entscheidende Frage, zumindest steht sie nicht an erster Stelle. Vielmehr stehen mit der Frage nach der anfänglichen Kapitalhöhe mehrere andere Fragen im Zusammenhang und diese sind vorab zu beantworten:

a) Sind wir uns in jeder Hinsicht darüber im Klaren, was es heißt, seinen Lebensunterhalt durch Traden an Börsenmärkten verdienen zu wollen?

b) Welche Kenntnisse, Erfahrungen und Fähigkeiten besitzen wir für diese Art von Tätigkeit?

c) Welche Handelsstrategie soll die Grundlage der selbstständigen Handelstätigkeit sein? In welchem Markt und mit welchem Produkt soll unsere tägliche Arbeit durchgeführt werden?

Und erst dann ...

d) Wie viel Kapital benötigen wir für die Abdeckung aller notwendigen Lebenshaltungskosten, einschließlich der notwendigen Versicherungen und des Aufbaus einer entsprechenden Altersvorsorge (unter Berücksichtigung aller steuerlichen Aspekte)?

Sind all diese Fragen ungeklärt oder unbefriedigend beantwortet, nützt Ihnen auch ein größeres Handelsvermögen nicht, um davon leben zu können. Niemand kann mangelnde Vorbereitung auf diesen wichtigen Entwicklungsschritt dadurch kompensieren, dass er eine größere Ausgangssumme vorhält. Diese könnte den Zeitpunkt des Scheiterns allenfalls nach hinten verschieben, aber das unausweichliche Ende kaum aufhalten.

Ich werde alle Aspekte in diesem Buch noch ausführlich und detailliert besprechen, möchte aber im Folgenden zunächst meine persönliche Vorgehensweise umreißen.

Zu a): Erfahrungsgemäß ist es das aktive Traden, das im Berufshandel die höchsten Qualifikationen erfordert. Neben einem exzellenten Verständnis für Zahlen sind die Flexibilität, sich rasch auf sich ändernde Bedingungen einzustellen, die Fähigkeit, in Szenarien zu denken und zwischen ihnen hin- und herzuschalten, und die Notwendigkeit, unter Zeit- und emotionalem Druck rasch Entscheidungen zu treffen, absolut notwendige Kriterien. Angehende Händler müssen diese Qualifikationen aufweisen, um überhaupt in die engere Auswahl für den Nostro-Handel (Eigenhandel) zu kommen. Darüber hinaus sind Disziplin, dauernder Lernwille und auch Durchhaltevermögen sehr wichtige Eigenschaften, die Sie mitbringen sollten. Falls sie Ihnen fehlen, sollten Sie zumindest bereit sein, sich diese Eigenschaften anzutrainieren (wir werden diese Aspekte detailliert besprechen). Die Erwartung, den Handel an der Börse nebenbei zu betreiben und dabei den Lebensmittelpunkt in andere Bereiche zu verlegen, wird jedenfalls nicht zum Erfolg führen. Das Gleiche gilt auch für die unrealistische Zielsetzung, sich nur eine begrenzte Anzahl von Monaten oder gar Wochen zu geben, um das Traden zu erlernen. Vorstellungen dieser Art sind illusorisch und sollten überdacht werden, bevor mit dem ernsthaften Traden überhaupt begonnen wird. Halten Sie sich bitte von Anfang an vor Augen: Traden ist ein Beruf, der Sie in jeder Hinsicht fordert.

Zu b): Hier bin ich sicherlich einigen anderen Tradern gegenüber im Vorteil, denn ich habe das Handwerk »Trading« von der Pike auf gelernt. Das soll aber nicht heißen, dass es nicht jeder andere auch lernen könnte. Wer Trader werden will, der muss sich dieses Handwerkszeug sogar aneignen. Zu handeln, ohne dieses Handwerk zu beherrschen, ist gefährlicher Unsinn und eine gewaltige Selbstüberschätzung. Damit würden Sie nicht nur Ihr Geld und Ihre Existenz riskieren, sondern auch die Ihrer Familie. Niemand käme auf die Idee, ohne jede Ausbildung oder ohne Abschluss einen anderen Beruf auszuüben – weder im Handwerk noch in einem akademischen Berufszweig.

Eine klassische Berufsausbildung zum Börsenhändler gibt es in Deutschland nicht. Aber sowohl die EUREX als auch die Frankfurter Wertpapierbörse (FWB) bieten Prüfungen für entsprechende Berufsabschlüsse an (EUREX-Börsenhändler bzw. FWB/XETRA-Börsenhändlerprüfung). Die jeweilige Börse führt hierfür einen

Lehrgang durch (zertifizierter Börsenhändler Kassamarkt). Diese Lehrgänge vermitteln aber nur theoretische Grundlagen, besonders fachlich-inhaltliches Wissen. Im Mittelpunkt stehen das Regelwerk der Frankfurter Wertpapierbörse, die Funktionsweise des elektronischen Handels an der Frankfurter Wertpapierbörse (Marktmodelle), Regelwerke der EUREX und Funktionsweise des Handels an der EUREX. Darüber hinaus stehen Optionspreistheorie und Produktlehre im Fokus der Prüfung. Was nicht vermittelt wird, ist das Wissen über den Handel selbst, über die Rolle, Funktion, über Stärken und Grenzen diverser Analyseansätze, Erfahrungswerte und Ähnliches – sprich, das eigentliche Handelswerkzeug. Ausbildungen dieser Art führen die Wertpapierhandelsbereiche intern durch. Manchmal greifen sie auch auf externe professionelle Anbieter zu, die dann in ihrem Auftrag die entsprechenden Ausbildungen durchführen. Meine damaligen Kollegen und ich wurden zum Beispiel für die umfassende Ausbildung in der Optionspreistheorie und im Optionshandel für zwei Monate nach Chicago an das International Trading Institut, LLC (ITI), entsandt, das der Optionshändler Anthony J. Saliba 1989 gegründet hatte.

Die ansonsten vorhandene Ausbildungslücke in Bezug auf den Börsenhandel füllen mittlerweile diverse privat aufgestellte Anbieter aus. Bei der Auswahl der Anbieter sollte man aber sehr selektiv vorgehen. Nicht alles, was sich »Ausbildung« nennt, ist auch wirklich eine Ausbildung. Es sollte durchaus aus dem Ausbildungsangebot ersichtlich sein, ob und inwieweit dort tatsächlich Wissen vermittelt wird, das auf echter, langjähriger Erfahrung beruht. Die betreffende Ausbildung sollte zudem möglichst auch auf die echten Zielanforderungen hinsteuern, die am Ende zumindest die Chancen auf Erfolg im Handel erhöhen. Ideal ist es, wenn die Ausbildung auch die Wissensgrundlagen bereitstellt, die am Ende des Lehrgangs einen oder beide der oben genannten Abschlüsse ermöglichen kann. Als Autodidakt kann man sich sicherlich einige wichtige Grundlagen aneignen, aber Aufwand und Nutzen werden kaum in einem sinnvollen Verhältnis zueinander stehen.

Grundsätzlich glaube ich: Ohne eine wirklich umfangreiche Wissensaneignung ist der Schritt in eine Selbstständigkeit als Händler oder Trader ein Spiel mit dem Feuer. Doch erscheint ein entsprechender Lehrgang nur dann sinnvoll, wenn Sie eine Quelle finden, die Sie in jeder Hinsicht unterstützt und deren Wissen Sie förmlich aufsaugen können. Das sollten Sie dann auch tun!

Fertigkeiten im Umgang mit Ihrer Hard- und Software, mit dem von Ihnen gewählten Handelsprodukt und dem von Ihnen genutzten Handelsregelwerk erlangen Sie, wenn Sie zunächst mit simuliertem Handel beginnen und nicht gleich mit echtem Geld an den Start gehen. Vergessen Sie die meist geäußerten Gegenargumente, wonach der Handel mit »Spielgeld« den »echten Kick« vermissen lässt. Hier geht es nicht um »Aufregung« und »Action«. Hier geht es darum, stetige Ertragskurven zu erzielen sowie diese möglichst eng und volatilitätsarm zu entwickeln. Ich werde in diesem Buch mehrfach auf die Notwendigkeit eingehen, die Umsetzung von Handelsregelwerken zu üben, da ich hier eine, wenn nicht sogar **die** Schlüsselkomponente für erfolgreiches Handeln schlechthin sehe. Unterschätzen Sie keinesfalls die Notwendigkeit einer »Automatisierung« Ihrer Handelsfähigkeiten. Bevor Sie nicht sicher in der Anwendung werden, sollten Sie kein echtes Geld in einem Markt einsetzen, in dem es von gedrillten Handelsprofis nur so wimmelt.

Zusammenfassend möchte ich zu Punkt b) hervorheben: Wissen, Fähigkeiten und Handelssicherheit sind das A und O, sie sind wichtiger als alles andere. Das steht an erster Stelle, bevor Sie es überhaupt ernsthaft in Erwägung ziehen sollten, sich selbstständig zu machen.

Zu c): Ich habe während der langen Zeit, in der ich beruflich mit dem Handel an der Börse zu tun hatte, den kurzfristig ausgerichteten Handel (Intradaytrading) als den für mich richtigen und zu mir passenden Handelsstil entdeckt. Mir wurde dieser Bereich nicht zugewiesen, sondern es ergab sich über die Jahre hinweg schrittweise, dass ich in diesem Zeitfenster meine stetigsten Handelsergebnisse erreichte. Dieser Handelsstil liegt mir sicherlich auch deshalb, weil er sich am ehesten mit meiner »Handels- und Bewertungsphilosophie« der Märkte deckt. Ich vertrete die Ansicht, dass Märkte **unbedingt reflexiv** sind und dass dieser Sachverhalt damit natürlich auch auf die Kursbewegungen zutrifft. Ich werde diesen Sachverhalt in einem späteren Abschnitt dieses Buches ausführlich besprechen. Wenn sie aber reflexiv sind, ist die Unsicherheit bei der Prognose weiterführenden Bewegungsverhaltens für mich persönlich zu hoch, als dass ich bereit wäre, davon zum einen meine Erwartung abhängig zu machen, ein regelmäßiges monatliches Einkommen zu erzielen, und zum anderen zu riskieren, meine Rücklagen durch Kursbewegungen aufs Spiel zu setzen, die im Vorfeld kaum zu fassen waren. Ich will damit sagen: Ich benötige keinen Handelsansatz, der meine Strategie- und Planungsfreude befriedigt und mir nach ungewisser Zeit einen möglichen erhofften Gewinn ausschüttet – einhergehend mit allen damit verbundenen Risiken, die ein von Unsicherheiten und Wahrscheinlichkeiten geprägter Markt mit sich bringt. Ich brauche einen Ansatz, der mir bei einem kalkulierbaren Risiko, einem einfachen Regelwerk und einer stabilen, über Jahre andauernden Anwendbarkeit die

Möglichkeit auf regelmäßige Einnahmen gibt. Ich will an jedem einzelnen Tag abrechnen können. Ich will niemals Sklave meiner Position sein. Und ich will mich bei Fehlpositionierungen nicht lange im Ungewissen wälzen oder mich irrigen Hoffnungen hingeben. Ich habe die gängigen Handelsansätze alle durchexerziert – Positions-Trading, Swing-Trading, langes, kurzfristiges und ganz kurzfristiges Daytrading – und ich bin an Letzterem bereits vor Jahren hängen geblieben. Hier werden alle Anforderungen erfüllt, die ich persönlich an meinen Handelsstil stelle. Jetzt könnte jemand kritisch nachfragen, wieso ich mir so sicher sei, dass dieser Ansatz und das präferierte Regelwerk über Jahre hinweg einsatzbereit blieben. Immerhin weiß jeder, der bereits seit einigen Jahren am Markt tätig ist, dass es hin und wieder Modifizierungen und Anpassungen beziehungsweise Verwerfungen der jeweiligen Ansätze geben muss. Ich begründe meine Aussage auch hier mit dem Verweis auf das Zeitfenster. Ich handle nur drei Handelsstile: (1) Ausbrüche, (2) Wiedereinstiege nach Ausbrüchen und (3) Contra-Trades. Und Fakt ist eines: Solange es einen Börsenhandel geben wird und solange sich Kurse entfalten, wird es Ausbrüche geben. Mir ist es völlig egal, ob wir uns in Welle 1 oder A oder 500 XY bewegen. Im kleinsten Zeitfenster wird jeder kleine Impulswechsel über einen Ausbruch eingeleitet. Das kann nur enden, wenn der Handel eingestellt wird oder wenn die Kurse keinerlei Tendenzverhalten mehr an den Tag legen. Aber sollte es jemals so weit sein, dann hat jeder andere Ansatz ebenfalls ausgedient.

Die Wahl des richtigen Marktes und des richtigen Produktes hängt von Ihrem bevorzugten Handelsstil oder -regelwerk ab. Hierzu müssen Sie sich mit den jeweils infrage kommenden Produkten auseinandersetzen und deren Funktions- und Handelsweise hundertprozentig verstehen. Jeder Handelsstil hat sein passendes Produkt. Kombiniert man Handelsstile mit Produkten, die nicht dazu passen, ist das vergleichbar mit dem Versuch, eine Schraube mit einer Nagelfeile einzudrehen.

Wer sich auf den kurzfristig orientierten Handel (Daytrading) fokussieren will, sollte auf hochliquide Märkte (FOREX, Futures-Märkte) zugreifen, da diese die notwendigen Liquiditäten und Volatilitäten mitbringen. Sinnvoll ist es hierbei, sich auf einen Markt, allerhöchstens auf zwei Märkte zu konzentrieren. Nur so lernen Sie diesen auch wirklich kennen, begreifen die Denk- und Handelsweise der anderen Akteure und lernen, im Kursverlauf »Ihres« Marktes auch zwischen den Zeilen zu lesen.

Die richtige Wahl des Brokers, die Synapse zwischen Ihnen und dem Markt, wird ebenfalls meist unterschätzt und oft sogar dem Zufall überlassen. Ich werde Ihnen im hinteren Teil des Buches Hinweise geben, worauf Sie bei der Auswahl Ihres Brokers achten sollten und was Sie unbedingt hinterfragen müssen.

Zu d): Jetzt kommt die Frage der Fragen: Wie ist das mit dem Geld? Prüfen Sie im Vorfeld, was Sie an Kapital benötigen. Sie müssen Ihren Lebensunterhalt bestreiten und somit genug Erlöse erzielen, um Miete, Nebenkosten, Versicherungen, Lebensmittel, Kleidung und alles Weitere regelmäßig bezahlen zu können. Sie müssen an später denken und folglich auch etwas für Ihre Vorsorge tun. Die nötigen Mittel müssen Ihnen wohlgemerkt auch nach Abzug der leidigen Steuern noch zur Verfügung stehen. Sie müssen darüber hinaus berücksichtigen, dass Sie nicht immer gute Handelstage haben werden, sondern selbst bei Einhaltung Ihrer Handelsregeln (Stoppkurs pro Trade, Stoppkurs für den Tag, Stoppkurs für die Woche und für den Monat) hin und wieder eine Durststrecke durchleben können. Diese sollte möglichst nicht über bestehende Reserven abgedeckt werden, sondern durch Reserven besichert sein, die Sie im Handel gebildet haben. Kalkulieren Sie Ihre bestehenden Rücklagen nicht zur Überwindung schlechter Handelsphasen ein, sondern bauen Sie Reserven im Handel auf. Bevor wir zu einer Beispielrechnung kommen, möchte ich noch einmal hervorheben, dass diese Anforderungen aus meiner Sicht am ehesten über einen kurzfristig ausgelegten Handelsstil erfüllt werden können.

Unterstellen wir, Ihre allgemeinen Lebenshaltungskosten belaufen sich auf 2500 Euro netto. Rechnen wir zu dieser Summe eine weitere angestrebte Altersvorsorge in Höhe von 200 Euro netto pro Monat hinzu und addieren wir außerdem 1000 Euro für die Reservebildung. Damit lägen Sie über dem Durchschnittseinkommen in Deutschland. Ich möchte hier und jetzt auch nicht diskutieren, ob die angenommenen Werte zu hoch oder zu niedrig angesetzt wurden, darum geht es nicht. Es geht um das Prinzip. Am Ende des Tages muss jeder für sich selbst eine entsprechende eigene Rechnung aufmachen.

Somit wären wir also bei 3700 Euro netto, die jeden Monat auf Ihrem Handelskonto im Plus stehen müssten. Bei einem unterstellten Abzug durch die Abgeltungsteuer in Höhe von 25 Prozent kämen somit noch einmal 925 Euro pro Monat hinzu. Dies entspräche einem notwendigen Jahreseinkommen von 55.500 Euro.

Rechnen wir das auf FDAX-Punkte um (ich halte mich jetzt mal an meinen bevorzugten Markt), müssten wir jeden Monat (also in durchschnittlich 20 Handelstagen) 185 Punkte verdienen. Da Kommissionen anfallen, rechnen wir zur Bezahlung der Handelskosten noch einmal einen diskretionär gewählten Betrag von 50

Punkten im Monat dazu.[11] Entsprechend sind 235 Punkte im FDAX das Monatsziel, um die oben angesetzten Kosten sicher abdecken zu können. Auf den Tag heruntergebrochen sprechen wir demnach von 12 Punkten, die jeden Tag, von Montag bis Freitag, im Durchschnitt auf unser Konto kommen müssen.

Ist das ein realistisches Ziel? Wir müssen uns somit fragen: Wie realistisch ist es, möglichst regelmäßig Gewinne zu realisieren? Und welchen Kapitalbetrag benötigen wir, um überhaupt eine Chance zu haben, möglichst regelmäßig Gewinne einzufahren?

Kommen wir jetzt zur kritischsten Frage in diesem Zusammenhang. Mit deren Beantwortung kann man sich nämlich sehr rasch harsche Kritik einhandeln: Wie viel Kapital benötigt man denn jetzt (realistisch), um eine echte Chance zu haben, im FDAX tagtäglich 12 Punkte zu verdienen? Ich baue deshalb gleich vor, weil nach der Beantwortung wieder die Renditerechner auf den Plan kommen und versuchen, Investmentrenditen mit Daytrading-Renditen gleichzusetzen, ohne zu berücksichtigen, dass hier Äpfel mit Birnen verglichen werden. Da dieses Thema aber am Ende einen sehr zentralen Aspekt darstellt, um den herum sich der Kreis all unserer Ausführungen schließen wird, werde ich die Kapital- und Ertragsfrage im folgenden Kapitel noch einmal konkret besprechen.

Für den Anfang soll reichen: 1 FDAX (Future auf den DAX), gehandelt über einen durchschnittlich guten Broker, benötigt 10.000 Euro Margin. (Hier variieren die Anforderungen der Broker. Bei der EUREX selbst liegen derzeit die Margin-Anforderungen deutlich höher, aktuell bei etwa 21.000 Euro). Jetzt rechnen wir den zweifachen maximalen Punkte-Drawdown des letzten Jahres hinzu. Sagen wir, der maximale Drawdown hätte bei 100 Punkten gelegen. Dann kämen wir also auf 2500 Euro mal 2, was weitere 5000 Euro Mindestanforderung wären. Jetzt multiplizieren wir die Summe von 15.000 Euro zur Sicherheit nochmals mit 2 und kommen auf ein Minimalkapital von 30.000 Euro Handelskapital pro Future. Da ich risikoavers eingestellt bin, multipliziere ich in der Regel diese Summe noch einmal mit 2, um noch einen zusätzlichen Sicherheitspuffer einzubauen, folglich lägen wir jetzt bei 60.000 Euro.

Das heißt: Unter der Maßgabe, wir verfügen über das entsprechende Know-how, wir haben uns Fertigkeiten und Fähigkeiten in einer guten und sinnvollen Ausbil-

---

[11] Diese 50 Punkte sind diskretionär gewählt, da die Höhe der Transaktionskosten individuell von der Anzahl der getätigten Trades und von der Kostenstruktur des genutzten Brokers abhängen.

dung oder durch eine Trading-Begleitung erworben und wir bringen in der Simulation ein stetiges Ergebnis (welches möglichst oberhalb des Mindesttageszieles liegt), sollten 60.000 Euro für den Handel eines FDAX-Kontraktes ausreichen. Wichtig ist hierbei: Falls das Risiko erhöht wird, etwa indem nicht ein Kontrakt, sondern zwei Kontrakte gehandelt werden, muss natürlich auch das Margin-Kapital entsprechend steigen.

Ganz wichtig ist hierbei: Ziel muss es immer sein, die Überschüsse aus dem Handel zu nehmen, um damit einerseits die Kosten zu decken und andererseits Reserven aufzubauen (Altersvorsorge und Überbrückungsreserven). Die Reserven werden nicht in diese Handelsform reinvestiert, sondern so konservativ und sicher wie nur irgend möglich angelegt. Es geht bei den Reserven nicht um einen weiteren Topf, der dazu da ist, Rendite zu erwirtschaften. Hier geht es einzig und allein um Sicherheit, Sicherheit und noch einmal Sicherheit. Ihr Handelskapital bleibt bei der errechneten Margin-Summe.

3 Persönliche Voraussetzungen, die beachtet werden sollten

Kommen wir jetzt zu den persönlichen Voraussetzungen, die Sie unbedingt bei Ihrer Entscheidungsfindung berücksichtigen müssen. Ich möchte diese wie folgt definieren:

a) Haben Sie realistische Vorstellungen davon, was es bedeutet, jeden Tag in einem Markt von Unsicherheiten die Sicherheit des eigenen Überlebens erwirtschaften zu müssen?

b) Sind Sie bereit, viel Arbeit, Zeit und Fleiß in diese Berufung zu stecken?

c) Wie steht Ihre Familie zu diesem Projekt? Was sagt Ihr Ehe- oder Lebenspartner, Ihr Freund oder Ihre Freundin dazu? Unterstützen die Personen, die Ihnen nahestehen, Sie und Ihr Projekt?

Man könnte sicherlich noch weitere Fragen in die Runde werfen, aber ich glaube, damit sollten einige wichtige Eckpunkte abgedeckt sein.

Zu a): Welches sind denn die gängigsten Klischees vom selbstständigen Handel? »Geld wie Heu« und »Freizeit ohne Ende«. Es wird den ganzen Tag gefeiert und das, was man zum Leben braucht, holt man sich mit ein paar raschen Klicks an der Börse. Zugegeben, das ist jetzt sehr überspitzt, aber so oder ähnlich wird das Händlerleben ja gern beschrieben. Tatsache ist, dass die angestrebten Ziele nur schwer erreicht werden können. Ich persönlich denke, es ist nicht der schlussendliche Handel, der das Erreichen dieser Ziele erschwert, es ist mangelndes Wissen, mangelndes Können, mangelnde Disziplin – jedes für sich oder all diese Faktoren zusammen.

Man liegt sicherlich nicht verkehrt, wenn man sagt: 80 Prozent eines erfolgreichen Trades werden im Vorfeld geleistet, im Kopf. Das »Klicken eines Trades« am Ende des Prozesses ist der kleinste Beitrag. Und ein bisschen Glück bei jedem Trade gehört ohnehin mit dazu, da sind wir uns alle einig. Aber im Vorfeld muss Ihnen klar sein, dass Sie der Unsicherheit und Reflexivität des Marktes nur begegnen können, wenn Sie ein nüchternes Handelsregelwerk als Fundament Ihrer Handelsaktivität auch nüchtern umsetzen. Das müssen Sie tun – losgelöst von jeder Hoffnung oder Erwartungshaltung, ohne Zagen und Bangen. Sie können ja auch beim Autofahren nur erwarten, dass Sie sicher am Ziel eintreffen werden, wenn Sie das Führen eines Autos mit all den Fertigkeiten, die dazugehören, auch sicher beherrschen.

Zu b): Sie werden viel Zeit vor dem Rechner verbringen. Sie werden auch Stunde für Stunde davorsitzen, ohne in den Markt zu kommen. Sie müssen diszipliniert genug sein, dann nicht in Aktionismus zu verfallen und einen Trade erzwingen zu wollen. Sie müssen eine gesunde Einstellung zu Verlusten haben: Wir sitzen diese nicht aus, sondern befreien uns von der Last falsch laufender Trades. Zudem müssen Sie sich jederzeit wie ein externer Dritter richtig bewerten können. Sie führen jeden Tag Ihre Performanceliste und analysieren täglich Ihre Fehl-Trades. Sie haben klare Risikolimits für den Tag, für die Woche, für den Monat. Ein abendliches abschließendes Handelstagebuch ist für Sie eine Selbstverständlichkeit.

Darüber hinaus ist es laut meiner persönlichen Erfahrung sehr sinnvoll, sich eine Onlinetrader-Gemeinschaft zu suchen, in der ein sachlicher und konstruktiver Dialog mit Gleichgesinnten und erfahrenen Tradern geführt wird. Achten Sie dabei auf Medien, die weniger von Selbstdarstellern bevölkert sind als eher von Akteuren, die Ihnen echten Mehrwert bringen. Alles andere wäre Zeitverschwendung. Eine solche Online-Gemeinschaft simuliert Handelsgemeinschaften, fördert die Disziplin und schärft den Blickwinkel.

Zu c): Der Blick auf die Familie, auf Freunde und Lebenspartner soll nicht an letzter Stelle stehen, das ist ein ganz wichtiger Punkt im Leben eines Traders. Wenn Sie Trader werden wollen, müssen alle sich daraus ergebenden Konsequenzen in Ihrem Familien- und engsten Freundeskreis besprochen sein. Diese Art von Arbeit fordert nicht nur von Ihnen, sondern auch von Ihren Lieben eine Menge ab. Das größte Opfer ist die Zeit, die Sie nicht mit Ihren Lieben verbringen können. Besonders in der Anfangsphase werden Sie keine geregelten Arbeitszeiten haben, solange Sie nicht zu 100 Prozent Ihren persönlichen, gefestigten Trading-Stil und die daraus resultierenden Handelszeiten gefunden haben.

Darüber hinaus gilt es immer zu bedenken: Sie handeln mit dem Geld Ihrer Familie. Das heißt, Verluste trägt Ihre Familie 1:1 mit. Besonders sensibel wird dieses »System«, wenn Ihre Familie direkt am Tropf Ihrer Handelserfolge oder -misserfolge hängt. Sprechen Sie im Vorfeld alles mit Ihrem Ehe- oder Lebenspartner durch. Lassen Sie diese Person an Ihrem Vorhaben, Ihrem Geschäftsplan teilhaben. Ich spreche aus eigener Erfahrung, wenn ich postuliere, dass eine starke Partnerschaft die Basis bildet, um erfolgreich zu handeln. Denn der Handel an sich, das Leben für den Markt und die Unterordnung unter die Notwendigkeiten, die dieses Geschäft Ihnen auferlegt, sind zweifellos eine mächtige Belastung und eine Bewährungsprobe für Sie und Ihre Familie.

Bei allem Wenn und Aber möchte ich dennoch einen Stab für das Trading brechen. Für mich persönlich ist es die aufregendste, herausforderndste und begeisterndste Berufung, der man sich stellen kann. Sie ist absolut ehrlich und in jeder Hinsicht konsequent. Es gibt keinerlei Grautöne, keine Scheinheiligkeiten und Missstimmungen, wie man diese in anderen Berufen erleben kann, Sie werden für Ihre Leistung reichlich belohnt und für Ihre Fehler kompromisslos bestraft. Und vielleicht ist es gerade das, wodurch das Trading zu einem Lebensinhalt wird.

4 »Rendite ist Rendite – hier wirkt die Schwerkraft«

»Dauerhaft 92,50 Prozent Rendite? Unmöglich ... Rendite ist wie Schwerkraft, man kann sie nicht dauerhaft überwinden!« So oder ähnlich wäre eine nachvollziehbare Reaktion, wenn wir uns bei der Berechnung des vorzuhaltenden Handelskapitals mit diesem Thema auseinandersetzen. Wir hatten unter Berücksichtigung diverser fachlicher Eignungskriterien und der Tatsache, dass wir für den Handel eines Future-Kontraktes eine Margin und mehrere »Sicherheitspuffer« brauchen, einen Mindestkapitalbetrag von 60.000 Euro errechnet, um ein angestrebtes Ziel von etwa 55.500 Euro pro Jahr zu erwirtschaften.

Es ist wichtig, diese Einschätzung auf ihre Machbarkeit hin abzuklopfen. Beginnen wir zunächst mit der Errechnung der wirklichen Rendite. Natürlich sind es keine 92,50 Prozent, die notwendig sind, um 55.500 Euro im Jahr mit einem gerechneten Handelskapital von 60.000 Euro erwirtschaften zu können. Wie wir im Kapitel zur Produktschulung sehen werden, gibt es einen Unterschied zwischen der Margin und dem rechnerischen Wert eines Futures. Bevor wir uns damit jedoch im Detail beschäftigen, soll vorab festgehalten werden, dass ein Future in der Realität einen deutlich höheren Kapitalbetrag darstellt, als die Margin repräsentiert. Der reale Kapitalbetrag eines DAX-Future, den wir hier besprechen, berechnet sich nach der Formel: DAX-Indexstand multipliziert mit 25. Bei einem Indexstand von 10.000 beträgt folglich der Wert eines FDAX 250.000 Euro. Das heißt, wenn wir schon den klassischen Renditeansatz rechnen wollen, dann müssen wir pro Future ein Ausgangskapital von einer viertel Million Euro unterstellen. Damit reduziert sich die rechnerische Rendite von ursprünglich unterstellten 92,50 Prozent bei einem Jahresertragsziel von 55.500 Euro auf 22,20 Prozent (was natürlich noch immer eine beachtliche Jahresrendite darstellt).

In diversen Gesprächen mit anderen Tradern wird in diesem Zusammenhang regelmäßig die Frage aufgeworfen, ob bei einer Renditeberechnung nun das zu hinterlegende Kapital zugrunde gelegt werden muss oder das reale Gewicht des Futures, nämlich der Betrag, den der Future real repräsentiert. Ich vertrete die Ansicht, dass wir (sofern wir unsere Arbeit mit anderen klassischen Investments in der Renditebetrachtung vergleichbar machen wollen) auf das reale Gewicht des Future zurückgreifen müssen. Jede andere Methode würde das Ergebnis im Handel mit Hebelprodukten nämlich unverhältnismäßig verzerren. Denn auf welche Rechengröße greifen wir denn sonst zurück? Weder ein Future noch ein CFD[12] (ebenfalls ein gehebeltes Finanzprodukt, das nur über eine Margin-Hinterlegung gehandelt wird – ich werde im Abschnitt »Produktschulung« darauf näher eingehen) werden real, also gegen Zahlung eines Investitionsbetrages, ge- oder verkauft. Streng genommen fließt überhaupt kein Geld im Sinne eines Investitionsbetrages, was eine Renditerechnung somit mathematisch unmöglich macht. Es wird einzig eine Sicherheitsleistung in Form einer Margin hinterlegt, die nur einen Bruchteil des Kapitalbetrages des Basiswertes ausmacht.

---

[12] Die Abkürzung CFD steht für Contract for Difference und wird im deutschen Sprachraum als Differenzkontrakt bezeichnet.

Ist es somit dennoch gerechtfertigt, unseren Anfangsbetrag, den wir als Handelskapital zur Erwirtschaftung unseres Jahreszielbetrages von 55.500 Euro brauchen, auf Margin plus Drawdown plus Sicherheitspolster zu begrenzen? Ja, das ist es! Und es ist auch keinesfalls leichtfertig, bei einem entsprechenden Zielertrag eine entsprechende Ausgangsgröße zu postulieren. Wie wir in den folgenden Kapiteln sehen werden, unterliegt die hier besprochene Handelsart, das sehr kurzfristig ausgerichtete Daytrading, einer rigorosen Risikokontrolle durch klar definierte Stoppkurse pro Trade, einem strikten Stopp-Kurs-Management pro Tag, pro Woche und pro Monat. Dieses strikte, in den hinteren Kapiteln beschriebene Vorgehen verhindert eine rasche Kapitalvernichtung. Es erhöht die statistische Chance, tatsächlich einen stetigen Ertragszuwachs zu erzielen. Die entscheidende Voraussetzung hierbei ist jedoch, jene Rahmenbedingungen zu schaffen, die eine entsprechende Arbeitsweise ermöglichen, wie wir sie postulieren.

5 Unser Arbeitsplan, um das Traden zu erlernen

Die Handelsabteilungen der Banken und Hedgefonds strotzen nur so von bestausgebildeten, extrem ehrgeizigen und auf den Markt trainierten Experten. Es gibt keine Zweiteilung des Marktes – zum einen in einen Markt für Profis und zum anderen in einen Markt für Anfänger, Hobbytrader oder semiprofessionelle Trader. Vielmehr ringen wir alle in einem Markt um das gleiche Tortenstück. Deshalb ist es für jeden von uns existenziell wichtig, den Beruf eines Traders als eben genau das zu sehen, was er ist: nämlich ein Beruf. Damit versteht sich von selbst, dass wir eine umfassende Schulung, Ausbildung und Weiterbildung durchlaufen sollten, um uns in einem Börsenmarkt kontinuierlich behaupten zu können. Die Ausbildung wird niemals enden. Wir werden nie sagen können: »Jetzt weiß ich aber genug!« Aber wir benötigen dennoch ein Mindestmaß an theoretisch-fachlichem und praktischem Wissen, bevor wir mit Echtgeld richtig an den Start gehen.

Ich beginne die Strukturierung unseres Arbeitsplans, um uns auf die Arbeit als selbstständige Trader vorzubereiten. Eine sinnvolle und zweckmäßige Ausbildung umfasst einen stetigen Wechsel zwischen Theorie und Praxis[13].

---

[13] Der stetige Wechsel zwischen Theorie und Praxis ist ein Vorgehen, wie es sich in der Ausbildung von Berufshändlern in der Praxis durchaus bewährt hat, doch muss diese Vorgehensweise nicht die einzig »richtige«. sein. Abweichend vom durchgeführten Ablaufplan der Ausbildung im Berufshandel halte ich gerade für den privaten Trader auch die rein lineare Ausbildung für sinnvoll. Dabei wird zunächst der gesamte theoretische Inhalt erarbeitet und vertieft. Dann wird die Arbeitsweise mit der Handelsoberfläche erlernt, trainiert und gefestigt. Schließlich beginnt der Handel in der Simulation. Am Ende steht schließlich der Wechsel in den Echtgeld-Handel.

Wie meine bisherige Praxis in der Ausbildung junger Trader zeigt, ist der Sinn dieser engen Verflechtung jedoch zu Beginn der Ausbildung nicht jedem klar. Mitunter herrscht die Meinung vor, den Ausbildungsfokus mehr auf die Praxis zu legen und die Theorie eher als Notwendigkeit zu akzeptieren, mit allen Konsequenzen im Hinblick auf den persönlichen Einsatz in der Ausbildungsphase. Dieser Effekt verstärkt sich, wenn sich die Theorie solchen Themen wie der Optionspreistheorie oder der Struktur der Börse (in unserem Falle der Struktur der EUREX) zuwendet. Hier wird der vermutete Spalt zwischen Notwendigkeit und notwendigem Übel mitunter sehr breit. Doch gilt es, dieser Ansicht und Einstellung entgegenzuwirken.

Tatsächlich hängen Theorie und Praxis sehr eng zusammen. Ich möchte sogar behaupten, die Praxis ergibt sich aus dem Primat der Theorie. Es gibt keine wirklich guten Händler, die nicht auch Experten ihres Marktes mit all seinen Facetten sind.

In meinen ersten Jahren als beruflicher Händler an der Börse habe ich mich mit der damals noch vergleichsweise spärlichen Fachliteratur auseinandergesetzt. Heute steht uns kommerziell ein deutlich größeres Angebot zur Verfügung, aber die inhaltliche Struktur ist weiterhin unverändert: Es werden überwiegend Schwerpunktthemen vorgestellt oder vertiefend erklärt, die sich mit Handelsumsetzungsmöglichkeiten befassen. Damit wird der Blickwinkel des Lesers jedoch sehr einseitig in eine eher »mechanische« Richtung gelenkt. Das fördert die Überzeugung, dass man mit Vertiefungen, die einzelne Schwerpunkte beleuchten, das Handwerk erfolgreich umzusetzen lernt. Doch kratzt meiner Ansicht und Erfahrung nach eine solche Vorgehensweise entweder nur an der Oberfläche oder sie verfehlt ihr Ziel gänzlich. Aus meiner Sicht ist ein umfassendes Wissen über Produkt, Analysemethoden und Handelsregelwerk nicht unsere Hauptwaffe im Markt, sondern ein unbedingtes und nicht zu ersetzendes Ergänzungsmaterial. Wirkliche Schlagkraft erzielen wir erst, wenn wir uns mit dem wahren Motor der Märkte befassen, den Akteuren im Markt. Jene, welche die Märkte erst in Bewegung bringen, jene, die bei der Umsetzung ihrer eigenen Interessen und Zielstellungen mit den ihnen zur Verfügung stehenden Produkten und im Rahmen ihrer praktischen, aber auch juristischen Möglichkeiten die handelbaren Impulse erst ins Laufen bringen.

Ich habe in den ersten Jahren eines gelernt: Es kommt auf den Blickwinkel an, mit dem wir an das Handelsgeschehen herangehen. Die Börse ist nicht so abstrakt, wie viele denken. Sie ist nicht mechanisch getrieben, wie man angesichts mechanisch ableitbarer Analysemethoden (technische Analyse, Elliot-Wave-Ansatz oder auch die Gann-Theorie) unbewusst zu unterstellen beginnt. Die Börse spiegelt unser menschliches Verhalten wider und damit unser ureigenstes Denken, unsere Emotion. Diese Faktoren führen schlussendlich zu konkreten Handelsaktivitäten. Sie sind es, die den Bruch einer Signallinie verursachen oder den überraschenden Impulswechsel. Diesen Aspekt müssen wir im Kern unseres Marktverständnisses jederzeit beachten. Das müssen wir uns beim Lesen der Kerzen, bei der Interpretation der Impulsstärken, bei der Bewertung von möglichen Impulswendepunkten u. Ä. immer vor Augen halten. Wenn wir verstehen, welches die wirkliche Ursache einer Impulsbewegung ist (oder mit hoher Wahrscheinlichkeit sein könnte, denn eine hundertprozentige Gewissheit werden wir nie erlangen) und dies in Verbindung bringen können mit der Wirkung der eingesetzten Handelsprodukte, steigen unsere Chancen auf regelmäßige Erträge. Zudem verringert das Wissen um Ursache und Wirkung in Bezug auf das, was am Markt geschieht, die Unsicherheit, die hemmend wirkt und zu Fehlern führt.

Doch es gibt noch einen ganz pragmatischen Grund für das unbedingte Verstehen der Denk-, Arbeits- und Vorgehensweise der Akteure im Markt: Wir bewegen den Markt nicht. Wir sind allein schon vom Handelsvolumen her so klein, dass jede Transaktion, die wir tätigen, keine Auswirkungen auf den Markt hat. Hinzu kommt, dass wir im Zeitfenster des Daytradings noch weit mehr als in anderen Handelszeitfenstern davon abhängig sind, uns von anderen Marktakteuren tragen zu lassen. Unter sehr kurzfristig orientierten Tradern bezeichnet man die größeren, tonangebenden Marktteilnehmer als Wirte. Konkret besteht unser Ziel im Daytrading somit darin, bei jeder von uns getätigten Transaktion im Markt auf einen Wirt zu treffen, der uns ein kurzes Stück im Markt trägt und uns so zu unseren Punkten verhilft. Wir werden diesen Sachverhalt noch vertiefen, jetzt soll diese Vorstellung zunächst einmal reichen. Diese Tatsache verdeutlicht, dass wir all unser Bestreben im Markt nicht darauf richten, mit unserer Einschätzung zum Marktgeschehen richtig zu liegen, sondern das Umfeld und die wahrscheinlichsten Aktivitätsinteressen unseres Wirtes richtig und vor allen Dingen rechtzeitig abzuschätzen. Dazu müssen wir unseren Wirt kennen. Wir müssen wissen, wie er handelt, was er kann und was er nicht kann. Wir müssen verstehen, worauf dieser achtet und wie er wiederum durch seine Aktivitäten, aber auch durch seine gehandelten Produkte den Markt beeinflussen kann. Deshalb müssen wir alles wissen, was ihn, aber auch was seine Wirte betrifft. Wir benötigen ein sehr umfangreiches Wissen über alles, was sich im Markt um uns herum entwickelt und entfaltet. Zudem müssen wir ebenfalls wissen, welche Effekte daraus resultieren und wie wir versuchen können, sie zu unseren Gunsten auszunutzen. Unsere geringe Größe im Markt verschafft uns einen ganz bedeutenden Vorteil im Handel – wir sind extrem flexibel. Wir können schneller reagieren als Akteure, die ein Vielfaches unserer Positionsgrößen handeln und damit naturgemäß träger sind.

Somit sind Theorie und Praxis nicht getrennt zu betrachten, sondern die praktische Umsetzung ist das Resultat unseres theoretischen Wissens und der sich daraus ergebenden Konsequenzen.

Diesem Sachverhalt werde ich im Aufbau dieses Buches Rechnung tragen. Abwechselnd werde ich praktisch relevante Aspekte darstellen und sie dann mithilfe der Theorie untermauern. In der professionellen Ausbildung von Tradern wird, wie in jeder Ausbildung, mit einem Grundthema begonnen, das dann immer komplexer auf- und ausgebaut wird. Das ermöglicht einen Blick über den Tellerrand. Und die Zusammenhänge der verschiedenen Teilbereiche werden deutlich und logisch.

Wir müssen natürlich irgendwo beginnen, den ersten Faden aufnehmen. Erfahrungsgemäß ist der Bau des Fundaments der geeignetste Weg zu starten und so wollen wir es auch hier halten. Unser Gehirn ist unser wichtigstes Arbeitswerkzeug. Hier verarbeiten wir alle auf uns einwirkenden Reize, kategorisieren diese, ziehen Schlussfolgerungen und reagieren. Wir interpretieren, bewerten, entscheiden mit ihm. Somit wird sich der erste Themenkomplex mit dem Verstehen unseres primären Arbeitsinstrumentes befassen. Wir wollen zumindest in Umrissen verstehen, wie wir denken und handeln. Die Arbeitsweise unseres Verstandes ist letztendlich der Schlüssel zum Erfolg. Kennen und verstehen wir nicht, warum wir sind, wie wir sind, werden wir viele Hürden auf dem Weg zu einer erfolgreichen Trader-Laufbahn nicht überwinden können. Das Verständnis, wie wir denken, wie wir unsere Umwelt reflektieren und darauf reagieren, bildet das Fundament unserer Ausbildung. Die hier gewonnenen Erkenntnisse tangieren sowohl die praktischen als auch die theoretischen Folgethemen.

Der zweite Themenkomplex fokussiert auf den regelbasierten Handel. Ich möchte die Vorgehensweise an einer Analogie festmachen, dem Erlernen des Autofahrens. Die ersten praktischen Handfertigkeiten erlernen wir auf dem Übungsplatz, jenseits von Fußgängern und Verkehr. Hier besteht das Ziel der Ausbildung darin, Aktivitäten zu erlernen, die wir in der späteren Praxis intuitiv, also unterbewusst durchführen. Wir betätigen später das Gas, Bremse und Kupplung, ohne bewusst darüber nachzudenken. Die Abläufe sind geschmeidig und automatisch, der Kopf ist frei für die Erfassung und Bewertung der Verkehrslage, das angepasste Fahrverhalten vollziehen wir ohne kognitive Anstrengung.

Haben wir die Grundfertigkeiten verstanden, kombiniert mit einem prüfbaren theoretischen Wissen zu Verkehrsregeln und Fahrweisen, erhöht der Fahrlehrer die Komplexität und wir wechseln in den realen Straßenverkehr. Die von uns zu verarbeitenden Reize nehmen zu und werden vielschichtiger. Was sich jetzt in unserem Gehirn abzuspielen beginnt, können Sie bereits mithilfe Ihres Wissens aus dem ersten Themenkomplex einordnen. Es ist gerade dieser Vorgang, der es uns erlaubt, zunehmend sicher und souverän am Straßenverkehr teilzunehmen.

Das Erlernen des regelwerkorientierten Handels (Phase 1), die praktischen Übungen auf der Handelsoberfläche, das Verstehen und Akzeptieren der Anwendung von Stopp- und Zielkursen, kommt dem Lernen auf dem Übungsplatz gleich. Das Regelwerk steht in diesem Lernabschnitt noch an erster Stelle und stellt somit das Primat in der Entscheidungsfindung dar. Das konsequente Handeln nach Regelwerk soll zweierlei bewirken: Erstens vermittelt es Disziplin, zweitens werden die ersten Handelsgrundlagen im Gehirn »automatisiert«.

Konsequentes Handeln eines Regelwerkes verlangt **Disziplin und emotionale Unterordnung**. Jeder, der sich schon einmal mit dem Handel an der Börse beschäftigt hat, weiß, wie dominant emotionale Reaktionen auf unser Entscheidungsverhalten wirken können. Temporäre Erfolge verführen zu Leichtsinn und Überheblichkeit, Misserfolge können uns zu Aktivitäten hinreißen, die am Ende kaum noch als rational beschrieben werden können. Verluste lassen in uns Gefühle der Rache oder des Unverstandenseins hochkochen. Wir wollen unser Geld zurückholen und sehen uns in der Opferrolle. Ein Regelwerk verbannt auf der einen Seite unsere Emotionen in die hintere Reihe, auf der anderen Seite zwingt es uns zu strikter, aber auch stetiger Umsetzung der Handelssignale. Hier kämpfen wir gegen Zweifel und emotionale Schnellschüsse an. Zudem ist es ratsam, uns eine gewisse Stetigkeit anzugewöhnen, was besonders im Kurzfristhandel von Bedeutung ist. Wir überführen Einzelschritte im Umsetzungsablauf in den automatischen Ablauf. Neurobiologen erklären diesen Ablauf so, dass eine dauernde, sich stets wiederholende Beschäftigung mit den gleichen Dingen zunächst zu einer immer wieder ähnlichen Stimulierung der dafür eingesetzten neuronalen Vernetzungen im Gehirn führt. Es geht also um das Einüben immer gleicher Abläufe: den Einstieg und Ausstieg aus einer Position nach Regelwerk, das dauernde Aufspüren eines vergleichsweise einfachen Kursmusters, aus dem heraus eine Position eingegangen werden soll (Ausbruchs-Trade), und die stetige Beschäftigung mit einem Wiedereinstieg nach Regelwerk. Je häufiger dieser Aktivierungsprozess erfolgt, desto schneller beginnen die jeweils notwendigen Reiz- und Informationsübertragungen an den Synapsen der einzelnen Nervenzellen abzulaufen. Das geschieht dadurch, dass die Erregungswirkung der jeweiligen Synapsen verstärkt wird. Im Netz der Neuronen im Gehirn werden dadurch mit der Zeit diejenigen Impulswege ausgeweitet, die häufig genutzt werden. Dieser Vorgang führt bei regelmäßiger Fortführung schlussendlich zu einer »festen Verdrahtung«, sodass wir nicht mehr bewusst über die Grundlagen unseres Trading-Ansatzes nachdenken müssen. Gleiches gilt für die Beherrschung der Handlungsabläufe auf unserer Handelsoberfläche. Handelsfehler durch falsches Einstellen von Orders, Verwechslungen von Ordertypen, das Verwechseln von »Buy« und »Sell« – diese typischen Anfängerfehler nehmen immer mehr ab. Irgendwann beherrschen Sie Ihre Handelsoberfläche im Schlaf.

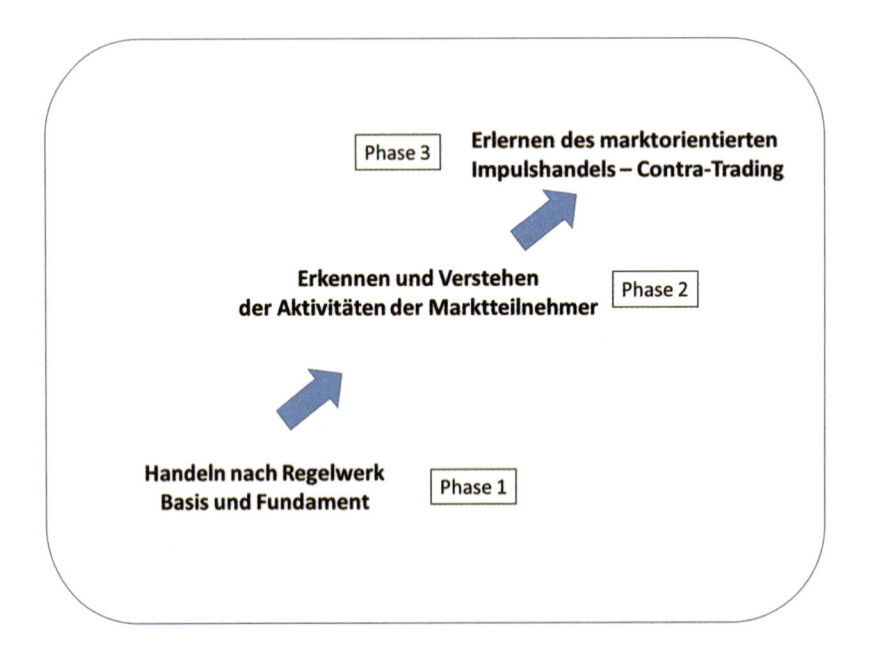

Phase 3 — **Erlernen des marktorientierten Impulshandels – Contra-Trading**

Erkennen und Verstehen der Aktivitäten der Marktteilnehmer **Phase 2**

Handeln nach Regelwerk Basis und Fundament **Phase 1**

Das Handeln nach Regelwerk zu verinnerlichen ist Mittel zum Zweck. Bewusst blenden wir in Phase 1 den Fokus auf Marktteilnehmer, andere, intuitive Einstiegsmöglichkeiten und alles andere aus und heben das Regelwerk an die erste Stelle. In der Anfangsphase ist dieses Vorgehen auch für jeden beginnenden Trader kein mentales Problem: Alles ist neu, der Adrenalinspiegel im Blut ist hoch, die Aufnahmebereitschaft groß. Doch je weiter man in Phase 1 voranschreitet, je mehr das Handeln nach Regelwerk zur Routine wird, desto mehr setzt ein kritischer Prozess ein: Die zunehmende Routine führt zu kleinen, kaum auffälligen Unaufmerksamkeiten. Diese werden erst im Nachhinein bewusst, nachdem schon ein Fehler passiert ist und Verluste gebracht hat. Unser kognitives System beginnt, sich zu langweilen, und ruft wieder nach Einsatz. Diesem Impuls nachzugeben würde bedeuten, falschen Schlussfolgerungen zur Vorgehensweise beim Erlernen des Tradings zu ziehen. Folglich muss die Komplexität der Informationsreize auf unser Gehirn erhöht werden, damit die kognitiven Verarbeitungsprozesse breiter gefasst und beschleunigt werden.

Hier knüpft der dritte Themenkomplex des Buches an. Er umfasst das Herzstück unseres Marktverständnisses. Hieraus werden alle Handelsentscheidungen generiert. Die Aktivitäten Dritter zu verstehen, um deren Vorgehen zu wissen, die Wirkungsweise ihrer eingesetzten Handelsprodukte zu kennen und ihre mögliche Positionslage nachzuvollziehen, führt zu einer Aktivitätsentscheidung. Diese dann aber umzusetzen, erfolgt im Idealfall nicht mehr bewusst, sondern intuitiv, so ähnlich wie beim Autofahren das Anfahren oder das Schalten in einen höheren Gang.

Im Themenkomplex 3 lege ich den Fokus auf die in unserem Markt agierenden Marktteilnehmergruppen. Ich bespreche die Motivationen und Arbeitsweisen der jeweiligen Marktakteure. Es wird das bereits angesprochene Spurenlesen sein, das uns am Ende befähigen soll, Bewegungstendenzen im Kursverlauf rasch zu erfassen und auszunutzen sowie Ein- und Ausstiege zeitlich zu optimieren.

In der praktischen Ausbildung haben wir bis hierher die Marktteilnehmer nicht berücksichtigt, um das Handeln nach Regelwerk zu erlernen und ungestört zu festigen. Doch jetzt wechselt in dieser Ausbildungsphase das Primat. Das Regelwerk zu beherrschen und konsequent umzusetzen war das Primat der anfänglichen Ausbildungsphase, jetzt rutscht es an die zweite Stelle. Am wichtigsten ist es jetzt, alle Informationen zu verarbeiten, die uns der Markt verrät. Es geht darum, zu verstehen, was wirklich los ist. Die Herausforderung ist, in diesem Interpretationsprozess (losgelöst von der finalen praktischen Umsetzung) keine Routine zuzulassen. Wir hinterfragen die Bewegungsimpulse, was allerdings voraussetzt, dass wir die Teilnehmergruppen kennen, deren Arbeitsweise verstehen und ihre Ziele einordnen können. Der Markt gibt vor und wir reagieren oder agieren konsequent im Rahmen der klaren Umsetzungsmöglichkeiten, die wir uns anfangs antrainiert haben. Das spart zum einen unglaublich Zeit im Entscheidungsprozess – jene Zeit, die wir im Scalping oder Daytrading ohnehin brauchen – und es gibt unserer Aktivität Struktur und Sinn und verhindert emotionales Chaos.

Der vierte Teil des Buches konzentriert sich wieder auf die praktische Ebene, nämlich die Weiterentwicklung des Handels über das Regelwerk hinaus. Wir beginnen, in den Markt einzutauchen und ihn zu verstehen. Entsprechend passen wir unseren

Handelsstil an. Teil 4 des Buches befasst sich folglich mit der Vermittlung und dem Training der sogenannten Contra-Trades, deren Philosophie von klaren, feststehenden Handelsregelwerken losgelöst ist. Hier beginnen die Improvisationen der erlernten Grundmuster. Das Regelwerkdenken sollte gefestigt sein, der Handlungsablauf fest im Hirn verankert als automatischer Ablauf, wir kommen immer rascher in den Flow des Marktes. Jetzt können die regelwerkarmen Contras zu einem festen Bestandteil des Handels werden, weil diese entsprechend der Marktinterpretation eingesetzt werden und damit das regelwerkorientierte Trading bereichern. Der Handel wird elastisch und damit deutlich geschmeidiger.

Das Verständnis für Handeln nach Regelwerk ist unabdingbar verknüpft mit potenziellem Erfolg im Trading. Aber sein wirklicher Wert liegt darin, unseren Handel zu disziplinieren und ihm Struktur und Form zu geben.

Die Reihenfolge der einzelnen Ausbildungsschritte einzuhalten (und hier besonders die praktischen Bestandteile) ist zwingend. Wie die bisherige Praxis zeigte, wird ein Händler über kurz oder lang scheitern, wenn er das Fundament eines jeden Handelserfolges, nämlich das Handeln nach Regelwerk, nicht beherrscht. Weichen wir im Übereifer etwa wegen einer Falschbewertung unseres tatsächlichen Entwicklungsstandes von dieser Reihenfolge ab, wird es schwierig, ein solides Ergebnis zu erwirtschaften. Dann nämlich mischen wir womöglich das regelwerkorientierte Traden und das eher diskretionäre Contra-Handeln gleichzeitig. Dadurch wird das Erlernen dessen, was am Markt wirklich abläuft, von gefährlichem Halbwissen überlagert.

Der fünfte Themenkomplex wird sich mit der Produktbeschreibung befassen. Hierbei werde ich meinen Schwerpunkt auf Futures und Optionen legen, da diese Produkte den Markt dominieren. Junge Futures-Trader akzeptieren in der Regel, sich mit der Struktur dieses Handelsproduktes auseinandersetzen zu müssen. Sie fragen aber dann mitunter, warum sie sich mit Optionen, ihrer Bewertung und ihrem Einfluss auf den Markt so intensiv beschäftigen müssen. Die Begründung liegt in der hohen, aber selten berücksichtigten Beeinflussung des Kursverlaufes des DAX/FDAX durch Optionen, da dieser Markt einen enorm hohen Veroptionierungsgrad aufweist. Immer wieder treten Phasen auf, in denen hohe Open Interests den gesamten Marktentwicklungsprozess auffällig verzerren.[14]

---

[14] Als Open Interest bezeichnet man die Summe aller offenen Positionen in einem Termin- oder Optionskontrakt.

Einen weiteren zentralen Teil des fünften Teils des Buches nimmt die Beschreibung der EUREX ein. Die EUREX, eine der größten Terminbörsen der Welt, ist unser Markt. Somit müssen wir ihre Funktionsweise und Struktur kennen.

Im sechsten Themenkomplex unseres Arbeitsplans beschäftigen wir uns mit der Beurteilung des Kursverlaufes selbst. Es geht somit im Schwerpunkt um die Marktanalyse. Hier werde ich allerdings nicht das x-te Buch zum Thema »Technische Analyse« oder »Fundamentale Analyse« anbieten. Vielmehr werde ich meine persönliche Ansicht zur Handhabung der Instrumentarien zur Beurteilung von Kursverläufen besprechen, mit der ich der Reflexivität der Märkte Rechnung trage. Ich bin überzeugter »Techniker«. Dennoch haben sich meine Position und Sichtweise zu diesem Arbeitsinstrument nicht nur verändert, sondern zudem selektiert und differenziert. Ich halte Märkte aufgrund ihrer Reflexivität nicht mehr für prognostizierbar. Allerdings kommt dem Kennen und Verstehen der gängigen Analyseinstrumentarien eine hohe Bedeutung zu. Und damit schließt sich der Kreis.

Dieses Buch hat sein Ziel erreicht, wenn Sie am Ende wirklich einen Mehrwert für sich und für Ihre Art des Handels an der Börse entdecken können. Dieser Mehrwert soll sich nicht nur in einem breiteren Verständnis der Materie widerspiegeln, sondern auch in einer messbaren Ertragssteigerung.

Dieses Buch hat aber auch sein Ziel erreicht, wenn Sie am Ende feststellen, dass der Handel an der Börse – so wie man diesen betreibt, um davon leben zu können – nichts für Sie ist. Sie sollten lieber im Vorfeld erkennen, ob die Realität von Ihren Vorstellungen abweicht, und nicht erst, nachdem sich Ihr Trading-Konto halbiert hat.

6 Wie sollte man das Buch lesen?

Diese Frage ist ernst gemeint. Sollte das Buch Kapitel für Kapitel von vorn bis hinten gelesen werden? Oder können Sie Kapitel überspringen und das Buch nach Interessengebieten lesen?

Das Buch ist methodisch aufgebaut und verfolgt eine konzeptionelle Linie. Ich habe mich dabei an der in Banken üblichen Trader-Ausbildung orientiert. Besonders im aktiven Trading spielt das richtige Wechselspiel zwischen verinnerlichtem

Wissen, automatisierten Fertigkeiten und darauf aufbauendem neuen Wissen und neuen Fertigkeiten eine entscheidende Rolle. Folglich sollte ein kapitelweises Lesen dieses Buches Ihnen den höchsten verwertbaren Informationsfluss liefern.

Die praktische Umsetzung aller Übungen und das Trainieren der Fertigkeiten kann aufgrund der Buchform nur beschrieben werden – ich kann nur Anregungen geben. Hier empfiehlt es sich, durch eigene Übungen auf der zur Verfügung stehenden Handelsoberfläche einen hohen Automatisierungsgrad zu erzielen.

THEMENKOMPLEX 1:
DAS WICHTIGSTE ARBEITSINSTRUMENT IST UNSER DENKEN

Unser wichtigstes Arbeitsinstrument ist unser Denken. Also müssen wir verstehen, wie wir denken, was in unserem Gehirn abläuft. Wenn wir unser Denkschema verstehen, lassen sich entsprechende Abläufe und Fertigkeiten entwickeln, die unser Vorgehen an der Börse planmäßig durch zielorientiertes Üben zu einem zügigen, automatischen und unangestrengten Vorgang perfektionieren. Das ist die Grundvoraussetzung, um eine Chance auf dauerhaft erfolgreiches Trading zu haben.

Vom ersten Augenblick an, unmittelbar nach dem Erwachen, bis wir am Abend ermattet in den Schlaf sinken, arbeitet unser Gehirn nach einem verblüffenden Prinzip: Es nimmt Reizinformationen auf, seien sie optischer, akustischer, chemischer oder mechanischer Natur, und gleicht diese mit bereits vorhandenen, vergleichbaren Erfahrungsreizen ab. Dabei werden unentwegt Analogien geschaffen und Ereignisse verglichen, um so Schlussfolgerungen füt die darauf zu aktivierende Reaktion zu ziehen und diese schlussendlich auch durchzuführen. Hätten wir diese Fähigkeit nicht, wären wir kaum in der Lage, erfolgreich zu überleben. Eine Weiterentwicklung wäre nahezu unmöglich. Lernen, so wie wir diesen Prozess verstehen, ist ohne die ständige Analogiebildung und den stetigen Ausbau unseres Analogiespeichers undenkbar. Auch wenn unser biologisches Gehirn einem hochkomplexen Computer an Rechenleistung, Geschwindigkeit, Speichervermögen und Ausdauer hoffnungslos unterlegen ist, so hebt unsere Fähigkeit des Analogiedenkens unser Gehirn noch immer auf eine Erfolgsstufe der Evolution, die selbst für den komplexesten künstlichen Rechenapparat (zumindest heute noch) unerreichbar ist. Unsere Denkweise erlaubt Verknüpfungen und Wissenssprünge, die künstlich noch immer nicht nachgebildet werden können. Diese einmalige Fähigkeit erlaubt es uns, uns rasch in unbekannter Umgebung zu orientieren und abzuschätzen, wo und in welcher Form Gefahren für Leib und Leben drohen. Wir können auf der Grundlage dieser Fähigkeit Überlebensstrategien entwickeln und haben reale Chancen, unsere rudimentärsten, aber auch komplexesten Grundbedürfnisse zu befriedigen. Nur diese Fähigkeiten erlauben uns, in einer der für das menschliche Denkverhalten unwirtlichsten Umgebungen bestehen zu können – im Handel an einer Börse.

Die Börse ist ein Umfeld, das kein Pendant in unserem evolutionär vorgegebenen Denkschema hat. Der heutige, weitestgehend unpersönliche Handel an den elektronischen Computermärkten dieser Welt treibt das Aufeinandertreffen von abstrakter Wertverteilung in unglaublich kurzer Zeit in einem hochgradig unsicheren, kaum durchschaubaren Umfeld auf die Spitze. Im Börsengeschäft unerfahrene Teilnehmer weisen Stressmessungen auf, die mit denen von Kampfpiloten im realen Kampfeinsatz oder von Kampfeinheiten im echten Kriegseinsatz vergleichbar sind. Die Ursache ist, dass uns Vergleichsanalogien fehlen und das Gehirn deshalb in Stress gerät, geeignete Schutzmechanismen zu aktivieren. Hier müssen wir ansetzen. Über diesen Weg finden wir den Zugang, um uns an der Börse (oder auch im Krieg) behaupten zu können.

1 Wir denken in Analogien und Kategorien

Seit Jahrhunderten diskutieren Philosophen die Art und Weise des menschlichen Denkens.[15] Mittlerweile steht diese Frage auch im Mittelpunkt der Arbeiten bekannter Psychologen und Neurowissenschaftler. Die Erkenntnisse über diesen Vorgang sind bereits weit vorangeschritten. Im Kern der Untersuchungen steht die Frage, ob der Mensch in »klaren Worten ... durch exakte Definitionen geputzt und von Mehrdeutigkeiten gereinigt« denkt, wie es der englische Philosoph Thomas Hobbes in seinem bekanntesten Werk *Leviathan* formuliert, oder ob unser Denken in einem immer wieder kaskadenförmigen Abarbeiten von Analogien erfolgt. In der Fachliteratur wird bereits auf die antiken Philosophen Platon und Aristoteles verwiesen, die Anhänger und Verfechter des Analogiegedankens waren.

Heute scheint sich die Überzeugung durchzusetzen, dass das menschliche Denken tatsächlich in Form eines stetigen und andauernden Durchforschens abgespeicherter Analogien erfolgt. Einige Wissenschaftler sind sogar davon überzeugt, dass wir ohne Denken in Analogien den äußeren Reizen hilflos ausgesetzt sind. Unser Gehirn wäre ansonsten völlig überfordert, darauf angemessen zu reagieren.

---

[15] Ein hervorragendes Werk, welches sich für eine intensivere Beschäftigung mit dieser Materie befasst, ist das im Klett-Cotta Verlag im Jahre 2013 erschienene Buch **Die Analogie – Das Herz des Denkens** von Douglas Hofstadter und Emmanuel Sander. In diesem etwa 700 Seiten starken Werk wird die Bedeutung der Analogie als Herzstück unserer gesamten Denkleistung umfassend dargestellt.

Die beiden Autoren Douglas Hofstadter und Emmanuel Sander widmeten diesem Thema ein umfassendes Werk, dessen Kernaussage darin besteht, dass Analogien »das Herz des Denkens« darstellen.

Ziehen wir eine von vielen möglichen Zusammenfassungen aus diesem umfangreichen Werk, lässt sich festhalten: In jedem Augenblick, in dem wir auf äußere Reize reagieren, arbeiten wir im Geiste eine Vielzahl von Analogien ab, um eine angemessene Reaktion durchführen zu können. Dabei werden Analogien aus allen möglichen Lebensbereichen durchforstet.

Wenn Sie zum Beispiel die Straße überqueren wollen, haben Sie im Vorfeld bereits eine gewaltige Analogiemenge verarbeitet, um sich überhaupt erst einmal unbeschadet bis zu dieser Straße bewegt zu haben. Sie sehen ein Auto auf sich zukommen und schon beginnt ein erneuter Strom an Analogieverarbeitungen. Auch wenn Sie persönlich genau dieses Auto nicht kennen, das exakt in diesem Moment auf Sie zufährt, und auch wenn Sie es im Vorfeld noch niemals gesehen haben, können Sie es automatisch der Kategorie »Auto« zuordnen. Da Sie in Ihrem bisherigen Leben bereits Unmengen an Autos in einer vergleichbaren Situation erlebt haben (Sie stehen am Straßenrand und ein Auto kommt Ihnen auf der zu überquerenden Straße entgegen), können Sie über das Analogiedenken abschätzen, wie lange es dauern wird, bis das Auto bei Ihnen sein und Ihren Weg kreuzen wird. Sie können Schlüsse ziehen wie: Schaffe ich es, vor dem Auto die Straße zu überqueren, oder sollte ich besser abwarten? Unbewusst werden Unmengen weiterer Analogien abgearbeitet, zu denen die Lautstärke des Motors gehört (ein lauter Motor könnte bedeuten, das Auto fährt mit höherer Drehzahl auf Sie zu, sodass es schneller als gewöhnlich fahren könnte). Hier müssten dann sofort neue Analogien her, welche die Ursache und Wirkung bewerten.

Haben Sie sich schon einmal gefragt, warum auf einer belebten Fußgängerzone Hunderte von Menschen nicht permanent miteinander kollidieren? Warum können wir Gegenstände wie Bälle, Steine und Stöcke halbwegs zielsicher werfen, obwohl wir vielleicht gerade diesen einen Ball, diesen konkreten Stein oder Stock noch niemals zuvor zu Gesicht bekommen haben, geschweige denn in der Hand hielten? Weil wir in unserem Gehirn Analogien zu diesen Wurfgegenständen aus unserem bisherigen Leben abgespeichert haben. Einige Verhaltenspsychologen vertreten sogar die Ansicht, dass wir fast all unsere Fertigkeiten, bis hin zur Darstellung unserer Emotionen, über aufwendiges, explizites und kontrolliertes Üben zu einem zügigen, automatischen und unangestrengten Vorgang perfektioniert haben. Anfängliche mentale Simulationen werden durch raschere Verknüpfungen ersetzt.[16]

Analogiedenken durchdringt alle Bereiche unseres Lebens, sogar in der Sprache und Schrift finden wir Unmengen von Analogien, auf die wir nahezu mühelos zurückgreifen können.

Stellen Sie sich eine Auflistung von verschiedensten grafischen Darstellungen des Buchstabens A vor. Jedes A für sich genommen unterscheidet sich in der Einzeldarstellung mitunter auffällig von allen anderen Buchstaben A. Und doch erkennt Ihr Gehirn die fundamentalsten Gemeinsamkeiten, die jeder dieser vielen Buchstaben A miteinander teilen.[17]

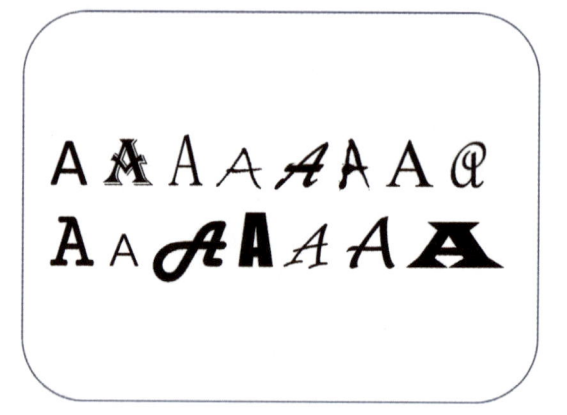

Lesen Sie sich nachfolgende Sätze durch:

▶ »Ihre Haare waren schwarz und dicht. Sie lockten sich, aber nicht mich.«

▶ »Ich werde meine Zähne und mein Haar bürsten.«

▶ »Ich fuhr mit meiner Mutter und der Straßenbahn in die Stadt.«

▶ »Er saß ganze Nächte und Sitzkissen durch.«

---

[16] Eine sehr umfassende Ausarbeitung zu vergleichbaren Themen finden Sie in dem Werk von Thomas Suffendorf, **Der Unterschied – Was den Menschen zum Menschen macht**, Berlin Verlag 2013.
[17] Eine vergleichbare grafische Aufstellung finden Sie im Buch **Die Analogie – Das Herz des Denkens** von Hofstadter und Sander, Klett-Cotta 2013, Seite 19.

Für Sie werden die Inhalte verständlich sein, doch wer des Analogiedenkens nicht mächtig ist, der wird den Sinn der Sätze nicht begreifen können. Und damit spannen wir den Bogen unserer Denkbeschreibung etwas weiter: Computer sind uns in unserer Denkleistung dramatisch überlegen. Zumindest schneiden wir im Vergleich zur Leistungsfähigkeit eines Computers in vielen offensichtlichen Teilbereichen hoffnungslos schlecht ab. Bei rein logischen Aufgabenstellungen können wir es in der Regel mit einem Computer nicht aufnehmen. Unser Gedächtnis ist, wie es Hofstadter und Sander ausdrücken, notorisch unzuverlässig. Wir vergessen bereits nach Minuten, Stunden, Tagen Unmengen an Informationen, wir überspielen diesen Sachverhalt durch Verzerren von Details. Unsere Denkgeschwindigkeit ist nicht einmal ansatzweise vergleichbar mit der eines heute eingesetzten Computers. So benötigt ein geistig durchschnittlich leistungsfähiger Mensch für die rechnerische Aufgabe »3 + 5« weniger als eine Sekunde. Für »27 + 95« benötigen wir etwa fünf bis 10 Sekunden. Die Aufgabe »27 multipliziert mit 95« können viele von uns schon nicht mehr im Kopf rechnen.[18]

»Insgesamt fällt der Vergleich bestürzend eindeutig zugunsten der Computer aus, denn sie erledigen fehlerlose Schlussfolgerungen und Berechnungen mit weitaus größerer, übermenschlicher Präzision, sie können mit unvergleichlich viel größeren Informationsmengen umgehen, sie vergessen, ganz unabhängig von Zeiträumen, absolut nichts, die Inhalte in ihrem Gedächtnisspeicher bleiben unverzerrt und die Verarbeitung der Daten erfolgt in einer im Verhältnis zum menschlichen Denken unvergleichlich höheren Geschwindigkeit. Hinsichtlich Rationalität, Kapazität, Verlässlichkeit und Geschwindigkeit schlagen uns die von uns entworfenen und gebauten Maschinen mit links. Wenn wir der Bilanz aufseiten des Menschen dann noch unsere leichte Ablenkbarkeit hinzufügen, die Müdigkeit, die häufig unsere Kapazitäten so ungut durchkreuzt, und die Ungenauigkeit unserer Sinnesorgane, dann bleiben wir weit abgehängt zurück.«[19]

Und dennoch müssen wir uns bei allen Mängeln fragen, wieso wir Menschen im Sinne unseres Denkens jeden bisherigen Computer so unendlich weit hinter uns lassen. Hofstadter und Sander fragen: »Warum sind automatische Übersetzungen meistens so ungelenk und untauglich? Warum sind Roboter so primitiv? Warum ist maschinelles Sehen nur höchst begrenzt einsetzbar? Warum können die heute gebräuchlichen Suchmaschinen in Bruchteilen von Sekunden Milliarden von Websites mit der Wendung ›in gutem Glauben‹ finden, sind jedoch unfähig, Web-

---

[18] Ebenda, Seite 44.
[19] Ebenda.

sites auszumachen, auf denen die Idee des guten Glaubens (im Gegensatz zu einer Aneinanderreihung alphanumerischer Zeichen) zentrales Thema ist?«[20]

Die Antwort scheint einfach und schlüssig zu sein: Der (bisher) unschlagbare Vorteil unserer Denkleistung steht in direktem Zusammenhang mit unserer Fähigkeit zur Kategorisierung und Analogiebildung. Dieser Fähigkeit ist es zu danken, dass menschliches Denken trotz seiner Langsamkeit und Ungenauigkeit im Großen und Ganzen verlässlich, relevant und aufschlussreich ist, wohingegen die »Gedanken« von Computern (wenn das Wort hier überhaupt zutrifft) trotz deren enormer Geschwindigkeit und Präzision extrem fragmentarisch und begrenzt sind.

Unsere Denkstruktur, die Kategorien und Analogien abarbeitet, ist in das Denksystem 1 und das Denksystem 2 unterteilt. Man darf sich diese Unterteilung nicht schubfachartig vorstellen. Vielmehr greifen in der Realität beide Systeme ineinander. Aber für unser besseres Verständnis ist diese Aufteilung der Denkabläufe besonders plastisch. Die Termini der beiden Systeme wurden von den Psychologen Keith Stanovich und Richard West eingeführt. Sie werden auch heute noch in dieser Form in der entsprechenden Fachliteratur fortgeführt.[21]

Die Grundaussage dieser Unterteilung unserer Denksysteme lautet, dass wir über unser System 1 »automatisiert und schnell, weitestgehend mühelos und ohne willentliche Steuerung denken«. System 2 lenkt dagegen »die Aufmerksamkeit auf die anstrengenden mentalen Aktivitäten, die auf sie angewiesen sind, darunter auch komplexe Berechnungen. Die Operationen von System 2 gehen oftmals mit dem subjektiven Erleben von Handlungsmacht, Entscheidungsfreiheit und Konzentration einher.«[22] Somit wird in der Psychologie folgender Ablauf in der Lösungsfindung unseres Denkens auf äußere Reizeinflüsse beschrieben:

▶ Zunächst durchlaufen wir einen Prozess der spontanen Suche nach einer intuitiven Lösung, ohne dass es dazu eines höheren intellektuellen Aufwandes bedarf. Alltägliche Reaktionen auf alltägliche Reize vollziehen wir nahezu automatisch, ohne dass wir darüber nachdenken müssen. Je häufiger und »gewöhnlicher« diese Reize für uns sind, umso leichter, sicherer und schneller reagieren wir »offensichtlich richtig« auf diese. Jeder von uns ist Experte in

---

[20] Ebenda.
[21] *Schnelles Denken, Langsames Denken* vom Nobelpreisträger für Wirtschaft Daniel Kahnemann, Siedler Verlag 2012, Seite 33. Dieses Werk ist jedem wärmstens zu empfehlen, der sich für die Prozesse interessiert, welche hinter unserem Denken ablaufen.
[22] Ebenda.

einer Vielzahl von Problemlösungen, nur fällt uns dieser Expertenstatus nicht auf, weil diesen Status nahezu alle uns umgebenden Menschen haben und wir diesen schon nicht mehr als etwas Besonderes werten. Gemeint sind solch profane Dinge wie auf die Bremse zu treten, wenn die Ampel auf Rot schaltet, das Gesicht zu verziehen, wenn wir jemanden in eine Zitrone beißen sehen, sich rasch in die Richtung eines plötzlichen, ungewohnten Geräusches umzudrehen, aber auch einfache gebräuchliche Redewendungen zu vervollständigen. Experten zählen dazu außerdem das Verstehen einfacher Sätze, das Lesen einfacher Texte auf Reklametafeln, das Bedienen einfacher alltäglicher Technik wie Fahrstühle, Wasserhähne oder Toilettenspülungen.

▶ Scheitert die spontane Suche, fällt uns also, weder aus unserem Expertenfundus an Erfahrungen noch aus unserer heuristischen Fähigkeit, sofort eine intuitive Lösung ein, wechseln wir in eine andere Form des Denkens: das langsamere, besser überlegte und anstrengende Denken (Denksystem 2).

System 1 beinhaltet also das schnellere, intuitive Denken. Hierbei werden sowohl das rasche Suchen von Analogien in unserem Erfahrungswissensschatz als auch das heuristische Suchen nach Lösungen zusammengefasst. System 1 umfasst damit auch die vollkommen automatisierten mentalen Wahrnehmungs- und Gedächtnisprozesse, mit denen wir einen Großteil unseres aktiven Lebens meistern, ohne konkret darüber nachdenken zu müssen. Dazu gehören solche Prozesse wie das Erkennen des Objektes auf unserem Schreibtisch als Computertastatur oder als Kaffeetasse oder das Benennen der Namen unserer Kinder und Ehepartner. Die Experten sind sich heute weitestgehend darüber einig, dass dieses System 1 einen weit höheren Einfluss auf uns und unsere alltäglichen Entscheidungsfindungen hat, als wir uns das subjektiv vorstellen können. Im Grunde fliegen wir über weite Strecken unseres bewussten Lebens tatsächlich im Autopilotmodus.

System 2 kommt zum Zuge, wenn System 1 keine spontane Lösung findet. System 2 zeichnet sich dadurch aus, dass hier ein anstrengender Denkprozess einsetzt. Wir müssen uns konzentrieren und unseren Fokus ausrichten. Alles, was von unserem alltäglichen Ablauf abweicht und gesonderte Aufmerksamkeit verlangt, wird von System 2 übernommen. Problemorientierte Gespräche, die ein anstrengendes Mitdenken erfordern, das Lösen komplexer Gleichungen, die über $1 + 1 = 2$ hinausgehen, das Identifizieren eines unbekannten Geräusches, Tätigkeiten, die für uns ungewohnt sind und damit unter Umständen ein Höchstmaß an Aufmerksamkeit abfordern, das alles sind Problemlösungen, mit denen System 1 überfordert wäre und mit dem sich folglich System 2 auseinandersetzen muss.

Experten haben herausgefunden, dass neue Tätigkeiten, solange sie nicht automatisiert ablaufen, von System 2 geführt werden. Die Denkleistung erfordert dann aber einen hohen Arbeitsaufwand, was rasch zu Ermüdung und Unkonzentriertheit führt. Das Gehirn ist folglich darauf programmiert, eine erlernte Abfolge möglichst schnell zu automatisieren und damit diese in das System 1 zu überführen, um wieder in den Sparmodus übergehen zu können.

Aber warum ist das so? Worin besteht der Sinn, dass unser Gehirn unsere Denkprozesse entsprechend diesen Systemen aufteilt? Der Neurowissenschaftler David Eagleman definiert zwei Gründe, die für diese Strategie ursächlich sind.[23]

Als ersten Grund führt Eagleman die Geschwindigkeit an, mit der Entscheidungen durch unser Gehirn getroffen werden. Indem Entscheidungsabläufe aus dem langsameren System 2 in das automatisiert arbeitende System 1 übertragen werden, wird eine extrem hohe Effizienz in deren Abarbeitung erreicht. Die Geschwindigkeitszunahme eines Denk- und Entscheidungsprozesses und dessen automatisierte Umsetzung erhöhte die Überlebenschancen unserer Vorfahren erheblich. Sie verschaffte ihnen somit einen gewaltigen evolutionären Fortschritt. Gefahren erkennen oder dem Jagdwild blitzschnell ausweichen und es erlegen zu können, entschied grundlegend über Leben oder Tod – sei es, um nicht selbst als Jagdbeute zu enden oder um nicht zu verhungern.

Den zweiten Grund für die Überführung von Abläufen von System 2 in das System 1 ist nicht minder überlebenswichtig: Die Energieeffizienz wird deutlich erhöht. Unser Gehirn ist der größte Energiefresser unseres Körpers. Unser Gehirn ist eine Hochleistungsmaschine mit einer bisher unerreichten Komplexität und Fähigkeit. Im Vergleich zu den größten Rechenmaschinen der Welt, die in ihrer Kapazität noch um Lichtjahre hinter denen des Gehirns zurückbleiben, verbraucht die graue Masse bezogen auf die erbrachte Leistung nur einen Bruchteil an Energie. Aber in unserem Körper ist das Gehirn ein wahrer Energiefresser. Bei einem erwachsenen Menschen entspricht das Gehirn nur rund 2 Prozent der Körpermasse. Das Gehirn verbraucht aber etwa 20 Prozent des sogenannten Grundumsatzes (bei einem Neugeborenen sollen es sogar 50 bis 80 Prozent sein).[24] Als Grundumsatz bezeichnet man die Energiemenge, die der Körper pro Tag bei völliger Ruhe, nüchtern (mit leerem Magen) und bei einer Umgebungstemperatur von 20 Grad Celsius benötigt,

---

[23] Etwas kürzer gefasst, aber deshalb nicht weniger interessant und lehrreich als das Werk Kahnemanns ist das 2012 im Campus Verlag erschienene Buch des Neurowissenschaftlers David Eagleman mit dem Titel *Inkognito – Die geheimen Eigenleben unseres Gehirns*.

[24] Siehe dazu Wikipedia »Grundumsatz« und vergleichbare Ausführungen.

um alle Lebensfunktionen aufrechtzuerhalten. Da der Mensch in seiner bisherigen Lebensgeschichte in der Regel nicht problemlos an die notwendige Energie gekommen ist, hat sich das Gehirn evolutionär an eine Arbeitsweise gewöhnt, die in erster Linie im Energiesparmodus läuft. Somit ist die Unterteilung in die Systeme 1 und 2 ein evolutionärer Entwicklungsschritt, der bis heute fortwirkt.

Der Mechanismus unseres Gehirns ist verblüffend: Es schneidet sich praktisch seine passenden Schaltkreise auf die zu bewältigenden Aufgaben zu. Bewegungsabläufe oder aber Denkprozesse, die nach immer wiederkehrenden Denkmustern verlaufen, werden zunächst ungeschickt und mit einem enormen Energieaufwand bewältigt. Schließlich aber vollziehen sie sich immer rascher und effizienter und letztlich läuft das Ganze ohne Einbeziehung des Systems 2, also ohne Zuhilfenahme des Bewusstseins, ab.

Zwischenfazit

Unser Denken ist kein Prozess mit einem strengen, logischen Ablauf. Vielmehr folgt auf jeden äußeren Reiz ein kaskadenartig ausgelöster Analogiefluss. Diese Analogien abzuarbeiten und daraus die richtigen Entscheidungen oder Bewegungsabläufe herauszufiltern ist schlussendlich die Fähigkeit, die uns zu dem macht, was wir sind und was wir können.[25]

Diese Fähigkeit des menschlichen Geistes wiederum wird über zwei Ablaufwege gesteuert: zunächst über einen energieaufwendigen, überwiegend bewusst gesteuerten Prozess, der bedacht, aber auch langsam arbeitet und parallel kaum andere Denkprozesse zulässt.[26] Einige Psychologen bezeichnen die bewusste Abarbeitung

---

[25] Die Autoren Hofstadter und Sander definieren in ihrem Werk unter diesen Gesichtspunkten den Begriff »Intelligenz«: Sie schreiben: »Intelligenz ist unserer Auffassung nach die Kunst, schnell und zuverlässig den Nagel auf den Kopf zu treffen, die Quintessenz zu finden, das Eigentliche auszumachen, ins Schwarze zu treffen, direkt zu des Pudels Kern vorzudringen. Sie ist die Kunst, sich in einer neuen, unbekannten Situation schnell und sicher auf einen aufschlussreichen Präzedenzfall (oder deren mehrere) einzuordnen, der in den Nischen der Erinnerung aufbewahrt ist. Genau darum geht es, wenn man den Wesenskern einer neuen Situation identifiziert. Und das ist nichts anderes als die Fähigkeit, nahegelegene Analogien zu finden, also mit aussagekräftigen, nützlichen Analogien zu arbeiten.« Hofstadter und Sander, *Die Analogie – Das Herz des Denkens*, Klett-Cotta-Verlag 2013, Seite 177

[26] Der Begriff des sogenannten Multitasking wird immer wieder gern strapaziert. Neue Forschungen beweisen, dass sowohl Männer als auch Frauen keine auffälligen Unterschiede im »Multitasking« aufweisen. Es ist aber auch bewiesen, dass die Menschen nur eingeschränkt multitasking-fähig sind, nämlich nur in Prozessen, die über das System 1 gesteuert werden. Sie können atmen, gleichzeitig sprechen und dabei sogar eine bekannte Strecke mit dem Auto befahren, solange keine Besonderheiten ihre übermäßige Aufmerksamkeit abfordern. Doch kommt der Zeitpunkt, an dem sie eine stark befahrene Straße plötzlich durch Linksabbiegen verlassen wollen, wird ihr System 2 aktiviert, was viele Prozesse des Systems 1 reduziert oder ganz herunterfährt. Sie werden in der Regel das Gespräch mit ihrem Beifahrer einstellen, unter Umständen hören sie auf, ihren Kaugummi zu kauen. Kommt gar eine besonders anspruchsvolle Situation auf sie zu, welche all ihre Sinne fordert, könnte ihnen sogar »der Atem stocken«.

von Aufgaben und die bewusste Veranlassung von Entscheidungen und Bewegungsabläufen als eine Leistung des Systems 2. Das Ziel unseres Gehirns besteht darin, möglichst die immer wiederkehrenden Abläufe und Denkprozesse zu automatisieren, um sie möglichst schnell, effizient, energiesparend und frei von bewusster Beeinflussung abrufen und ausführen zu können. Ist dieser Zustand erreicht, sprechen Psychologen vom Arbeiten in System 1.

Folgen wir dieser Argumentation, lassen sich für uns folgende Schlüsse ziehen: Um die Effizienz unserer Handelsentscheidungen zu erhöhen und somit den Kopf für Überlegungen frei zu bekommen, die über die Grundregeln der Positionseröffnung, Positionsbesicherung und Positionsschließung hinausgehen, müssen wir die Arbeit mit unserem Handelsregelwerk über das System 1 durchführen können.

▶ Das hat zur Konsequenz, dass wir uns einen Lernablauf zurechtlegen müssen, der gewährleistet, dass wir unsere grundlegendsten Handelsentscheidungen automatisiert, also nahezu unbewusst durchführen, um im Gehirn Denkkapazitäten für mögliche Optimierungsschritte unseres Tradings zu schaffen.

All das verlangt ein Vorgehen, das unser Gehirn in seinem natürlichen Streben unterstützt, immer wiederkehrende Ablauf- und Denkprozesse möglichst rasch, effizient und energiesparend durchzuführen. In der Ausbildung wollen wir zwei Wege beschreiben, um diese Erkenntnis zielführend umzusetzen:

▶ Schaffung von Erfahrungen (rückwärtsgewandter Aufbau eines Analogiefundaments)

▶ Erstellung eines Handelsregelwerkes (vorwärtsgewandte Schaffung der Grundlage, um eine Struktur in unser Handeln zu bekommen)

2 Erfahrungen sammeln: an der Börse extrem wichtig

»Der Mensch hat dreierlei Wege, klug zu handeln: Durch Nachdenken ist es der edelste, durch Nachahmen der einfachste, durch Erfahrung der bitterste.«

Diese Worte stammen vom chinesischen Philosophen Konfuzius (er lebte vermutlich 551 v.Chr. bis 479 v. Chr.). Sie werfen ein Schlaglicht auf die Bedeutung der Erfahrung in unserem allgemeinen Lernprozess. Wie wir bereits gesehen haben, erlangen wir Meisterschaft in einer Tätigkeit, in einer Berufung oder in einer Kunst nur aus der Kombination ständiger korrigierter Wiederholungen und einem stetigen Abgleich der sich so aufbauenden Erfahrung.

Sehr erfolgreiche Börsenhändler, zumindest jene, die mir persönlich bekannt sind, verfügen über ein gewaltiges Erfahrungsfundament in ihrer Tätigkeit. Es sind Erfahrungen, die es ihnen heute ermöglichen, manche Klippen im schnellen Börsengeschäft zu umschiffen, ohne den Grund dafür exakt benennen zu können. Erfahrungen sind zweifellos ein unglaublicher Schatz, den wir Menschen mit uns herumtragen. Sie befähigen uns, Höchstleistungen in den Bereichen zu erzielen, in denen wir uns über Jahre und Jahrzehnte bewegen. Ohne das Abspeichern von Erfahrungen wären wir kaum überlebensfähig. Doch wie erlangen wir unsere Erfahrungen? Gibt es immer nur den einen primären Weg, sprich den Griff auf die heiße Herdplatte, bevor sich wertvolles Wissen und dessen intuitives Abrufen miteinander verlinken können? Konkret auf die Börse bezogen lautet die Frage: Müssen wir tatsächlich erst jahrzehntelang durch alle Täler marschieren, bevor wir zu einem erfolgreichen Spurenleser werden?

Als Erfahrung bezeichnet man im Allgemeinen ein bestimmtes Erlebnis eines Menschen in Form eines von ihm selbst erlebten und damit selbst wahrgenommenen Ereignisses. Die Psychologie bezeichnet diese Art von Erfahrung als »Empirie«. Im Allgemeinen wird als »Erfahrung« auch die Gesamtheit aller Erlebnisse bezeichnet, die ein Mensch jemals hatte. Diese Lebenserfahrung umfasst dabei zudem die mehr oder weniger realitätsadäquate Verarbeitung des Erlebten, was mitunter zu Abweichungen oder Verzerrungen der vergangenen Realität führt. Doch was ist Erfahrung am Ende tatsächlich, losgelöst von allen wissenschaftlichen Umschreibungen? Es sind Geschichten, an die wir uns erinnern. Diese Geschichten sind mit allen möglichen mentalen Stimulanzien verbunden und basieren ausnahmslos auf dem von uns immer wieder angewandten Denken in Kategorien von Ursache und Wirkung. Eine besondere Situation, ein Geruch, ein bestimmtes Geräusch, aber auch ein Muster, ein Bild oder ein Handlungsablauf (sei es unser eigener oder der eines anderen Menschen) löst in uns eine kaskadenartige Erinnerung aus. Es ist die Erfahrung, die es uns über eine blitzschnelle Aneinanderreihung von Analogien ermöglicht, nicht nur die Ursache zu erkennen, sondern die Wirkung und den Ausgang dieses Ereignisses zu erahnen. Erleben wir einen Prozess dagegen ganz neu, gibt es keine bisherigen Ablaufbeispiele, an denen wir uns orientieren können. Dann werden Reaktionsprozesse unterbrochen und wir schalten mitunter auf jene Reflexe um, die dem Flucht- beziehungsweise Verteidigungsreflex ähneln. Dieser Vorgang ist ganz natürlich, denn in unserer evolutionären Geschichte war es immer ratsam, unbekannte Ereignisse, zu denen uns Analogien fehlten, von vornherein als Bedrohung zu werten und entsprechend zu reagieren.

Die Börse selbst ist ein Bereich, der für sich gesehen bereits eine einzige Unsicherheit darstellt. Nirgendwo sonst treffen reflexive Entscheidungen in solcher Fülle und Wucht aufeinander wie in diesem Geflecht der sozialen Interaktion. Von Natur aus sind wir Menschen darauf programmiert, solche Bereiche zu meiden. Unsicherheit, Undurchschaubarkeit und Unberechenbarkeit waren in der bisherigen Geschichte in der Regel mit Gefahren für Leib und Seele verbunden. Auch wenn an der Börse keine direkte Bedrohung für uns besteht, kann unser Gehirn in Ermangelung anderer evolutionär angeeigneter Schutzmechanismen nicht anders reagieren als durch Aktivierung der bisher bewährten Reflexe. Das heißt, wir reagieren mit erhöhtem Energieverbrauch, Schwitzen, Herzklopfen und anderen Symptomen. Erst ein gewisser Fundus an Erfahrungen, die uns zumindest ein gewisses Grundgerüst im Markt geben, dämpft diese Urinstinkte. Es ist die Erfahrung im Handel, die es uns erlaubt, Ursache und Wirkung insoweit zu verknüpfen, als wir die Börse dann nicht mehr als bewusste oder unbewusste Bedrohung empfinden. Es ist eine Vielzahl von Erfahrungen, die es uns erlauben, reflexives Verhalten anderer Marktteilnehmer zu erkennen und weiterführend zu erahnen. Damit erlangen wir zumindest teilweise mentale Sicherheit zurück und sind den Prozessen am Markt nicht schutzlos ausgeliefert.

Erfahrung setzt sich aus Wissen zusammen. Sie entspringt einem Verständnis der Abläufe. Sie entsteht, weil eine Vielzahl von Einzelereignissen ineinandergreift und sich in unserem Gehirn mit einem ganzen Netz von Reizen und Reaktionen verwebt. Doch wie geschieht das? Wie ist der Ablauf und welches sind die dazu notwendigen Komponenten? Hierzu gibt es mittlerweile viele Erkenntnisse aus der kognitiven Psychologie, die uns helfen, unser Verhalten während des Handelsprozesses zu verstehen. Sie tragen zudem dazu bei, unseren jeweils eigenen Erfahrungsschatz rascher und zielgerichteter aufzubauen. Auf diese Weise sollte es gelingen, auf direkterem Wege die Leistungsfähigkeit angehender Trader zu steigern.

Ich beginne dort, wo unser Lernprozess einsetzt. Lernen ist kein linearer Ablauf. Wer sich zum Lernen in ein stilles Kämmerchen zurückzieht und dort versucht, sich ohne jegliche Ablenkung eine Reihe von Vokabeln oder Fakten einzuprägen, die später in einer Prüfung abgefragt werden, wird es schwer haben. Er wird es sogar weitaus schwerer haben als jemand, der zusätzliche äußere Reize zulässt. Unser Gehirn lernt räumlich unter Einbeziehung aller Stimulanzien, derer es habhaft werden kann. Daran macht es praktisch die Wissensverarbeitung fest. Um es an einem einfachen Beispiel zu verdeutlichen: Wenn Sie Vokabeln erlernen, dabei Musik hören, zugleich einen Kaugummi mit auffälliger Geschmacksrichtung kauen und nebenher möglicherweise noch in einem Raum mit farblich gestalteten Wänden sitzen, in dem Sie sich wohlfühlen, werden Sie den größten Erfolg bei der Wiedergabe des Erlernten haben, wenn alle oder möglichst viele der eben genannten Reizfaktoren zum Zeitpunkt der Prüfung präsent sind.

Unsere Erfahrungen sind nichts anderes als eingeprägte Erlebnisse, die durch dauernde Wiederholungen immer vielschichtiger werden. Unserem Gehirn ist es möglich, Analogien zu abweichenden Abläufen zu schaffen, die immer schneller abgerufen werden. Diese Analogien erlauben und unterstützen Handlungs- und Lösungsabläufe, die im Unterbewusstsein vollzogen und gesteuert werden. Hierzu bedient sich unser Gehirn einer für Computer bisher unmöglichen Flexibilität. Unser Denkorgan speichert nämlich deutlich mehr Informationen ab, als wir in jedem Augenblick in Verknüpfung mit einem bestimmten Ereignis bewusst wahrnehmen. Diese Wahrnehmungen können aber zu einem späteren Zeitpunkt des Erinnerns auftauchen und auch zu Veränderungen im Ablauf der Erinnerung führen. Das hat den Sinn, dass sich dadurch die Erfahrungspalette erweitert und dass unsere Struktur des Analogiedenkens immer besser wird. Konkret heißt das, unser Gehirn speichert nicht alle Fakten und Reize sowie die damit verbundenen Vorstellungen und Gefühle wie eine Computerdatei, die jedes Mal unverändert aufgerufen wird. Sondern unser Gehirn bettet alle Eindrücke in ein ganzes Netzwerk von Wahrnehmungen, Fakten und Gefühlen ein. Es ist mittlerweile bewiesen, dass bei jedem Abruf geringfügig andersartige Kombinationen der Gedächtnisinhalte im Bewusstsein auftreten. Interessant ist dabei die Erkenntnis, dass »... die gerade abgerufene Erinnerung [...] die vorhergehende nicht etwa [überschreibt], sondern [sich mit ihr] verbindet und überschneidet«. Damit geht laut Carey nichts vollends verloren, »vielmehr wird die Gedächtnisspur auf Dauer modifiziert«.

In der praktischen Konsequenz ist demnach eine Erfahrung, banal ausgedrückt, nichts anderes als eine Fülle von verknüpften Einzelreizen jeglicher Couleur, die in einem Ursache-Wirkungs-Schema abgespeichert sind. Man könnte sagen, es handelt sich somit eigentlich um eine Geschichte, die um ein erlebtes Reaktionsschema herumgesponnen wird.

Damit sind wir am Schlüsselwort: Eine Erfahrung ist eine Story aus unserem Leben, basierend auf einem real erlebten Ereignis. Aber ist das wirklich nur so?

Sucht man nach Fachliteratur, die sich mit der zunehmenden Verklärung von Erfahrungen befasst, findet man bereits eine Fülle davon. Besonders beeindruckend sind Biografieforschungen, die herausgefunden haben, dass es selbst in diesem Bereich keine Wahrheit gibt. Wir verklären mit der Zeit unbewusst unsere eigene Vergangenheit, ein Phänomen, das allgegenwärtig ist. Darüber hinaus beeindrucken Beispiele, in denen einem Menschen zielgerichtet durch Dritte Erfahrungen eingepflanzt werden können, die man selbst tatsächlich nie hatte, vom eigenen Gehirn aber als so real und glaubwürdig eingeordnet wurden, dass der Betreffende sich sogar an vermeintliche Nebenereignisse zu erinnern glaubt, obwohl es diese niemals gab. Ich kenne einen Fall, in dem sich ein Bekannter ganz sicher war, in seiner Kindheit in ein Ereignis verwickelt gewesen zu sein, das in der Realität so nicht stattgefunden hat – zumindest nicht mit seiner Beteiligung. Erst Jahrzehnte später klärte sich auf, dass er selbst diesen Vorfall in jungen Jahren nur als Geschichte gehört hat. Das Erzählte muss auf ihn jedoch einen dermaßen großen Eindruck gemacht haben, dass er sich an verblüffende Einzelheiten wie den Geruch des Essens, die Farbe des Tischtuches, die anwesenden Personen usw. erinnern konnte. Tatsächlich hatte er all das jedoch niemals erlebt, wie er später erfuhr.

Doch was bedeutet das? Erfahrungen sind reale oder verklärte Eindrücke, sie sind plastisch formbar, sogar manipulierbar. Das heißt aber auch, dass wir das Sammeln von Erfahrungen auch gezielt beeinflussen können.

Nach diesem Exkurs kommen wir jetzt auf das Börsenthema zurück. Wie setzen sich die Erfahrungen »alter« Händler zusammen? Wer über Jahre beruflich im aktiven Trading tätig war, verwächst mit dem Markt. Er nimmt sowohl alle zentralen Informationen als auch alle Randinformationen bewusst oder unbewusst auf (Letzteres wahrscheinlich mehr). Auch hier lernt das Gehirn übergreifend. Zwischen dem Klicken auf der Tastatur (oder Maus), den damit verbundenen Orderausführungen, deren Auswirkungen auf den Markt und dem Kursverlauf stellt es unzählige Verknüpfungen her. Da es nicht unendlich viele Varianten der Kursentwicklung gibt, sondern durchaus Klassifizierungen durchgeführt werden können, lassen sich folglich Kursmuster, Wegstrecken bei Ausbrüchen in Kombination mit und ohne Nachrichten, Reaktionen nach Durchstichen etc. als Erfahrung abspeichern. Hier bekommt der Begriff des Déjà-vu eine ganz spezielle Bedeutung. Je länger ein Händler im Markt tätig ist, je intensiver er in das Verständnis dessen einsteigt, was im Markt tatsächlich geschieht, je bewusster er die Kursbewegungen aufnimmt und sachliche Erklärungen dafür findet, desto eher speichert das Gehirn ganze Abfolgen von Kursmustern mit den sich daraus möglicherweise entwickelnden Folgebewegungen als komplette Erfahrungsszenarien ab. Dabei geht es nicht nur um die »nackten« Kursbilder, sondern es verbindet sich auch hier ein ganzes Geflecht von Reizen zu einem Erfahrungsbild. Und wieder haben wir hier eine Geschichte mit Ursache und Wirkung.

Kommen wir zu einer der Ausgangsfragen zurück: Müssen beginnende Händler tatsächlich erst jahrzehntelang durch alle Täler marschieren, bevor sie selbst zu erfolgreichen Spurenlesern werden? Führt kein Weg an der Erfahrungsbildung vorbei?

Ich vertrete die Ansicht, dass Erfahrungen nicht ersetzt werden können. Sie sind das Fundament eines erfolgreichen Händlers schlechthin. Aber es gibt Wege, Erfahrungen zielgerichteter und komprimierter zu machen als auf klassische Weise. Womöglich manipulieren wir mit diesen Wegen unser Gehirn ein wenig – aber das Ergebnis ist nützlich. Weiterhelfen wird uns dabei die Kenntnis der Methode, wie unser Gehirn Erfahrungen abspeichert, nämlich als Verdichtung aller Eindrücke, einschließlich der sich daraus ergebenden Folgeergebnisse, zu einer Geschichte. Wie können wir uns diese Erkenntnis in der Praxis zunutze machen?

Hierzu möchte ich auf die Anregung eines Psychologen zurückgreifen, die ich während der Händlerausbildung bei meinem früheren Arbeitgeber bekam. Im Folgenden möchte ich dessen Kerngedanken skizzieren.

Die Nachbereitung des Handelstages ist wichtiger als die Vorbereitung auf den Folgetag.

Aus eigener Erfahrung kann ich zumindest für mich persönlich bestätigen, dass der Nachbereitung eines Handelstages eine weit größere Bedeutung zukommt als der Vorbereitung des Folgetages. Das gilt – zumindest in Bezug auf die Bedeutung und den Nutzen für den eigenen Lerneffekt.

Die Nachbereitung des jeweiligen Handelstages umfasst dabei zwei Stoßrichtungen:

a) die Beurteilung der getätigten Trades des Tages und

b) das »Storytelling« in Bezug auf alles Wichtige, was an dem jeweiligen Handelstag erwähnenswert ist und der »Erfahrungsbildung« nutzt.

Zu a): Drucken Sie sich jeden Abend nach Ihrem Handel den Chart des gehandelten Wertes in dem Zeitfenster aus, in dem Sie Ihre Handelsentscheidungen getroffen haben. Im hier konkreten Bezug wäre dies demnach ein Candlestick-Chart des FDAX (Futures auf den DAX) im 1-Minuten-Chart-Zeitfenster. Achten Sie dabei darauf, dass der Chart nicht zu komprimiert erscheint. Die Einzelkerzen müssen erkennbar bleiben. Lieber verteilen Sie den gehandelten Tageskursverlauf auf mehrere Blätter, sodass die Übersichtlichkeit gewahrt bleibt. Hier markieren Sie jeden getätigten Trade mit Einstieg, Ausstieg und der Bezeichnung, um welche Art von Trade es sich jeweils handelte.

Worin besteht der Nutzen dieses Vorgehens? Wenn Sie all Ihre Trades farblich auffällig markieren und mit Anmerkungen versehen, wird deutlich, inwieweit Ihr Trading-Stil effizient ist. Die Anmerkungen dokumentieren, warum Sie gerade am betreffenden Punkt in den Markt eingestiegen sind und dann an einem anderen Punkt wieder aus dem Markt gegangen sind. Schaut man sich die Aufzeichnungen beginnender Trader an, lassen sich daraus einige Erkenntnisse ableiten. Es sind typische Fehler, die fast alle Neulinge anfangs gerne machen:

▶ Auch wenn im Sinne klarer Regelwerke gehandelt wird, werden sehr viele mögliche Trade-Chancen einfach ausgelassen.

▶ Erstaunlicherweise häufen sich Trades in Marktphasen, die zwar noch als regelkonform bezeichnet werden können, aber qualitativ deutlich hinter vielen ausgelassenen Trade-Möglichkeiten liegen.

▶ Besonders auffällig ist aber, dass statistisch gesehen die eingegangenen regelkonformen Transaktionen mit Gewinnen überwiegen. Die Trefferquoten sind im Allgemeinen akzeptabel hoch, erreichen mitunter 65 bis zum Teil fast 80 Prozent, aber das Punkteverhältnis von Gewinn-Trades zu Verlust-Trades ist meistens sehr ungünstig. Das heißt, Gewinne werden sehr rasch mitgenommen, Verluste mitunter bis zum Stoppkurs ausgereizt. Bei einem solchen Verhältnis reicht meist ein Verlust-Trade, um drei bis vier vorangegangene Gewinn-Trades praktisch zu pulverisieren.

Welche Schlussfolgerungen lassen sich daraus ziehen? Ich verweise hier wieder auf das zu Beginn dieses Abschnittes beschriebene Reiz/Reaktions-Verhalten junger Trader in einem von hohen Unsicherheiten und fehlenden Strukturen geprägten Marktumfeld: Die Akteure fühlen sich in ihrem tiefsten Inneren in feindliches Gebiet versetzt. Sie verspüren hochgradig eine Unsicherheit oder sogar Angst. Ihr Verhalten ist jenes, das ein um sein Leben fürchtendes Lebewesen aufweist, zumindest lassen sich bei der Messung aktivierter Bereiche im Hirn auffällige Ähnlichkeiten feststellen. Dieser enorme (evolutionsbedingte) psychische Druck, der auf beginnenden Tradern lastet, erklärt auch die im Vorfeld beschriebenen Auffälligkeiten:

▶ Der jeweilige Händler ist nur sporadisch im Markt, hält sich über weite Strecken zurück. Er bleibt in Deckung.

▶ Wenn eine Position eröffnet wird, werden kleinste Gewinne sofort mitgenommen. Auf der einen Seite wird damit das Bedürfnis nach Belohnung für den gewinnbringenden Einstieg befriedigt. Aber fast noch wichtiger ist das befriedigende Empfinden, mit heiler Haut aus dem gefährlichen Markt herausgekommen zu sein.

▶ Läuft die Position ins Minus, tritt mitunter ein Lähmungseffekt ein, wie wir ihn auch im normalen Leben kennen, wenn wir mit außergewöhnlichen Schockerlebnissen konfrontiert werden. Auch wenn Sie jetzt protestieren und sagen, dass Sie sich nicht im Schockzustand befinden, wenn sich der befürchtete Verlustzustand einstellt, so lassen die gehäuften, auf breiter Front immer wieder auftretenden Ergebnisse in diesen Phasen keinen anderen Schluss zu.

▶ Der jeweilige Händler erschöpft rasch, zumindest rascher als bei der Bewältigung alltäglicher Tätigkeiten. Sein Hirnstoffwechsel läuft auf Hochtouren. Auch hier liegen die gleichen biochemischen Abläufe im neuronalen Stoffwechsel vor, wie sie in realen Gefahrensituationen auftreten.

Aus diesen vier Erklärungen lässt sich nur ein Fazit ziehen: Das beschriebene Verhalten resultiert aus einem Mix aus Unsicherheit, Angst, momentaner Orientierungsarmut und Erschöpfung.

Wie können wir diesem hinderlichen Phänomen begegnen? Fakt ist: Dieser Kreislauf muss durchbrochen werden, andernfalls fühlt sich das Gehirn in seiner Einschätzung bestätigt, dass wir uns während des Handels in feindlichem Gebiet bewegen. Vergessen Sie dabei bitte nicht, dass unser Gehirn nicht geschaffen ist für ein unsicheres Umfeld wie die Börse.[27] Folglich muss es wiederum auf Analogien zugreifen, die ihm evolutionsbedingt zur Verfügung stehen.

---

[27] Sehr interessante Einschätzungen, Aussagen und Auswertungen zu diesem Thema mit einem vergleichbaren Fazit finden Sie im Buch *Neurofinance* von Christian E. Elger und Friedhelm Schwarz, erschienen im Haufe Verlag im Jahr 2009.

Der wohl wirkungsvollste Befreiungsschlag ist das Schaffen von Erfahrungen. Ein zunehmender Erfahrungsschatz hilft uns, zumindest einige gangbare Wege innerhalb aller Unsicherheiten zu finden. Dadurch werden erfahrungsgemäß die Fehler weniger. Das Selbstvertrauen kehrt zurück. Hier kommt jetzt die Stoßrichtung (b) ins Spiel.

Zu b): Hier schaffen wir unsere eigenen Erfahrungen und beschleunigen und festigen diesen Prozess durch zielgerichtetes Storytelling. Greifen Sie dabei wieder auf Ihre bereits ausgedruckten Charts zurück. Diesmal füllen Sie sie mit der Ausformulierung dessen aus, was Sie fühlen und was für Nachrichten, Meldungen oder Gerüchte zu entsprechenden Entwicklungen geführt haben oder haben könnten. Das bezieht sich auf alle interessanten Bewegungen innerhalb des Kursverlaufes, losgelöst von der Tatsache, ob Sie dort gehandelt haben oder nicht.

Wie oft höre ich bei kräftigen, nachrichtengetriebenen Ausbrüchen: »Da konnte ich nicht mehr nachspringen, der Future war schon 20 Punkte gestiegen!« Tatsächlich legte der Future noch weitere 30 Punkte kräftig und reaktionsarm oder reaktionsfrei zu. Doch kein Trader folgte der Chance des Tages. Warum? Weil jeglicher Erfahrungswert dazu fehlte, wie weit solch ein Impuls in einer vergleichbaren Ausgangslage tragen könnte. Um eine entsprechende Erfahrung der eigenen Sammlung hinzuzufügen, gibt es zwei Möglichkeiten:

a) Man sammelt auf herkömmlichem Wege 20 Jahre Erfahrungen oder

b) man greift aktiv ein und schafft Erfahrungen wie beim Vokabellernen.

Drucken Sie jeden Tag Ihre Charts aus. Schreiben Sie alles dort hinein, was von Belang ist. Blättern Sie Ihre gesammelten Schätze in Ihren freien Minuten immer wieder durch. Sortieren Sie Ihre Ausdrucke nicht zwingend nach Datum, sondern nach Ähnlichkeiten in den Kursverlaufsmustern, und prägen Sie sich diese Muster ein. Eine noch komprimiertere Form des Lernens gibt es nicht. Durch die Sammlung an ausgedruckten Schätzen halten Sie bereits nach überschaubar kurzer Zeit gewaltige Informationsmengen an Ereignisabfolgen in der Hand, die dann nur noch abrufbereit in Ihrem Gehirn abgelegt werden müssen.

Warum tritt eine Verunsicherung oft erst vergleichsweise spät auf? Ich habe bereits im Vorfeld erläutert, wie das Wechselspiel zwischen den kognitiven Systemen 1 und 2 wirkt. Jetzt ergänzen wir diesen Faktor noch durch einen wichtigen zusätzlichen Aspekt: die steigende Erkenntnis der Komplexität.

Vielleicht erinnern Sie sich noch, wie Sie als Kind manche Thematik leichtfertig und entspannt angehen konnten. Je mehr Informationen Sie jedoch mit der Zeit bekamen und je mehr Ihnen plötzlich die Risiken im Hinblick auf manche Dinge bewusst wurden, desto mehr schwand Ihre Leichtfertigkeit und Sie wurden zögerlich. Erst mit reiferem Alter und einem klareren Überblick sowie einer maßvollen Einordnung und Gegenüberstellung der wirklichen und der eingebildeten Gefahren kehrte Ihr vormals entspannter Umgang wieder zurück.

Im Traden ist es nicht anders. Der junge Händler klammert sich an das Regelwerk gemäß seinem Ausbildungsstand in Phase 1. Alles scheint klar, überschaubar und handelbar. Doch mit fortschreitender Entwicklung steigt die Erkenntnis der Komplexität. Der Trader merkt plötzlich, dass alles um ihn herum im Markt größer, weitläufiger, vielschichtiger ist, als in der Anfangsphase vermutet. Plötzlich stellt er fest, dass seine vermeintliche Übersichtlichkeit nur einen Bruchteil der möglichen Gefahren überschaut und er nicht in einem Zoo steht, wo die Raubtiere (Risiken) hinter Gittern gehalten werden, sondern in einem Dschungel, in dem sie ihn jederzeit anfallen könnten. Dann ist es vorbei mit der ursprünglichen Leichtigkeit der Anfangstage.

Diese Entwicklung ist normal, sie ergreift jeden Händler. Da müssen wir alle durch. Aber wir kennen die Werkzeuge dafür. Schlagen wir unseren eigenen Pfad mit den Instrumenten, die uns unser Intellekt zur Verfügung stellt.

3 Erfahrungsbildungsmaschine: Marktnachbereitung und Nutzung aller Hilfsmittel, die man bekommen kann

Wenn wir uns einen Chart ansehen, blicken wir in die Vergangenheit. Wir sehen Trendverläufe, können Widerstände und Unterstützungslinien antragen, so wie es in der klassischen Fachliteratur oder in unzähligen Seminaren erläutert wird. Ein Chart bildet ein Reiz-Reaktions-Schema der Marktteilnehmer ab. Er erlaubt uns somit Aussagen zum Kräfteverhältnis von Angebot und Nachfrage in den jeweiligen Zeitabschnitten (Bewegungsfraktale). Mag eine solche Informationsmenge für den strategisch arbeitenden und investierten Marktteilnehmer vielleicht ausreichend sein. In unserem Zeitfenster, in dem wir als kurzfristig orientierte Daytrader/Scalper tätig sind, reicht sie nicht aus. Wir ziehen die meisten Informationen nicht allein aus der historischen Abbildung einer Kerze im Chart, wir ziehen diese Informationen aus der Art, wie sie sich ausbildet. Ja, es gibt immer wiederkehrende Kursmuster und auch komplexe Kursformationen innerhalb eines 1-Minuten-Charts. Diese zeigen den Wechsel zwischen Akkumulation und Distribution der »Kerngruppe« an marktbewegenden Akteuren (meist) zuverlässig an. Aber sie nützen uns im Nachhinein, also nach ihrer Ausformung, sehr wenig, weil wir daraus keine Profite mehr schlagen können (»Die Messe ist dann praktisch ja schon gelesen«). Zudem ist die dauerhafte Abspeicherung dieser Kursmuster als Erfahrung im Gehirn am wahrscheinlichsten, wenn wir deren jeweilige Entwicklung und Entfaltung bewusst miterleben.

Wir müssen alles, was an der Börse geschieht und sich im Kursverlauf kondensiert, immer aus dem Blickwinkel heraus bewerten, der einer Beurteilung unserer Wirte entspricht. Die Kurse werden von Menschen gemacht. Hinter diesen Aktivitäten (also hinter jedem Kauf und Verkauf) steht eine Absicht. Die jeweiligen Aktivitäten können Teil eines Positionsaufbaus oder -abbaus sein. Sie können Teil einer Arbitrage (Index- oder aber auch Optionsarbitrage) sein. Sie können ein Teil von Delta-Glattstellungen (resultierend aus dem Delta-Gamma-Effekt) sein. Sie können OTC-Geschäfte oder vieles mehr sein, Möglichkeiten gibt es da reichlich. Das gilt auch für den Einsatz von computergestützten, regelwerkorientierten Handelsumsätzen. Es gibt keine selbst entscheidenden Handelscomputer. Sondern deren Kauf- und Verkaufsaktivitäten basieren auf vorgegebenen Algorithmen. Die Rechner arbeiten nur beschleunigt jene Aktivitäten ab, die vom jeweils einsetzenden Händler gewollt sind.[28]

---

[28] Der Einsatz von Handelsalgorithmen kann dennoch zum seltenen, aber mitunter auch sehr heftigen Selbstläufer werden, so gesehen am Nachmittag des 6. Mai 2010. Im Zusammenhang mit der europäischen Schuldenkrise waren die US-Aktienkurse an diesem Tage bereits deutlich gefallen, einige bis zu 4 Prozent. Um 14:32 Uhr startete ein Investmentfonds einen Verkaufsalgorithmus, um eine große Anzahl von E-Mini S&P 500 Terminkontrakten am Markt zu platzieren. Das Regelwerk sah vor, den Verkaufspreis an das Maß der Minute-zu-Minute-Liquidität der Börse zu koppeln. Diese Kontrakte wurden von verschiedener Hochfrequenzhandelssoftware gekauft, die darauf programmiert war, diese sofort an andere Händler weiterzuverkaufen. Nachdem die tatsächlich bestehende Nachfrage gedeckt war, begannen die Programme, die E-Mini Kontrakte in erster Linie an andere Programme zu verkaufen. Diese gaben die Kontrakte wiederum an andere Programme weiter, was das Handelsvolumen in die Höhe trieb. Das interpretierte der Verkaufsalgorithmus nun als Indikator für eine hohe Liquidität, woraufhin er noch schneller weitere E-Mini-Kontrakte auf den Markt warf, was die Abwärtsspirale weiter antrieb. Schließlich traten die Hochfrequenzhändler den Rückzug aus dem Markt an, was die Liquidität versiegen ließ, während die Preise weiter fielen. Um 14:45 Uhr wurde der E-Mini-Handel durch eine automatische Notbremse, die Stop Logic Functionality der Börse, ausgesetzt. Als der Handel gerade einmal 5 Sekunden später neu gestartet wurde, stabilisierten sich die Preise und begannen bald, die Verluste wieder wettzumachen. Auf dem Höhepunkt der Krise jedoch waren 1 Billion USD vernichtet worden. Im Anschluss war es zu einer erheblichen Anzahl von absurden Trades gekommen, bei denen einzelne Wertpapiere für einen Cent oder auch für 100.000 USD gehandelt worden waren. Nach Börsenschluss beschlossen Börsenvertreter und Börsenaufsicht, alle Trades für ungültig zu erklären, die zu Preisen abgewickelt worden waren, die 60 % oder mehr von den ursprünglichen Preisen abwichen (solche Transaktionen wurden als offensichtlich fehlerhaft eingestuft und konnten somit im Rahmen der bestehenden Handelsregeln rückwirkend annulliert werden). Siehe hierzu: *Superintelligenz*, Nick Bostrom, Suhrkamp 2014, Seite 35.

Um aus dem Gesehenen dauerhaft Erfahrung aufbauen zu können, müssen wir es unserem Gehirn in passgerechter und speicherbarer Form verabreichen. Durch eine regelmäßige, stetige und dauerhafte Wiederholung werden Eindrücke zu nachhaltigen Erfahrungen und erlauben zunehmend auch die Visualisierungen, auf welche ich noch zu sprechen komme.

Ich schlage Ihnen folgenden Ablauf vor:

▶ Legen Sie sich zu Handelsbeginn Blatt und Stift zurecht. Machen Sie sich während des Handels kurze Notizen, die mit Uhrzeit und Hintergrund versehen sind. Diese Notizen sollten auf besondere Kursbewegungen im Tagesverlauf (im 1-Minuten-Chart) verweisen.

▶ Formen sich auffällige, immer wiederkehrende Intraday-Kursmuster aus, drucken Sie sich diese gleich aus oder dann, wenn es Ihnen zeitlich passt. Heben Sie diese farblich hervor und schreiben Sie die Fakten dazu, die Sie als Erläuterung zum besseren Verständnis der jeweiligen Kursentwicklung benötigen. So könnte es zum Beispiel heißen: »KFH (Kurzfristhandel) ist long positioniert, findet aber keine weitere Abgabemöglichkeit. Es erfolgt Hebelreduzierung und Long-Einmischung auf tieferem Niveau. Da auch wiederholt Wirt ausbleibt, folgen Glattstellungen.«

▶ Nach Handelsschluss bietet es sich an, den Tagesverlauf im 1-Minuten-Chart (oder aber in dem Zeitfenster, in dem Sie aktiv sind) noch einmal im Ganzen durchzugehen. Zu dieser Zeit sind die Eindrücke noch frisch und die Entwicklung der jeweils interessanten Muster ist noch im Gehirn präsent. Durch die Beschreibung der im Tagesverlauf gesehenen Chartentwicklung finden Form (Visualisierung) und Beschreibung (Formulierung) zusammen und schaffen entsprechende Analogieverknüpfungen.

▶ Markieren Sie auch, wo Sie in den Markt gegangen sind (Positionseröffnung) und wo Sie die betreffenden Positionen wieder geschlossen haben.

▶ Bei Impulsbewegungen, ausgelöst durch veröffentlichte Nachrichten oder Zahlen, ist es ebenfalls sinnvoll und wichtig, diese im Nachhinein im Gesamtchart zu markieren und zu beschreiben. Legen Sie sich eine kleine Statistik an, in der Sie vermerken, wie weit nach Ihren bisherigen Beobachtungen ein solcher Schub tatsächlich anhielt. So können Sie nach einer gewissen Erfahrung und Zeit durchaus beginnen abzuschätzen, ob es sich auch nach einem Anstieg oder Rückfall von 10, 15 oder 20 Punkten noch lohnt, nachzuspringen, ohne bereits offensichtlich der Letzte zu sein.

▶ Markieren Sie börsentäglich wichtige Marken im Vorfeld im Chart und überprüfen Sie während des Handels oder am Abend in der Nachbereitung, inwieweit diese Marken vom Markt tatsächlich beachtet wurden. Auf diese Weise bekommen Sie mit der Zeit ein Gefühl für die Reflexivität des Marktes. Wenn Sie Chartmarken und klassische Regeln (Pivot-Punkte, Fibonaccis, Wellen usw.) mit Abstand betrachten und diese nicht als die tatsächlichen Heilsbringer ansehen, werden diese Marken Ihren Handelserfolg verstärken. Aufgrund ihrer Reflexivität lassen sich bestimmte Marken tatsächlich nutzen, allerdings auch in Abhängigkeit davon, welche Marktteilnehmergruppen gerade dominieren. Ist der Kurzfristhandel marktbestimmend, haben Chartmarken eine auffällig zuverlässige Bedeutung als Ziel- oder Wendemarken. Dominiert dagegen eine Final-Order das Geschehen, sind genannte gängige Chartmarken weniger von Bedeutung, mitunter sogar völlig unwichtig. Damit sollte auch deutlich werden, wie wichtig es ist, immer wieder zu prüfen und zu hinterfragen, welche Gruppe aktuell im Markt dominiert.

▶ Markieren Sie die jeweiligen Netto-Open-Interests der Optionsseite und beobachten Sie im laufenden Handel das Kerzenverhalten nahe dieser Basispreise. Stimmt das Kursverhalten des Future überein mit Ihrer Erwartungshaltung hinsichtlich der Delta/Gamma-Wirkung?[29]

▶ Sammeln Sie diese Ausarbeitungen und schauen Sie sie in einer ruhigen Minute immer wieder an. Prägen Sie sich markierte und hervorgehobene Kursmuster immer wieder ein – in Kombination mit der dazu passenden Story.

Diverse Handelsoberflächen bieten die Möglichkeit, den Kursverlauf intraday aufzuzeichnen – praktisch eine jederzeit abrufbare Historie aufzubauen. Im Simulationsmodus können Sie auf diesen Kursverlauf immer wieder handeln. Was soll das bringen? Eine solche Aufzeichnungs- und Abspielmöglichkeit bringt zweierlei Vorteile mit sich:

▶ Erstens sehen Sie die Entfaltung des Kursverlaufsmusters ganz bewusst (da Sie ja wissen, dass es sich entfaltet) und zweitens prägen Sie sich auf diese Weise den Ablauf und die Folgeentwicklung besonders wirkungsvoll ein.

▶ Sie üben Umsetzungsschritte in der Simulation, sodass sich diese automatisieren.

---

[29] Wir besprechen diesen Sachverhalt ausführlich im Optionsteil.

Gerade diese Kombination aus wiederholender Verinnerlichung der (aufgezeichneten) Kursentfaltung und dem Üben der Positionseröffnungen (Positionsschließungen) anhand dieser Aufzeichnungen führt zu einem weiteren, sehr wichtigen und hilfreichen Effekt: der Visualisierung der Erwartungen.

4 Die Visualisierung und Imagination kommender Kursbewegungen

Ich bin ein visuell geprägter Mensch. Das heißt, ich kann mir gesehene Abläufe besser merken als zum Beispiel Gehörtes. Ich kann mir aber auch Grafiken besser merken als numerische Abfolgen. Ich kann folglich nicht mit Bestimmtheit sagen, ob eine Visualisierung von möglichen kommenden Kursbewegungen für jeden Trader eine realistisch sinnvolle Unterstützung darstellt.

Ich möchte kurz umreißen, was ich mit dem Begriff Visualisierung meine. Ganz allgemein gesprochen: Sie haben als Kind wahrscheinlich häufig Steine in das Wasser eines Sees oder Flusses geworfen und vielleicht tun Sie das auch jetzt im Erwachsenenalter noch ab und zu. Wenn Sie diesen Vorgang in Ihrer Vergangenheit oft genug durchgeführt haben, können Sie den Ablauf bestimmt bereits im Vorfeld visualisieren. Sie können wahrscheinlich vor Ihrem »geistigen Auge« sehen, wie der Stein durch die Luft fliegt, wie weit er in etwa fliegt, in welchem Bogen und wie er auf die Wasseroberfläche trifft. Auch die davon ausgelösten kreisrunden Wellen an der Eintrittsstelle sind nichts Neues für Sie. Alles in allem überrascht Sie dieser gesamte Ablauf nicht, da Ihr Gehirn eine klare Vorstellung davon hat, wie der Stein Ihren Wurfarm verlässt, wie er fliegt, wie er den Bogen in der Luft vollzieht und wie er auftrifft.

Eine solche Visualisierung tritt übrigens auch auf, wenn Sie zum Beispiel versuchen, einen Ball in einen Fangkorb zu werfen. Ihr Gehirn schätzt die Entfernung und Größe des Zieles ab, bringt es blitzschnell mit dem Gewicht und der Größe des Balles in Verbindung und »errechnet« auf der Grundlage von Erfahrungen und den dazu passenden Analogiemustern Wurfwinkel und Wurfkraft, die nötig sind, um das Ziel zu treffen. Je mehr Erfahrung und praktische Übung Sie haben, desto weniger müssen Sie darüber noch nachdenken. Der Prozess der Wurfvorbereitung und schließlich der Wurfdurchführung läuft automatisiert ab.

Eine vergleichbare Form der Visualisierung tritt bei ausreichender Übung und Häufung eines gleichgelagerten Ereignisses auch im Zusammenhang mit Kursmusterausbildungen und sich anschließenden Kursfolgebewegungen auf. So wie Sie beim Basketball lernen, Geschwindigkeit, Gewicht und Größe des Balles, Ihre eigene Geschwindigkeit und die des Gegners sowie Entfernung, Größe und Höhe des Korbes und viele weitere Faktoren immer besser im Einklang miteinander abzuschätzen, um schlussendlich zum passenden Wurf anzusetzen und ihn tatsächlich durchzuführen, so ist das auch beim Trading möglich. Ein Trader lernt mit der Zeit, die Möglichkeit einer Bodenbildung im 1-Minuten-Zeitfenster abzuschätzen. Er lernt, die Chance der Formationsbildung dem Risiko einer Impulsfortsetzung in Abhängigkeit vom Ausmaß der Reaktion gegenüberzustellen. Das alles beherrscht er, ohne die Abläufe im vollen Bewusstsein zu durchdenken – das würde nur wertvolle Zeit kosten. Diese Visualisierung erlaubt es Ihnen, die Möglichkeiten der jeweiligen kommenden Kursentwicklung vorherzusehen. In Ihrem Hirn entsteht dieses Bild genauso, wie ein Schachspieler visuell die Folgezüge sieht, ein Boxer durch eingehendes Studieren seines Gegners aus dessen Haltung und Mimik erahnt, wann der nächste Schlag kommt und wo er mutmaßlich platziert wird. Da wir immer in mindestens zwei Szenarien denken wollen (Formationsausbildung, die wir antizipieren wollen, oder Scheitern der Formation mit einer sich anschließenden Folgebewegung in Impulsrichtung), leiten sich entsprechende Visualisierungen ab.

Daraus lässt sich endlich eine Antwort ableiten auf die Fragen: »Wann beginnt der Kurs zu laufen, sodass ich einsteige?« Und: »Wann erkenne ich, dass der Kurs nicht mehr läuft und es besser wäre, den Gewinn zu realisieren oder einen kleinen statt eines großen Verlustes mitzunehmen?« Sie müssen dann agieren, wenn der Kurs sich anders verhält, als es Ihre Imagination vorgegeben hat.

Zurück zu unserem Wurfbeispiel: Wenn der Stein oder Ball Ihren Erwartungen entsprechend fliegt, erleben Sie keinerlei auffällige, unerwartete Reaktionen in Ihrem Körper. Alles läuft nach Plan. Doch stellen Sie sich vor, der Stein oder Ball rutscht Ihnen in der Beschleunigungsphase aus der Hand und seine Flugbahn weicht auffällig von der erwarteten, im Vorfeld visualisierten Bahn ab. Sofort reagiert Ihr gesamter Körper. Das tut er umso mehr, wenn die Gefahr besteht, einen Zuschauer zu treffen. Eine vergleichbare Reaktion vollzieht sich im Hirn eines Traders, wenn der Kursverlauf, selbst im geringsten Verlaufsmuster, von der visualisierten Vorstellung abweicht. Das heißt nicht, dass der Kurs am Ende nicht doch in die erwartete Richtung laufen könnte. Er verläuft dann aber doch anders, in einem anderen Rhythmus oder in einem anderen Tempo und somit anders als visualisiert.[30] Konsequenterweise steigen Sie aus oder gar nicht erst ein, auch wenn die Idee dennoch richtig war.

Wie entwickeln sich solche Visualisierungen? Gegenfrage: Wie schaffen Sie es, einen Fußballspieler so zu formen, dass er seine Bewegungen mit dem Ball entsprechend visualisiert und schließlich ohne zu denken umsetzt? Wie schaffen wir es, einen Tennisspieler so zu trainieren, dass er auf Bälle reagieren kann, die mit einer gewaltigen Geschwindigkeit auf ihn zukommen – so schnell, dass er bewusst kaum in der Lage sein wird, darauf zu reagieren, sondern Reflexreaktionen durchführen muss? Durch Übung, durch Übung und noch einmal durch Übung. Wir trainieren sein Auge, wir trainieren seine Reflexe, wir konzentrieren seinen Fokus. Und nichts anderes trainiert ein Trader. Dazu nutzt er die Simulationsoberfläche, diese ist sein Übungsplatz. Zudem lernt er die Theorie – um zu verstehen und die Zusammenhänge zu begreifen. Parallel dazu führt er seine Nachbereitung durch, um den Pulsschlag des Marktes zu seinem eigenen Puls zu machen.

5 Nützliche Hilfsmittel, um Theorie und Praxis in Einklang zu bringen

Unser Gehirn ist keine Maschine. Unser Gehirn nimmt Informationen nicht linear auf, es verarbeitet sie auch nicht linear und ruft gespeichertes Wissen nicht linear ab. Wäre das der Fall, wären wir hoffnungslos langsam. Wahrscheinlich könnten wir nicht einmal im Ansatz unsere echten kognitiven Fähigkeiten entwickeln, die uns zu dem machen, was wir sind. Die Höchstgeschwindigkeit, mit der unsere Neuronen Informationen weiterleiten, beträgt etwa 200 Hz. Damit ist unser Gehirn um volle sieben Größenordnungen langsamer als ein moderner Mikroprozessor. Unsere interne Kommunikationsgeschwindigkeit beträgt 120 Meter pro Sekunde (oder langsamer), während Computer nahe Lichtgeschwindigkeit kommunizieren können. Unser Arbeitsgedächtnis kann nur ungefähr vier oder fünf Informationspakete gleichzeitig speichern.[31] Daraus wird deutlich, warum es sinnvoll ist, bereits fertige komplexe und immer wieder benötigte Informationseinheiten fertig abgepackt und im Großen und Ganzen über System 1 abrufbereit vorliegen

---

[30] Dieser Sachverhalt erklärt z. B. auch, warum es vielen (auch erfahrenen) Händlern schwerfällt, in der Mittagszeit zu handeln. Der Markt bewegt sich nicht wesentlich anders als zum Beispiel vormittags oder nachmittags, aber es ändern sich das Tempo und der Rhythmus des Kursverlaufes. Und dadurch stimmen unsere visualisierten Erwartungen mitunter nicht mehr mit der Realität überein und wir schließen die Positionen (meist zu früh).
[31] vgl. **Superintelligenz**, Bostrom, Suhrkamp 2014, Seite 89 f.

zu haben. Unser Gehirn bewältigt diese biologischen Restriktionen, indem es auf massive Parallelverarbeitungen zugreift.

Um dennoch in einer überschaubaren Zeit dem Gehirn die Möglichkeit zu geben, Informationen kurzfristig sinnvoll zu verarbeiten und die passenden Reaktionen darauf zu veranlassen, ist es notwendig, auf entsprechende Hilfsmittel und Vereinfachungen zuzugreifen, sofern sich diese anbieten.

Ziehen wir wieder den Vergleich zum Leistungssport. Haben Sie einmal gesehen, mit welchen hochwissenschaftlichen Methoden dort vorgegangen wird, um ein Optimum im Zusammenspiel zwischen Körper und Geist zu erreichen? Ich habe dies einmal im Zusammenhang mit Leistungsschwimmern gesehen und war hochgradig erstaunt, welches Ausmaß und welche Komplexität das Training in diesem Bereich erreicht hat. Und nicht anders wird es in anderen Sportarten aussehen.

Trading ist auch ein Hochleistungssport. Folglich ist auch hier ein sehr komplexes, mit Mühen, Selbstüberwindung und mitunter sogar mit mentalen Schmerzen verbundenes Ausbildungs-, Schulungs- und Trainingsprozedere notwendig. Das allerdings kann mit Hilfsmitteln geschmeidiger gestaltet werden.

5.1 Informationsaufnahme mit allen Sinnen

Trader handeln Erwartungen oder die vermuteten Erwartungen anderer Marktteilnehmer. Nichts anderes tun wir, wenn wir uns auf das fokussieren, was unsere Wirte wohl tun werden. Erwartungen erwachsen aus Informationen und Gerüchten, aus Meinungen und Zahlen, aus Interpretationen und Verwerfungen. Große Nachrichtenagenturen haben sich diesen Informationshunger zunutze gemacht und stellen nahezu ungefiltert alle News zur Verfügung, die den Handel bewegen könnten. Die Folge sind Informationsüberflutungen, sei es in der Darstellung[32], sei es in der Verarbeitungsmöglichkeit durch unser Gehirn. Britische und US-amerikanische Agenturen haben hier sehr nützliche Brücken geschlagen mit der Bereitstellung sogenannter Squawk-Boxen. Durch das Verlesen und Interpretieren von Zahlen, Nachrichten und Gerüchten, die zeitgleich zu den Veröffent-

---

[32] Wenn man sich die Bildschirme von Reuters oder Bloomberg ansieht, laufen diese nahezu über von rasch wechselnden, sich immer wieder aktualisierenden Nachrichten, was es schwer macht, den Überblick zu behalten. Der Blick schwenkt zwischen Chart, Handelsplattform und Nachrichtenschirm hin und her, damit kommt Unruhe in die Arbeit des Traders.

lichungen der großen Nachrichtenagenturen erfolgen, ist es nicht mehr notwendig, auf den News-Schirm zu schauen und gegebenenfalls die passende Nachricht zu suchen, wodurch die Aufmerksamkeit in Bezug auf den Chartverlauf genau in diesem Moment verloren geht. Der Blick des Traders bleibt auf den Chart gerichtet. Er bleibt im Flow, während ihm alles für ihn Notwendige vorgelesen und interpretiert wird. Er verpasst keine News, keine Zahl und erhält die relevanten Informationen zum Teil schneller, als wenn er sie in der Flut anderer Nachrichten suchen müsste.

Da ich als Trader selbst positive Erfahrungen mit dieser Art der Informationsbereitstellung gemacht habe, kann ich nur empfehlen, über den Nutzen solcher Dienstleistungen nachzudenken. Sie erleichtern die mentale Verarbeitung erheblich. Allerdings hat Deutschland keine vergleichbare Trader-Kultur wie England, die USA oder teilweise auch die asiatischen Länder. Deshalb sind derlei Dienste in deutscher Sprache nicht vertreten. Dies veranlasste mich zusammen mit Kollegen, im Zusammenhang mit der Schulung von Tradern durch Trader auch diese Quelle zu erschließen, um den Arbeitserfolg der Händler im deutschsprachigen Raum zu erhöhen. Nähere Informationen dazu finden Sie unter www.tradematiker.de unter dem Link »Traders Talk«.

5.2 Arbeiten mit der Simulationsoberfläche

Welche Aufgabe hat eine Simulationsoberfläche? Sie simuliert den Handel mit Echtkursen in Echtzeit, ohne dass echtes Geld zum Einsatz kommt. Der Vorteil liegt auf der Hand: Ohne Risiken im Handel einzugehen, kann ein angehender Trader bereits erste Erfahrungen mit dem Markt und mit dem jeweiligen Handelsprodukt sammeln, in dem er sich in Zukunft bewegen wird. Dennoch weichen die Zielsetzungen, die ein Trader mit dem Arbeiten in der Simulation verbindet, voneinander ab, je nachdem, ob wir es mit einem Berufshändler oder einem privaten Trader zu tun haben.

Der Berufshandel nutzt Simulationsoberflächen, um das Arbeiten mit der Plattform zu erlernen. Er trainiert, rasch und möglichst fehlerlos Orders im Markt zu platzieren, zu verschieben, zu löschen. Der Handel mit vielen Kontrakten wird eingeübt – hochmischen, heruntermischen. Im Vordergrund steht das Erwerben praktischer Fähigkeiten und Fertigkeiten, wobei das Ergebnis kaum Beachtung findet. Deshalb laufen viele professionell genutzte Handelsoberflächen in der Simulation völlig getrennt vom eigentlichen Netzwerk, um dieses nicht zu belasten. Der Handel selbst wird sehr zügig auf Echtgeld gehoben, was aber weniger mit pädagogischem Fingerspitzengefühl zu begründen ist, als vielmehr dem dort herrschenden Arbeitsdruck geschuldet ist.

Der private Trader nutzt erfahrungsgemäß die Möglichkeit des Simulationshandels mit anderen Zielen. Entweder wird die Simulationsmöglichkeit nur stiefmütterlich genutzt, immer mit dem Argument, es fehle der wahre Kick, wenn kein Echtgeld involviert sei. Das andere Extrem ist eine Dauernutzung der Simulation, die dadurch bereits in den Stand des Echtgeldvergleiches gehoben wird. Man simuliert und simuliert – irgendwann hat man sich totsimuliert.

Meine ganz persönliche Meinung, ohne Anspruch auf die absolute Wahrheit erheben zu wollen, ist: Dem Arbeiten mit einer Simulationsoberfläche sollte zunächst eine höhere Bedeutung und ein höherer Stellenwert eingeräumt werden, als dies im Berufshandel gemeinhin getan wird. Ich kenne Händler, die über Jahre nicht wussten, dass man überhaupt in Simulation mit ihrer jeweiligen Oberfläche arbeiten könnte. Der Simulationsoberfläche kommt die gleiche Bedeutung zu wie dem Flugsimulator in der Pilotenausbildung.

Ich plädiere beim Einsatz solcher Softwareeinstellungen jedoch für folgendes Vorgehen:

- Das oberste Ziel beim Arbeiten mit einer Simulationsoberfläche muss sein, die Oberfläche kennenzulernen, sie in jeder handelstechnischen Lebenslage zu beherrschen. Damit meine ich weniger, alle Einstellungsmöglichkeiten zu kennen. Im Berufshandel werden die notwendigen Einstellungen einmal vollzogen, angepasst an die Notwendigkeiten und Bedürfnisse des jeweiligen Händlers, danach fasst diese Einstellungen niemand mehr an. Schieben Sie immer mal wieder Übungsstunden dazwischen, in denen Sie das rasche und fehlerfreie Einstellen von Limit- und Stopp-Orders üben. Es geht um Zeit und Sicherheit. Was nützt einem Trader die schnellste Software, wenn er selbst langsam ist? Fehler sind teuer, fehlende Sicherheit im Umgang mit der Handelssoftware bremst den Prozess unendlich ab.

- Das Trading sollte meiner Meinung nach unbedingt im Simulationsmodus erlernt werden. Wer bereits mit Echtgeld handelt, aber noch Probleme und Unsicherheiten bei den Grundlagen von Ordertypen, Regelwerken, Marktverständnis etc. hat, handelt unverantwortlich. Hier liegt entweder eine hoffnungslose Selbstüberschätzung vor oder eine fahrlässige Naivität. Beides jedenfalls ist ein mitunter kritischer Cocktail, der in den meisten Fällen zum Misserfolg führt. Auch dem Argument, es fehle der Kick, wenn man nicht mit echtem Geld unterwegs sei, kann ich nichts abgewinnen. Wer den Kick sucht, muss sich fragen lassen, welches sein echtes Ziel an der Börse ist: Spielerei? Aktion? Abenteuer? Oder seriöse Arbeit? Das Arbeiten in der Simulation ist notwendige Lernzeit, um Sicherheit, Selbstvertrauen und Erfahrung im Handel zu erlangen.

▶ Doch Handeln in der Simulation darf nicht zum Selbstzweck werden. Denn eines ist Fakt: Simulation ist niemals wirklich mit echtem Handel vergleichbar, allein schon deshalb nicht, weil keine einzige Ausführung in der Realität erfolgt und weil alle Ausführungskurse eben simuliert sind. Keine einzige Slippage stimmt. Sie kann auch nicht stimmen, denn Sie greifen ja nicht echt in den Markt ein. Wenn sich der Trader sicher im Umgang mit seinem wichtigsten Arbeitsinstrument fühlt, wenn er das Prinzip verstanden hat und zumindest halbwegs stabile fiktive Handelsergebnisse im Simulationsmarkt erzielt, dann sollte er den echten Handel beginnen. Aber erst dann. Hält man sich allerdings in dieser Phase zu lange auf, lässt die Motivation nach, die Lernergebnisse werden gefährdet. Befindet man sich in einer Ausbildung, sollte hier der Wechsel in Absprache mit dem Ausbilder erfolgen.

5.3 Arbeiten mit dem Simulationsserver

Mit einem Übungsserver zu arbeiten oder die Möglichkeit zu nutzen, individuell Kursverläufe aufzuzeichnen und sie dann nachzuhandeln, ist ein wertvoller Abschnitt in der praktischen Ausbildung. Hierbei geht es weniger darum, den ganzen aufgezeichneten Tag nachzuhandeln, als wäre es eine aktuell reale Börsensitzung. Das wäre allein schon deshalb wenig sinnvoll, weil in der Regel die Kurse unserer Zusatzmärkte (Sektorindizes, Rentenmarkt, Währungsmarkt) nicht zur Verfügung stehen. Es geht hier vielmehr darum, bestimmte Kursverlaufssequenzen immer wieder zu sehen und in diesem Zusammenhang die einzelnen Handlungsaktivitäten genau in dieser Abhängigkeit immer wieder zu üben. Es geht um Schnelligkeit, Zuverlässigkeit, Fehlervermeidung und wieder Schnelligkeit. Der gewollte Nebeneffekt ist der damit einhergehende Automatismus, der zunehmend ausgebildet wird.

6 Die Erstellung eines Handelsregelwerkes

Die Wirtschaft und alle ihre Gesetzmäßigkeiten unterliegen reflexiven Prozessen.[33] Damit unterscheidet sich die Wirtschaft von natürlichen Prozessen, welche die klassische Naturwissenschaft beschreibt und erforscht. Ich werde in diesem Buch noch des Öfteren auf diesen Sachverhalt zu sprechen kommen. Besonders im Abschnitt zum Thema »Marktanalyse« wird dieser Aspekt noch konkret diskutiert werden. Dennoch möchte ich bereits hier vorab festhalten: Naturgesetze gelten immer, unabhängig davon, ob wir sie kennen oder nicht. Wasser in seinem natürlichen Zustand gefriert bei null Grad Celsius. Es gefriert bei dieser Temperatur, ob wir es dabei nun beobachten oder auch nicht. Ein Prozess in der Wirtschaft oder auch Politik ist dagegen schon weitaus schwieriger zu beschreiben und erst recht schwieriger zu prognostizieren. Rückblickend lassen sich ökonomische oder auch politische Entwicklungsprozesse zwar beschreiben und es lassen sich auch bestimmte Gesetzmäßigkeiten finden und definieren. Nach vorn gewandt wird dies jedoch deutlich problematischer. Im Gegensatz zu natürlichen Prozessen reagieren gesellschaftliche Prozesse spätestens dann reflexiv, wenn sie von dem zu beobachtenden und von dem beobachtenden Subjekt erkannt werden. Der Mensch als zu beobachtendes und zugleich bewusst beobachtendes Subjekt nimmt direkten Einfluss auf die »erkannte Gesetzmäßigkeit« und verändert diese bereits damit.[34]

Dieses Phänomen wirkt natürlich ebenso an der Börse und hat damit Auswirkungen auf die Kursentwicklung der dort gehandelten Produkte. Dieses Phänomen macht es damit auch unmöglich, eine dauerhaft stabile und vor allen Dingen handelbare Kursprognose zu erstellen. Den betreffenden Sachverhalt müssen wir als Realität akzeptieren und unsere Konsequenzen daraus ziehen. Wir werden uns im praktischen Handel auf die Elemente und Abschnitte einer Kursbewegung festlegen müssen, welche die minimalste Voraussetzung einer weiterführenden Kursbewegung sind. Diese gehören zu den Entwicklungsabschnitten eines Kursverlaufes, die möglichst über Jahre stabil und vor allen Dingen immer auftreten, sodass sie auch regelmäßig handelstechnisch verwertet werden können.

Jedem aktiven Handel müssen wir aber einen Arbeitsschritt voranstellen, allein schon um unserer Zielsetzung gerecht zu werden, möglichst viel Arbeit über un-

---

[33] Eine recht interessante Ausarbeitung und Beweisführung zu diesem Thema legte der Berliner Autor Dr. Bernd Niquet in seinem 1997 im börsenbuch verlag erschienenen Buch **Der Crash der Theorien** vor.
[34] Einige Arbeiten zum Thema »Schwarmintelligenz« finden hier sehr interessante Ansatzpunkte, welche wir im Abschnitt »Marktanalyse« detaillierter betrachten wollen.

ser Denksystem 1 abarbeiten zu lassen. Ich spreche von der Erstellung eines konkreten Handelsregelwerkes. Damit schaffen wir uns ein Hilfsmittel, das möglichst die für uns handelbaren Elemente eines ansonsten von Unsicherheiten und Wahrscheinlichkeiten geprägten Marktes beschreibt und uns damit einen Leitfaden und eine gefühlte Sicherheit vermittelt. Ich spreche in diesem Zusammenhang aber auch von einem Hilfsmittel, das es uns durch seine klare Beschreibung erlaubt, die notwendigsten Arbeits- und Tätigkeitsschritte während des Handelns in einer sinnvollen und vor allem nutzbringenden Form über unser System 1 in seinem Ablauf zu automatisieren.

Halten wir somit fest: Ein klar definiertes und geordnetes Handelsregelwerk schafft uns eine Art von Struktur in einem übergeordnet strukturarmen Markt, was seine kontinuierliche Handelbarkeit mit dem Ziel einer regelmäßigen Ertragserzielung betrifft.[35] Mit einem solchen Handelsregelwerk wollen wir unsere unter 1 und 2 skizzierten Schlussfolgerungen umsetzen.

Zu 1: In einem ersten Schritt müssen wir ein klar definiertes Regelwerk für unseren täglichen Handel an der Börse erstellen. Dieses Regelwerk umfasst zunächst feste Parameter, die übergreifend gelten:

▶ Welchen Markt und welches Produkt wollen wir in welchem Zeitfenster handeln?

▶ Welchen Umfang darf unsere Positionsgröße haben?[36]

▶ Es muss ein glasklares und unumstößliches Risikolimit definiert sein, das eine Stoppkursgröße festlegt, ein Verlust- und Gewinnlimit für den Handelstag beschreibt und das Wochenverlustlimit ebenso vorgibt wie das Monatsverlustlimit.

▶ Es muss exakt vorgeschrieben sein, wie wir uns verhalten, wenn unser Tagesziel erreicht und gegebenenfalls überschritten wird.

---

[35] In den Abschnitten »Marktanalyse« und »Trading-Ansätze« werde ich ergänzend Handelsansätze besprechen, die über das ganz kurzfristige Daytrading hinausführen. In diesen längeren Zeitfenstern werden wir aber feststellen, dass wir grundsätzlich andere Handels- und Analysephilosophien miteinander verknüpfen müssen, als sie in Bezug auf unsere hier vorrangig besprochenen Kurzfrist-Trading-Aktivitäten mit der Motivation, kleine, aber stetige Erträge zu erzielen, zum Erfolg führen.
[36] Damit wird das reale Margin-Kapital definiert.

- Unser Regelwerk muss genau vorschreiben, dass wir unseren Handel kompromisslos und unbedingt einstellen, wenn das Tagesverlustlimit erreicht ist.[37]

Neben den umfassenden Regelungen legen wir auch konkrete Bestimmungen fest, die zu gelten haben:

- Unter welchen markttechnischen Voraussetzungen eröffnen wir eine Position und in welcher Weise tun wir das?

- Beschränken wir uns auf nur eine Handelsrichtung – long oder short?[38]

- Wir definieren unsere konkrete Ein- und Ausstiegsmethode und wir legen fest, unter welchen Voraussetzungen wir einen Wiedereinstieg durchführen.

Dabei sollte ganz klar feststehen, dass alle Regeln einfach und verständlich sind. Sie sollten sich auf ein absolutes Minimum an Voraussetzungen beschränken, um den Ansatz überschaubar und kontrollierbar zu halten, falls ungewohnte Verlustserien auftreten. Darüber hinaus halten wir auch die Anzahl der Ein- und Ausstiegsregeln gering. Ich habe zum Beispiel nur eine Einstiegsregel für Ausbruchs-Trades und eine Regel für Wiedereinstiege. **Die später hinzukommenden Contra-Trades sind hier nicht berücksichtigt.**

Haben wir ein solches Regelwerk erstellt, gilt es, dieses in unser Denksystem 1 zu überführen. Dazu müssen wir jedoch im Vorfeld folgende Aspekte beachten:

- Das Regelwerk muss sich als handelbar erwiesen haben, mit einer gewissen Stetigkeit in der notwendigen Ertragsstabilität.

- Wir müssen eine sinnvolle »Überführungsstrategie« haben. Im Vorfeld sollte uns noch klar werden, welche Bereiche unserer Händlertätigkeit wir unserem System 2 überlassen müssen, da sich diese unmöglich mit System 1 erledigen lassen.

---

[37] Diese Regel muss auch auf Wochen- und Monatsbasis gelten. Wenn das Wochen- bzw. Monatsverlustlimit erreicht werden sollte, muss der Handel eingestellt werden, bis eine neue Woche oder ein neuer Monat beginnt.

[38] Dieser Aspekt erscheint mir aus eigener Erfahrung sehr wichtig. Ich kenne sehr wenige Händler, die beide Handelsrichtungen mit gleicher Vorliebe handeln. In der Regel liegt einem jeden Händler aber eine Handelsrichtung mehr als die andere. In diesem Sinne wäre es (wenigstens zu Beginn der Trader-Karriere) nicht ungewöhnlich und auf jeden Fall bedenkenswert, sich zunächst oder auch dauerhaft für eine der beiden möglichen Handelsrichtungen zu entscheiden und die jeweils andere Handelsrichtung im täglichen Trading wegzulassen. Es gibt einige mir persönlich bekannte erfolgreiche Trader, die diese Entscheidung sehr konsequent umsetzen und damit ausgesprochen gut fahren.

Zu 2: Nicht automatisierbar, zumindest nicht vollständig automatisierbar ist die jedem Handelstag vorzuschaltende Marktanalyse. Sie ist ein grundsätzlicher Bestandteil der Handelsvorbereitung. Im Abschnitt »Marktanalyse« werde ich ausführlich darauf eingehen. Darüber hinaus soll uns das Denksystem 2 ermöglichen, unser Handelsregelwerk (welches wir in unser Denksystem 1 ablegen wollen) den jeweilig gegebenen Marktbedingungen anzupassen. Das heißt, diskretionäre Umsatzentscheidungen müssen mit einfließen, sofern es aufgrund unserer Einschätzungen zur Positionierungsabsicht der anderen Marktteilnehmer nötig ist. Hierbei geht es darum, Positionen gegebenenfalls nicht erst bei Erreichen des Stoppkurses aus dem Markt zu holen, sondern bereits wenn sich unser »internes« Warnsystem meldet und wir mit der eingegangenen Position nicht mehr zufrieden sind. Zu beachten ist, dass wir einen zum Zeitpunkt der Positionseröffnung definierten Stoppkurs möglichst niemals erreichen sollten, um eine Fehlposition aus dem Markt zu holen. Vielmehr sollten wir bereits im Vorfeld erkennen, wann sich ein Trade zu einem Verlust-Trade entwickelt. Gleiches gilt für die Gewinnseite. Ich arbeite zwar grundsätzlich mit Kurszielen, aber nur in seltenen Fällen schöpfe ich diese auch vollständig aus. Sehr oft nehme ich kleinere Gewinne mit. Das gilt vor allem dann, wenn ich den Eindruck habe, die jeweilige Marktdynamik entfaltet sich nicht so wie erwartet oder unterstellt. Für diese Feinarbeit benötigen wir unser bewusst arbeitendes Denksystem 2. Da dieses zeitgleich kaum weitere anspruchsvolle Entscheidungsfindungen zulässt, ist es zwingend notwendig, möglichst viele Handelsaktivitäten, die einem klar definierbaren Regelwerk folgen, in den Bereich des Automatismus zu übertragen. Damit beugen wir einer geistigen Überforderung oder vorzeitigen Erschöpfung wirksam vor.

Kommen wir zu einem Anfangsproblem zurück. Bei der Festlegung der Regelwerkelemente für die Übertragung in das System 1 hieß es: **Das Regelwerk muss sich als handelbar erwiesen haben, mit einer gewissen Stetigkeit in der notwendigen Ertragsstabilität.** Wie sollte ein von uns eingesetztes Regelwerk auf Ertragsstabilität und Handelbarkeit überprüft werden, bevor wir es in unser Denksystem 1 überführen? Hier kann ich auf Erfahrungen aus meiner eigenen Frühzeit zu Beginn meiner Trader-Tätigkeit zurückgreifen.

Ich habe zu Beginn natürlich auf Regelwerke und Strategien sowie Vorgehensweisen von bereits nachweislich erfolgreichen Tradern zurückgegriffen. Wie sollte es auch anders gehen? Bewährte Grundformen sollte man übernehmen und verinnerlichen, ähnlich einem Klavierspieler, der seine Musikstücke in der Grundform lernt. Stellt sich eine gewisse Sicherheit im Umgang mit einem übernommenen Regelwerk ein und gewinnt man aus der notwendigen Übung heraus an Sicherheit, dann kommt die Zeit, wo Improvisationen möglich, ja sogar sinnvoll werden. Ein Zweck dieses Buches ist, Ihnen die Grundzüge meines Regelwerkes vorzustellen. Es kann auch für Sie durchaus als in der Praxis bewährtes Arbeitswerkzeug dienen und lässt sich als Basis für Ihr eigenes späteres Regelwerk nutzen, das Sie entsprechend Ihren Präferenzen ausbauen können.

Ich halte es für sinnvoll und notwendig, eine grundsätzliche Sicherheit im Umgang mit einem Regelwerk zu erlangen, indem man seine ersten Handelsaktivitäten auf einer Übungsplattform mit Simulationsgeld durchführt. Ein solcher simulierter Handel gibt Ihnen wenigstens eine erste Ahnung davon, wie es sich anfühlt, ein regelwerkbasiertes Trading durchzuführen. Sie gewinnen erste Sicherheit und bauen Vertrauen in das auf, was Sie dort tun.

Sind wir uns über die Notwendigkeit im Klaren, die Grundregeln unseres Handels zu automatisieren, geht es um das konkrete Überführen unserer Handelsaktivitäten in den Ablauf des Denksystems 1. Hierzu gilt es drei grundsätzliche Sachverhalte zu berücksichtigen:

► Die Psychologen sind sich heute darüber einig, dass der entscheidende Vorgang, um frisch erworbene, aber noch unsichere Lernstrukturen durch immer wiederkehrende Wiederholungen zu stabilisieren, eine permanente Übung der Abläufe ist. Der Begriff »Abläufe« umfasst im allgemeinen Sinne Bewegungsabläufe, aber auch Denkabläufe, zum Beispiel beim Festigen von Lösungsschritten in der Mathematik oder beim Erlernen von Vokabeln. Auch das mentale Festigen eines Handelsregelwerkes, das Erkennen von potenziellen Einstiegsniveaus, der sichere Umgang mit einer Handelssoftware und Ähnliches lassen sich unter dem Begriff »Abläufe« subsummieren. Das Üben bildet damit die zweite Phase in der Lernprozessfolge: Lernen – Üben – Trainieren.[39] Es sind die dauernden Wiederholungen, seien sie motorischer oder rein geistiger Natur, die bei entsprechender Häufigkeit zu außergewöhnlichen Fertigkeiten oder gar Meisterschaft[40] führen. Neurowissenschaftler nehmen an, dass die Fähigkeit des Gehirns, sich durch ständige Wiederholungen etwas zu merken,

---

[39] Siehe dazu Wikipedia unter dem Suchbegriff »Üben«.(Wikipedia)
[40] Ein sehr gutes, in der Thematik weiterführendes Buch, in dem die Rolle des Übens und Perfektionierens bis zur Meisterschaft beschrieben wird, ist das Werk von Robert Greene mit dem Titel **Perfekt! Der überlegene Weg zum Erfolg**. Das Buch ist im Hanser-Verlag erschienen. Auch wenn sich der Autor in seinen Ausführungen sehr oft wiederholt, ist es dennoch sehr lesenswert.

mit der Arbeitsweise der Nervenzellen und ihrer Schaltstellen, der Synapsen[41], zu tun hat. Das Gehirn benötigt zur Wiedergabe einer einstudierten Bewegung, eines Textes oder anderer Lerninhalte eine Verschaltung, die den jeweiligen Lerninhalt repräsentiert. Es ist die mehrmalige Benutzung des immer wieder gleichen Schaltmusters, die erst zur Herausbildung der Merkfähigkeit führt.

▶ Die Bedeutung der Erfahrung habe ich schon beschrieben, ebenso das Bestreben, sie durch zielgerichtete Stimulierungen beschleunigt zu erlangen. Ich halte in diesem konkreten Zusammenhang die Handelsnachbereitung mit den im Vorfeld beschriebenen Vorgehensschritten für eine erfolgversprechende Methode.

▶ Aus eigenen Erfahrungen heraus, aber auch aus Erfahrungen anderer Tradern weiß ich, dass das Thema »Umgang mit Verlusten« ein ganz wichtiger, substanzieller Aspekt ist, der das konkrete Verinnerlichen und Automatisieren von Trading-Übungen behindert, ja manchmal sogar ganz verhindert. Um der Bedeutung des Umgangs mit Verlusten Rechnung zu tragen, möchte ich diesem Thema an dieser Stelle einen hervorgehobenen Platz einräumen.

7 Verluste blockieren, verängstigen und demotivieren

Es ist leicht, gegenüber anderen zum Thema »Verluste« zu referieren und dabei auf die Notwendigkeit der Verlustbegrenzung zu verweisen. Doch wenn es ans Eingemachte geht, sieht die Welt anders aus. Ein Erfahrungsbericht und seine Konsequenzen ...

Der Umgang mit Verlusten ist wahrscheinlich das mental für einen Trader oder Investor schwierigste Thema. Und doch ist es das Zünglein an der Waage, das erfolgreiche Akteure von Verlierern unterscheidet. Ich will es einmal zugespitzt formulieren: Die Umgangsweise mit Verlusten entscheidet letzten Endes, ob Sie

---

[41] Als Synapse bezeichnet man die Stelle einer neuronalen Verknüpfung, über die eine Nervenzelle in Kontakt zu einer anderen Zelle steht – einer Sinneszelle, Muskelzelle, Drüsenzelle oder einer anderen Nervenzelle. Synapsen dienen der Übertragung von Erregung, erlauben aber auch die Modulation der Signalübertragung. Sie vermögen darüber hinaus durch anpassende Veränderungen Information zu speichern. Die Anzahl der Synapsen beträgt im Gehirn eines Erwachsenen etwa 100 Billionen (10^{14}) – bezogen auf ein einzelnes Neuron schwankt sie zwischen 1 und 200.000. (Quelle: Wikipedia)

ein stetiger Einzahler an der Börse sein werden und sich früher oder später demotiviert zurückziehen oder ob es Ihnen tatsächlich gelingt, sich dauerhaft Ihren Anteil aus dem Markt zu holen, für den Sie regelmäßig Energie und Fleiß aufbringen.

Es gibt Unmengen von Fachliteratur, die sich mit der Psychologie des Handels beschäftigt, es gibt Literatur zu Handelsstrategien, zu Money- und Risiko-Management und zu allen sonst üblichen Aspekten, die für den erfolgreichen Handel an der Börse notwendig sind. In all diesen Werken wird der Umgang mit Verlusten auch thematisch behandelt, mal mehr, mal weniger.[42] Und doch wird aus meiner Sicht gerade diesem Abschnitt zu wenig Aufmerksamkeit geschenkt. Ich weiß aus eigener Erfahrung, dass es nicht damit getan ist, zu wissen, wie man Verluste nicht ins Bodenlose anwachsen lässt (etwa durch den Einsatz von Stoppkursen) und wie diverse Stoppkursarten ermittelt und platziert werden können. **Verluste treten auf, das ist Gesetz.** Es wird niemanden an der Börse geben, der ohne Verluste arbeitet. Doch wer sich diesem Thema nur über das theoretische Wissen annähert, das er gelesen, durch Freunde oder aus Seminaren erworben hat, fühlt sich im entscheidenden Moment doch allein gelassen. Plötzlich werden Verluste von einem fremden zu einem eigenen Problem. Und dann ist alles ganz anders, als es noch war, als man sich nur theoretisch damit auseinandergesetzt hat.

Ich möchte an dieses Thema **anders** herangehen, mich mit dem Verlustaspekt auf andere Weise beschäftigen, als es üblich ist. Ich möchte Sie nicht schulmeisterlich über Verlustbegrenzungen und die psychologischen Aspekte der Verlustbewältigung belehren. Ich möchte Ihnen einfach nur erzählen, **wie ich über ein Schockerlebnis an genau diejenige Weichenstellung geführt wurde**, an der zu entscheiden war: Resignation und Aufgabe oder konsequentes Umdenken und Überleben? Im Nachhinein betrachtet war es vielleicht ein Vorteil, dass mir genau dieses Desaster passierte. Auf diese Weise musste ich nicht einen schleichenden und zermürbenden Prozess die Verlustproblematik bewältigen, wie es ansonsten wohl in der Mehrheit der Fälle üblich ist.

Ich werde Ihnen darlegen, was mir geschah, und ich werde dann anhand dieses praktischen Erlebnisses erläutern, wie ich mit der Thematik umging und noch heute mit Verlusten umgehe – in der Hoffnung, Ihnen damit vielleicht ein wenig Hilfestellung zu geben.

---

[42] Lesenswerte Bücher zu diesem Thema sind: *Die Top-Trader* von Jake Bernstein, Thomas Müller, Börsenverlag 1994, aber auch *Was Gewinner von Verlierern unterscheidet* von Jim Paul & Berndan Moynihan, FinanzBuch Verlag München 1996.

7.1 Das Desaster nimmt seinen Lauf

In die Zeit meiner Tätigkeit als Options- und Future-Händler an der MEFF[43] für die Deutsche Bank S. A. in Madrid fiel die Wahl einer neuen spanischen Regierung am 3. März 1996. Der allgemeine Konsens war, dass die damalige amtierende sozialistische Regierung klar von den Konservativen geschlagen würde. Entsprechend hatte die Börse im Vorfeld bereits durch auffällige Kursgewinne auf diesen Wahlausgang spekuliert. Wir hatten zu diesem Zeitpunkt eine Optionsposition im spanischen Index IBEX aufgebaut, die alles andere als komfortabel auf dieses nationale Großereignis ausgerichtet war. Im Idealfall hätte die Gesamtposition so aufgestellt sein müssen, dass sie neutral in die neue Handelswoche[44] gehen würde, und noch günstiger wäre es gewesen, wenn sie sich bei heftigen Kursbewegungen beidseitig zu unseren Gunsten entwickelt hätte (für die Fachkundigen: Delta neutral, Gamma long). Tatsächlich war meine Position zwar neutral. Jeder Tick nach oben oder unten verschob die Parameter der Optionspositionsbewertung jedoch zu unseren Ungunsten. Wäre solch eine Entwicklung in einem überschaubaren Tempo erfolgt, hätte ich durch Käufe oder Verkäufe von Futures gegensteuern können. Doch bei heftigen Kursbewegungen enthielt diese Position puren Sprengstoff. Ich war mir dieses Risikos in der Theorie bewusst, war aber mehr oder weniger unfreiwillig in diese Situation hineingestolpert, weil ich substanzielle Fehler gemacht hatte. Diese hätte ich theoretisch alle im Vorfeld benennen können und doch war ich vor der Wahl zu deren Behebung nicht konsequent und aktiv genug.[45] Ich hatte gehofft, dass die Wahl im Sinne des Konsenses ausgehen würde. Dann hätte ich genug Zeit gehabt, die daraus im Vorfeld gezogenen Buchgewinne zum größten Teil zu realisieren. Rückblickend weiß ich, dass ich Sklave meiner Position und hier der Wunsch der Vater des Gedankens war.

Sie können sich vermutlich vorstellen, wie die Geschichte ausging: Das Wahlergebnis wurde ein Non-Event. Das heißt, die konservative Partei erzielte nicht genug Stimmen, um die absolute Mehrheit zu erhalten, vielmehr wurden Stichwahlen notwendig. Der Handel startete am 4. März um 10 Uhr, ab 8 Uhr gaben

---

[43] Mercado oficial espanol de opciones y futuros financieros – Spanische Options- und Future-Börse mit Sitz in Madrid.
[44] Der optionstechnische Hintergrund wird im Abschnitt »Produktbeschreibung« und hier konkret bei der Besprechung der Grundlagen der Optionspreistheorie behandelt.
[45] Heute benenne ich zwei Hauptgründe für das fehlerhafte Verhalten: Zum Ersten war der spanische Optionsmarkt in den 90-er Jahren sehr illiquide. Somit war es schwer, sinnvolle Optionsstrategien aufzubauen. Vielmehr reagierten wir Händler mehr auf Marktgegebenheiten und Angebots-Nachfrage-Verhältnisse, als aktiv vorzugehen. Zum Zweiten hatte ich das Risiko einer drastisch ansteigenden Volatilität im Zusammenhang mit einem unerwarteten Wahlergebnis einfach unterschätzt, das war der Hauptfehler. Am Montag, den 4. März 1996, wurde ich eines Besseren belehrt.

Fondsgesellschaften und andere Institutionelle im Sales-Bereich bereits ihre gestaffelten Verkaufsorders in den Markt, die weit unter dem Schlusskurs der Vorwoche lagen. Das Ganze ergab im Hinblick auf Positionsertrag und Risiko-Mix eine Mischung aus Detonation, Pest und Cholera zum Quadrat.

Ich hatte in meinen Risikosimulationen eine solche Entwicklung nicht für möglich halten wollen. Es kostete mich den Ertrag aus den drei vorangegangenen Monaten, sprich einen ganzen Quartalsertrag. Diese Woche war für mich wohl die härteste Handelswoche meiner bisherigen gesamten Laufbahn. Aktives Handeln und ganz sicher auch unglaublich viel Glück brachten mir in dieser einen Woche nahezu den gesamten Verlust vom Montag wieder zurück. So konnte ich dieses Ereignis mit einem blauen Auge überstehen. Ertragsmäßig blieb ich nahezu unbeschädigt und beendete die Woche mit einer total aufgeräumten Optionsposition. Mental hatte mich diese eine Woche jedoch hart getroffen. Für mich wurde das Thema »Umgang mit Verlusten« so in den Vordergrund katapultiert, dass sich von da an mein Blickwinkel auf diesen Teil des Handels völlig änderte.

Innerhalb der Bank selbst war dieses Ereignis rasch vergessen. Der Verlust war per Saldo nicht auffällig. Der Fehler selbst führte nicht zu Konsequenzen, die den gesamten Bereich hätten treffen können. Dazu waren die Vorgesetzten im Jahre 1996 auch noch nicht genug für das Optionsthema sensibilisiert. Jahre später hätte das Ganze völlig anders ausgehen können. Hinzu kam, dass wir nach nur vier (!) weiteren Tagen fast das gesamte Quartalsergebnis zurückverdient hatten. Die Gesamtoptionsposition des Bereiches war nun so ausgerichtet, dass wir phänomenale Folgequartale erlebten und das Jahr 1996 mit einem brillanten Bereichsergebnis beendeten. Für mich selbst war es jedoch so prägend wie vielleicht eine Detonation von Sprengstoff für einen Sprengmeister, der nur durch Zufall überlebt und feststellen muss, wie selbst ein minimaler Fehler eine solch verheerende Wirkung entfalten kann, dass er sie im Vorfeld nicht für möglich gehalten hätte.

7.2 Wir Menschen haben unseren eigenen Ereignishorizont

Ich setzte mich in den Folgejahren sehr intensiv mit der Verlustproblematik auseinander. Mir war zunächst nicht klar, warum wir als Anleger teilweise oder sogar meistens anders agieren, als wir es müssten, selbst wenn wir die theoretischen Hintergründe kennen. Ich nehme an (und ich hoffe), Sie wissen, dass es Stoppkurse gibt. Ihnen dürfte zudem geläufig sein, wofür diese da sind und dass sie Ihre

Lebensversicherung bilden. Und doch frage ich Sie: Wie oft haben Sie Ihre Stoppkurse nicht ausgelöst, wenn sie erreicht wurden? Wie oft haben Sie überhaupt keine Stoppkurse gesetzt oder sie so weit entfernt vom Einstandskurs platziert, dass ihr Sinn und Zweck förmlich pervertiert wurde? Oder anders gefragt: Wie oft halten Sie an Positionen fest, die im Minus liegen (aber noch nicht ausgestoppt wurden), obwohl Sie eine solche Position nicht mehr erneut aufbauen würden? Wie oft handeln Sie aus Langeweile heraus, ohne sich überhaupt Gedanken zu machen, wo Sie im schlimmsten aller Fälle die Reißleine ziehen? Wie oft halten Sie an schlechten Positionen fest, die Sie eigentlich für einen raschen Daytrade eröffnet haben, und verlängern sie zu einer strategischen Position mit Langfristcharakter, weil sie einfach völlig schief im Markt liegt und Sie doch noch auf eine Wendung in die angenommene Richtung hoffen? Ich kenne unendlich viele dieser Fälle von anderen professionellen, hervorragend ausgebildeten Händlern – warum sollte es Ihnen da anders ergehen?

Mit der Zeit verstand ich, dass der Umgang mit Verlusten im Kern ein **psychologisches Problem** ist. Dieses Problem wurde zwar noch nie konkret im Zusammenhang mit der Verlusthandhabung untersucht, aber es liegt nahe, dass wir es hier mit einem tief greifenden Untersuchungsgegenstand aus der Sozialpsychologie zu tun haben, der aus gesellschaftlichen Entwicklungsprozessen resultiert und Schlüsse auf unsere Thematik zulässt. Ich spreche vom Studienbegriff der sogenannten Shifting Baseline. Worum geht es dabei?

Auf Deutsch würden wir diesen Prozess als **gleitende Gegenwart** bezeichnen. Die Psychologen definieren mit diesem Begriff die Tatsache, dass es uns Menschen enorm schwerfällt, zu entscheiden, ob wir uns an einem kritischen Punkt einer Entwicklung befinden. Der Sozialpsychologe Harald Welzer, Direktor des Center for Interdisciplinary Memory Research am Kulturwissenschaftlichen Institut in Essen und Dozent an der Universität St. Gallen, schreibt dazu in seinem Buch *Klimakriege – wofür im 21. Jahrhundert getötet wird*[46], dass wir in der Regel nicht oder kaum erkennen können, »ab welchem Niveau eine Entscheidung irreversibel wird oder in welchem Augenblick des Verfolgens einer Strategie eine Katastrophe entsteht«. Um es mit einer Metapher deutlich zu machen: Wann werden wir erkennen, dass wir unsere Umwelt unwiederbringlich zerstört haben? Wenn der letzte Baum gefällt wurde? Oder schon viel früher, als wir uns über die Konsequenz unseres Tuns nicht im Klaren waren, wir aber schon einen Zustand geschaffen haben, ab dem die Natur kaum noch selbst Chancen hat, sich selbst wieder zu re-

---

[46] Das Buch erschien im Fischer Taschenbuch Verlag

kultivieren? Doch brauchen wir zur Veranschaulichung gar nicht so weit greifen: Selbst kleine Entwicklungsprozesse in der Welt, die für sich genommen zum Teil katastrophale lokale Folgen haben, werden von uns nicht als reale persönliche Bedrohung aufgefasst, weil sie uns nicht persönlich bedrohen. Unsere Aufmerksamkeitsintensität nimmt rasch ab. Wir halten nur das für natürlich, was unser Umfeld direkt widerspiegelt. Ihr persönlicher Ereignishorizont ist der Gradmesser dessen, was für Sie persönlich relevant ist. Können Sie sich bewaffnete Massenaufstände, Krieg, Hunger und die Vertreibung bei sich selbst und Ihrer Familie an Ihrem Wohnort vorstellen? Und können Sie sich ein Szenario vorstellen, bei dem es nicht in 100 Jahren eintritt, wo es Sie ohnehin nicht mehr tangiert, sondern gleich morgen beginnt? Nein, das können Sie nicht, Sie halten diese Idee für völlig abwegig. Zwar haben wir Probleme, aber diese sind harmlos. Sie werden sich niemals zu dem entwickeln können, woraus solche Katastrophen entspringen. In Afrika? Ja! Hier in Europa? Wohl eher weniger! In Hamburg, Berlin, München? Nein, das ist höchst unwahrscheinlich!

Selbst bei Umweltkatastrophen reagieren wir mitunter so. Wir wissen, was passieren könnte, sind dann aber hoffnungslos überfordert, wenn es tatsächlich eintritt. Die USA mussten als größte Volkswirtschaft der Welt ausländische Hilfe annehmen, als New Orleans 2005 vom Hurrikan Katrina unter Wasser gesetzt wurde. Dabei hätte dieses Ereignis niemanden überraschen dürfen, war es doch de facto eine Überschwemmung mit Ansage. Und doch war die reiche und dem Vernehmen nach gut organisierte US-Wirtschaft mit ihrer Logistik und Katastrophenplanung nicht auf ein solches Ereignis vorbereitet. Ähnliches lässt sich über Tschernobyl in der damaligen Sowjetunion oder über Fukushima in Japan sagen. Beides waren Ereignisse, die niemand für wahrscheinlich oder auch nur möglich hielt. Entsprechend gab es dann kaum funktionierende Gegenmaßnahmen, weil der jeweilige Ereignishorizont der Menschen und vor allem der Verantwortlichen vor Ort diese Option nicht auf dem Radar hatten.

Spielen wir diese Überlegung jetzt einmal an einem weniger drastischen Beispiel durch: Sie hören von Verlusten anderer. Sie lernen, was man dagegen tun kann und tun muss. Aber mal ganz ehrlich: Sind Sie mental darauf vorbereitet, dass es Sie treffen könnte? Sie haben einen Plan für Ihren Handelstag. Sie haben einen Plan für Ihren Handel. Sie haben eine Idee, was Sie machen wollen. Sie definieren sogar ein Einstiegsszenario. Hand aufs Herz: Konzentrieren Sie sich nicht eher auf die zu erwartende positive Entwicklung Ihres Trades? Gewiss, Sie setzen einen Stoppkurs. Aber gehen Sie im Geiste das Negativszenario wirklich durch? Malen

Sie sich aus, den Verlust bei Erreichen des Stoppkurses zu realisieren? Oder träumen Sie doch eher vom Gewinn Ihrer Position? Von dem angenehmen Gefühl, das sich breitmacht, wenn sich die Position so entwickelt, wie sie soll? In welcher Richtung liefen Ihre Erwartungen? Die Überlegung wird noch krasser, wenn Sie das Handeln an der Börse als Hobby verstehen. Dann tritt die Gefahr eines Verlustes zeitlich seltener auf, weil Sie nicht jeden Tag immer wieder mehrfach mit der Verlustwahrscheinlichkeit konfrontiert werden. Einem aktiven Daytrader, der den Verlust als mögliche Komponente zwangsläufig deutlicher vor Augen hat, ist das Verlustszenario schon eher präsent.

7.3 Die Rolle der Verantwortung

Beim Umgang mit Verlusten kommt noch ein zweiter Aspekt hinzu: die Rolle der Verantwortung. Es ist immer leichter, die Verantwortung für den Eintritt eines negativen, unbequemen Ereignisses von sich zu weisen. Das gilt für das Große wie auch für das Kleine. Umweltforscher sehen das größte Problem bei der Bekämpfung des Treibhauseffekts darin, dass es unglaublich schwer ist, den Regierungen und Menschen heute Zugeständnisse für Ereignisse und Folgen abzufordern, die sie persönlich womöglich gar nicht zu verantworten haben und deren Wirkung erst in 50 oder 60 Jahren zu spüren sein wird. Also dann, wenn die meisten Verantwortlichen wahrscheinlich gar nicht mehr leben. Im Kleinen ist die Verantwortungsfrage vergleichbar. Stellen Sie sich vor, Sie verlieren Geld. Wäre es da nicht außerordentlich schmerzhaft, zuzugeben, dass der Schuldige in diesem Ereignis Sie selbst sind? Es ist einfacher, auf einen Fehler zu reagieren, der in der Verantwortung eines anderen liegt. Wie einfach ist es, einer Handelsempfehlung zu folgen: Denn die Verantwortung liegt dann bei dem Empfehlenden. Dieses Denkschema passt zu unserem menschlichen Ereignishorizont. Geht ein Trade daneben, haben Sie jemanden, auf den Sie Ihre Enttäuschung projizieren können. In dem Moment, in dem dieser Aspekt ausfällt, weil es keinen externen Verursacher gibt, tritt der emotionale Ausnahmefall ein. Sie selbst sind verantwortlich für ein Ereignis, das so nicht vorgesehen war.

Ich komme zurück auf die falsch aufgebaute Position in Spanien im ersten Quartal 1996. Der spanische Optionsmarkt war zu dieser Zeit sehr dünn. Eine Position aufzubauen war vergleichsweise einfach. Sie aber wieder zu verkleinern gestaltete sich mitunter zu einem echten Problem. Indem ich diesen Aspekt nicht beachtete, da der spanische Optionsmarkt im Jahre 1996 noch vergleichsweise jung war und mir auch entsprechende Erfahrungswerte fehlten, machte ich meinen ersten großen Fehler.

7.4 Fehlerauswertung

Ein solch kapitaler Fehler will noch einmal genau analysiert sein, um zumindest einen Lerneffekt zu bewirken. Genauer gesagt handelt es sich um eine Kombination mehrerer Fehler.

Fehler 1: Ich hatte bis etwa einen Monat vor den Wahlen allgemeine Erfahrungen, wie sich Volatilitäten an Terminmärkten entwickeln. Somit sah mein Ereignishorizont nur eine bestimmte Volatilitätsspanne als möglich an. Alles, was darüber hinaus reichte, hatte ich als unwahrscheinlich eingestuft. Die Volatilitätsparameter der Optionen, besonders in den Calls, die aus dem Geld waren, stiegen auf ungewöhnlich hohe Niveaus, was diese Optionen verteuerte. Da ich diesen Effekt als ungewöhnlich interpretierte, weil dies in unseren Bewertungsmodellen in der entsprechenden Form nicht vorgesehen war, zumal es noch nie im Vorfeld aufgetreten ist, verkaufte ich auf diese hohen Preise hin und erzielte beeindruckende Buchgewinne. Ich wusste zwar, dass sich damit nach oben hin gewaltige Risiken aufbauten, erwartete aber, dass die Volatilitätsparameter wieder sinken und sich damit normalisieren würden. Ich war überzeugt: Die Preise der Calls würden fallen und ich könnte zu niedrigeren Volatilitäten eindecken.

Fehler 2: Der steigende IBEX[47] schob sich im Kurs den geschriebenen Basispreisen entgegen. Damit hatte ich nicht gerechnet. Dies aber hebelte die Entwicklung der Parameter in einer Form, die bei einer bestimmten Positionsgröße zunehmend schwer zu handeln war.[48] Ich agierte nicht mehr, ich wurde zunehmend in die Position des Reagierens gezwungen. Zur Diskussion stand, ob ich die geschriebenen Calls zu völlig überhöhten Preisen zurückkaufen sollte. In einem solchen Falle hätte ich etwa das Doppelte von dem verloren, was ich ursprünglich an Buchgewinn erzielt hatte. Hätte ich dies getan, etwa weil ich zuvor eine klare

---

[47] Der IBEX 35 (Iberia Index) ist ein Aktienindex, der die 35 wichtigsten spanischen Unternehmen umfasst. Eingeführt wurde der Index am 14. Januar 1992. Die Indexbasis liegt bei 3000 Punkten per 31. Dezember 1989. Es handelt sich im Gegensatz zum DAX um einen Kursindex, Dividenden fließen somit nicht in den Index ein.
[48] Wir werden dieses Phänomen ausführlich bei der Besprechung der Optionspreistheorie behandeln.

Reißleine definiert hätte (was aber nicht der Fall war), wäre der Verlust vielleicht schmerzlich, aber nicht so desaströs geworden. Ich tat es nicht, es passte nicht in meinen Ereignishorizont. Zudem wollte ich den Verlust nicht hinnehmen, der jedoch schon längst eingetreten war. Sehen Sie, worauf ich hinaus will? Ich realisierte nicht, dass hier bereits ein unheilvoller Prozess im Gange war, aus dem ich nur noch mit Konsequenz hätte aussteigen können. Ich habe die im Nachhinein offensichtlichen Warnsignale nicht gesehen oder wollte sie nicht sehen. Zudem wurde ein fiktiver Schuldiger gesucht, nämlich ein Modell, an dem ich mich orientierte.

Fehler 3: In der Woche vor der Wahl hatte sich der IBEX auf ein Kursniveau geschoben, das mit den Modellen und Erwartungshaltungen der Analysten nicht mehr übereinstimmte. Spätestens jetzt hätte die Position zerschlagen und abgebaut werden müssen, selbst unter der gegebenen Tatsache, dass der Markt so dünn war, dass eine Positionsauflösung nur mit extremen Schmerzen zu realisieren war. Aber diese Schmerzen wären noch immer geringer gewesen als das, was der Montag (4. März 1996) mir einbrachte. Ich hielt wider besseres Wissen an den Modellrechnungen und Analysen derjenigen fest, **die es von Berufs wegen hätten wissen müssen.** Seit diesem Ereignis sage ich immer wieder: Eine Analyse ist nur eine Arbeitshypothese! Sie muss begründet und nachvollziehbar sein. Aber eine gute Analyse braucht einen Ausstiegspunkt. Ein Analyst mag noch so gut sein, hellsehen kann er nicht! Er kann nur mit den beschränkten Daten, die ihm zur Verfügung stehen, mit seinen Modellen und Arbeitsmitteln, seinen Erfahrungen und seinem Wissen ein Szenario entwickeln. Dieses Szenario kann eintreten, wenn die Prämissen, in deren Rahmen die Analyse gilt, ihre Gültigkeit beibehalten. Und da jeder gute Analyst weiß, dass das nicht garantiert werden kann, muss er Ausstiegsszenarien benennen. Es ist keine Schande, zu sagen: »Ganze Abteilung kehrt, ich habe mich geirrt!« Ein guter Analyst muss das sagen, wenn es so weit ist. Ich und die anderen Beteiligten haben diesen Aspekt nicht sehen wollen, wir wollten, dass die Modelle stimmen, auch wenn das Chance/Risiko-Verhältnis im Grunde nicht mehr stimmte und die Szenarien, innerhalb deren die Position schadlos geblieben wäre, sich numerisch minimierten. Am Ende hieß es nur noch: Wenn A passiert, stehen wir super da und realisieren unsere Buchgewinne. Wenn B und C und D eintritt, dann gnade uns Gott. Und damit nahm die Sache ihren Lauf.

7.5 Lessons learned: Was hätten wir anders machen sollen?

Wir müssen uns darüber im Klaren sein, dass wir Menschen nur im Rahmen unseres Ereignishorizontes halbwegs sicher agieren können. Da wir keine notorisch depressiven Wesen sind, verdrängen wir negative, hemmende Aspekte oft. Probleme auszusitzen ist kein seltenes Phänomen, sondern liegt in unseren Genen. Wir hätten uns vor Augen halten müssen, dass es notwendig ist, den eigenen Ereignishorizont im Handel so zu eichen, dass wir Verluste im Vorfeld visualisieren.[49] Ich sage es ganz klar: Denken Sie nicht an die möglichen Gewinne, sondern spielen Sie das mögliche Verlustszenario immer wieder und wieder im Kopf durch! Sie müssen es mehrfach durchdacht haben, dass Sie einen konkreten Verlust realisieren, wenn eine konkrete Situation (nämlich Erreichen des Stoppkurses oder fehlende Dynamik) eintritt. Trainieren Sie Ihren Ereignis- und Erfahrungshorizont dahingehend, dass ein Verlust nichts Böses und vor allen Dingen nichts Ungewöhnliches ist.

► Verfallen Sie niemals der Versuchung, sich an Aussagen Dritter, egal wie vermeintlich gut der- oder diejenige auch sein mag, zu heften und vor allen Dingen diese Aussagen nicht wieder loszulassen. Die Aussagen und Einschätzungen von guten Analysten sind notwendig. Man braucht sie, um einen Rahmen zu haben, innerhalb dessen man selbst ein eigenes Arbeitsgerüst entwirft. Aber bedenken Sie: Kein einziger Analyst auf diesem Planeten weiß, was der Markt wirklich machen wird. Er kann aufgrund seiner Herangehensweise und seiner Erfahrungen ein Szenario entwickeln, das der Wahrheit nahe kommt. Aber am Ende bleibt seine Aussage eine Hypothese. Niemand auf dieser Welt kann Ihnen seriös sagen: Der Markt wird diese oder jene Marke erreichen. Das weiß niemand. Ein Analyst kann nur sagen, unter dieser oder jener Ausgangslage und basierend auf der Prämisse A bis D ist die Eintrittswahrscheinlichkeit bisher so oder so groß, dass genau das wieder eintritt. Und wer das insoweit schon eingrenzen kann, ist gut. Mehr geht nicht. Ist Ihnen dann zudem noch klar, ab wann und ab wo das Szenario nicht mehr gilt, ist das Ganze noch besser. Ich hätte damals rechtzeitig erkennen müssen, dass das Modell in seinen Parametern nicht mehr galt. Ich habe es nicht sehen wollen.

---

[49] Ich kann nur immer wieder unterstreichen und hervorheben, dass es genau das ist, was wir uns immer und immer wieder vor Augen halten müssen: Trading-Verluste müssen im Vorfeld visualisiert werden!

▶ Warum wollte ich es nicht sehen? Weil ich hoffte, ohne Verlust aus der Sache herauszukommen. Ich hätte mit der Position schon nicht einmal mehr zusätzliche Gewinne machen können. Im Idealfall hätte ich nur die Buchgewinne realisiert, aber eine Szenariospielerei war schon längst nicht mehr möglich. Ich habe es zwar erkannt, wollte es aber nicht wahrhaben. Heute sage ich: Verluste sind ein Muss. Man muss Verluste machen, denn nur aus Verlusten können Sie lernen. Verluste sind so lange keine Fehler, wie diese im Rahmen einer klar durchgeführten Strategie entstehen. Hatte Ihre Strategie Sinn und war sie durchdacht, haben Sie alle Risikoparameter eingehalten, dann war der Fehler ein guter Fehler. Dieser Fehler hat Sie weitergebracht, er war ein Freund. Gewinne sind platt, aus Gewinnen lernen Sie nichts. Gewinne machen geistig träge. Verluste helfen Ihnen weiter, sofern Sie sich an die Regeln halten.

Ich kann Ihnen nur raten, sich von Verlusten nicht demotivieren zu lassen. Würden Kleinstkinder jedes Mal resignieren, wenn sie beim Laufenlernen hinfallen, würden wir heute noch auf allen Vieren durch die Gegend krabbeln. Betrachten Sie Verluste auch nicht als einen Angriff auf Ihre Person, sondern als eine neutrale und völlig emotionslos ausgestellte Quittung auf einen Trade, der nicht so lief, wie er hätte laufen sollen.

Ich versichere Ihnen: Wenn Sie sich in jeder Hinsicht um Ihre Verluste kümmern, diese behandeln als notwendige Kosten Ihrer Handelsunternehmung und sich konsequent an Ihr Regelwerk halten, werden die Gewinne kommen und die Verluste schließlich übertreffen. Gute Händler waren zu Beginn ihrer Karriere bereits gut, wenn es ihnen gelang, bei aktivem Handel über längere Zeit hinweg ohne Verlust aus dem Markt zu gehen. Von Gewinnen redete niemand; es ging darum, auf Dauer kein Geld zu verlieren. Wenn Ihnen das gelingt, dann sind Sie gut und auf dem besten Wege, langfristig sehr gut zu werden.

Schließen Sie Positionen, die nicht gut laufen, ohne Bedauern, weil diese Sie in jeder Hinsicht belasten, bremsen, blockieren und zudem im Ergebnis zurückwerfen.

Und noch ein Hinweis: Üben Sie Demut gegenüber dem Markt und dem, was Sie dort tun. Nehmen Sie die Sache selbst in die Hand. Gestehen Sie sich selbst gegenüber ehrlich Ihre Trading-Fehler ein. Nirgendwo wird Überheblichkeit, Disziplinlosigkeit, Planlosigkeit und Selbstüberschätzung so schnell und hart bestraft wie an der Börse.

7.6 Zermürbend sind die kleinen, immer wiederkehrenden Rückschläge

Wenn ich die Gelegenheit habe, mich mit jungen Tradern über ihren Umgang mit Verlusten zu unterhalten, dreht sich das Gespräch oft überhaupt nicht um große und prägende Verluste an der Börse. Eine viel nachhaltigere und schwerer zu fassende Belastung sehen diese Trader vielmehr in den kleinen, immer wiederkehrenden und damit mental zermürbenden Verlusten, die das allgemeine Trading-Ergebnis prägen. Konkret: Gewinne werden viel zu früh mitgenommen, Verluste werden mitunter bis zum Stoppkurs ausgereizt. Ein Daytrader führt an einem Tag vielleicht 30 Trades durch, 20 davon möglicherweise mit einem jeweils kleinen Gewinn, zehn mit deutlich ausgeprägteren Verlusten. Und unter dem Strich geht er mit einem Minus in den Feierabend. Sie kennen das?

Sie sind nicht allein. Das ist das typischste Verhalten eines jungen Traders. Und es ist zutiefst menschlich. Dieses Trading-Verhalten ist auf die Dauer desaströs, aber es ist in unserer Kultur verankert. Diesen Sachverhalt müssen wir in seiner Wurzel verstehen und aufbrechen.

Während meiner Zeit als Nostro-Trader (Eigenhändler) bei der Deutschen Bank gehörte es zum Aus- und Fortbildungsprogramm, dass wir in größeren Zeitabständen Gespräche mit einem Psychologen führen konnten, um kognitive Zusammenhänge im Trading-Ablauf zu verstehen. Das sollte unsere Leistungsfähigkeit und Profitabilität erhöhen. Diese Gespräche liefen immer nach demselben Schema ab: Wir besprachen unsere Handelsprobleme mit einem Psychologen, der vom Trading (bekennend) keine Ahnung hatte und vielleicht deswegen unvoreingenommen den Kern des Problems rasch erkannte. Ich erinnere mich noch heute besonders gern an diese Gesprächsrunden, da sie so erfrischend anders waren – weit weg vom Thema und doch eigentlich mittendrin. Denn obwohl der Psychologe im Einzelnen nicht wusste, was wir taten, waren seine Erklärungen und Schlussfolgerungen meist verblüffend erleuchtend und überwiegend sehr hilfreich bei der Fehlerbehebung.

Auch ich hatte mit dem oben beschriebenen Phänomen zu kämpfen. Ich führte meine Trades in einer hohen Frequenz durch, die Trefferquoten waren akzeptabel bis gut, aber das Gewinn- und Verlustverhältnis stimmte nicht. Eine Reihe mühsam erarbeiteter kleiner Punktegewinne wurde durch nur einen Verlust-Trade pulverisiert, der den gesetzten Stoppkurs erreichte. Zwei Trades über Mittag vernichteten das gesamte Vormittagsergebnis.

Der Psychologe fragte uns, was uns auffiele. Die Gewinne wären zu klein in Relation zu den Verlusten, die im Durchschnitt etwa drei Mal höher ausfielen. Auch wenn die absolute Trefferquote ein akzeptabel hohes Ergebnis auswies, warfen uns die Einzelverluste immer wieder weit zurück.

Welche Konsequenzen wir daraus ziehen müssten, war seine zweite Frage. Wir müssten die Gewinn-Trades konsequenter ausreizen, war unsere Antwort – doch der Psychologe schüttelte den Kopf. Das sei gegen die Natur, meinte er.

Von Kindheit an denken wir in Kategorien des Prinzips von Ursache und Wirkung. Wir tun, sagen oder unterlassen etwas, um damit eine gewünschte Wirkung, eine gewollte Reaktion anderer zu erzielen. Oder um einer möglichen Konsequenz zu entgehen. Wir lernen rasch, dass als positiv angesehene Tätigkeiten oder Leistungen gesellschaftlich belohnt werden, dass Fehler dagegen Nachteile oder gar Bestrafungen nach sich ziehen. Fehler in der Schule führen zu schlechten Noten. Fehler im Umgang miteinander führen zu unschönen Konsequenzen in jeder Hinsicht. Erinnern Sie sich an Situationen, in denen Sie dachten, dass Sie einen Fehler gern ungeschehen machen würden, sofern Sie die Zeit zurückdrehen könnten? Oder kennen Sie das entlastende Gefühl, durch das Aussitzen eines Fehlers der bereits erwarteten Konsequenz entgehen zu können, weil der Fehler nicht mehr auffiel? So ist unsere Natur.

Und so werden auch Verluste von uns als Fehler angesehen. Es sagt schon der Name: Fehl-Trade. Läuft der Trade nicht wie erwartet, kostet das Geld. Ein Fehl-Trade löst in uns die gleichen Stresssymptome aus wie das Gefühl, bei einem Geschäft getäuscht oder ausgenutzt worden zu sein. Auf der einen Seite steht der Ärger, dass es gerade uns passiert ist, und auf der anderen Seite das fast unbedingte Verlangen, uns den Betrag wieder zurückzuholen, der uns weggenommen wurde. Doch um sich einzugestehen, falschzuliegen, müssten wir den Verlust erst realisieren. Solange der Trade läuft, könnte sich das Blatt ja noch einmal zu unseren Gunsten drehen – zumindest ist das die Hoffnung. Und hier greifen nun die Ablaufmuster, denen wir auch bei einem Aussitzen eines begangenen Fehlers unterliegen.

Sehen wir uns die andere Seite an, den Umgang mit Gewinnen: Hier greift das Belohnungssystem. Wir treffen eine Entscheidung, die sich als richtig erweist. Wir fühlen uns in unserem Handeln bestätigt und werden auch gleich dafür belohnt.

Nicht irgendwann, sondern hier und jetzt. Wir müssen nur die Position schließen und der Gewinn gehört unwiderruflich uns. Hier feuern jetzt zwei automatisierte Stimulierungsreflexe ihre Salven gegen uns ab: Zum einen die Aufforderung, sofort die Belohnung abzuholen und damit die entstandene Freude über den erzielten Gewinn zu realisieren. Zum anderen die Angst, der Gewinn und damit die Belohnung könnten sich jederzeit wieder auflösen oder der Trade könnte sogar wieder ins Minus zurückfallen und damit das negativ belastete Bestrafungsszenario auslösen. Beide Emotionen fordern die gleiche Handlungsaktivität, auch wenn die Motivation eine jeweils andere ist. Folglich neigen wir dazu, rasch auch den kleinsten Gewinn zu realisieren.

Wenn ich einen jungen Trader frage, warum er den Verlust nicht früher realisiert hat, kommt in der Regel die Antwort, weil der von ihm gesetzte Stoppkurs noch nicht erreicht wurde. Auf die Frage, warum er dann aber nicht auch das Kursziel abgewartet hat, heißt es meist, dass er Angst hatte, der Gewinn könnte sich rasch zu einem Verlust entwickeln.

Da diese Abläufe ein Bestandteil unserer kulturellen Prägung sind, treffen wir dieses Verhalten bei nahezu jedem jungen Trader an. Reflexartig immer gleich auf eine ganze Kaskade von Eindrücken zu reagieren, dieses Verhaltensmuster wird wahrscheinlich über sogenannte Spiegelneuronen im Gehirn ausgelöst. Diese personifizieren der Einfachheit halber Geschehnisse am Markt. Sie lassen damit den Markt selbst zu einer Person werden, die uns von etwas abbringen will. Spiegelneuronen sind Zellen im Gehirn, die bei der Wahrnehmung bestimmter Aktivitäten, Handlungen und Entwicklungen aktiv werden. Dabei ist es unerheblich, ob man diese nur sieht beziehungsweise hört oder sie selbst durchführt.[50] Der Psychologe Suddendorf schreibt dazu in seinem Werk *Der Unterschied – Was den Menschen zum Menschen macht*: »Die Entdeckung dieses Spiegelsystems hat unter Neurowissenschaftlern viel Aufmerksamkeit erregt, weil es nicht nur das Imitationsverhalten erklären, sondern auch anderen wichtigen Fähigkeiten zugrunde liegen könnte wie etwa der Theory of Mind, dem Sprechen und der Empathie – Fähigkeiten, die beim Autismus in der Regel beeinträchtigt sind.«[51]

---

[50] Siehe dazu auch *Der Unterschied – Was den Menschen zum Menschen macht*, Thomas Suddendorf, Berlin Verlag 2013, Seite 229.
[51] Mit dem Verweis auf Autismus wird auf einen Vorschlag verwiesen, welchen der Psychiater Justin Williams und die Psychologen David Perrett, Andrew Whiten und Thomas Suddendorf gemacht haben. Demnach liegt die Ursache von Autismus möglicherweise in Imitationsschwierigkeiten und das Krankheitsbild ist folglich auf Probleme mit den Spiegelneuronen zurückzuführen.

Die Schlussfolgerungen des Psychologen waren folgende: Wir sollten unsere Energie zunächst nicht auf die Vergrößerung unserer Gewinne lenken, sondern uns auf die Verkürzung der Verluste fokussieren. Um das aber zu erreichen, musste das Verständnis eines Verlustes aus dem Schubfach Fehler in das Schubfach Kosten umgelagert werden. Solange wir Verluste als Fehler werten, werden wir kaum dauerhaft ein sinnvolles Verlustmanagement betreiben. Sehen wir dagegen Verluste als Kosten an, bewegen wir uns auf einer ganz anderen Ebene.

7.7 Verluste sind schlichtweg Kosten

Der US-amerikanische Investor William O´Neil antwortete einmal auf die Frage, wie man mit der Realisierung von Verlusten umgehen sollte: »Manche sagen: ›Ich kann die Aktie nicht verkaufen – ich würde einen Verlust machen.‹ Wenn der Wert der Aktie unter dem von Ihnen bezahlten Kaufpreis liegt, dann führt der Verkauf nicht zu einem Verlust – den haben Sie schon.«

Ich kenne die Geschichte eines alten Rentenhändlers, der eine junge Absolventin an der Börse herumführte und ihr alles zeigte. Als das Gespräch auf das Thema »Umgang mit Verlusten« kam, verblüffte er die junge Frau. Der alte Händler trat an einen Kollegen heran und fragte nach einer Quote. Der Angesprochene nannte die Geld/Brief-Spanne. Daraufhin verkaufte der alte Händler ihm einen Kontrakt auf den Geldkurs und erwarb diesen sofort zu dessen Briefkurs zurück. Er drehte sich zu der jungen Absolventin um und fragte sie, ob sie gesehen hätte, was er getan hatte. Sie war völlig irritiert und meinte: »Ja, Sie haben gerade einen vollen Spread verloren!« Daraufhin drehte er sich wieder um und sagte: »Sehen Sie, so geht man mit Verlusten um!« Und ging.

Ich komme auf das Thema »Kosten« zurück. Verluste als Kosten zu betrachten war meine persönliche Schlüsselerkenntnis. Sie brachte mich dazu, dem Drang zu widerstehen, entstandenen Verlusten nachzurennen. Denn dadurch würde ich am Ende noch mehr verlieren (denn darauf läuft es in der Regel hinaus). Oder schlimmer: Dadurch würde man Verluste vermeintlich nicht entstehen lassen, indem man sie nicht realisiert, bis es gar nicht mehr anders geht und der Schaden umso größer ist.

Würden wir zum Beispiel ein Straßengeschäft führen, hätten wir Mietkosten, Warenkosten, Energiekosten, gegebenenfalls Personalkosten. Erfolgreich wären wir nur, wenn unsere Einnahmen unsere Kosten übersteigen – und das wäre für jeden von uns vollkommen in Ordnung. Als Trader haben wir praktisch keine Kosten. Zumindest aber sind diese kaum vergleichbar mit den Kosten einer sonstigen Unternehmung. Betrachten wir demnach Verluste als gerechte Kosten und sehen wir zu, dass unsere Einnahmen (Gewinne) unsere Kosten (Verluste) übersteigen.

Natürlich ist diese Metapher sehr einfach und wird der Komplexität der bestehenden Unsicherheiten im Zusammenhang mit Trading-Aktivitäten nicht in vollem Umfang gerecht. Aber sie hilft.

7.8 Schritt für Schritt büßen Verluste an Schrecken ein

Professionelle Trader durchlaufen in der Regel einen recht zielgerichteten und auch sehr konsequenten praktischen Auswahlprozess. Das alles geschieht vor oder parallel zu ihrer Ausbildung. Hierbei geht es in erster Linie darum, Stärken und Grenzen des zukünftigen Traders zu identifizieren, um eine Entscheidung hinsichtlich seiner zukünftigen optimalen Einsatzfähigkeit treffen zu können.

Die erste Information, die man über einen zukünftigen Trader erhalten möchte, ist, in welchen Marktphasen sich dessen Handelsprofitabilität wie entwickelt. Zusätzlich soll ein Überblick geschaffen werden, wie ausgeprägt sein im vorangegangenen Abschnitt besprochenes Verhältnis zwischen Gewinn- und Verlust-Trades ausfällt.

Ich möchte Sie ermutigen, sich selbst ebenfalls einer solchen Auswertung zu unterwerfen. Hierzu sind folgende Schritte sinnvoll:

▶ Erstellen Sie eine Excel-Tabelle, in der sie jeden Tag all Ihre Trades erfassen. Je mehr Informationen diese Tabelle umfasst, umso besser ist es. Besonders wichtig sind aber die jeweilige Uhrzeit des Trades und dessen Ergebnis in Punkten. Wenn Sie sich täglich zudem die kumulierte Ertragskurve grafisch anzeigen lassen, kann das den Überblick über Ihre Leistungskurve verbessern.

▶ Führen Sie diese Tabelle an jedem Handelstag, möglichst über den gesamten Handelstag, um die Marktphasen, in die sich ein solcher Tag unterteilt, auch über einen längeren Zeitraum abzudecken.

Wir führten im Berufshandel solche Auswertungen über mehrere Monate mit jungen Händlern durch. Der Händler war angehalten, das ihm vermittelte Handelsregelwerk möglichst konsistent umzusetzen, sodass auch eine statistisch relevante Auswertung über jeden einzelnen Handelstag möglich wurde. Die folgenden Fragen markieren die Schritte, die dann zu einer konsequenten Verlustmeidung beziehungsweise -begrenzung führen.

7.9 Schritt 1: In welchen Marktphasen ist der Trader ertragsstabil, in welchen sollte er die Handelsfrequenz reduzieren oder einstellen?

Hierzu wollen wir zunächst die Marktphasen definieren. Ein Markt, egal ob es sich um den Future auf den DAX oder auf den Dow Jones oder andere Indizes handelt, bewegt sich in der Regel nicht ganztägig konsistent nach einem gleichbleibenden Ablaufmuster. Vielmehr gibt es Phasen, in denen eher impulsstarke Bewegungsschübe zu erwarten sind. Dann können auch größere Orders an die Börse gelangen, die im Markt abgearbeitet werden und damit das Bewegungsbild des zu handelnden Börsenwertes prägen. Diese Phasen wechseln sich mit Tagesabschnitten ab, in denen Konsolidierungen dominieren. Vormittags ist in Bezug auf europäische Werte auch der europäisch geprägte Handel das bestimmende Element, am Nachmittag steigt naturgemäß der Einfluss der US-Indizes auf das Handelsgeschäft in Europa.

Auch wenn man nicht die Uhr danach stellen kann, lassen sich dennoch ungefähre Zeitabschnitte definieren, in denen bevorzugt impulsabhängige Handelsstrategien sinnvoll eingesetzt werden können (Ausbruchsstrategien). Ebenso definieren lassen sich Abschnitte, die eher den erfolgreichen Einsatz von Handelsstrategien erfordern, die für eine geringe Bewegungsdynamik geeignet sind (Contra-Strategien innerhalb laufender Konsolidierungszonen).[52] Die Praxis zeigt, dass nicht jeder Händler seine Stärken gleichermaßen in jeder Marktphase hat. Die Regel ist vielmehr, dass ein Trader entweder dynamikstarke Handelsansätze bevorzugt oder sich in dynamikarmen Abschnitten am wohlsten fühlt. Tatsächlich kann man das Stärken/Schwächen-Profil noch weiter auffächern, nämlich auf eine Bevorzugung der Long- beziehungsweise Short-Seite bei einem Trade.

---

[52] Wir werden im vierten Teil des Buches entsprechende Trading-Strategien detailliert besprechen.

Ich kenne sehr erfolgreiche Händler, die zum Beispiel starke Ausbruchs-Trader sind (und somit Konsolidierungsphasen im Handel auslassen). Hierbei handeln sie ausnahmslos die Long- oder die Short-Seite.

Die Auswertung eines drei- oder viermonatigen Ertrag/Verlust-Profils, wobei während dieser Zeit wirklich konsequent ein regelwerkbasiertes Intraday-Trading durchgehend umgesetzt wird, lässt bereits erste Schlüsse zum eigenen Stärke/Grenzen-Profil zu. Sie erleichtern die Einordnung der eigenen (weiter ausbaufähigen) Trading-Fähigkeiten in Bezug auf die skizzierten Marktphasen.

Beispielsweise kann über längere Auswertungsabschnitte auffallen, dass Erträge bei konsequenter Anwendung der Regelwerke vorrangig in den dynamikstarken Phasen und hierbei verstärkt in aufwärts ausgerichteten Impulsbewegungen erwirtschaftet werden. Dann liegt die Entscheidung nahe, die Zeitabschnitte zu meiden, in denen gehäuft mit geringer Dynamik zu rechnen ist (so in den Zeiten von 10:30 Uhr/11 Uhr bis etwa 14/14:30 Uhr). Zudem sollten dann die Long-Trades konsequenter umgesetzt werden als mögliche Short-Trades (im Sinne des Regelwerkes).

Wir setzten im Berufshandel diese Vorgehensweise sehr streng um. Die Trader nahmen diese Einteilung gerne an, da sie rasch den Vorteil dieses Vorgehens erkannten und die zu ziehenden Konsequenzen akzeptierten.

7.10 Schritt 2: Wie entwickelt sich das Gewinn/Verlust-Verhältnis während der Trades?

Hier knüpfen wir wieder an das Standardproblem junger Händler an. In der Anfangsphase der praktischen Trader-Ausbildung legten wir zunächst weniger Wert darauf, ob tatsächlich Erträge erwirtschaftet wurden. Viel wichtiger war es, eine möglichst enge Relation zwischen Gewinn-Trades und Verlust-Trades zu erzielen. Das heißt konkret: Wenn ein Trader im Durchschnitt einen Gewinn mit zwei, drei oder fünf Punkten realisiert, dann sollte ein Verlust diese Spanne nicht auffällig unterschreiten. Erst wenn dies überwiegend gewährleistet ist, können wir darangehen, die Ertragskurve auch in den Bereich stetiger Gewinne zu heben.

Die Akzeptanz, dass wir alle nur mit Wasser kochen, dass diese Anfangsfehler typisch sind und bei nahezu jedem jungen Trader auftreten, drängt mit der Zeit zunehmend die emotionale Komponente bei einem Trade zurück. So wird eine eher sachliche Beurteilung und Bewertung der eigenen Handelsfähigkeiten möglich. Dies ist aber eine zwingende Grundvoraussetzung dafür, Schritte in Richtung eines stabilen Handelsertrages zu gehen.

7.11 Schritt 3: »Der Sinn ist klar, doch wie setze ich es in der Realität um?«

Ich empfehle Ihnen, diese Auswertungs- und Einordnungsphase nicht mit Echtgeld, sondern mit einer Simulationssoftware zu beginnen. Die Vorteile liegen auf der Hand: Sie verlieren kein Geld. Sie belasten sich auch zunächst nicht mit der Angst, reale Verluste zu machen, was den anfänglichen Lerneffekt bereits ausbremsen könnte. Sie lernen Ihr Regelwerk ohne Druck, Sie werden mit der Handelsoberfläche zunehmend vertraut, denn im echten Daytrading kommt es auf Handhabungssicherheit an.

Die Nachteile in Bezug auf das Arbeiten mit einer Simulationssoftware sind ebenfalls nicht zu vernachlässigen, überwiegen aber nicht die Vorteile. Die wohl auffälligste Schwäche eines simulierten Trades ist die schlechte Ausführungsgenauigkeit, die erfahrungsgemäß deutlich von einer echten Ausführung abweicht. Das Argument, mit einer Simulationssoftware würde man den Druck beziehungsweise Kick nicht spüren, den der Handel mit Echtgeld verursacht, ist dagegen substanzlos. Schließlich geht es nicht um den Kick, sondern um seriöses Lernen, bevor man scharf schießt.

Wenn Sie sich über den Zeitraum von drei bis vier Monaten eine halbwegs zuverlässige Handhabung Ihres Regelwerkes antrainiert haben, die Umsetzung beherrschen, die Arbeit mit Ihrer Handelsoberfläche zur Gewohnheit geworden ist, bietet sich der Übergang zum Echtgeld-Handel an. Hierzu schlage ich Ihnen folgende Vorgehensweise vor:

Setzen Sie sich ein kleines Tagesziel, das Sie aus Ihren Erfahrungen im Simulations-Trading für realistisch erzielbar halten. Damit meine ich ein Ziel, das Sie nicht mit Mühe anstreben müssen, sondern welches Sie realistischerweise entspannt erreichen können. Bestimmen Sie zusätzlich ein maximales Tagesverlustpotenzial. Um es konkret zu machen: 10 FDAX-Punkte als Ziel und 11 FDAX-Punkte als möglicher Maximalverlust für den gesamten Handelstag.

- Beginnen Sie den Handel früh am Morgen zunächst auf der Simulationsfläche, um ein Tagesgefühl für den Markt zu bekommen. Fühlen Sie sich sicherer und können Sie die Orderlage und die jeweilig aktuelle Dominanz der diversen Marktteilnehmergruppen abschätzen, wechseln Sie auf Echtgeld. Sammeln Sie im Klein-Klein-Ansatz Punkt für Punkt. Läuft es gut und erreichen Sie Ihre 10 Punkte, wechseln Sie für den Rest des Tages wieder in den Simulationsmodus. Sollten Sie Ihr Minus-Potenzial ausschöpfen, ist für diesen Tag ebenfalls unwiderruflich Schluss im Echtgeld-Handel.

- Bemühen Sie sich, den Tag möglichst im Plus zu beenden, wobei es unerheblich ist, ob wir hier von einem oder von mehreren FDAX-Punkten sprechen. Unterschätzen Sie niemals das motivierende Gefühl, wenn Sie den Handelstag positiv beenden. Gelingt es Ihnen wirklich kontinuierlich, einen positiven Tagesertrag zu erwirtschaften, werden Sie an Selbstsicherheit hinzugewinnen. Diese ist notwendig, um sich dann in die nächsten Entwicklungsschritte hineinzubewegen.

- Gelingt es Ihnen schließlich, Ihr Ziel stetig zu erreichen, und gewinnen Sie weiter an Sicherheit, können Sie darangehen, Ihr Tagesziel langsam und in kleinen Schritten zu erhöhen.[53]

8 Weiterführende Fachliteratur, die hilfreich und empfehlenswert ist

Der Zusammenhang zwischen den beiden Denksystemen 1 und 2, deren Beschreibung und deren Bedeutung für unsere automatisierten Denk- und Handlungsabläufe werden sehr gut in dem Werk von Daniel Kahneman *Schnelles Denken, Langsames Denken* beschrieben. Das Buch erschien im Siedler Verlag München.

Ebenfalls lesenswert ist das Buch *Inkognito. Das geheime Eigenleben unseres Gehirns* von David Eagleman, erschienen beim Campus Verlag.

Eine umfassende Behandlung des Themas »Denken in Analogien« finden Sie in dem über 800 Seiten starken Buch *Die Analogie. Das Herz des Denkens* von Douglas Hofstadter & Emmanuel Sander aus dem Klett-Cotta Verlag.

---

[53] Im Kapitel »Trading« werden wir das Vorgehen in Bezug auf die sinnvolle Festlegung von Tageszielen und maximalen Verlustgrenzen noch konkret eingehen.

9 Kann man Handeln wirklich erlernen?

Zu Beginn der 1980er-Jahre diskutierten die beiden befreundeten US-amerikanischen Future-Trader Richard Dennis und William Eckhardt, ob man jeden beliebigen börseninteressierten Laien durch die Vermittlung eines klaren Regelwerkes zu einem erfolgreichen Trader ausbilden kann. Während Dennis diesen Standpunkt vertrat, war Eckhardt der gegenteiligen Ansicht. Er meinte, für eine wirklich dauerhaft erfolgreiche Trader-Karriere seien Fähigkeiten notwendig, die nicht vermittelbar und auch nicht erlernbar seien. Um der Diskussion ein Ende zu bereiten, starteten sie ein Experiment. Sie veröffentlichten 1983 eine Anzeige im Wall Street Journal, woraufhin sich über 1000 Bewerber für dieses Projekt fanden. Schlussendlich wurden 13 Teilnehmer ausgewählt. Als Hauptkriterium der Auswahl war festgelegt, dass keiner von ihnen über professionelle Trading-Erfahrungen verfügen durfte. Die Gruppe erhielt den Namen »Turtle-Traders« (Schildkrötentrader).

Nach einer Schulungs- und anschließenden Simulationsphase wurden von den 13 Teilnehmern die zehn erfolgreichsten durch Dennis mit Kapital ausgestattet. Das Experiment erwies sich als erfolgreich. In den folgenden vier Jahren erzielte die Gruppe einen durchschnittlichen Gewinn von etwa 80 Prozent. Einige dieser Teilnehmer sollen noch heute in speziellen Managed-Future-Fonds tätig sein.

Damit war der Beweis erbracht, dass erfolgreiches Trading definitiv erlernbar ist, so wie jede berufliche Aktivität erlernt werden kann. Fähigkeiten und Gespür trennen am Ende möglicherweise die sehr erfolgreichen von den durchschnittlich erfolgreichen Tradern. Aber es ist nicht so, dass der Beruf des Traders nur einigen Interessierten und Befähigten vorbehalten bleibt.

Wie jeder Beruf verlangt die erfolgreiche Umsetzung dieser Tätigkeit jedoch auch die Befolgung und Umsetzung einiger Prämissen.

10 Es passiert im Kopf ...

Ein jeder, der sich mit dem Thema Börsen-Trading bereits intensiver beschäftigt hat, wird an einer einschneidenden Erkenntnis nicht vorbeikommen: Die Entscheidung, mit einem Trade einen Gewinn oder einen Verlust zu erzielen, hängt nicht in erster Linie vom Verständnis der zu handelnden Regelwerke zum Ein- und

Ausstieg in oder aus einer Position ab. Sondern diese Entscheidung wird in erster Linie durch unsere emotionale Einstellung zu diesem Geschäft gefällt. Ich gehe so weit, zu sagen, dass selbst die treffsichersten Ein- und Ausstiegsregeln nichts wert sind, wenn sie von einem emotional gehetzten Trader angewandt werden.

Diese Erkenntnis ist nichts Neues und schon gar nichts Revolutionäres: Ich habe sie bereits oft gelesen und noch öfter gesagt bekommen. Und dennoch ist es etwas Einschneidendes, wenn sich diese Erkenntnis über die Zeit einstellt und der Aha-Effekt eintritt. Auch Sie werden sich diesem Erkenntniseffekt nicht entziehen können. Früher oder später holt er Sie ein. Mit dieser Erkenntnis eng verbunden sind fast zyklisch immer wiederkehrende Selbstzweifel, besonders wenn einschneidende Veränderungen in Ihrer Trading-Entwicklung erfolgen. So zum Beispiel der Übergang vom Simulations-Trading hin zum Echtgeld-Handel.

Dieses emotionale Auf und Ab ist ein Prozess, der jeden Trader erfasst. Das vollzieht sich nicht nur in seiner Lern- und Entwicklungsphase, sondern auch zu späteren fortgeschrittenen Zeitpunkten. Immer wieder wird die Motivation infrage gestellt. Immer wieder fragt man sich, ob man den sich stets ändernden Rahmenbedingungen wirklich gewachsen ist. Aber viel wichtiger ist, dass die eigene Selbstdisziplin immer wieder auf die Probe gestellt wird. Lässt sie sich aufweichen, hinterlässt das fast eins zu eins seine Spuren in der Ergebnisentwicklung unseres Handelns.

Wie können wir diesem Problem begegnen? Die ernüchternde Antwort ist: Es gibt kein Patentrezept dagegen. Es gibt keinen Schalter, den wir einfach umlegen können, um von da an weniger emotional belastet zu arbeiten. Dennoch sind wir dem Druck, den wir uns selbst bereiten, nicht wehrlos ausgeliefert.

Es gibt eine Hauptursache der emotionalen Belastungen und immer wiederkehrenden Schnellschüsse, aus denen Fehler resultieren, die wiederum unsere emotionale Belastung wie in einer Spirale erhöhen. Das ist meist eine falsche oder unzureichende Selbsteinschätzung, eine fehlerhafte Einordnung der eigenen Fähigkeiten und Möglichkeiten im Marktumfeld. Auch falsche Prioritäten und Ziele tragen dazu bei. Ich will es auf den Punkt bringen:

Einen Markt für Anfänger und einen Markt für Profis, so etwas gibt es nicht. Es gibt nur einen Markt für beide Extreme (und alles, was sich dazwischen bewegt). Wenn wir aber nicht lernen und verstehen, nach welchen Mechanismen sich ein

Markt verhält und seine sich darin bewegenden Akteure verhalten, werden wir falsche Einschätzungen treffen und folglich falsche Schlüsse ziehen.

▶ Wir schätzen uns selbst in der Regel falsch ein. Wir legen die Messlatte (die persönliche, nur für uns geltende Messlatte) in der Regel zu hoch. Wir sind ungeduldig und erwarten viel zu rasche Fortschritte. Warum ist das so? Weil sich kaum jemand darüber im Klaren ist, dass der Handel an der Börse eine komplexe Tätigkeit darstellt, wie sie auch in anderen Berufen anzutreffen ist, mitunter mit weit höherer Komplexität. Presse und Fernsehen stellen es mitunter stark vereinfacht dar: junge Händler im Adrenalinrausch, mit schicken Autos und einem partydurchtränkten Lebensstil. Doch dieses Klischee ist falsch, absolut falsch. Wirklich gute Händler durchlaufen lange und sehr kostenintensive Ausbildungsphasen. Derivate-Händler sind mathematisch und statistisch extrem gut trainierte Experten, deren Entwicklung mitunter über Jahre dauert, bis sie Höchstleistungen erbringen. Die Durchhaltezeiten von Händlern variieren deutlich. Es kommt durchaus vor, das professionelle Trader dem hohen Anforderungsdruck der Bankinstitute, die sie beschäftigen, nicht dauerhaft standhalten. Das heißt: Wir müssen uns die nötige Zeit und Tiefe geben, um unseren realistischen Platz in diesem von Unsicherheiten und Emotionen geprägten Markt zu finden.

▶ Mitunter werden die Ziele, unsere Ziele im Zusammenhang mit dem, was wir an der Börse tun, völlig falsch gesetzt. Wer sich das Ziel setzt, in kürzester Zeit stetige Erträge herauszuziehen zu wollen, steht außerhalb jeglicher Realität. Wir haben es mit einem hochkomplexen Markt zu tun, der durchdrungen ist von Geschäftsabläufen, die zwar gravierenden Einfluss auf Kursentwicklungen haben (jenseits von Trendlinien, Pivot-Punkten und Sonstigem), aber nicht einmal im Ansatz verstanden werden (mitunter völlig unbekannt sind). Wie lange müssten Sie Ihrer Meinung nach lernen, um einen Airbus A 340 in einem dauerhaften Parabelflug halten zu können? Sie meinen, hier werden Äpfel mit Birnen verglichen? Ja, da gebe ich Ihnen recht. Denn wenn Sie das Fliegen erlernt haben und die Physik dazu beherrschen, sollte es nach Jahren zur Routine werden. Börse wird dagegen niemals zu einer Routine werden.

Die genannten Aspekte sind ein Fakt, den wir akzeptieren und verstehen müssen. Aber wenn wir das verstanden und akzeptiert haben, ist die Ausgangslage gut, um in der eigenen Nische zu jenen wenigen Prozenten von Akteuren zu gehören, denen es tatsächlich gelingt, regelmäßige und stetige Erträge zu erzielen.

11 Hinterfragen Sie sich selbst ...

Es gibt diverse Fachbücher im Buchhandel, die Interviews stetig erfolgreich arbeitender Trader und Investoren wiedergeben. Liest man sich ein, kommt die erste verblüffende Erkenntnis, dass hier mitunter absolut unterschiedliche Vorgehensweisen beschrieben werden. Zum Teil stehen die Prämissen sogar konträr zueinander. Am Ende aber scheinen sie dennoch dauerhaften Erfolg zu ermöglichen. Somit wird gleich deutlich: Das ultimative Regelwerk, den geheimnisvollen Erfolgsansatz scheint es überhaupt nicht zu geben.

Doch lässt man Gelesenes länger auf sich wirken, werden zwei Aspekte deutlich:

▶ Ausnahmslos alle Akteure verfügen über ein striktes, rigoros ein- und umgesetztes Ausstiegsszenario für ihre einmal eingegangenen Positionen, das mitunter die einzige gemeinsame Schnittmenge in der Fülle von Handelsansätzen ist.

▶ Sie verfügen alle über eine kompromisslose Selbstdisziplin. Und diese Selbstdisziplin in jeder Hinsicht ist es, die es den befragten Akteuren erlaubt und überhaupt erst ermöglicht, wirklich dauerhaft das Ruder ihres Erfolgs in der Hand zu behalten.

Selbstdisziplin ist also ein Schlüssel zum Erfolg. Das sage ich nicht nur so daher, weil es gut klingt, sondern weil es so ist. Wer auf Dauer die Selbstdisziplinierung im Markt nicht aufrechterhalten kann, begibt sich mitunter auf sehr dünnes Eis. Er erliegt plötzlich und unerwartet seinen persönlichen Ereignissen der Marke »Schwarzer Schwan« (Dinge, die man nie für möglich gehalten hätte, treten plötzlich ein).

Doch was heißt das jetzt konkret? Wie und wo muss ich als Händler Selbstdisziplin halten? Diese substanzielle Kernfrage, um die sich am Ende Erfolg oder Misserfolg drehen wird, kann nicht mit einem Satz beantwortet werden. Vielmehr fächert sie sich in diverse Aspekte des Handels auf. Benennen wir zunächst unsere eigenen Schwachstellen. Welche Fehler sind die typischsten Missgriffe und Einstellungen, die unserem gewollten Erfolg im Wege stehen?

▶ Wir hören immer auf Meinungen anderer. Das geschieht entweder, weil wir uns nicht die notwendige Zeit nehmen, börsentäglich den Markt und das Marktumfeld entsprechend zu analysieren. Oder es geschieht, weil uns das notwendige Wissen zu einer eigenen Analyse fehlt.

▶ Wir suchen den Superindikator oder das eine zuverlässige Handelsregelwerk, von dem wir stabile Ertragseinnahmen erwarten, und wechseln und springen somit ständig hinter neuen Ideen hinterher.

▶ Wir unterschätzen die Risiken und überschätzen die Möglichkeiten, die ein Trade jederzeit bereithält.

▶ Wir sind ungeduldig und ehrgeizig, wir halten stur an unserer Meinung fest und neigen zu Aktionismus.

▶ Wir überschätzen uns selbst, vergleichen uns stets mit anderen und sehen uns immer wieder Selbstzweifeln gegenüber.

Jeder von uns kennt die eine oder andere der hier aufgezählten Schwächen, vielleicht treffen auch alle fünf Schwächen in ihrer Gesamtheit auf den einen oder anderen zu. Wie können wir diese Fallstricke überwinden und dauerhaft vermeiden?

In den Banken wird während der Ausbildung und auch später während des Praxiseinsatzes recht unsensibel vorgegangen. Man wird zwar entsprechend inhaltlich ausgebildet, bekommt umfassende Produktkenntnisse vermittelt, lernt das Erkennen der Teilnehmeraktivitäten im Markt, wird in diversen Regelwerkstechniken geschult und erhält auch psychologische Unterstützung. Aber die jungen Trader stehen von Beginn an unter Erfolgsdruck. Die Auswahlkriterien sind hoch gesteckt. Die Performancedruck-Schraube wird recht zügig angezogen. Trading ist ein Geschäft. Jeder Euro, der in die Ausbildung fließt, muss sich rasch amortisieren und Rendite abwerfen. Die Folge ist, dass sich tatsächlich ein bestimmter Menschenschlag im Handel durchsetzt. Allerdings ist das einer, der nicht unbedingt dem Klischee entspricht, das gern und oft in der Öffentlichkeit dargestellt wird.

Auch wenn sich die Formen der Ausbildung mit ihren entsprechenden Ergebnissen in den letzten Jahrzehnten durchaus als erfolgreich erwiesen haben – diese Vorgehensweisen lassen sich nicht einfach auf die notwendigen Ausbildungsmethoden, die wir für uns als Privat-Trader anwenden können, übertragen. Vielmehr müssen wir Modifizierungen durchführen. Diese Modifizierungen betreffen nur den Weg zu unseren Ausbildungszielen. Das Ergebnis unserer Anstrengungen darf von den Ergebnissen, welche ein bei einer Bank angestellter Händler am Ende seiner Ausbildung erzielt, nicht abweichen.

Selbstdisziplin basiert auf Selbstvertrauen. Selbstvertrauen basiert auf der Erkenntnis, dass man das eigene Thema beherrscht. Folglich müssen wir uns Wissen aneignen. Neben dem notwendigen umfangreichen Wissen über die Rahmenbedingungen unseres Handels müssen wir realistisch einschätzen können, was wir von unserem Trading erwarten.

Mir persönlich hat folgende Vorgehensweise geholfen, den Erwartungen meines Arbeitgebers gerecht zu werden und das Geschäft auch für mich zu verstehen:

Zunächst müssen wir uns die Frage stellen, welches Problem denn nun wirklich dasjenige ist, das uns daran hindert, erfolgreich zu handeln. Fehlt womöglich ein klares Trading-Konzept? Ist es Angst oder mangelnde Entscheidungskonsequenz? Ist es Unsicherheit bezüglich des eigenen Könnens? Glauben wir nicht wirklich an das System oder die Methode, nach der wir handeln? Unsere Stolpersteine herauszufinden und diese Probleme klar zu benennen ist die erste, kleinste, aber auch wichtigste Voraussetzung dafür, den Erfolg unseres Tradings zu steigern. Viele erfolgreiche Trading-Experten steigerten ihr Vertrauen in ihre Methode dadurch, dass sie eine detaillierte Trading-Planung durchführten. Ich kenne viele sehr erfolgreiche Trader, die über jede ihrer Aktivitäten an der Börse genau Buch führten und auch heute noch führen. Dabei listen sie nicht nur ihre einzelnen Aktivitäten detailgetreu auf, sondern sie beschreiben auch ihre persönlichen Einschätzungen zum Umfeld, zur Dominanz einzelner Marktakteure und zu deren Vorgehensweise. In der börsentäglichen Nachbetrachtung des Handels hat es sich als sehr vorteilhaft erwiesen, die Gründe aufzulisten, weswegen man ausgerechnet bestimmte Positionierungen eingegangen ist und andere (obwohl sie regelkonform gewesen wären) nicht eingegangen ist. Was haben Sie gesehen? Was hat Sie dazu verleitet, in diesen oder jenen Trade einzusteigen oder nicht einzusteigen? Durch diese Vorgehensweise formulieren Sie Ihre Entscheidungsgrundlagen naturgemäß in ganzen Sätzen. Das erleichtert es Ihrem Gehirn, über die Jahre einen umfangreichen Daten- und Informationsspeicher anzulegen. Somit können Ereignisse und Folgeereignisse nach bestimmten Mustern abgespeichert und jederzeit abgerufen werden. Die Psychologie nennt diese Vorgänge Déjà-vu-Erlebnisse.

Dieses Vorgehen ist ein sehr erfolgreiches Mittel, um ein klares Bild von sich selbst als Händler im Markt zu erhalten. So bekommt man ein sehr detailgetreues Abbild der eigenen Stärken und Schwächen. Man lernt die Ansatzpunkte kennen, an denen man ansetzen muss, um seine persönlichen mentalen Hürden zu überwinden. Ein solches Vorgehen erlaubt es auch, konkrete und immer wiederkehrende Fehler während der Umsetzung des eigenen Regelwerkes zu identifizieren.

Ein weiterer Vorteil dieser Selbstüberprüfung ist die Erkenntnis, welche Marktphase, welches Ereignis oder welches Muster den entstandenen Erfolg oder Misserfolg brachte. Wenn Sie das wissen, können Sie die Muster eliminieren, die nicht zu Ihrem Vorteil gewirkt haben. Es ist für Sie persönlich absolut nebensächlich, ob andere Trader unter bestimmten Voraussetzungen herausragende Handelsergebnisse erzielen. Wenn Sie mit bestimmten Rahmenbedingungen kein Geld verdienen, dann müssen Sie aufhören, diese zu handeln. Das gilt auch für den Einsatz von Indikatoren, den Fokus auf Zyklen und Wellen und für andere Dinge, die in der Theorie vielversprechend klingen. Überlassen Sie diese Konzepte ruhig den Leuten, die damit gut arbeiten können. Sie müssen Aufzeichnungen darüber führen, was bei Ihnen selbst gut funktioniert. Halten Sie sich dann diszipliniert daran.

12 Finden Sie den für Sie geeigneten Markt und Handelsstil

Um in einem Markt erfolgreich handeln zu können, ist es zwingend notwendig, diesen Markt in all seinen Facetten wirklich zu kennen. Ich halte sehr wenig von Marktakteuren, die in einer Vielzahl von Märkten aktiv sind unter dem Vorwand, breit aufgestellt zu sein. Eine akzeptable Ausnahme wären hier einzig professionelle System-Trader, die eine Vielzahl von Handelssystemen in einer Vielzahl von Märkten nach einem klar definierten und in jeder Hinsicht getesteten Regelwerk zum Einsatz bringen. Nach meiner Tätigkeit als Marketmaker habe ich mich mein gesamtes berufliches Leben als Trader schwerpunktmäßig auf einen einzigen Markt fokussiert: den DAX-Future. Andere Future- und Aktienmärkte habe ich nur beim Einsatz von Handelssystem-Portfolios berücksichtigt.

Erfolgreiches Trading hängt nicht nur davon ab, das Regelwerk zu verstehen, nach dem Handelsentscheidungen getroffen werden. Sondern es hängt auch davon ab, die Aktivitäten anderer Akteursgruppen zu erlernen, die den Kursverlauf des jeweiligen Marktes vorrangig dominieren. Dieses notwendige umfangreiche

Wissen kann man aber nur erlangen, wenn man sich tatsächlich nur auf einen oder zwei Märkte konzentriert.

Um stetige Handelserträge erzielen zu können, müssen Sie ein für sich passendes Handelsregelwerk in einem für Sie passenden Handelszeitfenster finden. Der Handel in weiterführenden Zeitfenstern, sei es im Swing- oder im Positions-Trading, konfrontiert Sie in gewissen Abständen mit der Tatsache, dass sich die Struktur des Marktes ändert. Damit verlieren einmal geschaffene und eingeübte Handelsregelwerke an Zuverlässigkeit. Sie müssen deshalb modifiziert werden. Ich habe dieser Tatsache dadurch Rechnung getragen, dass ich meinen Handelsstil auf immer kleinere Zeitfenster begrenzte. Und ich beschränkte mich auf diejenigen Grundmuster, die in ihrer spartanischen Ausführung wohl ihre Gültigkeit behalten werden, solange sich Kurse auf der Grundlage von Bewegungsimpulsen bewegen und immer wieder Impulswechseln unterliegen.

13 Setzen Sie sich realistische Ziele

Der Fähigkeit, sich realistische Ziele zu setzen, kommt im Trading eine sehr hohe Bedeutung zu. Falsch gesetzte Ziele können nicht nur demotivieren, sie können uns auch zu fehlerhaftem Verhalten an der Börse verführen. Während der Ausbildung wurde für Junghändler als erstes Kursziel die Vermeidung von Verlusten definiert. Hier galt die Devise: »Bleibt im Wasser, bleibt am Leben!« Wer sich Tag für Tag an der Börse in seinem Handelsregelwerk aktiv bewegt, ohne dass es zu einer Kumulation von Verlusten kommt, hat schon einmal einen enormen Erfolg erzielt. Zumindest hat er damit ein Fundament geschaffen, auf welches er solide Ergebnisse in der Zukunft aufbauen kann.

13.1 Simulationshandel versus Echtgeld-Trading

In den Banken wird in der Regel vom Simulations-Trading Abstand genommen. Hier wird die Steuerung des Drucks auf den Händler über die Positionsgröße in Echtgeld vollzogen. Als Privat-Trader, der mit seinem eigenen Geld aktiv ist, sollten Sie von der Möglichkeit, Handel auf Simulationsoberflächen durchzuführen, unbedingt Gebrauch machen. Zweifellos hat der Handel mit Simulationsgeld andere mentale Auswirkungen auf uns als der Handel mit Echtgeld. Wir sollten uns aber von dem Gedanken lösen, Handel müsse uns einen Kick liefern, den wir nur mit Echtgeld erzielen würden. Wer den Kick sucht, hat andere Motive für den Handel an der Börse. Stetiges Geldverdienen steht dann jedenfalls nicht an erster Stelle. So würde sicherlich auch ein Testpilot, dessen eigenes Überleben nicht an erster Stelle seiner Prioritätenliste steht, sondern der einen halsbrecherischen Adrenalinschub bevorzugt, ein Vorab-Fliegen im Simulator ablehnen.

Das Handeln auf einer guten Simulationsoberfläche mit Echtzeitkursen und marktnaher Orderausführung (zeitlich und preislich) hat seine unbestrittenen Vorteile in zweierlei Hinsicht: Es erlaubt uns, das Arbeiten mit der Handelsplattform zu erlernen, zu verinnerlichen und die Handelsabläufe fehlerfrei und beschleunigt zu vollziehen. Und es erlaubt uns, das Regelwerk im Kopf so abzuspeichern, dass wir es im Schlaf beherrschen.

Dennoch schafft das Arbeiten mit einer Simulationshandelsoberfläche ein Problem, das einem Händler in der Bank erspart bleibt, für den Privat-Trader aber noch einmal zu einer gewaltigen Hürde werden kann. Ich spreche vom Wechsel von Simulationsgeld-Handel auf Echtgeld-Handel. Für einen Außenstehenden scheint dieser Schritt überschaubar zu sein. Und doch wird so gut wie jeder, der sich dieser Situation bisher gegenübersah, bestätigen: Hier kann erneut so etwas wie eine Sinnkrise auftreten. Denn häufig ist zu beobachten: Die Ergebnisse im Simulations-Trading waren bereits stetig und stabil, die Ertragskurven waren ansprechend, alles deutete auf eine sichere Beherrschung von Regelwerk und Plattform hin. Und nach einem Wechsel in den Echtgeld-Handel fällt der eine oder andere wieder in das alte zögerliche und selektive Verhalten zurück, das seinen Handelsstil zu Beginn seiner ernsthaften Trading-Ausrichtung prägte. Bereits automatisierte Abläufe werden wieder hinterfragt. Rahmenbedingungen (Marktakteure, Orderflüsse) werden nicht mehr beachtet oder allzu verkrampft wahrgenommen. Gesteckte Ziele und Grenzen werden völlig übersehen oder bewusst missachtet und man verfällt wieder dem Urinstinkt der Frühphase des Tradings.

Diesen Teufelskreis gilt es zu durchbrechen. Und hier helfen uns nur zwei Faktoren: Selbstvertrauen in die eigene bisher erbrachte Leistung und konsequente Disziplin in der Umsetzung des bisher Gelernten.

Ich möchte hier noch einmal auf die Grundmotivation zu sprechen kommen, die einen ernsthaften Trader von einem Hobby-Trader unterscheidet: Es ist die Motivation, regelmäßige, stetige Erträge aus dem Markt heraus zu generieren, um dadurch eine unabhängige Existenz für sich und seine Familie zu schaffen oder doch zumindest dauerhafte Zusatzerträge zu anderen Einkommensarten zu sichern. Diese Grundmotivation ist naturgemäß mit einer Grunderwartung gekoppelt. Die Grunderwartung erhält ihre anfängliche Bestätigung, wenn es auf Simulationsebene gelingt, tatsächlich akzeptable Ergebnisse pro Tag zu erzielen. Fällt ein angehender Trader nach dem Übergang zum Echtgeld-Handel in alte Handelsgewohnheiten zurück, schlägt sich das zwangsläufig in den jeweiligen Handelsergebnissen im Unterschied zu den Simulationsergebnissen nieder. Hier kommt eine Maschinerie in Gang, die kritische Auswirkungen auf seine weitere Entwicklung haben kann.

Ein von Dritten völlig unabhängig erzielbares Einkommen, losgelöst von unternehmerischen und konjunkturellen Beschränkungen, ist zweifellos ein gigantischer Motivator. Die Motivation verstärkt sich zunächst, wenn sich der erwartete Erfolg auf Simulationsebene dann tatsächlich einstellt. Aber wehe, wenn der Erfolg beim Echtgeld-Handel aufgrund der mentalen Änderungen, die ein junger Trader anfänglich zwangsläufig durchläuft, zunächst ausbleibt. Dann droht die anfängliche Motivation in Resignation umzuschlagen. Somit müssen wir uns die Frage stellen, was unsere Motivation auf hohem Niveau halten kann. Die Antwort ist denkbar einfach: ein positives Ergebnis im Handel. Und hier rede ich nicht von hohen Ergebnissen. Selbst ein positives Mini-Ergebnis, das aber mit einer hohen Kontinuität (fast börsentäglich) über ein oder zwei Monate in Folge erzielt werden kann, wird zum sprichwörtlichen Nachbrennereffekt für das Selbstvertrauen. Das Wissen, tatsächlich dazu in der Lage zu sein, auf sich allein gestellt im Kapitalmarkt stetige Erträge für sich und die eigene Familie zu erwirtschaften, schafft die Voraussetzung, aus einem stabilen Trader einen exzellenten Trader zu machen.

Um den Übergang von Simulationsgeld-Handel auf Echtgeld-Handel möglichst reibungsarm zu überstehen, sollte sich jeder angehende Trader zunächst einmal darüber im Klaren sein: Die Ergebnisse, die er im Vorfeld auf Simulationsbasis erzielt hat, können in der Realität zu Beginn nicht mehr erzielt werden. Es gilt somit, die latent hohen Erwartungen gleich zu Beginn des Wechsels deutlich herunterzuschrauben. Im zweiten Schritt sollte jedem angehenden Trader bewusst sein, dass ein Erfolg von nur fünf Punkten pro Tag im FDAX (Umsatzgebühr unberücksichtigt) ein Bruttojahreseinkommen von 30.000 Euro mit sich bringt. Viele Junghändler sind sich zu Beginn ihrer Karriere meist gar nicht bewusst, welches Potenzial (welches Risiko) manch ein Future in sich trägt. Ich plädiere immer wieder dafür, dass ein angehender Trader, der nach erfolgreicher Simulationszeit beginnt, mit Echtgeld zu handeln, sein Tagesziel sehr niedrig ansetzt. Nach Erreichen des Tageszieles sollte er den Echtgeld-Handel einstellen und auf Simulation umschalten. Das gilt selbst dann, wenn er dieses Ziel schon nach der ersten halben Stunde des Handelstages erreicht hat. Hintergrund soll sein, sich selbst zu beweisen, dass er (der Trader) über Monate hinweg in der Lage ist, ein positives Trading-Ergebnis zu erzielen.

Hier kommt jetzt die Selbstdisziplin ins Spiel. Immer wieder höre ich Argumente, wonach jemand eine vermeintlich gute Marktphase ausnutzen wollte oder man einfach ein Problem damit hat, bereits nach einer halben Handelsstunde von Echtgeld auf Simulationsgeld umzuschalten. Wer so argumentiert, misst dem Simulationshandel nicht die notwendige Bedeutung bei. Andererseits wird oft auch am Echtgeld-Handel festgehalten, wenn das enge Minusziel des Tages erreicht wird und der betreffende Trader demnach eigentlich zu einem absoluten Stopp des Handels an diesem Tag verpflichtet wäre. Das sind eklatante Verstöße gegen die Selbstdisziplin. Sie führen am Ende selten zu einem Erfolg und destabilisieren damit nicht nur kurzfristig das Selbstvertrauen, sondern auch langfristig die Motivation für das strategische Ziel, ein erfolgreicher Trader zu werden.

Es führt kein Weg daran vorbei: In Jahrzehnten der Händlerausbildung in den Banken wurde immer und immer wieder der Beweis erbracht, dass bei einem Handel ohne Regelwerk und ohne strikte, bedingungslose Selbstdisziplin auf Dauer der Erfolg ausbleibt. Angesichts dieser Tatsache werden heute in den Handelsräumen bereits sehr früh angehende Trader aussortiert, die Schwächen in der Selbstdisziplin aufweisen. Die Selbstdisziplin ist eines der Hauptkriterien bei der Auswahl des Händlernachwuchses.

14 Selbstdisziplin ist wie ein Muskel, der trainiert werden muss

Wie die Praxis zeigt, tritt bei der Schulung und Ausbildung angehender Trader mit fortscheitender Zeit im Verlauf der Leistungskurve fast ausnahmslos eine vergleichbare Entwicklung auf: Nach anfänglichen unterirdischen Handelsergebnissen in der Handelssimulation stabilisiert sich die Kurve mitunter sehr rasch. Nach einigen wenigen Wochen zeichnen sich doch recht ansprechende Ergebnisse ab. Hierbei reden wir nicht unbedingt von der Höhe der täglich erzielten Simulationstrading-Ergebnisse in Punkten. Wir reden vielmehr zunächst von einer reduzierten Volatilität der Einzelergebnisse und von einem immer besseren Verhältnis zwischen Gewinn- und Verlust-Trades. Mit beginnender Verfestigung des Regelwerkes steigern sich plötzlich die Ergebnisse. Der betreffende Jung-Trader wähnt sich auf dem richtigen Weg.

Dann setzen Phasen mentaler Erschöpfung ein. Plötzlich häufen sich Fehler. Die Ungeduld gewinnt wieder an Dominanz, man fällt zum Teil wieder in die Anfänge zurück und versucht, Ergebnisse zu erzwingen. Die Ergebniskurven verschlechtern sich mit dieser Entwicklung naturgemäß und dann sind sie wieder da, die Selbstzweifel. Man fragt sich: »Kann ich das Ganze überhaupt?« Oder: »Stelle nur ich mich so an?« Es ist ja nicht so, dass der jeweilige Jung-Trader diese Verschlechterung seiner Entwicklungskurve nicht bemerken würde. Nur fühlt er sich kaum in der Lage, sich aus dieser Phase selbst zu befreien. Das Ergebnis sind Selbstzweifel und eine völlige Verkrampfung im Handel. Minimale positive Trading-Resultate werden verbissen festgehalten, nur um sie nicht mehr aufs Spiel zu setzen. Ganze Serien von Trades werden ausgelassen, obwohl sie im Vorfeld richtig als regelkonform erkannt werden. Potenzielle Trades werden kaum noch nach Sinn und Verstand selektiert, sondern willkürlich und in Abhängigkeit der jeweils aktuellen mentalen Verfassung. Dies ist ein Teufelskreis, den es zu durchbrechen gilt. Andernfalls wird man dauerhaft keinen Erfolg erzielen, darüber müssen Sie sich im Klaren sein.

Ich möchte Ihnen hier etwas Mut machen: Das beschriebene Phänomen ist überaus typisch und normal. Jeder Trader durchläuft es, und das nicht nur einmal! Eine solche Phase kommt immer wieder, lediglich ihre emotional durchschlagende Wirkung aufs Gemüt lässt mit der Zeit nach. Jeder entwickelt dann seine persönlichen Methoden, diese Durchhänger zu überwinden. Jetzt aber die etwas provokantere Aussage: Gerade in der Anfangsphase trennt sich die Spreu vom Weizen. Worauf will ich hinaus?

Trading ist eine enorme Belastung für unsere mentale Verfassung. Ein Regelwerk zu erlernen und auch bis zu einem gewissen Grade zu verinnerlichen ist das eine. Es ist in der Regel aber nicht die wirkliche Hürde. Die weitaus größere Belastung, der wir ausgesetzt sind, ist die andauernde Unsicherheit, ob wir genau jetzt das Richtige tun. Auch dem ständigen Druck, nicht nur richtige, sondern überhaupt laufende Entscheidungen treffen zu müssen, müssen wir standhalten. Womöglich rätseln Sie als noch junger angehender Trader darüber, warum Sie nach anfänglichen Erfolgen im Simulations-Trading plötzlich eine Bogenlampe in Ihrer Ertragskurve produzieren und warum sich das so negativ auf Ihre Gesamtverfassung niederschlägt und Sie regelrecht verzweifelt macht. Den Grund

und die Ursache kann ich Ihnen rasch benennen: Es ist ein Phänomen, das in allen Lebenslagen bekannt und normal ist. Für Psychologen stellt dieses Phänomen ein interessantes Forschungsfeld dar, die **kognitive Entscheidungsmüdigkeit**. Die Anfangsbegeisterung zum Gesamtthema erschöpft sich schneller, als eine lang anhaltende Entscheidungsfähigkeit aufgebaut werden kann. Ich spreche hier extra von der Entscheidungsfähigkeit und nicht vom Entscheidungswillen oder der Entscheidungsbereitschaft. Dass bei Ihnen der Wille oder die Bereitschaft vorhanden ist, daran zweifelt niemand. Aber es ist die Entscheidungsfähigkeit, die sich nicht vollständig beeinflussen lässt. Ziehen wir Vergleiche zum Marathonlauf. Sie stehen an der Straße, sehen die Läufer, hören die Begeisterung der Massen, fühlen sich mitgerissen und entscheiden sich, im Folgejahr mit an den Start zu gehen. Anfängliche erste Trainingsversuche erscheinen vielversprechend. Doch jetzt treten folgende Schwierigkeiten auf: Entweder Ihre Ungeduld ist größer als Ihre Vernunft. Sie beginnen, zu übertreiben zu trainieren – mit dem Ergebnis von Schmerzen und nachlassenden Leistungen. Oder Sie sind zu vorsichtig, sodass Ihr Leistungsaufbau kaum vorangeht. Doch wenn Sie hier nicht das notwendige richtige Maß finden, werden Sie am nächsten Marathon entweder nur am Start dabei sein oder gar nicht erst antreten.

Das Buch *Die Macht der Disziplin* von Roy Baumeister und John Tierney, erschienen 2012 im Campus Verlag, beschreibt eine Vielzahl von durchgeführten Testreihen an Kindern, Erwachsenen, Managern und anderen Versuchsgruppen. Bei all diesen Menschen wurde die Entscheidungsfähigkeit gemessen. Diese Messung ergab, dass Entscheidungsfähigkeit keine stetige Eigenschaft ist, die wir besitzen oder auch nicht besitzen. Vielmehr ist Entscheidungsfähigkeit wie ein Muskel, der sehr rasch ermüden kann (und dies in aller Regel auch tut). Die Entscheidungsfähigkeit kann aber auch wie ein Muskel trainiert und somit zum Durchhalten stimuliert werden.

Auch wenn es langweilig wird, das immer wieder hören oder lesen zu müssen; auch wenn es abgedroschen klingt und schon fast zur Floskel verkommt: Entscheidungsfähigkeit ist ein Teil der Selbstdisziplin. Sie muss als solche bewusst trainiert werden. Wer diesen Schritt nicht macht und diese Notwendigkeit nicht akzeptiert, sondern darüber hinweggeht mit den Worten »Ich bin selbstdiszipliniert genug«, dem bleibt ein dauerhafter Erfolg im Trading verwehrt. Ob jemand ein guter, ein weniger guter oder ein schlechter Trader wird, ist keine Frage, wie gut derjenige das Handelsregelwerk beherrscht. Es ist auch keine Frage, wie hoch sein Wissen im Bereich Marktanalyse oder anderen relevanten, als Grundwissen absolut notwendigen fundamentalen Bausteinen ist. Vielmehr entscheidet sich diese Frage einzig und allein anhand der eigenen Disziplin und Stärke, den Spannungsbogen der Entscheidungsfähigkeit aufrechtzuerhalten. Damit ist nicht gemeint, grundsätzlich wach zu sein, sondern auf einem Höchstmaß wach zu sein.

Die Frage, die wir uns stellen müssen, lautet: Wie ist dieser Zustand zu erreichen? Wie können wir diesen Teilaspekt einer allgemeinen Selbstdisziplin wirklich verfestigen? Und das nicht auf einen sich allgemein verfestigenden Aspekt der Selbstdisziplin bezogen, sondern im Sinne einer Spezialisierung? Weltweit wurden Testreihen zu diesem Thema durchgeführt. Sie beweisen, dass wir kaum in allen Lebensbereichen ein Höchstmaß an Selbstdisziplin erreichen. Wie ein Leistungssportler seine Höchstleistungen nur in seiner Sportart erzielen kann und es wohl kaum in allen Disziplinen zur wahren Meisterschaft bringen wird, so ist es auch in Bezug auf unsere Entscheidungsfähigkeit zu verstehen. Wir konditionieren uns in Teilbereichen des Lebens über das Mittelmaß hinaus, ermüden dafür aber in anderen Teilbereichen umso rascher. Um auch dort Entscheidungen zu treffen, verfallen wir schnell den gängigen Standardlösungen. Psychologen sprechen davon, dass der Mensch sich zu einem kognitiven Geizhals entwickelt, der Energie beim Denken spart, indem er über Alternativen nicht mehr nachdenkt und sich für das Standardmodell entscheidet.

Die Börse ist ein Raum, in dem Entscheidungen gefordert werden. Diese Entscheidungen können im Nachhinein kaum noch relativiert werden. Der Entscheidungsdruck erhöht sich zudem quantitativ, je kürzer die Handelszeitfenster werden. Somit unterliegt der Scalper (Kurzfrist-Trader) dem dauerhaft höchsten Entscheidungsdruck. Hinzu kommt, dass sich die Entscheidungen auf Einzelereignisse beziehen, die kaum in Verbindung miteinander stehen. Es gibt kaum Abhängigkeiten von Einzel-Trades und algorithmischen Trade-Abfolgen untereinander. Zudem bewegen wir uns in einem Raum hoher Unzuverlässigkeit. Die Abfolgekonsequenzen variieren ständig und hängen von einer Unmenge an Wahrscheinlichkeiten und Eintrittsoptionen ab. Diese Rahmenbedingungen sind gegeben und unabänderlich.

Daraus ergibt sich für uns eine gewisse Konsequenz bei der Klärung der Frage: Wie stärken wir denn nun unsere Selbstdisziplin in Bezug auf Positionierungsentscheidungen?

Wie lösen wir den Konflikt im Leistungsaufbau beim zielgerichteten Sport? In der entsprechenden Fachliteratur sind folgende Lösungsstrategien aufgeführt, die sich analog auch aufs Trading übertragen lassen: Zunächst müssen entsprechende

Rahmenbedingungen geschaffen werden: gesunde Ernährung, ein ausgeglichenes Lebensumfeld und genügend regelmäßige Freiräume zur Durchführung der Trainingsaktivitäten. Dann werden konkrete Trainingspläne mit einer stetigen, aber kontrollierten Leistungsanforderung aufgeführt. Nirgends wird die gewollte Leistungssteigerung dem Zufall überlassen, nirgends findet sich das Motto: »Irgendwie wird sich die Leistung schon steigern!« Im Gegenteil: Erfolgreiche Sportler unterliegen einem gesunden Leistungsdruck. Fehlt er, weil der Sportler keinen ausreichenden Eigendruck verspürt oder der Trainer ihm keinen Druck macht, werden Leistungssteigerungen sehr wahrscheinlich nicht eintreten.

Trading ist im Grunde nichts anderes als Leistungssport. Das gemessene Stressniveau bei jungen Tradern im Zusammenhang mit Positionseröffnungen ist in manchen Fällen tatsächlich vergleichbar mit dem Stressniveau von Kampfpiloten im realen Kriegseinsatz. Das heißt, das Gehirn unterscheidet nicht zwischen den einzelnen Entscheidungsarten, sondern orientiert sich an der Grundbelastung. Es macht sogar kaum einen Unterschied, ob wir mental positive Entscheidungen treffen oder schwere Entscheidungen unter Druck treffen müssen. Die gemessene Ermüdung setzt im positiven Entscheidungsfall zwar minimal später ein, aber sie kommt genauso zwingend wie bei aufreibenden, schweren Entscheidungen. Folglich werden wir uns ein vergleichbares Trainingsprogramm für unsere Entscheidungsfähigkeit und -bereitschaft erstellen müssen, wie für eine Vorbereitung des nächsten Marathons im kommenden Jahr.

Eine anhaltend hohe, selektionsbereite, aufmerksame und rasche Entscheidungsfähigkeit im Rahmen erlernter Regelwerke und Trading-Fähigkeiten ist keine Selbstverständlichkeit und sie ist auch nicht angeboren. Das zu verstehen ist eine Voraussetzung dafür, überhaupt eine sinnvolle Planung zur entsprechenden Leistungssteigerung erstellen zu können. Eine überdurchschnittliche Aufrechterhaltung entsprechender Entscheidungsfähigkeit (auf gewolltem und benötigtem Niveau) ist zwar erlernbar, aber sie muss auch erlernt werden. Wenn man Sie heute untrainiert auf eine Marathon- oder gar Triathlonstrecke schicken würde, wäre das Ergebnis dieses Experimentes wohl bereits im Vorfeld absehbar: ein totaler Flop. Vergleichbar sollte auch die Wahrscheinlichkeit eingeschätzt werden, untrainiert und nach dem Abklingen der Anfangseuphorie sofort dauerhaft und wirklich überaus aufmerksam zu arbeiten. Damit haben Sie eine realistische Chance, Sie müssen wissen, dass Ihr Aufmerksamkeits- und Entscheidungspotenzial nur eine begrenzte Kapazität aufweist. Zudem verbraucht sich dieses Potenzial, sobald Sie es nutzen, ähnlich der Leistungsfähigkeit eines Muskels.

Die beiden Autoren im oben genannten Buch verweisen auf diverse Tests. Darin wurde nachgewiesen, dass die Entscheidungsfähigkeit in Abhängigkeit von Pausen und Glukosezufuhr nachlässt. Am Anfang stehen selektive, logisch nachvollziehbare Entscheidungen, am Schluss standardisierte und routinierte Mittelmaßlösungen. Eine der in diesem Zusammenhang bekanntesten Auswertungen ist der Vergleich richterlicher Entscheidungen über Anträge auf vorzeitige Haftentlassung. Die Vergehen und das Strafmaß waren absolut vergleichbar. Und doch hingen die Entscheidungen davon ab, in welcher Tageszeit sie gefällt wurden und in welchen Abständen die jeweiligen Entscheidungsträger Pausen machten und Nahrung zu sich nahmen.[54] Aber auch in allen anderen Lebensbereichen, in denen Entscheidungen getroffen werden müssen, sind absolut identische Entscheidungsfähigkeitskurven ermittelt worden: beim Einkauf, beim Lernen, im Büro und beim Sport, aber auch in der Politik und beim Militär.

In diesem Zusammenhang verweise ich auf die Ausführungen zum Arbeiten mit System 1 und 2 unseres Denkapparates. Das Arbeiten mit System 2 benötigt im Vergleich zur automatisierten Denkleistung von System 1 Unmengen an Energie, bereitgestellt durch Glukose. Zum einen leeren sich die hierfür bereitgestellten Speicher schnell, zum anderen ist unser Gehirn evolutionsmäßig so geeicht, dass es das Denken nach System 2 möglichst sparsam einsetzt, eben um Energie zu sparen. Das lässt uns rasch in den Routineablauf abgleiten – ob wir es wollen oder nicht.

Wie beim Aufbau von Muskeln müssen wir ein gesundes Maß finden zwischen Leistungsdruck und Entspannung. Dabei dürfen wir ein erfolgversprechendes Umfeld nicht vernachlässigen.

Am einfachsten zu realisieren ist sicher die gesunde Lebensweise. Dazu möchte ich nicht viel sagen, denn dazu können Sie überall mehr oder weniger Interessantes lesen. Dieser Aspekt sollte im Grunde jedem hinreichend bekannt sein. Zu beachten gilt hier jedoch ergänzend: Im Gegensatz zur Muskelmasse, die nach einem gewissen Trainingsmaß auch durch Fett ernährt und versorgt werden kann, das sich in Glukose umwandelt, benötigt das Gehirn ausschließlich Glukose als Hauptenergielieferanten. Somit sollte diese ausreichend und vor allen Dingen dauerhaft zur Verfügung stehen. Gemeint ist nicht die Zuckerzufuhr über Schokoriegel oder

---

[54] Siehe dazu das Kapitel »Das Richterdilemma« in *Die Macht der Disziplin* von Baumeister und Tierney, Seite 112 ff., erschienen im Campus Verlag 2012.

Glukosetabletten, sondern kleine, aber häufige Mahlzeiten zwischendurch mit Kohlehydraten, die lange vorhalten und langsam, aber stetig Glukose bereitstellen. Wir benötigen keine Achterbahnfahrt im Zuckerspiegel – das wäre eher kontraproduktiv in unserer Zielsetzung, ein Höchstmaß an Entscheidungsbereitschaft und Entscheidungsfähigkeit zu erreichen.

Dem Thema Entspannung widmen wir uns dagegen oft zu selten und nicht in der richtigen Form. Unser Gehirn ist eine Hochleistungsmaschine. Es ist aber keine Maschine im mechanischen Sinne. Unser Gehirn ermüdet schlicht und ergreifend. Es benötigt nicht nur Energiezufuhr, sondern auch Entspannungsphasen. Es kann sich aber nicht entspannen, wenn es nicht zu abgeschlossenen Problemlösungen kommt und ihm zudem eine konsequente Abwechslung vorenthalten wird.

15 Problemlösungen (persönliche Probleme/Trading)

Beginnen wir mit abgeschlossenen Problemlösungen. In der Psychologie wird in diesem Zusammenhang immer auf den Zeigarnik-Effekt[55] verwiesen. Auch wenn die vorliegenden Forschungsergebnisse kein eindeutiges Bild liefern, ist man sich in der Breite der Psychologen aber wohl doch dahingehend einig, dass ein abgeschlossenes Problem die Denkleistung für das Angehen eines neuen Problems maßgeblich positiv beeinflusst. Umgekehrt heißt es, dass unbewältigte Probleme und Entscheidungen die Bewältigung neuer Problemstellungen qualitativ, aber auch quantitativ auffällig einschränken.

---

[55] Der Zeigarnik-Effekt ist ein psychologischer Effekt über die Erinnerung an abgeschlossene im Gegensatz zu unterbrochenen Aufgaben. Er besagt, dass man sich an unterbrochene, unerledigte Aufgaben besser erinnert als an abgeschlossene, erledigte Aufgaben. Dieser Befund ist aus gedächtnispsychologischer Sicht überraschend, da er auch auftritt, wenn für unterbrochene Aufgaben weniger Zeit aufgebracht wurde als für die erledigten Aufgaben. Der Erinnerungsvorteil lässt sich mit der Feldtheorie nach Lewin erklären: Eine angefangene Aufgabe baut hiernach eine aufgabenspezifische Spannung auf, welche die kognitive Zugänglichkeit der relevanten Inhalte verbessert. Diese Spannung wird dann mit dem Abschluss der Aufgabe abgebaut. Bei Unterbrechung kommt es zu einer Verhinderung dieses Spannungsabbaus. Durch die fortlaufende Spannung ist der Inhalt leichter verfügbar und man erinnert sich leichter daran. Zuerst experimentell entdeckt wurde dieser Effekt 1927 von der namensgebenden russischen Psychologin Bljuma Wulfowna Seigarnik an der Universität Berlin. Der Effekt konnte jedoch in vielen Untersuchungen nicht repliziert werden und gilt daher als wenig zuverlässiges Phänomen. Häufig ergab sich sogar ein entgegengesetzter Effekt. Erklärungsansätze hierfür sind noch nicht klar. Werden beispielsweise die unterbrechenden Aufgaben zu schwierig gestaltet, dann bekommt die Versuchsperson das Gefühl, die Aufgaben wären unlösbar, und erwartet nicht, die Aufgabe zu beenden. Außerdem gibt es Versuchsfehler gedächtnispsychologischer Art, wenn die vollendeten Aufgaben wesentlich länger als die unterbrochenen Aufgaben bearbeitet werden. Zusätzlich wäre es möglich, dass Selbstdarstellungstendenzen dazu führen, dass man eher über die zu Ende gebrachten Aufgaben spricht und sie daher bevorzugt nennt. (Quelle: Wikipedia)

Ich möchte im Bezug auf unser Thema zwei Aspekte der Probleme ansprechen: persönliche Probleme und Probleme im Zusammenhang mit unserer aktiven Trading-Tätigkeit.

Nicht umsonst heißt es immer wieder, dass man für ein erfolgreiches Trading einen klaren Kopf (und einen sauberen Schreibtisch) benötigt. Unser Gehirn kann nicht von sich aus unterscheiden, von welcher Art die auf uns einströmenden Probleme sind. Evolutionär widmen wir jenen Problemen die größte Aufmerksamkeit, die existenziellen Charakter haben könnten. Als Beispiel seien Familien- und Eheprobleme genannt, aber auch gesundheitliche Probleme, finanzielle Probleme und Ähnliches. Auch wenn wir vielleicht kapazitätsmäßig in der Lage wären, alle auf uns einströmenden Probleme gleichzeitig und dabei auch noch selektiv anzugehen sowie zu lösen, so schaffen wir das in der Realität nicht. Es würde uns zu viel Energie kosten. Erinnern Sie sich bitte: Wir haben nur begrenzte (Energie-) Ressourcen. Evolutionär an diesen Energiemangel angepasst, verhält sich unser Gehirn energiesparend. Werden grundlegende Probleme von unserem Gehirn als existenziell wichtiger eingeschätzt als Ihr persönlicher Wille, jetzt regel- und marktkonform gute Trades abzuliefern, dann können Sie sich sicher vorstellen, wo die tatsächlichen Ressourcen verbraucht werden und wo die mentale Erschöpfung schließlich ihren Tribut fordert. Wer unter dem Vorsatz handelt, einen real bestehenden akuten Geldmangel via Trading mit der Brechstange ausgzugleichen, wird versagen – alles andere wäre überaus bemerkenswert. Folglich kann das nur heißen: Bringen Sie Ihr Umfeld zumindest so weit in Ordnung, dass Ihr Gehirn die dort unvermeidlich auf Sie wartenden Probleme nicht unbewusst als existenzielle Bedrohung auffasst. Wie kann man das machen, wenn sich nicht sofort eine entsprechende Lösung für jedes Problem anbietet? Einige Psychologen sprechen von losen Enden, die es im Kopf zu verbinden gelte. In der Persönlichkeitspsychologie fand man heraus, dass unerledigte oder zumindest unstrukturierte und nicht zu Ende gedachte Problemlösungen uns keine Ruhe lassen. Wir denken ständig darüber nach. Hier verweist man auf Abmachungen, die man mit sich selbst trifft.

Wer sagt: »Ich muss noch das Steuer-Problem lösen«, »Ich muss meinen Arzt noch kontaktieren«, »Ich muss noch meine Einkommensfrage klären«, und sich vielleicht sogar Termine setzt, bis wann das erledigt sein soll, um sich das Problem zumindest temporär vom Hals zu schaffen und den Kopf fürs Trading frei zu bekommen, erweist sich keinen guten Dienst. Der Amerikaner David Allen schrieb dazu: »Wenn auf Ihrer Liste steht, ›Weihnachtskarten schreiben‹, dann ist das eine gute Aktion – wenn Sie Stift und Weihnachtskarten haben. Wenn Sie keine Karten haben, wissen Sie unbewusst, dass Sie gar keine schreiben können. Deshalb werden Sie die Liste meiden und diesen Punkt aufschieben.«[56] Das soll heißen: Alles, was vage und unkonkret ist, wird von Ihnen bewusst oder unbewusst als nicht abgeschlossen und damit als aufgeschoben betrachtet. Sie wollen das Finanzamt kontaktieren? Wie? Haben Sie Telefonnummer oder E-Mail-Adresse? Haben Sie konkrete Namen der Ansprechpartner? Dieser kleine Unterschied ist entscheidend. Alles, was auf dieser Liste steht, stößt Sie entweder ab oder zieht Sie an. Wenn Sie sagen: »Ich werde mal nachfragen«, ohne genau zu wissen, wann und wie, werden Sie diesen Punkt meiden, ihn vor sich herschieben und trotzdem Energie und Kapazitäten binden, indem Ihnen eine innere Stimme immer wieder zuraunt: »Da ist noch eine Baustelle offen.« Wenn Sie dagegen das Problem benennen und eine konkrete Lösung definieren oder doch zumindest Teilschritte zur Lösung in der nahen Zukunft konkret definieren können, dann legt es Ihr Gehirn als erledigt ab und gibt die entsprechenden Kapazitäten frei.

Im Zusammenhang mit unserer Art des Tradings, dem Scalpen oder doch dem Scalping-nahen Ansatz, haben wir einen gewaltigen mentalen Vorteil gegenüber jedem Positions-Trader: Eine geschlossene Position macht uns den Kopf frei, um an die nächste Chance zu denken. Hier können wir uns den Zeigarnik-Effekt voll und ganz zunutze machen. Das ist besonders im Zusammenhang mit den doch so notwendigen Pausen und Entspannungsphasen für unser Gehirn wichtig. Dieses schließt den Fall Positionierung genauso ab, wie Sie Ihre Position tatsächlich zumachen. Meine Erfahrung zeigt, dass es kontraproduktiv ist, sich in verschiedene Positionierungen gleichzeitig zu stürzen, vielleicht sogar noch in verschiedenen Zeitfenstern, sodass man immer und überall gleichzeitig positioniert ist. Ein solches Vorgehen ist in mehrfacher Hinsicht wenig sinnvoll: Sie kommen nicht zur Ruhe, da Sie dauernd offene Baustellen haben. Und Sie teilen eine auch bei Ihnen begrenzte Aufmerksamkeitskomponente auf verschiedene Felder auf. Damit machen Sie vieles halb und nichts ganz.

16 Entspannung

Wer mit Marathon oder Triathlon beginnt, startet nicht sofort und ungeübt in der olympischen Distanz. Ein jeder weiß, dass das nicht gut gehen kann. Also machen wir das auch nicht im Trading – denn für das Gehirn ist es nichts anderes als ein Marathon oder Triathlon über den ganzen Handelstag hinweg. Wir beginnen in

---

[56] *Getting Things Done*, David Allen, New York, Penguin Books, 2001

kurzen Abschnitten und bauen diese Schritt für Schritt aus. Unser Ziel ist, unsere Ausdauer und Entscheidungsfähigkeit zumindest im Zusammenhang mit unserem Trading hochzuhalten und zeitlich zu strecken. Der Nebeneffekt kann sein, hier Fortschritte zu erzielen, die zulasten anderer Bereiche gehen. Das ist kein Witz: Ich persönlich stelle an mir fest, dass ich über all die Jahre durchaus lange Phasen mit hoher Aufmerksamkeit im Handel verbringen kann (wobei mir sicher auch hilft, viele Aktivitäten routiniert über das energiesparende System 1 abzuwickeln). Aber in Bereichen außerhalb des Tradings bin ich mitunter ungeduldig. Da neige ich zu raschen und einfachen Standardentscheidungen, weil ich keine Lust mehr habe, darüber nachzudenken, um ein Optimum in der Entscheidungsfindung zu treffen.

Pausen sind wichtig, während dieser Zeit muss Ihr Gehirn die Möglichkeit haben, herunterzukommen. Ich habe damals an mir die Erfahrung gemacht, dass mehrere kurze Pausen von 10 Minuten weit bessere Entspannung liefern und im Handel wieder wirksamere Spannungseffekte schaffen, als wenige lange Pausen von 30, 60 oder mehr Minuten. Nach einer langen Mittagspause von einer und mehr Stunden wäre ich wahrscheinlich raus aus dem Handelsrhythmus. Ich müsste erst wieder mühsam zurückfinden.

Es kommt somit nicht auf die Dauer (und später auch nicht auf die Häufigkeit) der Pausen an, sondern auf die Konsequenz der Pausenführung. Pause heißt Pause. Wer meint, es sei schick, in der freien Zeit unbedingt die Börse weiterzuverfolgen, macht entweder was falsch oder hat das Prinzip nicht verstanden. Wichtig ist allerdings, dass Sie keine Baustellen in die Pause mitnehmen. Den Platz zu verlassen mit offener Position ist ein No-Go. Beachten Sie das bitte bei Kern- oder Systempositionen. Aber wenn alles zu ist, keine offene Order mehr im Markt herumgeistert, dann geben Sie Ihrem Gehirn, was es braucht – Ruhe und Abwechslung. Selbst das Beschäftigen mit einem völlig anderen, aber ebenfalls geistig aufregenden oder anspruchsvollen Thema tut der Entspannung keinen Abbruch. Das Gehirn entspannt durch Spannung in anderen Arealen. Wenn Sie konsequent sind, wird es Ihr Gehirn Ihnen auch konsequent danken und zum notwendigen Zeitpunkt wieder voll einsatzbereit sein.

Treiben Sie Sport. Als guter Trader sind Sie ein geistiger Spitzensportler. Im klassischen Sport müssen Sie nicht auch noch Bestleistungen erbringen. Aber tun Sie etwas, das Ihnen in Form körperlicher Belastung einen Ausgleich zu Ihrer geistigen Belastung bietet. Unsere Leistungsfähigkeit hängt ganz entscheidend von einem, soweit möglich, wenigstens im Ansatz angedachten Ausgleich von

Anspannungen ab. Ich persönlich vermute, es ist egal, welchen Sport Sie betreiben. Wichtig ist nur, dass Sie sich draußen bewegen, abschalten, auf andere Gedanken kommen.

Kommen wir jetzt zu einem umstrittenen, aber aus meiner Sicht vielleicht zum wichtigsten Aspekt, der unsere Selbstdisziplin und die damit verbundenen Effekte erhöht, die wir benötigen und trainieren wollen. Es ist der **Druck**.

Das Berufsleben eines Börsenhändlers ist ein Leben mit emotionalem Stress und zu bewältigendem Erfolgsdruck. Das ist kein Klischee. Während des Ausbildungsprozesses zum Händler ist eine der wesentlichen Beurteilungskomponenten, wie der Kandidat mit Druck und Belastungen, Stress und dem Treffen (und Umsetzen) von Entscheidungen unter Zeitnot zurechtkommt. Scheitert er an dieser Hürde, schränken sich seine Einsatzbereiche bereits erheblich ein. Ich habe einmal von einem Einstellungsgespräch eines Traders bei einem britischen Hedgefonds gehört, dem während des üblichen Austauschens von Nettigkeiten und allgemeinen Informationen zum bisherigen beruflichen Werdegang immer wieder in kurzen Abständen und ohne Vorankündigungen Kopfrechenaufgaben gestellt wurden. Das Gespräch brach plötzlich ab, die Aufgabe wurde, ohne diese zu wiederholen, schnell gestellt und er hatte nur wenige Sekunden zur Beantwortung – danach ging das Gespräch im vorangegangenen verträumten Tempo weiter, bis die nächste Rechen- oder Logikaufgabe gestellt wurde. Ohne auch nur eine Idee davon zu haben, ob er sich Fehler überhaupt leisten konnte/durfte, ob er im erwarteten Zeitfenster blieb und wie viele dieser Zwischenrufe noch zu erwarten seien, schoss bei dem Kandidaten der Stresspegel in die Höhe – ein gezielt herbeigeführter Effekt, um sich bereits im Auswahlgespräch ein objektives Leistungsbild des Bewerbers zu verschaffen. Die Ablehnungsquote lag übrigens bei über 85 Prozent. Aber 15 Prozent der Kandidaten schafften den Sprung in Runde 2. Mit diesen heutigen Marktteilnehmern konkurrieren wir übrigens um das gleiche Kuchenstückchen im Markt.

Ich möchte damit sagen: Druck und der Umgang mit Druck sind Eigenschaften, denen wir uns ausgesetzt sehen. Damit haben wir tagtäglich zu tun. Sofern Sie die Möglichkeit haben, sollten Sie sich während der Anfangsphase Ihrer Laufbahn als Trader, besonders in der Phase des Übergangs vom Simulationsgeld zu Echtgeld, gezieltem Druck durch einen Kollegen, einen Partner oder ein Gruppenmitglied aussetzen. In den Banken und Hedgefonds-Abteilungen, in denen Trader ausgebildet und eingesetzt werden, ist Druck ein ganz gewöhnlicher, alltäglicher Bestandteil der Mitarbeiterentwicklung. Ein junger Händler in Ausbildung wird

Entspannung

einem erfahrenen Trader während der praktischen Handelszeit (also außerhalb der theoretischen Ausbildung) zugewiesen. Da der junge Trader in der Regel noch nicht über eine bereits im Vorfeld erfolgreich absolvierte Händlerprüfung verfügt (besonders die Terminbörsen weltweit verlangen entsprechende Zertifizierungen, bevor sie Händler zum Trading zulassen und ihnen eine Trading-Lizenz erteilen), handelt er unter dem Login des besagten erfahrenen Traders. Werden Verluste generiert, laufen diese im Buch des Senior-Traders auf. Das Gleiche gilt für mögliche Gewinne. Damit steigt schon der Erfolgsdruck. Denn Fehler, die hier gemacht werden, belasten nicht nur den Verursacher, sondern auch das Buch des zugewiesenen praktischen Trainers. Dieser wiederum hat Einblick in das Orderbuch des Juniors, kann somit jeden Handelsschritt mitverfolgen. Das weiß der Junior. (Und das belastet ihn zusätzlich – denn er muss praktisch eine lückenlose Beobachtung über sich ergehen lassen und ist sich dessen bewusst, dass jeder Fehler, jedes übersehene Handeln nach Regelwerk, jeder Disziplinverstoß, jedes Gehenlassen bemerkt und registriert wird.) Diese emotionale Belastung ist gewollt. Die Zielsetzung ist, den Auszubildenden rasch an die Realität, an das Tempo und die Entscheidungskonsequenzen zu gewöhnen. Sie halten das für unmenschlich und fragwürdig? Ganz und gar nicht. Wenn ein Händler mit gewissen Größenordnungen in der Positionierung Fehler im Markt macht, wird das meist sehr rasch von anderen Akteuren erkannt. Sie nutzen diesen Fehler konsequent zu ihrem Vorteil aus. Das heißt, ein volumenstarker Händler ist ohnehin immer unter Beobachtung durch den Markt. Die Antwort des Vorgesetzten auf kritische Anmerkungen in Bezug auf eine solche Praxis würde lauten: Wer diesem Druck nicht standhalten will oder kann, wird in diesem Trading-Umfeld in den heutigen Märkten auf Dauer nicht bestehen.

Nun ja, so läuft es in der beruflichen Ausbildung zum Profi-Trader. Es betrifft nicht den privaten Trader. Aber haben wir Vorteile gegenüber denen, die mit uns im gleichen Markt stehen, wenn wir uns lieber in Watte gepackt dem Versuch stellen wollen, vielleicht auch einmal den einen oder anderen Erfolg an der Börse zu haben? Ich persönlich glaube nicht, dass es eine Strategie ist, die uns weiterbringt, jeglichem Druck auszuweichen.

Wenn Sie die Möglichkeit haben, mit erfahreneren Tradern zusammenzuarbeiten (etwas, das ich nur eindringlich empfehlen kann), sollten Sie sich nicht nur in der Theorie schulen und prüfen lassen, sondern auch (oder sogar erst recht) in der Praxis. Gute Trading-Software sollte es ermöglichen, einen Dritten während des Tradings ins eigene Order-Buch und in die Trading-Ausführungen blicken zu lassen. Diese Methode zwingt Sie zu mehr Aufmerksamkeit, weil Sie nicht mehr für sich im Verborgenen agieren, sondern wissen, dass Sie jetzt funktionieren müssen. Zudem hat dieser Vorgang den unschätzbaren Vorteil, sofort auf Fehler hingewiesen zu werden, übersehene Chancen genannt zu bekommen und somit durch diesen Dritten noch näher in das Geschehen an der Börse hineingezogen zu werden.

Einen Trading-Plan aufzustellen nach Regelwerk, die morgendliche Marktanalyse und die allabendliche Nachbearbeitung des Handelstages durchzuführen und ein Handelstagebuch zu schreiben – all das sind unverzichtbare Bausteine, auf denen wir unseren Trading-Erfolg aufbauen. Doch all das zu wissen, es am Ende aber doch nicht zu tun, bringt uns nicht weiter. Wer die Trading-Chance zwar erkennt, dann aber ungenutzt an sich vorüberziehen lässt, wer sich während des Handels verkrampft, in alte Muster zurückfällt und sich damit Selbstzweifeln und Versagensängsten aussetzt, hat keinen Erfolg. Im Gegenteil: Solches Verhalten führt in einen Abwärtsstrudel, der unweigerlich auf dem Trader-Friedhof endet, wenn wir die Ursachen dessen, nämlich die Endlichkeit unserer Entscheidungsfähigkeit, nicht verstehen und nicht lernen, aus diesem Wirbel auszubrechen.

Am Ende des Tages stehen wir alle allein da draußen. Dessen müssen wir uns bewusst sein. Wir haben aber alle die gleichen realen Chancen und die gleichen organischen Voraussetzungen, nicht auf der Verliererseite zu stehen. Die Entscheidung, ob wir gewinnen oder verlieren, trifft unser Kopf. Tun wir also das Richtige, um ihn dabei zu unterstützen, das Richtige zu tun!

17 Ursprünglich gute Handelsergebnisse werden systematisch schlechter – warum?

Auch das kennt jeder Trader aus seiner Anfängerzeit: Ursprünglich gute Ergebnisse werden allmählich schlechter, und das offenbar mit System. Ist das nun ein Grund, an sich zu zweifeln und sich selbst zu hinterfragen? Oder gibt es eine ganz andere, nämlich motivierendere Erklärung dafür?

Die Erfahrung zeigt, dass eine plötzliche Abflachung der Ertragskurve im Handel während der Ausbildung immer wieder zu Irritationen und Selbstzweifeln beim betroffenen Trader führen kann. Es zeigt sich weiterhin, dass diese Problematik auch nicht leichtfertig oder mit einigen gut gemeinten Ratschlägen zu überwinden ist. Und dennoch ist die Interpretation und Wertung einer solchen Entwicklung überraschend anders, als man im ersten Moment glauben möchte. Sie soll eher Mut machen, als für Demotivation zu sorgen.

Ich knüpfe hier zwar an den vorhergehenden Abschnitt an, möchte aber noch auf einen weiteren Aspekt verweisen, unter dem in der Händlerausbildung in der Bank das Entwicklungsniveau der jungen Trader bewertet wurde.

Meine Argumentation ist dabei auf zwei Prämissen aufgebaut:

▶ Auf das Ziel, den Handelsablauf über unser kognitives System 1 zu steuern, das heißt, unsere Handelsabläufe und unsere Grundentscheidungsfindung mental zu automatisieren, und

▶ die Aussage beziehungsweise Festlegung, dass das Handeln des Regelwerkes nicht als Primat anzusehen ist, sondern der Markt an erster Stelle stehen muss und damit das Verständnis für sein Bewegungsverhalten (also die Erkenntnis und Bewertung der Spuren marktdominanter Handelsteilnehmer). An zweiter Stelle folgt dann unmittelbar das Handeln nach Regelwerk.

Akzeptieren wir diese Prämissen, müssen wir uns somit den Ablauf unseres Lernprozesses in Bezug auf unsere Kenntnisse und Fertigkeiten im Trading wie in der folgenden Grafik vorstellen:

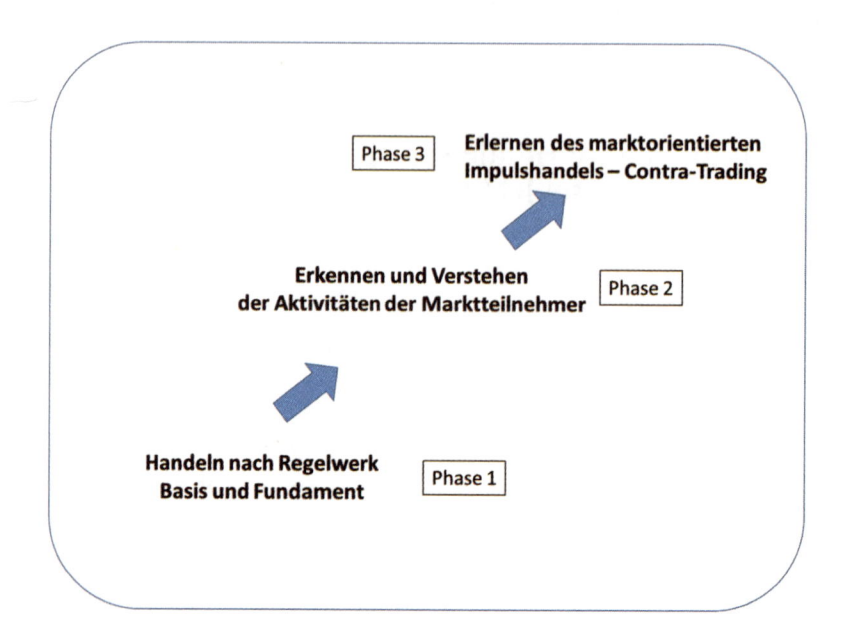

Phase 3 — **Erlernen des marktorientierten Impulshandels – Contra-Trading**

Erkennen und Verstehen der Aktivitäten der Marktteilnehmer **Phase 2**

Handeln nach Regelwerk Basis und Fundament **Phase 1**

Dieser Prozess entwickelt sich nicht plötzlich, sondern fließend. Ich hatte im Abschnitt zur Entwicklung der Selbstdisziplin darauf verwiesen, dass mentale Ermüdungserscheinungen eine der Hauptursachen sind, die zu einem Leistungsabfall führen.

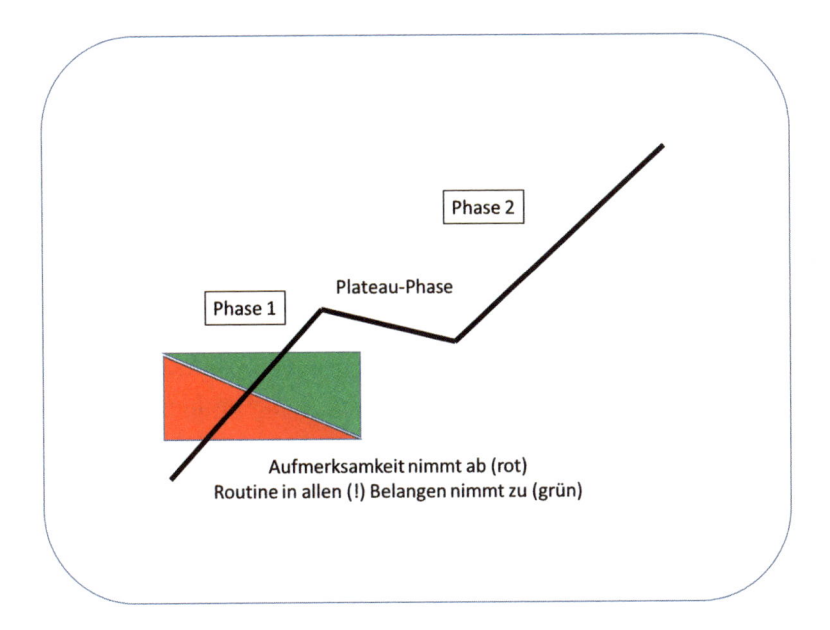

Phase 1 → Plateau-Phase → Phase 2

Aufmerksamkeit nimmt ab (rot)
Routine in allen (!) Belangen nimmt zu (grün)

Sehen wir uns somit etwas genauer an, wie der Prozess in unserem Kopf abläuft, und ziehen wir daraus die richtigen Schlussfolgerungen.

18 System 1 oder System 2?

Zu Beginn des ersten Themenkomplexes habe ich beschrieben, dass unser Ziel darin besteht, dem System 1 zunehmend die Grundaktivitäten des Handels zu überlassen. Das lässt uns Raum für System 2, mit dem wir uns auf die Besonderheiten des Marktes einstellen können. Das ist schnell dahergesagt, trifft es aber auf den Punkt. Das hier zur Diskussion stehende Problem tritt zum ersten Mal auf, wenn System 1 tatsächlich im Sinne der Aufgabenstellung zu Anfang einen großen Teil der Vorgehensweise übernimmt. Der junge Trader war bis dahin darauf fokussiert, alles zu verinnerlichen, was er im Sinne der praktischen Aufgabenstellung verinnerlichen sollte. Dabei werden meist im Eifer des Gefechts auch die Spezifikationen mit in das System 1 gepresst, über die in der Ausbildung zwar von Anfang an geredet wird, die aber nicht Bestandteil der Arbeitsthemen von System 1 werden sollen. Speziell die Klärung der Frage, wer aktuell den Markt dominiert, lässt sich nicht mit Standarddenkprozessen lösen. Gleiches gilt für die Antwort auf die Frage, wie die Orderbücher derzeit wahrscheinlich aussehen. Um das besser zu verdeutlichen, möchte ich noch einmal den vergleichenden Bezug zu einem Fahrschüler ziehen.

Dieser lernt auf dem Übungsplatz die Beherrschung des Fahrzeuges: kuppeln, beschleunigen, bremsen, richtig lenken. Warum üben wir das auf dem Übungsplatz und nicht im regulären Straßenverkehr? Weil wir in der Anfangsphase unserer Fahrausbildung mehr mit dem Fahrzeug als mit der Umwelt beschäftigt sind. Doch irgendwann wird es flüssiger. System 1 übernimmt seine Automatisierungsfunktion und System 2 fokussiert sich auf das Umfeld, also auf alles, was außerhalb des Fahrzeuges passiert. Aber auch das wird dann bald zur Routine und damit zu einem Bestandteil des Arbeitsgebietes von System 1. Die Idealvorstellung eines jeden Fahrlehrers ist, den Schüler nun auf die Straße zu entlassen, wenn er gezeigt hat, dass er die Grundfähigkeiten der Fahrzeugbeherrschung automatisiert hat und an einer Kreuzung sich beim Linksabbiegen auf den Gegenverkehr konzentrieren kann, ohne auf die Füße zu schauen, ob er denn auch Bremse, Kupplung und Gaspedal richtig bedient.

Fährt man dann jeden Tag immer und immer wieder die gleiche Strecke, wird mit der Zeit auch diese zu einer Routine. Das Fahren wird weitestgehend von System 1 übernommen. Die Aufmerksamkeit sinkt. Das ist auch einer der Gründe, warum nachweislich die häufigsten Unfälle auf Routinestrecken passieren und nicht auf bis dahin unbekannten Straßen: weil der Aufmerksamkeitspegel sinkt.

Kommen wir zum Handel zurück. Ich sagte bereits im Vorfeld: Die beschriebene Phase 1 ist gleichzusetzen mit dem Fahren auf dem Übungsplatz. Der Unterschied besteht allerdings darin, dass auf diesem Handels-Übungsplatz bereits eine Menge los ist. Das wird zu Beginn aber entweder noch ignoriert oder übersehen oder es wird einfach parallel in einen Routineablauf eingepasst. Da der Markt aber diese Art von Routine nicht zulässt, bestraft er die damit verbundenen Fehlerchen und Unachtsamkeiten für gewöhnlich gleich konsequent. Werden hier zunächst die falschen Schlüsse gezogen, schleicht sich angesichts schlechter Ergebnisse die angesprochene Resignation ein.

Was schlussfolgern wir daraus? Das Beobachten, Interpretieren und Verstehen der Marktgegebenheiten obliegt immer System 2. Hier darf keine Routine eintreten. Hier befahren Sie jeden Tag eine völlig neue und unbekannte Strecke. Dem System 1 obliegt es, auf Einschätzungen der Rahmenbedingungen durch System 2 mit den dazu passenden Werkzeugen rasch und vor allen Dingen fehlerfrei zu reagieren.

Das heißt: Plateau-Phasen in der Ergebnisentwicklung sind folglich zunächst positiv zu bewerten. Sie signalisieren bei einer anfänglich guten und stetigen Ertragsentwicklung, dass der nächsthöhere Qualitätssprung angestrebt werden kann und muss. Eine Plateau-Phase zeigt aber auch, dass sich Routine in den Einschätzungsmodus einzuschleichen beginnt. Routine hat aber nur im Entscheidungsmodus etwas zu suchen. Tritt eine Plateau-Phase ein, müssen wir unseren Rhythmus anpassen, den Fokus wieder mehr auf System 2 legen, auch bewusster in uns hineinhören, um Erschöpfungsindizien rascher zu bemerken und entsprechende Maßnahmen dagegen zu ergreifen. Jetzt ist die Zeit gekommen, bewusst in die nächste Phase zu wechseln.

In dieser nächsten Phase wechselt das Primat. Das Beherrschen und auch konsequente Umsetzen des Regelwerkes war das Primat der ersten Ausbildungsphase. Es rutscht an die zweite Stelle. Die erste Stelle nimmt jetzt das bewusste Verarbeiten aller Informationen ein, die uns der Markt verrät. Um im Bild eines Fahrschülers zu bleiben: Jetzt geht es darum, zu verstehen, was auf der Straße wirklich los ist. Die Herausforderung besteht darin, in diesem Interpretationsprozess keine Routine zuzulassen. Wir hinterfragen die Bewegungsimpulse. Das setzt allerdings voraus, dass wir die Teilnehmergruppen kennen, deren Arbeitsweise verstehen und ihre Ziele einordnen können. Dieser Teil ist vergleichbar mit dem Beherrschen der Verkehrsregeln im Straßenverkehr. Jetzt macht sich der erworbene Automatisierungsgrad des Handels aus Phase 1 bezahlt. Der Markt gibt vor und wir reagieren beziehungsweise agieren konsequent im Rahmen klarer Umsetzungsmöglichkeiten, die wir uns in Phase 1 antrainiert haben. Das spart unglaublich viel Zeit im Entscheidungsprozess – jene Zeit, die wir im Scalping oder Daytrading ohnehin nicht haben. Zudem gibt es unserer Aktivität Struktur und Sinn und verhindert emotionales Chaos.

Die nächste Phase ergibt sich im dritten Schritt folgerichtig: Hier beginnen wir, in den Markt und dessen Verständnis einzutauchen und unseren Handelsstil entsprechend anzupassen. Wer sich noch einmal den Abschnitt zum Einsatz der

Contra-Trades ansieht, dem sollte jetzt deutlicher werden, was diesen Trading-Stil kennzeichnet, dessen Philosophie von klaren Regelwerken losgelöst ist. In dieser Phase beginnen die Improvisationen der Grundmuster. Das Regelwerkdenken sollte gefestigt, der Handlungsablauf fest im Hirn verankert sein. Das alles ist Bestandteil des automatischen Ablaufes, der Trader kommt immer rascher in den Flow des Marktes. Jetzt können die regelwerkarmen Contras zu einem festen Bestandteil des Handels werden, weil diese jetzt je nach Marktinterpretation eingesetzt werden und damit das regelwerksorientierte Trading bereichern.

19 Halten Sie sich an die Reihenfolge!

Das Verständnis für Handeln nach Regelwerk ist unabdingbar verknüpft mit potenziellem Erfolg im Trading. Aber sein wirklicher Wert liegt in seiner Form der Disziplinierung und Struktur- und Formgebung unseres Handels. Selbst der diskretionärste aller diskretionären Händler wird über kurz oder lang scheitern, wenn er das Fundament eines jeden Handelserfolges, nämlich Handeln nach Regelwerk, nicht beherrscht. Als ich das Handeln lernte, ging ich anfänglich davon aus, dass der Laie und Hobby-Trader diskretionär handelt und erst der Profi regelwerkorientiert. Mit der Zeit änderte sich mein Blickwinkel dahingehend. Heute schätze ich es so ein: Der junge Trader muss seinen ersten Schliff dahingehend bekommen, in Regeln denken und arbeiten zu können. Erst wenn er das beherrscht, wendet er sich dem Verständnis des Marktes zu. Im dritten Schritt, und das praktisch als Ritterschlag im Trading, gewinnen gewisse diskretionäre Elemente an Bedeutung. Sie müssen jedoch weiterhin im großen Rahmen eines Grundregelwerkes verankert sein. So behalten wir Struktur und Sinn im Handel, gewinnen aber an Flexibilität und Geschmeidigkeit, wenn es darum geht, die sich bietenden Möglichkeiten auszunutzen.

Schwierig wird es, wenn wir wegen unseres Übereifers oder einer Falschbewertung unseres tatsächlichen Entwicklungsstandes von dieser Reihenfolge abweichen. Dann mischen wir womöglich regelwerkorientiertes Traden und diskretionäres Contra-Handeln gleichzeitig miteinander. Dann überlagert auch gefährliches Halbwissen das Erlernen dessen, was am Markt wirklich abläuft. Eine solide Ergebnisentwicklung ist hier nicht in Sicht.

Fassen wir zusammen: Ein Abflachen der Ertragskurve, nachdem sie im Vorfeld bereits eine gewisse Stabilität und Stetigkeit aufgewiesen hat, signalisiert uns, dass wir das Lernziel der anfänglichen Phase erreicht haben. Somit ist eine solche Ergebniseintrübung kein Rückschritt, sondern eine Bestätigung und zugleich ein Ansporn, voranzugehen und den Fokus zu erweitern. Routine in der Umsetzung der Trades ist oberste Pflicht. Routine in den Interpretationen und Umsetzungsentscheidungen sind dagegen Gift für jeden guten Händler. Dies sind die Stellschrauben, an denen jetzt gedreht werden muss, um die nächste Ebene zu erklimmen.

THEMENKOMPLEX 2: AUSBRUCHS- UND WIEDEREINSTIEGSHANDEL

Der Handel von Ausbrüchen und Wiedereinstiegen bildet die Basis unseres Tradings im Kurzfristhandel (Daytrading). Die erste Phase berücksichtigt noch keine externen Beeinflussungsfaktoren, sondern fokussiert einzig auf die regelkonforme Umsetzung der Einstiegsregeln. Die einzig zulässige diskretionäre Komponente sind die Positionsschließungen.

In diesem Themenkomplex werde ich zunächst das Regelwerk beschreiben. Dieser Beschreibung folgen praktische Umsetzungsbeispiele an der im professionellen Bereich bevorzugt genutzten Handelsoberfläche, dem X_Trader® von Trading Technologies.

Ich hatte es bereits einleitend zu diesem Buch umrissen, möchte es jetzt aber konkretisieren: »Trading ist die Fortführung der Theorie mit anderen Mitteln« (frei nach Carl von Clausewitz). Wenn man sich mit jungen angehenden Tradern unterhält und sie nach ihren Zielen befragt, wird das Erreichen eines definierten Mindestertrages am häufigsten genannt. Gerade im kurzfristig ausgerichteten Daytrading, bei dem es zu mehreren Positionseröffnungen und Positionsschließungen während einer Handelseinheit kommt, werden Futures-Punkte oder konkrete Tageszielsummen definiert, die mit der Zeit und wachsender Erfahrung dann ansteigen sollen. Führt man Statistiken, in welche Richtung die meistgestellten Fragen in solchen Gesprächen gehen, drehen sich diese meist um Regelwerke, Positionsein- und -ausstiege, um das richtige Platzieren von Stoppkursen, das korrekte Anlegen von Trendlinien und den sinnvollsten Einsatz von Indikatoren. Es sind Fragen nach der Wirkung, aber fast nie nach der Ursache. So bewegen sich die Interessen in einem Fahrwasser, das streng genommen dem Resultat unserer Anstrengungen entsprechen, aber nicht ihren Mittelpunkt bilden sollte.

Wenn ein Jäger durch den Winterwald zieht, um Wild zur Strecke zu bringen, muss er sich auskennen. Er muss die Spuren lesen und interpretieren können, er muss die Gewohnheiten der Tiere kennen. Ebenso sollte er in der Lage sein, Gefahren zu erkennen, sodass er sich nicht auf Wildschweinjagd wähnt und stattdessen einem unberechenbaren, verletzten Bären nachstellt, der schlussendlich ihn selbst in Gefahr bringt, und das nur, weil er die Spuren missdeutet hat.

Ein Jäger darf nicht permanent auf seine Fußspitzen starren, sondern der Blick geht nach vorn und zur Seite. So müssen wir auch als Trader vorgehen. Der Markt ist unser Feld. Die Wirte zu finden, ihr Vorgehen richtig zu interpretieren, ist unsere Mission. Alles spitzt sich zu und entlädt sich im Trade. Dieser Trade ist dabei nur noch zwingendes Ergebnis unseres Pirschens, aber nichts mehr, was einen Großteil unserer Aufmerksamkeit bindet.

Immer wieder wird gefragt: »Ich handle viel zu viel, meine Trades weisen ungünstige Trefferquoten aus, was kann ich dagegen tun?«, »Ich gehe immer zu früh aus dem Markt, halte aber zu lange an den Verlusten fest, was raten Sie mir?«, »Ich bekomme jedes Mal Herzrasen, wenn ich im Markt bin, wie kann ich das abstellen?«. Ich bin überzeugt, dass der Fehler der meisten Trader darin besteht, die Schwerpunkte falsch gesetzt zu haben. Ein guter Trader arbeitet mit dem Kopf und nicht vorrangig mit dem Zeigefinger auf der Maus. Klicken kann jeder. Die Kunst besteht darin, zur richtigen Zeit an der richtigen Stelle zu klicken. Beides zu finden resultiert nicht aus dem richtigen Setzen einer Trendlinie oder dem sklavischen Befolgen einiger einstudierter Regeln. Der Erfolg stellt sich ein, wenn Sie das Licht anmachen und die Kräfte hinter den Spuren sehen. Sie werden erfolgreich sein, wenn Sie den Kopf frei haben für die wirklich wichtigen Dinge im Markt und wenn Sie all die Dinge, denen Sie vielleicht heute noch zu viel Ihrer wertvollen Aufmerksamkeit schenken, in Ihr System 1 verschoben haben.

Wie sehen die Lernschritte in der Praxis aus? Hierzu möchte ich auflisten, wie wir dies im Berufshandel gehandhabt haben.

Schritt 1: Der angehende Trader lernt, strikt nach Regelwerk zu handeln. Hierbei definiert das Regelwerk den Einstieg, den Ausstieg bei Erreichen des Zielkurses und den Ausstieg bei Erreichen des Stoppkurses. Dabei wird weder nach links noch nach rechts geschaut. Noch nimmt der Trader in dieser Phase keine Rücksicht auf mögliche andere Akteure im Markt sowie deren Einfluss auf die Kursentwicklung. Der Trader hinterfragt keine Kursbewegungen und leitet daraus keine weiterführenden Szenarien her. Wie auf einem Übungsplatz einer Autofahrschule ist der Trader allein im Markt.

Ziel des ersten Schrittes ist, dem Trader zu vermitteln, sich einem Regelwerk zu unterwerfen. Hierzu gilt es, zum Beispiel das Setzen eines Stoppkurses zu einer Selbstverständlichkeit werden zu lassen, aber auch (auf jeden Fall) eine Position zu eröffnen, wenn das Triggerniveau erreicht ist. Geübt wird außerdem, eine Position bei Erreichen eines im Vorfeld definierten Ausstiegs zu schließen.

Dieser erste Grundhandelsansatz ist rein mechanisch. Einmal in Gang, obliegt dem Trader nur noch die Aufgabe, das Regelwerk umzusetzen: diszipliniert, stetig und konsequent.

Ich möchte die Grenzen eines solchen Handels nicht verschweigen: Auch hier gilt der Grundsatz: Ein jeder Handelsansatz benötigt seinen entsprechenden Markt. Zeigt sich der Markt wenig dynamisch und impulsarm, verbunden mit geringer Impulsstabilität, können sich bei einem strikten mechanischen Abarbeiten der Regeln Verlust-Trades anhäufen. Aber Erträge stehen in diesem ersten Lernschritt noch nicht im Vordergrund.

Schritt 2: Der Trader handelt nicht im luftleeren Raum, sondern erlernt parallel dazu, dass es auch andere Akteure und Akteursgruppen im Markt gibt. Er lernt einzuschätzen, wie diese agieren. Er reflektiert ihre Ziele, ihre Arbeitsweise im Zusammenhang mit der Wirkungsweise der von ihnen eingesetzten Produkte. Er lernt, deren Spuren zu lesen und die sich daraus ableitenden Schlussfolgerungen für sich umzusetzen. Konsequenterweise färben diese Erkenntnisse die Handelsaktivitäten des Traders ein, sie interagieren mit den im Regelwerk festgeschriebenen Handelsansätzen.

Dabei beginnt der Trader zunächst, Erkenntnisse aus den Marktbewegungen heraus in das Handling einer laufenden Position einfließen zu lassen. Wird eine Position noch immer genau am regelwerksdefinierten Trigger eröffnet (unabhängig von jeder Markteinschätzung), beginnt der Trader jetzt auf der Grundlage seiner Spureninterpretationen zu entscheiden, ob und wo er seine Position vor Erreichen des Stopp- oder Zielkurses aus dem Markt nimmt. Der ursprünglich gesetzte Stopp wird jetzt zu einem ultimativen Versicherungs-Stopp. Er ist nicht mehr mit dem Ziel verbunden, im Fall einer negativen Entwicklung der Position auch tatsächlich erreicht zu werden. Der Trader geht zunehmend dazu über, die Entwicklung der Minutenkerzen im Chart zu verfolgen und daraus Schlüsse über Dynamik und Impulsstabilität zu ziehen. Das erlaubt schlussendlich den vorzeitigen und (hoffentlich) weitaus verlustärmeren Positionsausstieg.

Mit diesem Entwicklungsschritt rückt der Trader bereits ein Stück weit vom ursprünglich mechanischen Handelsansatz ab, ohne dass er (womöglich) wieder in die alten Gewohnheiten zurückfällt, nach Gefühl zu klicken und in totaler Selbstüberschätzung ohne Stoppkurs zu agieren.

Schritt 3: In diesem Abschnitt rückt der angehende Trader nun auch von einer bedingungslos regelwerksgebundenen Positionseröffnung ab. Unter Berücksichtigung der möglichen und eingeschätzten Orderbuchlage der anderen Marktakteure entscheidet er jetzt von Fall zu Fall, ob der noch immer triggerdefinierte Einstieg tatsächlich umgesetzt wird oder ob der eine oder andere Ausstieg dynamikbedingt ausfällt. Spätestens ab diesem Niveau sollte bereits eine auffällige Verbesserung des Handelsergebnisses eintreten.

Während der Schritte 2 und 3 vertieft der Trader sein Marktverständnis und seine Fähigkeit und Fertigkeit darin, die Spuren im Markt zu lesen. Hierzu arbeitet er intensiv an seinen täglichen Marktnachbereitungen,[57] die ihm helfen, Erfahrungen zu sammeln. Der Trader muss in diesem Entwicklungsabschnitt bereits in der Lage sein, die Rohdaten in einen Sinnzusammenhang zu bringen, die er als Informationen aus dem Chart, aus den Randmärkten und News etc. aufnimmt. Hierbei ist ein jeder Trader individuell gefordert, denn die Neurowissenschaft hat herausgefunden, dass unsere Gehirne keine standardisierten Speicher- und Darstellungsformate nutzen, sondern die aufgenommenen Inhalte auf eine jeweilig eigene Art repräsentieren.[58]

Ein weiterer wichtiger Bestandteil der Lerngestaltung in dieser Phase ist auch die permanente Festigung des Wissens im Umgang mit der Handelsoberfläche. Diese bildet die Verbindung zum Markt, sie ist der rechte Arm des Händlers. Die Oberfläche sollte einfach gestaltet sein, ohne viel Schnickschnack. Sie muss schnell und unbedingt zuverlässig sein. Hier kommt dem Arbeiten im Simulationsmodus ein bedeutender Teil zu, der in diesem Buch ebenfalls ausführlich besprochen wird.

Schritt 4 ergibt sich aus der Verfestigung und Automatisierung mehr oder weniger von selbst. Hier übernehmen jetzt die sogenannten Contra-Trades die Dominanz. Um den Handel mit ihrer Hilfe flüssig und geschmeidig machen, wird antizipiert

---

[57] Siehe hierzu die Ausführungen im Abschnitt der Erfahrungsbildung.
[58] **Superintelligenz**, Nick Bostrom, Suhrkamp 2014, Seite 73.

und improvisiert. In dieser Phase wird der Trader eigentlich erst zum richtigen Leben erweckt.

Die unbedingte Einhaltung der Lernschritte ist es aber, die es überhaupt ermöglicht, im Handel eine Struktur in Vorgehen und Ablauf einzuhalten. Durch das Wissen um die Bedeutung von Regeln behält der Handel einen Sinn und der Trader wahrt den Überblick.

Stellen wir uns dieses Entwicklungsniveau folgendermaßen vor: Der Trader hat ein Niveau erreicht, das es ihm erlaubt, mit freiem Blickfeld im Markt die Spurenwitterung aufzunehmen. Er kann blitzschnell aus der Interpretation der Orderlagen in den Büchern anderer Akteure einschätzen, wann und wohin diese anderen Akteure Impulsbewegungen lostreten. Indem er diese Bewegungen vorausahnt, kann der Trader sich dranhängen; indem er sie sehr schnell mitbekommt, kann er im Nachhinein aufspringen.

Der Trader wird in dieser vorerst letzten Phase zudem in die Lage versetzt, Marktentwicklungen zu visualisieren. Bei aller Wandlungsfähigkeit des sehr persönlichen Trading-Stils bleiben dem Trader dennoch die verinnerlichten obligatorischen Grundregeln erhalten. Die wichtigste Regel ist das Platzieren eines Stoppkurses, der unbedingt beibehalten werden muss und nicht nachträglich verändert werden darf.

1 Ich bin überzeugter Kurzfrist-Trader

Ich bin der klassische Kurzfrist-Trader. Ich eröffne und schließe börsentäglich eine Vielzahl von Positionen und halte diese nur wenige Augenblicke, selten mehrere Minuten. Ich halte keine Position, wenn ich nicht am Platz bin. Ich bin nur in Ausnahmefällen positioniert, wenn die Veröffentlichung wichtiger Daten ansteht. Schließt der Markt, bin ich auf keinen Fall engagiert, das heißt, ich habe zumindest wegen offener Trading-Positionen keine schlaflosen Nächte. Würde man die Zeiten, in denen ich an einem Tag im Markt bin, addieren, käme man vielleicht auf eine viertel oder halbe Stunde, mehr nicht. Damit ist mein Risiko stark begrenzt. Es gibt im Grunde niemals eine Situation, in der mein Engagement im Handel außer Kontrolle gerät.

Auch wenn mein Trading-Stil nicht alle Kriterien des puren Scalpings erfüllt, kommt es diesem Ansatz jedoch näher als andere Handelsformen. Das hat zur Konsequenz, dass mich weiterführende Markteinschätzungen mehr für die Gesamteinordnung meines Tradings im Tagesbild interessieren, als dass sie konkreten Einfluss auf mein Trading selbst hätten. Ich bemühe mich, jeden Trade für sich zu sehen, ich stelle keine Beziehung zwischen ihnen her. Wird eine Position eröffnet, blende ich alles Drumherum aus. Ich fokussiere mich darauf unter Beachtung meiner Handelsregeln. Wird die Position wieder geschlossen, ist sie Geschichte. In den vielen Jahren habe ich gelernt, keine (oder zumindest kaum eine) emotionale Beziehung zu einzelnen Positionen aufkommen zu lassen. Ich versuche immer, jede meiner Aktivitäten im Markt neutral zu sehen, so als ob ein anderer sie durchführen würde. Durch diese Sichtweise fällt es mir leichter, Verlust-Trades rechtzeitig zu eliminieren, bevor sie den Stoppkurs erreichen. Es fällt mir dadurch leichter, Fehl-Trades als etwas Störendes, mich Behinderndes zu betrachten. Entsprechend gelingt es mir, sie schleunigst zu beseitigen beziehungsweise zu schließen, bevor sie die guten Trades verderben. Diese Sichtweise ermöglicht es mir aber auch, entgangenen Gewinnen nicht nachzutrauern. Denn es passiert mitunter viel zu oft, dass ich Positionen schon mit kleinen Gewinnen schließe, um dann mitanzusehen, wie sich der Kurs unmittelbar im Anschluss daran in die erwartete Richtung beeindruckend entfaltet. Da meine Art zu handeln mir am Tag eine enorme Vielzahl von Einstiegsmöglichkeiten bietet, ist es unsinnig, entgangenen Chancen nachzutrauern. Es kommen noch genug neue Möglichkeiten. Ich bin auf das Einsammeln von Punkten fixiert. Ob der Kursverlauf an diesem oder jenem Tag eine Spanne von 50 oder 250 Punkten durchwandert, ist zweitrangig. Wichtig ist, möglichst immer das angestrebte Mindestziel an Punkten zu verdienen. Ein Scalping-Ansatz (oder scalpingähnlicher Handelsansatz) lebt von den Ausbrüchen und Contra-Möglichkeiten, weniger von weiten Strecken. Letzteres ist im Grunde sogar eher störend. Wer einen Ausbruch handelt und die betreffende Position geschlossen hat, der wartet im Anschluss daran unter Umständen lange auf einen neuen Einstieg, wenn sich der Kurs nahezu reaktionsfrei in eine Richtung entwickelt. In dieser Marktphase bin ich in der Regel nicht mit dabei. Meine nächste Chance kommt erst wieder, wenn sich ein neuer Ausbruch abzeichnet.

Warum bin ich überzeugter Kurzfrist-Trader? Könnte man denn nicht viel mehr von Marktbewegungen profitieren, wenn man nach der in Fachbüchern immer wieder beschriebenen Methode »Verluste begrenzen und Gewinne laufen lassen« vorgehen würde? Es gibt mehrere Antworten auf diese Frage:

Jeder Trader findet irgendwann seinen konkret zu ihm passenden Trading-Stil, so wie jeder Sportler die für ihn geschaffene Disziplin und jeder Musiker sein Instrument findet. Ich fühle mich in einem Markt nur wohl, wenn ich an einem Handelstag bei minimalem Risiko eine Vielzahl von Chancen bekomme. Ich will meine Ergebnisse rasch realisieren und verbuchen, sei es im Plus oder Minus. Ich will mein Punkteziel rasch und konsequent erreichen, ohne über den Markt und die unendlichen Wahrscheinlichkeiten philosophieren zu müssen. Daytrading/Scalping ist wie das Umgraben eines Beetes. Man hat eine abgesteckte Fläche, die es zu bearbeiten gilt. Ist man damit fertig, hat man sein Tagesziel erreicht. Hat man es nicht geschafft, dann ist es auch gut. Morgen ist ein neuer Tag. Swing-Trading, Positions-Trading ... das alles sind andere Baustellen, das alles ist nicht mein Markt.

- Gleich nach meinem persönlichen Wohlfühlfaktor halte ich ein zweites Argument zugunsten des Kurzfristhandels für entscheidend: die relative Unveränderlichkeit des Marktes in kurzen Zeitfenstern. Hier möchte ich nicht falsch verstanden werden – ich sage: die *relative* Unveränderlichkeit des Marktes. Die Unsicherheiten in Bezug auf zu erwartende Kursentwicklungen eines Börsenwertes nehmen deutlich zu, je länger der Zeitrahmen ist, auf den sich die Erwartungshaltung bezieht. Die Einflussfaktoren ändern sich stetig. Ehemals erfolgreiche Ausgangslagen für Kurssprünge versagen, wenn ihre Profitabilität erkannt wurde und sie sich damit selbst zerstören. Hier kommen wir an den Auswirkungen der Reflexivität der Märkte einfach nicht vorbei. Damit fokussiere ich mich auf Zeitfenster und Ausgangslagen, die für sich genommen so lange stabil sind, wie es Ausbrüche aus Impulswenden in Märkten geben wird. Da ich dieses kurze Zeitfenster in dieser Form und mit diesem Regelwerk bereits seit fast 18 Jahren handle, ohne auffällige Veränderungen daran vornehmen zu müssen, fühle ich mich in meiner Begründung bis jetzt bestätigt.

- Es gibt diverse statistische Auswertungen, wonach das Arbeiten mit klaren Kurszielen über einen längeren Betrachtungszeitraum profitabler ist als der Ansatz, einen Gewinn möglichst so lange laufen zu lassen, bis dieser über einen angepassten, nachgezogenen Stoppkurs aus dem Markt geholt wird.

Mit diesen Argumenten begründe ich, warum für mich persönlich kein anderer Handelsansatz als das Kurzfrist-Trading infrage kommt. Ich möchte damit allerdings nicht andere Handelsansätze abwerten, so wie ein Fußballer wohl kaum berechtigt den Schwimmsport schlechtreden kann.

Jeder Handelsansatz hat seine eigenen Spezifika und muss die jeweilige Besonderheit, Eigenheit und das Eigenleben des Marktes im jeweiligen Zeitfenster berücksichtigen. Gemeinsam ist allen Handelsansätzen jedoch, dass sie klar kommunizierbaren und klar nachvollziehbaren Regeln folgen müssen.

Ich möchte im Folgenden das Regelwerk, das wir in unserem Stream börsentäglich besprechen, noch einmal in seiner Gesamtheit zusammenfassen. Da dieses Regelwerk nur eine Möglichkeit von vielen ist, in einem Futures-Markt zu handeln, kann es auch nur als Gerüst dienen. Es soll für Sie eine Anregung sein, Ihr jeweils eigenes Regelwerk zu erstellen oder ein vorhandenes für sich zu modifizieren. Dabei könnte folgende Vorgehensweise hilfreich sein:

Erstellen des Regelwerkes – wobei es auf eine klare, für jeden Nutzer nachvollziehbare Beschreibung ankommt. Das Regelwerk muss unmissverständlich umsetzbar sein. Klarheit und Einfachheit erlauben zudem, dass Fehlerquellen rasch identifiziert und damit auch behoben werden können.

▶ Bei der Erarbeitung eines Regelwerkes sollte jede einzelne Regel auf ihre Vor- und Nachteile hin abgeklopft werden. Das bezieht sich besonders auf die Art der Ein- und Ausstiege. Konkret meine ich die Ordertypen, die zur Anwendung kommen sollen – Limit oder Market? Vor, am oder nach Erreichen des Triggers? Warten wir Durchstiche ab? Wie lange gelten diese schließlich wiederum als Trigger? Oder ab wann werden hier wieder erst Durchstiche zur Neudefinition von Triggern notwendig?

▶ Wir erstellen uns einen Plan, welche Modifizierungen von Ein- und Ausstiegen in Abhängigkeit von der Beherrschung des Regelwerkes durchgeführt werden. Üblich ist, das Regelwerk zu Beginn ohne diskretionäre Spielräume in der Umsetzung zu handeln. Das heißt konkret: Wir handeln bei Erreichen unserer Ein- und Ausstiegsniveaus. Sobald wir diese Regeln im Schlaf beherrschen, also über unser Denksystem 1, werden wir beginnen, planmäßige Modifizierungen zur Optimierung unseres Handelsansatzes durchzuführen.

Jedes Regelwerk muss ein sinnvolles, handelbares Chance/Risiko-Verhältnis haben. Ich meine dabei nicht die klassische Definition, die nur die absolute Höhe der Chancen ins Verhältnis setzt zur absoluten Höhe der Risiken. Diese Definition hält Unsicherheiten bereit im Hinblick auf die real zu erwartende Chance. Und das greift aus meiner Sicht zu kurz. Deshalb betrachte ich das Chance/Risiko-Verhältnis im Hinblick auf die Trefferquote des Regelwerkes. Ich möchte diese Aussage an einem Beispiel erläutern:

Ein klassisch sinnvolles Chance/Risiko-Verhältnis (im Folgenden CRV genannt) wäre zum Beispiel eine geplante Positionierung, bei der wir den Stoppkurs so platzieren, dass wir eine Einheit als Verlust in Kauf nehmen gegen die Chance, zwei oder gar drei Einheiten Gewinn zu erwirtschaften. Das Problem hierbei ist jedoch, dass wir zusätzlich berücksichtigen müssten, mit welcher Wahrscheinlichkeit denn die erwarteten zwei oder drei Einheiten Gewinn auch tatsächlich erzielt werden können. Folglich ist für mich die Trefferquote viel wichtiger als die klassische CRV-Betrachtung. Ich arbeite mit einem CRV von 1 zu 1. Angesichts der klassischen CVR-Definition erscheint das sehr unvorteilhaft. Die bisherige Trefferquote liegt allerdings bei etwa 79 Prozent. Die höhere Eintrittswahrscheinlichkeit neutralisiert also das ungünstige CVR wieder. Das erklärt auch, warum ich das klassische CRV eher als unwichtig betrachte. Das in unserem Zusammenhang gemeinte CRV ist also ein Verhältnis, das die Trefferquote in die Beurteilung einbezieht.

2 Die Arbeit mit dem Regelwerk

Aufbau, Beschreibung und Handhabung unseres Regelwerkes werden wir nach folgenden, im Vorfeld bereits angesprochenen Gliederungspunkten strukturieren:

▶ Beschreibung des Regelwerkes

▶ Besprechung der Vor- und Nachteile, welche die einzelnen Teilschritte des Regelwerkes mit sich bringen

▶ Beschreibung der Modifizierungsmöglichkeiten in Abhängigkeit von den Arbeitsfortschritten

Ich arbeite nur mit drei Regelwerken im Markt. Das erste Regelwerk umfasst die Arbeit mit den sogenannten Ausbruchs-Trades. Das zweite Regelwerk beschreibt die Wiedereinstiege in laufende Bewegungsimpulse. Somit fokussieren sich Regelwerk 1 und Regelwerk 2 auf Bewegungsschübe in Richtung eines dominanten Bewegungsimpulses. Das dritte Regelwerk thematisiert den Einstieg in eine Position gegen den vorangegangenen Bewegungsimpuls, den sogenannten Contra-Trade.

Ich werde zunächst das Ausbruchs- und Wiedereinstiegsregelwerk beschreiben. Dem Contra-Trading werde ich mich im Teil 4 des Buches zuwenden, da dessen Philosophie abweicht vom streng regelwerkdominierten Traden. Contra-Trades setzen zudem ein Verständnis für die Vorgehensweisen der Marktakteure voraus.

Auf die chart- wie markttechnische Ausgangslage, die dem jeweiligen Regelwerk zugrunde liegt, werde ich nicht tiefgründig eingehen. Hier bespreche ich zunächst nur die praktische Umsetzung.

3 Der Ausbruchs-Trade

Beginnen wir mit dem ersten Regelwerk, das sich mit dem Ausbruchs-Trade befasst.

3.1 Schematische Beschreibung des Regelwerkes

Der **Ausbruchs-Trade** setzt die Bildung einer Formation voraus, mit der sich ein klares, eindeutiges Kursniveau (der Trigger) festlegen lässt. Überwindet oder unterschreitet der Kurs den Trigger mit dem Schlusskurs der jeweiligen Kerze, wird eine Position eröffnet (am Durchstichshoch oder Durchstichstief). Die gängigsten Ausbruchsformationen sind Umkehrformationen – so zum Beispiel ein Doppel- oder Dreifachboden oder auch eine Doppel- oder Dreifachspitze. Es können aber auch Konsolidierungszonen, Staubereiche oder Ähnliches sein. Wichtig ist, dass sich ein klares Einstiegsniveau für die Position ableiten lässt. Bei dessen Überwindung am jeweiligen Hoch der Durchstichskerze auf der Oberseite wird eine Long-Position eröffnet. Bei der Unterschreitung am Tief der Durchstichskerze auf der Unterseite wird eine Short-Position eröffnet.

Im Folgenden wollen wir uns die Handhabung eines Ausbruchs-Trades an einem modellhaften Ablauf ansehen. Sinn und Zweck dieser Darstellungen ist, das Prinzip dieser Trading-Herangehensweise darzustellen. In der Praxis kann man genauso arbeiten. Wichtig ist, die Eckpunkte dieser Art des Tradings zu verstehen. Diese müssen wir so verinnerlichen (durch viel Praxis), dass wir unsere Energie nicht mehr auf die Suche nach den richtigen Rahmenbedingungen konzentrieren.

Wenn diese dann vorliegen, darf es auch nicht viel Aufwand kosten, zu überlegen, was jetzt und als Nächstes zu tun ist. Idealerweise kümmern wir uns nur noch um eine geschmeidige Ausführung, während alles andere automatisiert abläuft.

3.2 Der Long-Ausbruchs-Trade

Wir beginnen unsere schematische Trading-Darstellung mit einem Ausbruchs-Trade auf der Kaufseite (long) aus einer Zwischen-Konsolidierung oder einer positiv zu interpretierenden Umkehrformation (Basis = 1-Minuten-Chart). Wichtig hierbei ist, dass sich zunächst eine klare Signallinie definieren lässt, also ein Kursniveau, bei dessen Überwindung die Formation als vollendet gilt. Befindet sich an deren Durchstichskerze ein Durchstichshoch, lässt sich damit ein Long-Trigger definieren, an dem wir dann eine Kaufposition eingehen.

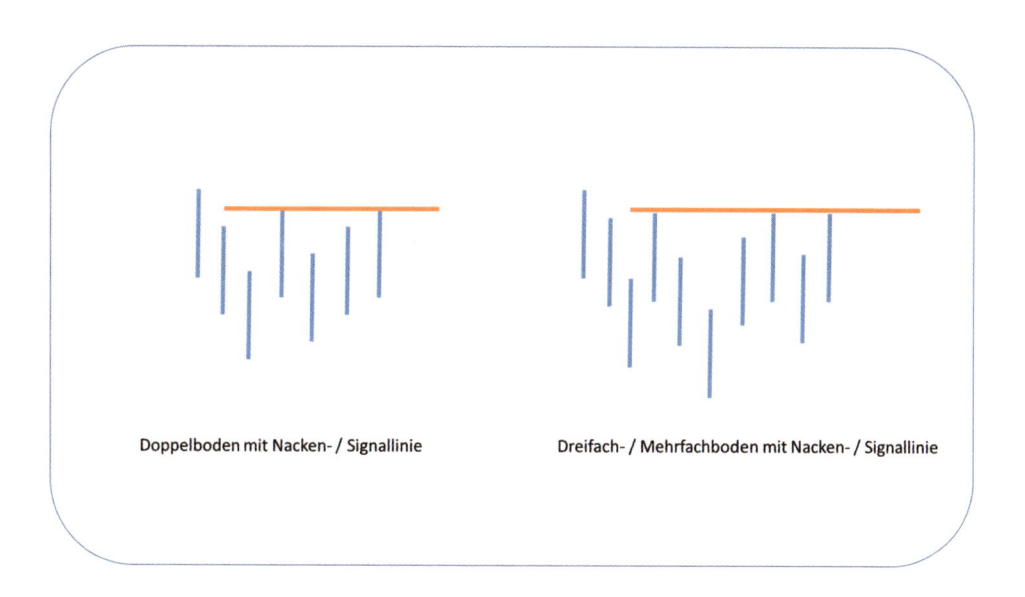

Doppelboden mit Nacken- / Signallinie   Dreifach- / Mehrfachboden mit Nacken- / Signallinie

Die obige Grafik zeigt schematisch eine mögliche Ausformung einer bullishen Umkehrformation. Das entscheidende Kriterium hier ist die Möglichkeit, eine Nackenlinie anzulegen, wobei wir uns an die Definitionen der klassischen Formationslehre halten.

Bei einer bullishen Umkehrformation liegt der Fokus auf der oberen Nackenlinie. Anders sieht die Definition einer Konsolidierungszone aus (nächste Grafik). Hier lassen sich beidseitig Begrenzungslinien anlegen, deren Durchstich (Überwindung/Unterschreitung) jeweils die mögliche Folgeimpulsrichtung ableiten lässt. Aus einer Konsolidierungszone heraus können demnach sowohl Long- als auch Short-Ausbruchs-Trades folgen.

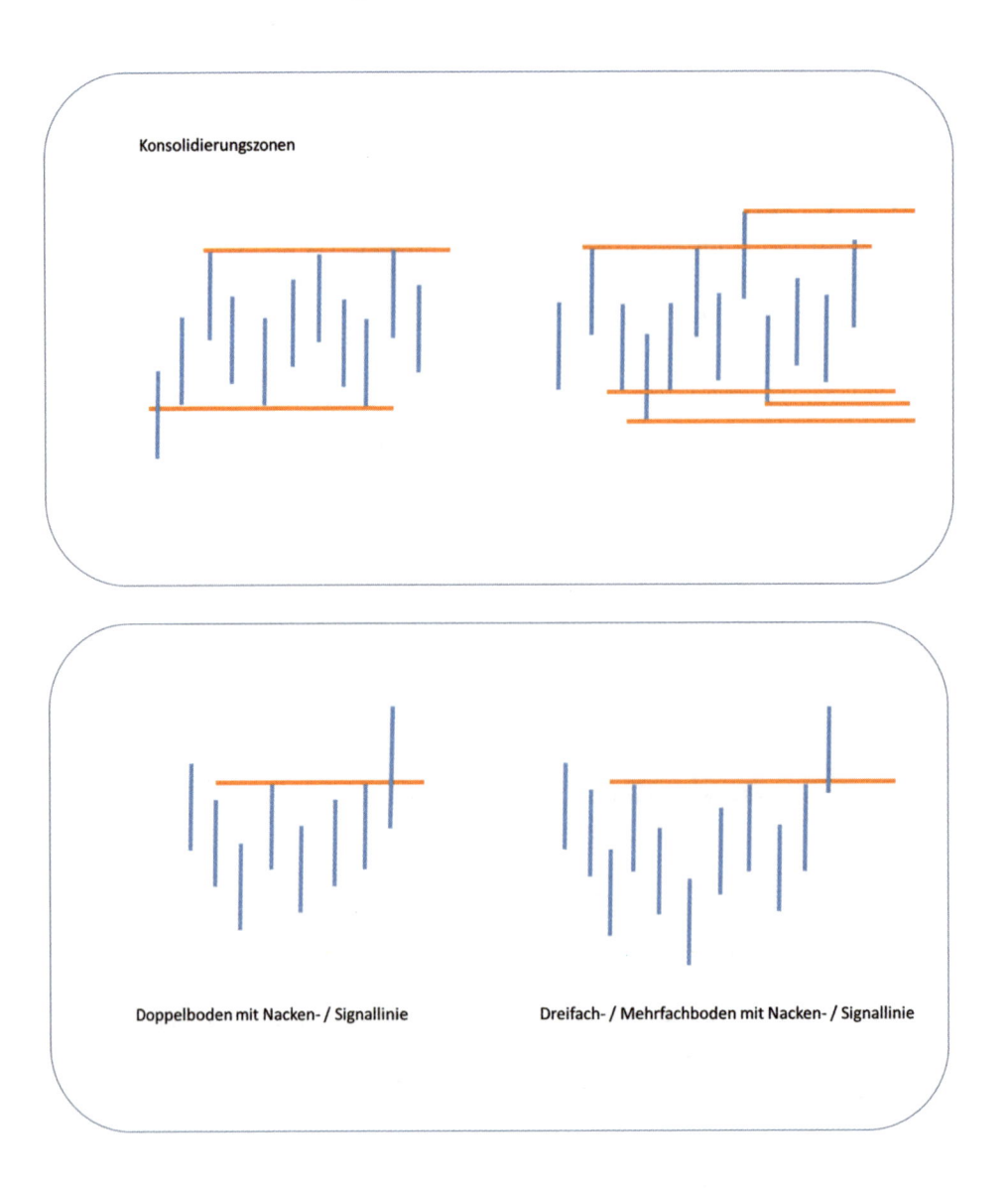

Konsolidierungszonen

Doppelboden mit Nacken- / Signallinie

Dreifach- / Mehrfachboden mit Nacken- / Signallinie

Die zweite Grafik auf Seite 149 zeigt die Ausbildung einer Durchstichskerze auf der Oberseite, der Kurs überwindet hier die Nackenlinie einer Doppelboden-Formation (Dreifach-/Mehrfachboden-Formation).

Die nächste Grafik skizziert den möglichen Ausbruch auf der Oberseite, alternativ auf der Unterseite. In beiden möglichen Fällen gelten die jeweiligen Durchstichsextreme als Trigger (Einstiegsniveau) für die Folgekerzen.

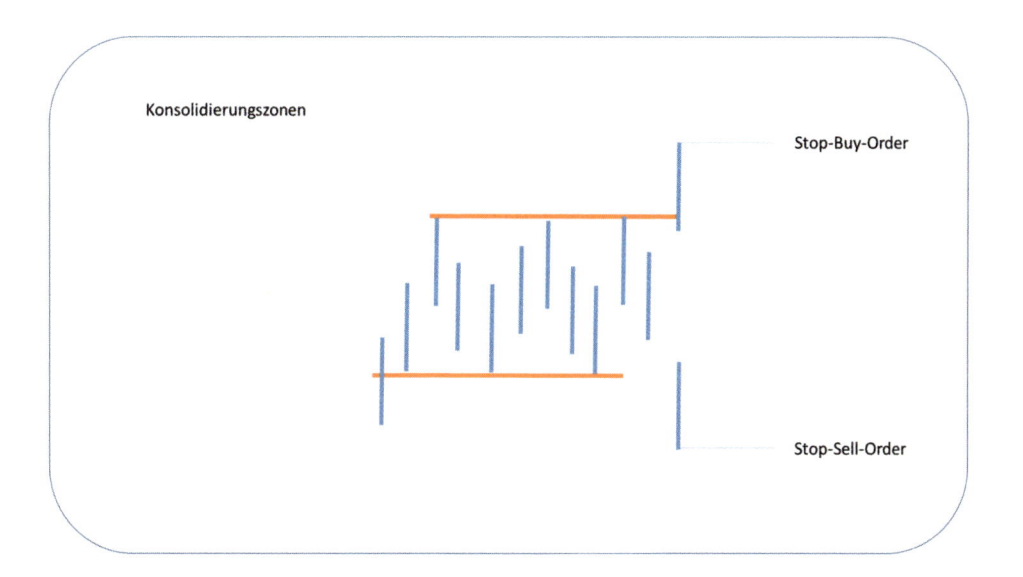

Unterstellen wir, wir handeln den Future auf den DAX, den sogenannten FDAX, und leiten bei 10.000 eine Signallinie ab. Wir machen diese durch das Antragen einer signaltechnisch markanten Linie kenntlich (siehe obige Grafik). Solange der Kurs unterhalb der 10.000-Signallinie notiert und noch kein Durchstich erfolgt ist, eröffnen wir keine Position.

Wir unterstellen weiterhin, der FDAX überwindet den Stand von 10.000 und markiert mit dieser Ausbruchskerze ein Durchstichshoch bei 10.008. Diese 10.008 wird damit nach abgeschlossener Kerzenbildung unser Long-Trigger.

Der Ausbruchs-Trade

(3) Limit-Sell-Order

(1) Stop-Buy-Order

(2) Stop-Sell-Order

Doppelboden mit Nacken- / Signallinie

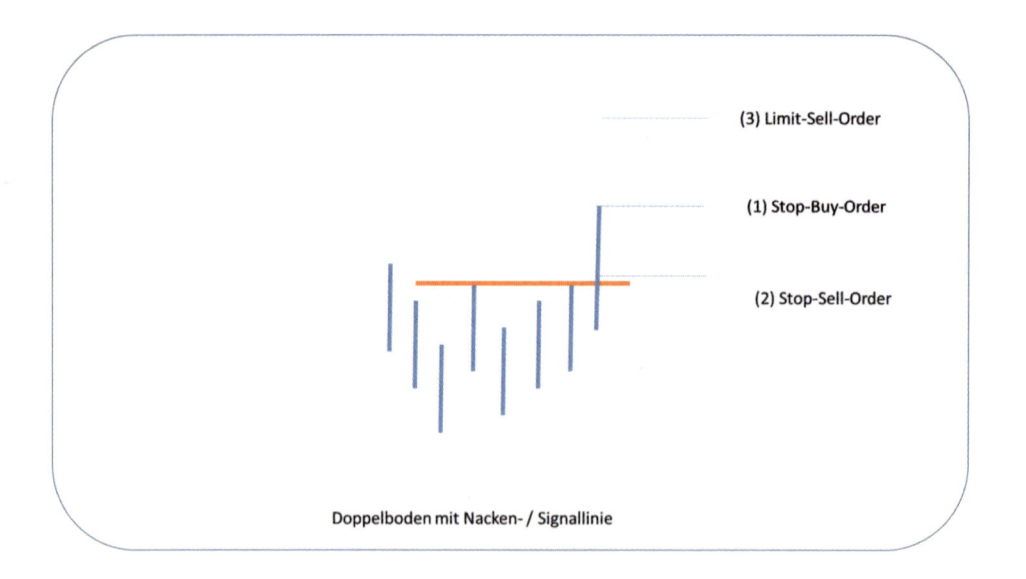

In einem Standard-Ausbruchs-Trade arbeiten wir mit einem Verhältnis von Kursziel und Stoppkurs von jeweils 10 Punkten. Konkret heißt das, wir stellen einen Stoppkurs bei 9998 und einen Zielkurs bei 10.018 ein.

3.3 Vor- und Nachteile jeweiliger Positionseröffnungsmöglichkeiten

Wir platzieren eine **Stopp-Buy-Market-Order** bei 10.008 Punkten (Variante 1). Erreicht der Kurs die Marke von 10.008, wird die Kauf-Order automatisch ohne unser weiteres Zutun als Market-Order in den Markt gegeben. Das Risiko, welches wir haben, lässt sich in einem Wort zusammenfassen: Slippage. Die Slippage ist die Differenz zwischen dem Triggerkurs-Niveau (in unserem Falle die 10.008) und dem Kurs, der real zu unserer Positionseröffnung geführt hat. Da die Order als Market-Order in den Markt geschossen wird, heißt das, dass sie jetzt zu jedem x-beliebigen nächstmöglichen Kurs ausgeführt wird. Damit wird deutlich, dass diese Art von Market-Orders nur in hochliquiden Märkten angewandt werden darf. Futures-Märkte erfüllen in der Regel diese Bedingung. Und dennoch können auch hier mitunter recht unerfreuliche Slippage-Abrechnungen von zwei bis mitunter drei, im Extremfall sogar von noch mehr Punkten auftreten. Das ist besonders dann der Fall, wenn man an charttechnisch wichtigen Signalmarken handelt, an denen mitunter viele Orders liegen, die alle gleichzeitig bei Erreichen des Triggers in den Markt gehen und damit temporär das Angebot aufsaugen. Dieser Effekt kann aber auch auftreten, wenn der Markt sehr dynamisch steigt, getrieben durch eine oder mehrere große Orders. Da an den Börsen nach dem FIFO- (first in, first out) beziehungsweise LALO-Prinzip (last in, last out) gearbeitet wird, ist eine klare Hierarchie in der Orderabarbeitung gegeben. Wer seine Order zu spät eingibt, also nach allen anderen, oder wer über einen Broker handelt, der (um Kosten zu sparen) die Order im eigenen Server vorhält und sie erst bei Erreichen des Triggers in den Markt gibt, hat mitunter das Nachsehen. Er kommt als Letzter in den Markt. Der Vorteil hierbei ist aber, dass die Order bei Erreichen des Triggers definitiv ausgeführt wird, dann eben zum nächstbesten Kurs.

Wir platzieren eine **Stopp-Buy-Limit-Order** bei 10.008 Punkten (Variante 2). Hier passiert bei Erreichen der 10.008 Folgendes: Die Order geht mit 10.008 in den Markt und steht als Geldkurs zur Ausführung bereit. Sind auf der Angebotsseite alle Orders abgearbeitet und begibt sich der Kurs nicht mehr auf das Niveau von 10.008, sondern läuft gleich in einem Zuge nach oben hin weg, haben wir das Nachsehen. Wir warten auf die 10.008, kommen aber nicht mehr zur Ausführung. Hier können wir jetzt nur hoffen, dass der Kurs erneut zurückkommt (was er unmittelbar nach dem Auslösen des Triggers recht häufig tut) und unsere Order auf dem Limit-Kurs ausführt. Der Vorteil dieser Herangehensweise ist offensichtlich – *keine* Slippage! Der Nachteil ist ebenfalls offensichtlich: Läuft uns der Kurs davon, sind wir nicht dabei. Wir kommen nicht mehr in den Markt und damit auch nicht in den Trade.

Als dritte Möglichkeit bietet sich uns das **antizipierende und manuelle Ausführen der Order** an. Das heißt konkret, dass wir per Market-Order oder mit einem 10.008er-Limit in den Markt hineinkaufen, auch wenn der Kurs des Future dieses Triggerniveau von 10.008 noch nicht erreicht hat. Das Risiko hier ist jedem klar: Wenn der Markt die 10.008 nicht erreicht, sind wir real im Trade, formal hätten wir nicht drin sein dürfen. Vorteil: Wir haben im Grunde niemals eine Slippage, wir sind günstig im Markt, und das selbst mit größeren Orders. Diese Art des Handels sollte man folglich erst durchführen, wenn man Erfahrung und Gefühl für einen Markt gesammelt hat und abschätzen kann, wie knapp vor dem Trigger die Market-Order in den Markt gegeben wird, damit sie rechtzeitig erfolgt, möglichst ohne Slippage, aber dennoch zum ausgelösten Triggerniveau.

Fassen wir zusammen: Jede der drei hier vorgestellten Einstiegsmöglichkeiten erkauft sich einen Vorteil mit einem Nachteil. Es liegt an Ihnen, ein Gefühl dafür zu entwickeln, welche dieser drei Einstiegsmöglichkeiten Ihnen persönlich am besten liegt. Ich persönlich bevorzuge die Vorgehensvarianten 1 und 3 mit einem Verhältnis von etwa 50/50.

Ein wichtiges Kriterium für die Wahl des richtigen Einstiegs ist die Bewertung der Dynamik. Verfügt der Markt über eine hohe Dynamik, dann bietet sich der Einsatz einer Stopp-Buy-Order an, also die Market-Variante 1. Lässt die Dynamik deutlich nach, wäre Einstiegsmethode 2 wohl besser, das Setzen einer Stopp-Limit-Order.

Mit einer Durchstichskerze zu arbeiten, was eine sofortige Eröffnung der Position bei Überwindung der 10.000er-Signalkerze verhindert, hat eine Filterfunktion. Ich nutze diesen Filter praktisch als Bestätigung für eine ausreichend hohe Dynamik, die nahelegt, dass dem Durchstich in der Folgekerze durchaus noch einige Gewinnpunkte folgen können. Es gibt hier allerdings zwei Einschränkungen: Zum einen kann sich die Überwindung des Durchstichextrems über mehr als vier Minutenkerzen hinziehen. Dann gilt das Durchstichextrem nicht mehr als unmittelbarer Trigger, sondern es muss erneut erst durchstochen werden. Zum anderen kommt es vor, dass der Kurs nach Markierung um mehr als das jeweilig gültige (auf das entsprechende Fraktal errechnete) minimale Reaktionspotenzial korrigiert. Dann muss ebenfalls ein neues Durchstichextrem abgewartet werden.

3.4 Welche weiteren Modifizierungen machen bei Ausbruchs-Trades Sinn?

Das Regelwerk sieht vor: 10 Punkte Ziel und 10 Punkte Stopp. Ich behalte mir jedoch immer vor, die Position jederzeit aufzulösen, das heißt, sie mit einer Market-Order zu verkaufen, wenn ich feststelle oder das Gefühl habe, dass der Kurs sich von der Dynamik her nicht so entwickelt, wie ich dies anfänglich erwartet habe. Ich versuche somit nicht, alles auszureizen. Der Nachteil ist offensichtlich: Nicht selten stelle ich mit wenigen Punkten glatt. Kaum ist die Position geschlossen, zieht der Kurs kräftig an, entwickelt sich, wie er soll, nur bin ich nicht mit dabei. Der Vorteil dieser Vorgehensweise ist: Ebenfalls nicht selten kippt der Kurs wieder in die entgegengesetzte Richtung und fällt (im Falle einer Long-Position) nachhaltig unter den Trigger. Das würde meine Position sofort ins Minus bringen. Durch die frühzeitige Schließung habe ich mit den wenigen realisierten Pluspunkten immerhin den Spatzen in der Hand ...

Wenn der Kurs eine Dynamik erwarten lässt, weil die Formation (aus der er ausbricht) vielversprechend wirkt, oder ich mit einer Final-Order rechne, setze ich nur den Stoppkurs 10 Punkte unter Einstand. Den Zielkurs lasse ich dann entweder weg oder wähle ihn zum Beispiel 20 Punkte über Einstand. Auch hier behalte ich mir vor, die Order durch Glattstellung vorzeitig manuell zu schließen, sobald ich es für richtig halte. Wie erfolgt die Schließung methodisch? Ich stelle in der Regel Stopp- und Zielkurs vordefiniert in den Markt. Den Zielkurs passe ich unmittelbar danach manuell so an, dass ich entsprechend früher glattstellen könnte, sobald ich die Änderung bestätige. Dieses Vorgehen hat den Vorteil, dass ich mit Positionsschließung das ursprüngliche Zielkursniveau nicht mehr im Markt liegen habe und nicht bei einem plötzlichen Anspringen des Kurses zwei Ausführungen in Folge erhalte und ungewollt eine Gegenposition eröffne.

In der Regel löse ich eine Position rasch auf, die ich auf Basis eines Ausbruchs-Trades eingegangen bin. Doch es kann auch sein, dass ich an einer Position festhalte, auch wenn sich diese vorerst nicht entfaltet. Wenn der Kurs bei einer Kauf-Order über den Trigger springt (und ich eine Kaufposition eröffne), unmittelbar danach wieder zurückfällt, doch sofort Käufer in den Markt kommen, die den Kurs wenigstens immer wieder rasch an den Trigger heben, unterstelle ich anhaltende Dominanz der Käufer und halte an der Position fest. Ist dazu das ganze Umfeld noch immer positiv, lohnt es sich mitunter, an Bord zu bleiben. Stellen Sie sich immer wieder die Frage: Würden Sie jetzt immer noch long gehen wollen, sofern Sie noch nicht im Markt wären? Folgen Sie hier unbedingt Ihrer Intuition und Ihrem *ersten* Gefühl. Schleichen sich erste Zweifel ein, schließen Sie die Position.

3.5 Praktische Beispiele

Ich möchte an dieser Stelle noch einmal auf folgenden Sachverhalt verweisen, den wir uns immer und immer wieder in Erinnerung rufen müssen: »Die Börse kann alles, aber müssen muss sie nichts«! Das soll heißen, seien Sie immer auf alle Eventualitäten vorbereitet. Gehen Sie vor Positionseröffnung im Kopf das Ablaufszenario durch. Sprechen Sie es ruhig in ganzen Sätzen vor sich hin, nämlich was Sie zu tun gedenken, wenn der Ausbruch erfolgt, sich das Durchstichsextrem ausbildet und

Der Ausbruchs-Trade

a) im Anschluss getriggert (ausgelöst) wird,

b) sich der Kurs erwartungsgemäß entwickelt,

c) der Kurs zur Ausführung der Position führt, sich aber nicht erwartungsgemäß entfaltet, sondern wieder zurückfällt.

Es ist notwendig, sich im Vorfeld über die möglichen Szenarien im Klaren zu sein und die notwendigen Schritte auf der Handelsplattform durchdacht zu haben. Wenn die Order einmal platziert ist, möglicherweise bereits ausgeführt wurde, bleibt die Zeit zum Durchdenken der Handlungsschritte meist nicht mehr. Noch viel wichtiger wird das Szenario-Denken, wenn wir die Contra-Trades behandeln. Damit lassen sich bei (fast) jeder Kursentwicklung (egal ob in oder gegen Impulsrichtung) Alternativpositionierungen eingehen. Doch gelingt dies meist nicht oder nur suboptimal, wenn man das ständige Durchspielen von möglichen Szenarien und ihren praktischen Konsequenzen nicht im Vorfeld durchgeführt hat. Ich kann aus eigener Erfahrung sagen (und habe es bei jungen Tradern noch viel häufiger gesehen), dass ohne vorherige Alternativbetrachtung die Eröffnung einer Gegenposition meist scheiterte oder ganz ausfiel.

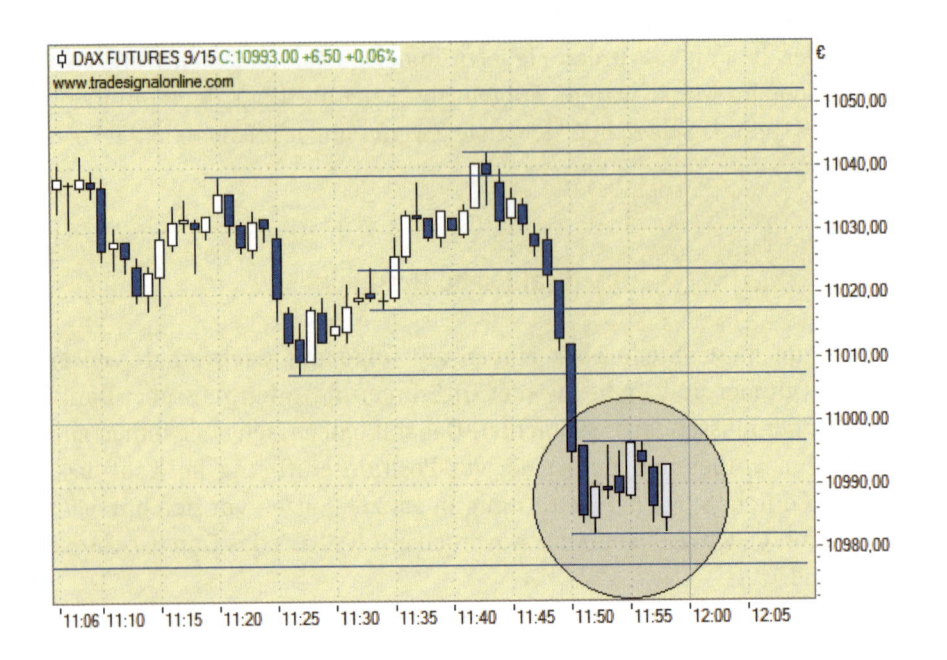

Die Abbildung vom Kursverlauf des FDAX im Minuten-Chart vom Freitag, den 14. August 2015 (S. 156), zeigt die Ausformung einer Umkehrformation im klassischen Sinne mit zwei Beinen und einer Nackenlinie bei 10.996,50 Punkten. Nach Ausbruchsregelwerk mussten wir hier den Durchstich (die Überwindung der Nackenlinie) abwarten und, sofern geschehen, das sich dann ausbildende Durchstichshoch als Trigger (Einstiegsniveau) nutzen.

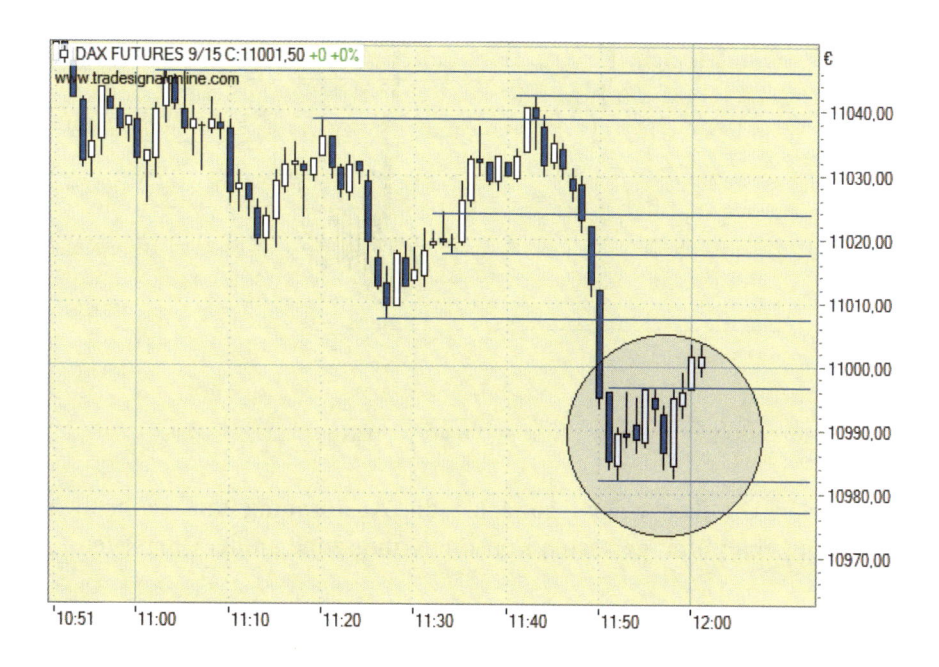

Bereits eine Minute später, in der Folgekerze um 11:59 Uhr, wurde die Nackenlinie überwunden und ein Durchstichshoch bei 10.999 markiert. Dort konnte regelwerkskonform ein Long-Trigger platziert werden. Die sich dieser Entwicklung anschließende 12:00-Uhr-Folgekerze eröffnete nach Auslösung einer Stopp-Buy-Order die Long-Position. Stopp- und Zielkurs wurden mit 10.989 und 11.009 platziert.

Der Ausbruchs-Trade

Wie die folgende Abbildung des Kursverlaufes zeigt, konnte die Position in der dritten Folgekerze mit Erreichen des Kurszieles geschlossen werden.

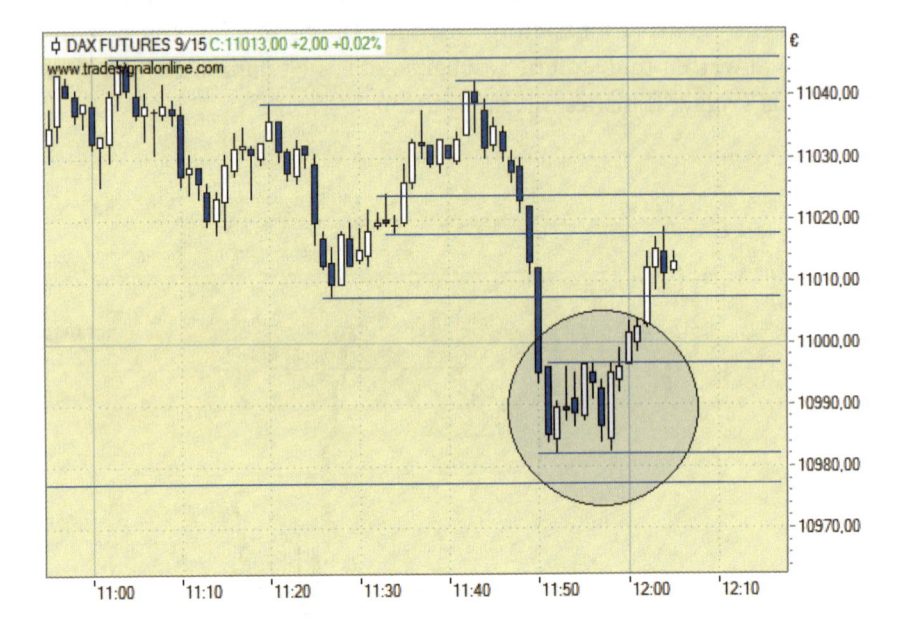

Die folgenden Grafiken zeigen zunächst die Ausformung und schließlich die Überwindung einer breit gefassten Konsolidierungszone an der Oberseite.

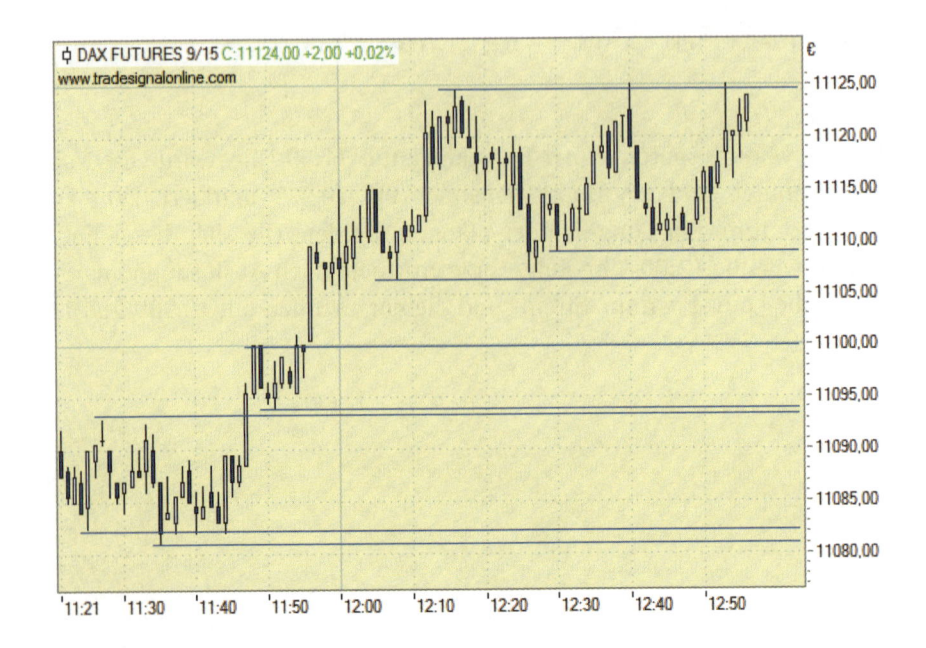

Interessant ist in diesem Beispiel, dass der jüngste Aufwärtsimpuls oberhalb der 11.110-Punkte-Ebene aus einer untergeordneten Umkehrformation mit regelgerechtem Ausbruch über deren Nackenlinie heraus ausgebildet wurde, was ebenfalls profitabel umsetzbar war.

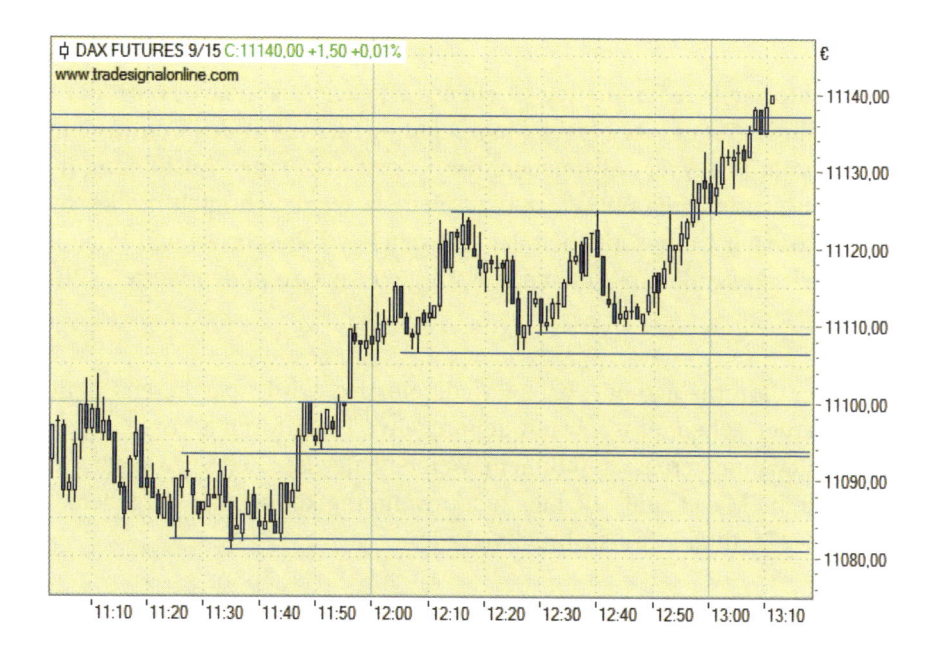

Dem Ausbruch über die obere Bereichsbegrenzung der laufenden, breit gefassten Konsolidierungszone folgte ein regelkonformer Long-Einstieg, der sich auch nach einem Rücksetzer noch sehr ansprechend entwickeln konnte. Auffällig hier (und das Argument für eine Beibehaltung der Position oberhalb ihres Stoppkurses) ist der Bestand der oberen Begrenzung der Konsolidierungszone als reflexive Unterstützung bei Rücklauf des Kurses.

4 Der Wiedereinstieg

Kommen wir nun zum Regelwerk für den Wiedereinstiegs-Trade.

4.1 Schematische Beschreibung des Regelwerkes

Der regelkonforme **Wiedereinstieg** ist ebenso wie der Ausbruchs-Trade klar definiert. Allerdings gibt es hier bereits Modifizierungen, die wir den Contras zurechnen, da sie vom Regelwerk abweichen. Um jedoch der Trader-Ausbildung in den im Vorfeld beschriebenen Phasen treu zu bleiben, werde ich mich in diesem Teil des Buches zunächst ausschließlich der klar regelwerksbeschriebenen Wiedereinstiegsmethode zuwenden und die andere Vorgehensweise in den vierten Teil verschieben.

Der Reiz der Contra-Methode beim Wiedereinstieg wird aber bereits deutlich, denn Sie werden sehen, dass wir mit dem regelwerkskonformen Vorgehen erhebliche Punktgewinne verpassen (können), weil eine gewisse Zeit verstreicht, bis wir dann endlich im Markt sind. Die hier zur Anwendung kommende Vorgehensweise entspricht der Methodik im Ausbruchs-Trade.

Grundsätzlich gibt es drei Vorgehensweisen, um eine Position im Wiedereinstieg zu eröffnen. Im Folgenden besprechen wir nur die erste davon ausführlich. Die Einstiegsmethoden (2) und (3) werden hier nur skizziert, im vierten Teil dieses Buches aber dann ausführlich besprochen.

Somit gilt: Wir warten ein klar definierbares Wiedereinstiegsniveau ab, das wir dann als Trigger festlegen und bei wiederholtem Erreichen sofort handeln. Ich werde dieses Vorgehen im Anschluss beschreiben. Wir werden es so lange beibehalten, bis Sie den Umgang mit diesem Regelwerk sicher beherrschen.

Die Punkte (2) und (3) beziehen sich auf den Wiedereinstieg unmittelbar nach Beendigung des Rücklaufs. Dieses Vorgehen werde ich im Folgenden skizzieren, auch wenn es hier nur als inhaltliche Ergänzung anzusehen ist und erst in Teil 4 des Buches eine Vertiefung erleben wird.

(1) Die aggressivere Form des Einstiegs wäre, sich im Rücklauf, also nach dem ersten Ausbruchsschub, in den Markt hineinheben zu lassen. Hierzu stellen Sie den Geldkurs an jenes Kursniveau, nahe dem Sie eine Erschöpfung der Gegen-

bewegung (welche mit dem Wiedereinstiegs-Trade ausgenutzt werden soll) erwarten. Oder Sie lassen den Gegenlauf des Kurses zunächst zu und versuchen, in derjenigen Phase, in der der Kurs auf der Oberseite wieder Fahrt aufnimmt, aufzuspringen, also dann, wenn der Kurs bereits wieder in die gewünschte Handelsrichtung drängt.

Die Vor- und Nachteile dieser Vorgehensweisen schiebe ich der Übersichtlichkeit halber dennoch bereits hier mit ein:

Vor- und Nachteile von (1):

▶ Vorteil: Wir gehen erst in den Markt, wenn dieser nach einem Rücklauf beweist, weiterhin über eine hohe Dynamik zu verfügen. Das tut er, indem er das einmal markierte Ausbruchsextrem wieder erreicht. Zumindest filtern wir auf diese Weise viele impulsarme Fehl-Trades heraus.

▶ Vorteil: Auf diese Weise können wir ein klares Einstiegsniveau definieren, was uns gerade in der Anfangsphase die Suche nach einem Einstiegsniveau erleichtert.

▶ Nachteil: Der offensichtlichste Nachteil ist, dass wir sehr viele Punkte bereits im Vorfeld verschenken.

Vor- und Nachteile von (2):

▶ Vorteil: Wir stellen sicher, dass wir auf einem im Vorfeld festgelegten Niveau in den Markt kommen.

▶ Nachteil: Wir stehen gegen den Impuls, greifen praktisch ins fallende Messer. Da wir bei einem Wiedereinstieg mit sehr engen Stoppkursen arbeiten (hier verwenden wir in der Regel ein Stoppkursniveau von 5 Punkten), ist das Risiko von Fehl-Trades sehr hoch.

▶ Nachteil: Wird der von uns definierte Einstandskurs für unseren Wiedereinstieg nicht erreicht, weil sich der Impuls unter Umständen bereits vor Erreichen dieses Niveaus erschöpft und der Kurs wieder dreht, sind wir nicht mit dabei, wenn sich der Kurs am Ende doch erwartungsgemäß in Richtung des Ausbruchsniveaus entwickelt.

Vor- und Nachteile von (3):

- Vorteil: Wir gehen erst in den Markt, wenn wir zumindest ein Indiz erhalten, dass sich unsere Erwartungshaltung bestätigt. Das ist der Fall, wenn das Ausbruchsniveau beim wiederholten Anhandeln hält und der Kurs wieder Fahrt in Richtung des Ausbruchs nimmt. Das senkt messbar das Risiko eines Fehl-Trades durch Ausstoppen der Position.

- Nachteil: Wir haben kein klar definiertes Einstiegsniveau, sondern nur eine Kursspanne. Um mit dieser Methode erfolgreich arbeiten zu können, benötigen wir bereits einige Erfahrung im Umgang mit dem Regelwerk und ein erstes Gespür für die Entwicklung der Impulsdynamik.

- Nachteil: Wir springen dem Kurs hinterher und vergeben unter Umständen wertvolle Punkte. Dieser Sachverhalt ist umso kritischer, als wir keine Sicherheit haben, dass trotz Bestätigung und Wiederaufnahme des Kursverlaufes in Ausbruchrichtung der Schub erfolgreich verlaufen wird. Kritisch ist diese Tatsache auch, wenn sich dieser Schub bereits wieder erschöpft, sobald wir in den Markt kommen.

Doch folgen wir jetzt weiter dem Regelwerks-Trade als Wiedereinstieg. Der Ausbruch im Vorfeld ist erfolgt, wir sind long mitgelaufen und haben einen Gewinn realisiert.

(2) Der Kurs läuft weiter, wir suchen nach einer neuen Einstiegsmöglichkeit, indem wir eine erneute Formationsbildung für einen Ausbruchs-Trade auf höherem Niveau abwarten.

(3) Der Kurs kommt zurück und bewegt sich in Richtung des Ausbruchsniveaus, des vormaligen Triggers, um erneut auf das Ausbruchsniveau und die Impulsrichtung zuzusteuern.

Wir sehen im Übrigen erstaunlich oft, dass das vormalige Ausbruchsniveau hält und sich jetzt als Unterstützung bestätigt, wenn es im Vorfeld noch als Widerstand wirkte (vor dem Ausbruch z. B. über 10.000).

4.2 Der regelwerkbasierte Wiedereinstieg (1)

Beginnen wir mit der **regelwerkbasierten Variante** des Wiedereinstieges, die wir so lange praktizieren, bis das Prinzip einer wiederholten Positionseröffnung in Ausbruchs- und Impulsrichtung beherrscht wird. Hier definieren wir ein konkretes Wiedereinstiegsniveau nach einem abgeschlossenen Ausbruchs-Trade.

Die folgende Grafik zeigt den schematischen Ablauf eines regelwerkbasierten Wiedereinstiegs. Wir sehen, wie der Ausbruchs-Trade durch einen im Vorfeld definierten Long-Trigger eröffnet wurde. Wir unterstellen eine erste Gewinnmitnahme (sei es durch Erreichen des Kurszieles oder durch eine manuelle Glattstellung). Der Kurs schlägt sehr oft eine Gegenbewegung ein und testet das Ausbruchsniveau mehr oder weniger genau.

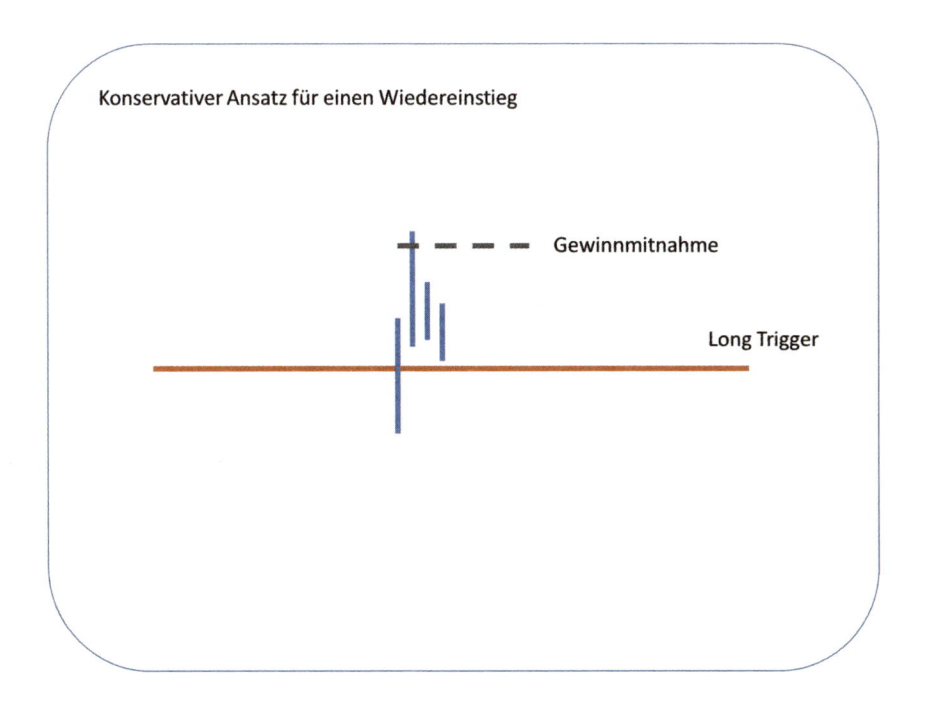

Wir setzen darauf, dass der Impuls auf der Oberseite eine Fortsetzung findet. In unserer regelwerkbasierten Variante definieren wir das bisher erreichte Durchstichsextrem als Trigger.

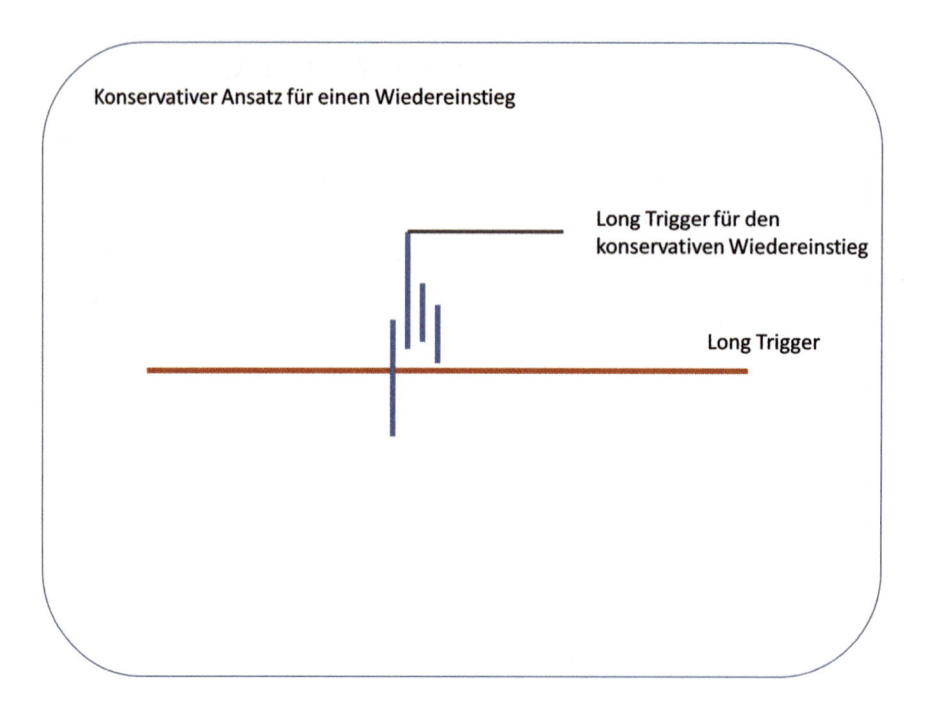

Der Wiedereinstieg

Konservativer Ansatz für einen Wiedereinstieg

Long Trigger für den konservativen Wiedereinstieg

Long Trigger

Zieht der Kurs jetzt an, werden wir in den Markt gehen, wenn der Long-Trigger für den Wiedereinstieg überschritten wird.

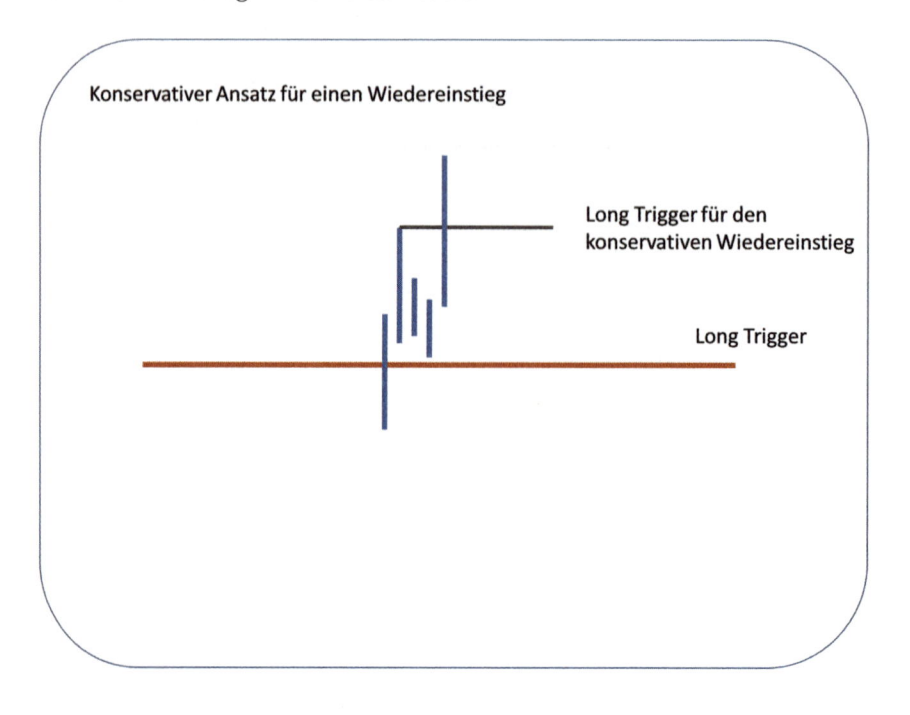

Konservativer Ansatz für einen Wiedereinstieg

Long Trigger für den konservativen Wiedereinstieg

Long Trigger

Ziehen wir hier einen Zeitfilter ein? Ja, das tun wir. Warum? Wir wollen eine unterstützende Indikation haben, ob der vorangegangene Ausbruchs-Trade auch wirklich genug Dynamik hat, um zu einer Fortsetzung des Aufschwungs beizutragen. Zieht sich dieser Prozess der Impulsfortsetzung zu lange hin, sinkt die Aussagekraft der Entwicklung. In diesem Falle warte ich bei Anwendung dieses Ansatzes erst einen erneuten Durchstich ab, das heißt, ich beginne mit der Prozedur erneut, nur auf einem höheren Niveau.

Konkret heißt das: Wenn sich der FDAX nach Markierung des Durchstichextrems und damit nach der Definition des Long-Triggers für den regelbasierten Wiedereinstieg nicht innerhalb von spätestens vier Minutenkerzen über jenes Niveau hinwegbewegt, beginnt die Prozedur der Dynamikmessung erneut.

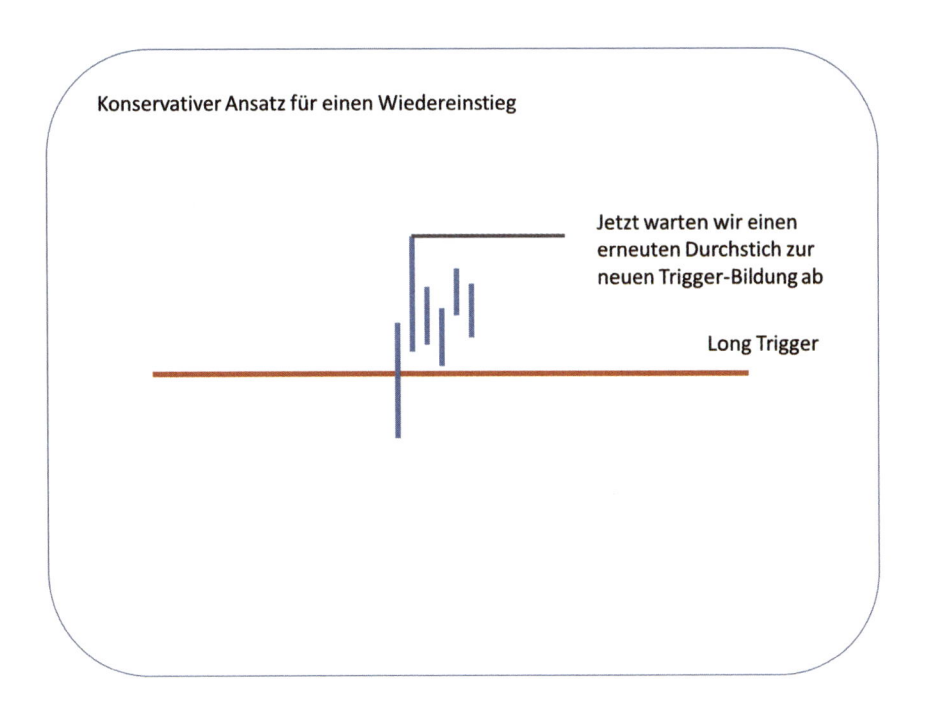

Konservativer Ansatz für einen Wiedereinstieg

Jetzt warten wir einen erneuten Durchstich zur neuen Trigger-Bildung ab

Long Trigger

Da vier abgeschlossene Kerzen nicht zur Überwindung des konservativen Triggers geführt haben, warte ich jetzt erst eine erneute Trigger-Markierung ab.

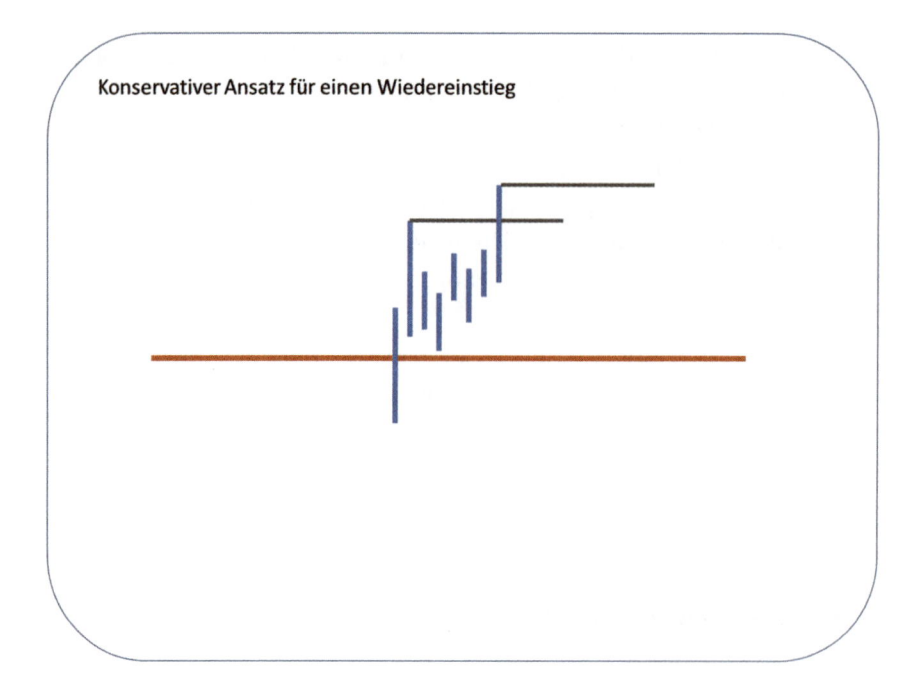

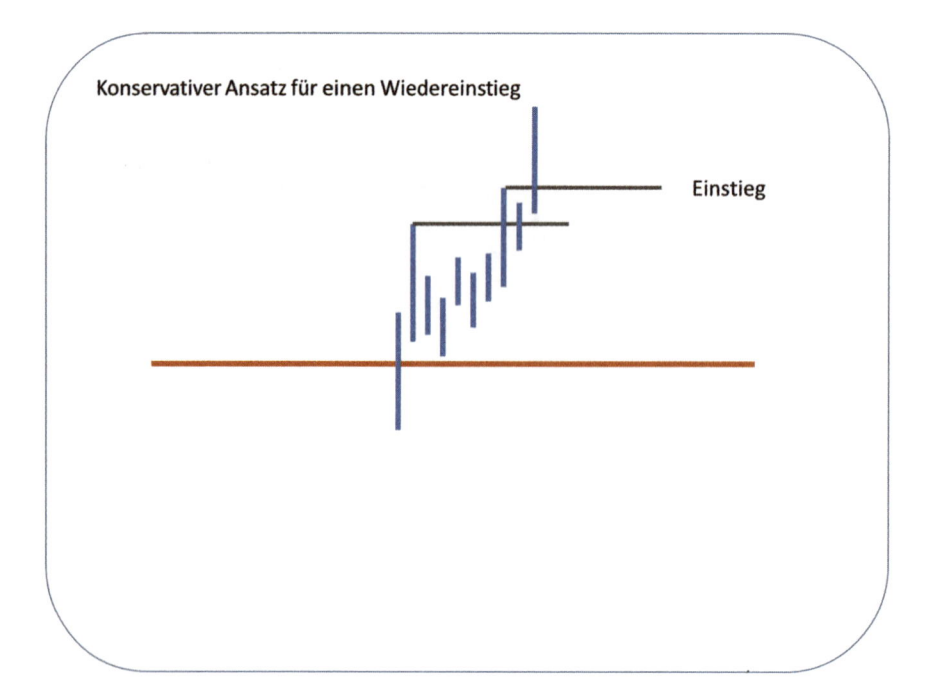

Der Wiedereinstieg

Konservativer Ansatz für einen Wiedereinstieg

Konservativer Ansatz für einen Wiedereinstieg

Einstieg

4.3 Der Wiedereinstieg im laufenden Impuls

Kommen wir zu einer weiteren Einsatzmöglichkeit des Wiedereinstieges, jetzt im laufenden Impuls. In der Regel weist fast jeder Impuls temporäre Zwischenreaktionen auf. So gut wie nie geht ein Impuls wie an der Schnur gezogen in eine Richtung. Wir nutzen die Reaktionsphasen für den Wiedereinstieg.

Hier greife ich der Behandlung der Reaktionspotenziale vor, die im 5. Teil des Buches, der Diskussion der Marktanalysemethoden und der Prognostizierbarkeit von Kursverläufen, dargestellt wird. Ich nutze die Reaktionspotenziale, um ein Gefühl dafür zu erhalten, ob die Dynamik des laufenden Impulses, in den ich wieder einsteigen möchte, noch immer hoch genug ist, um meine Position gewinnbringend weiterzutragen.

Hierzu errechne ich bei jedem tragenden Bewegungsimpuls, der mehr als 25 Punkte im FDAX läuft, das minimale Reaktionspotenzial. Das minimale Reaktionspotenzial bezieht sich dabei immer auf das zu bewertende Bewegungsfraktal.

Sehen wir uns eine solche Vorgehensweise wieder in einem schematisierten Beispiel an, ein Beispiel, das an unser vorangegangenes Beispiel anknüpft. Wir unterstellen, das Fraktal des laufenden und nun zu korrigierenden Impulses beginnt bei 9986 – dann überwindet es die 10.000 Punkte und klettert auf 10.025, wo eine offensichtliche Erschöpfung auftritt. Wir errechnen das erste minimale Reaktionspotenzial beziehungsweise Reaktionsziel.

Nutzen Sie dazu folgende einfache Formeln:

Hoch – {[(Hoch – Tief) × 33,3] ÷ 100}

Hoch – {[(Hoch – Tief) × 38,2] ÷ 100}

Die folgenden Grafiken zeigen die zu messende Fraktalstrecke und die sich daraus ergebende Minimumkorrektur.

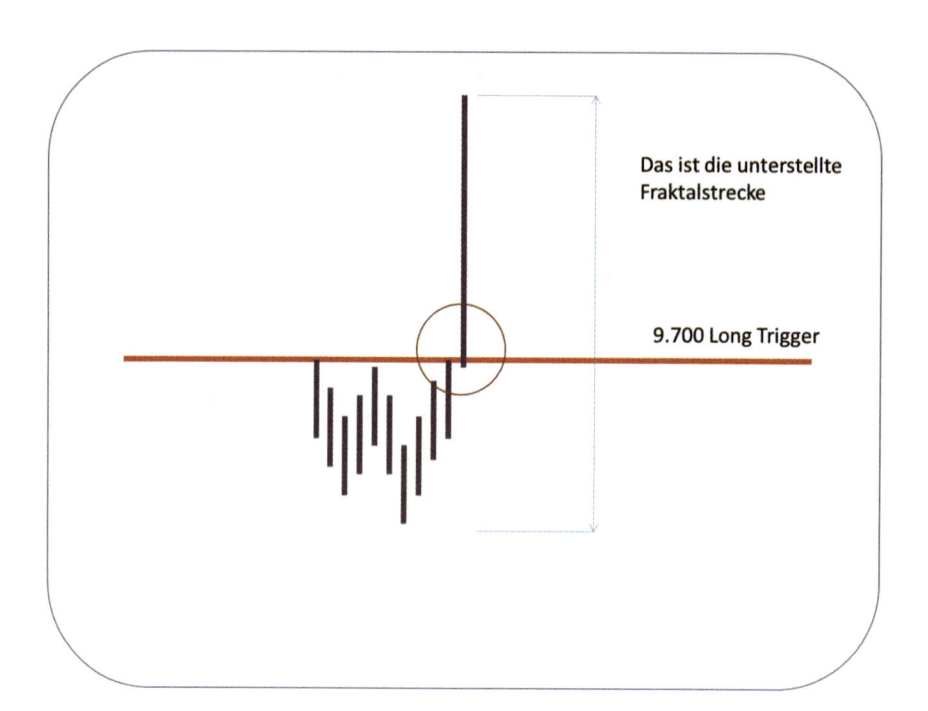

Der Wiedereinstieg

Das ist die unterstellte Fraktalstrecke

9.700 Long Trigger

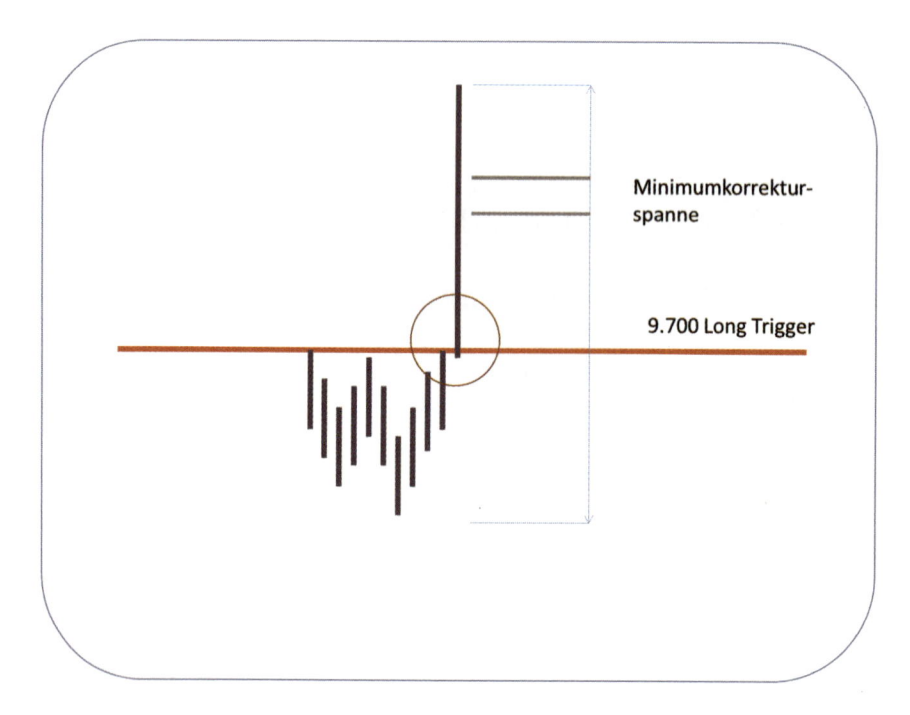

Minimumkorrektur-
spanne

9.700 Long Trigger

In unserem Beispiel kämen wir jetzt auf 10.012 bis 10.010. Wir gehen nun wie folgt vor:

Zunächst gehen wir davon aus, dass der Kursimpuls Bestand zeigt, solange er das errechnete Reaktionsziel nicht (nachhaltig) unterschreitet. Was heißt nachhaltig? Ein bis zwei Punkte würden wir diesem Kurs Platz geben, mehr nicht. Das heißt aber auch, dass eine mögliche Reaktion bereits oberhalb des errechneten Reaktionszieles zum Erliegen kommen kann. Das wäre ein klares Indiz für Stärke und Dynamik. Es ließe weitere Kursgewinne erwarten und wäre für uns ein Anlass, rasch mit einem Einstieg auf der Kaufseite zu reagieren. Somit bleiben auch hier Flexibilität, Gefühl und Erfahrung die wichtigste Währung, mit der wir uns Punktegewinne erfolgreich erkaufen.

Wir unterstellen jetzt, der Kurs läuft zurück und nähert sich tatsächlich dem errechneten Zielband bei 10.012 bis 10.010. Wieder gilt die gleiche Vorgehensweise, wie bereits im Vorfeld beschrieben, nämlich beim ersten Wiedereinstieg unmittelbar nach dem Ausbruch. Auch hier gelten die Einstiegsmethoden (1), (2) und (3). Auch hier gelten zudem alle bereits benannten Vor- und Nachteile der jeweiligen Vorgehensweise.

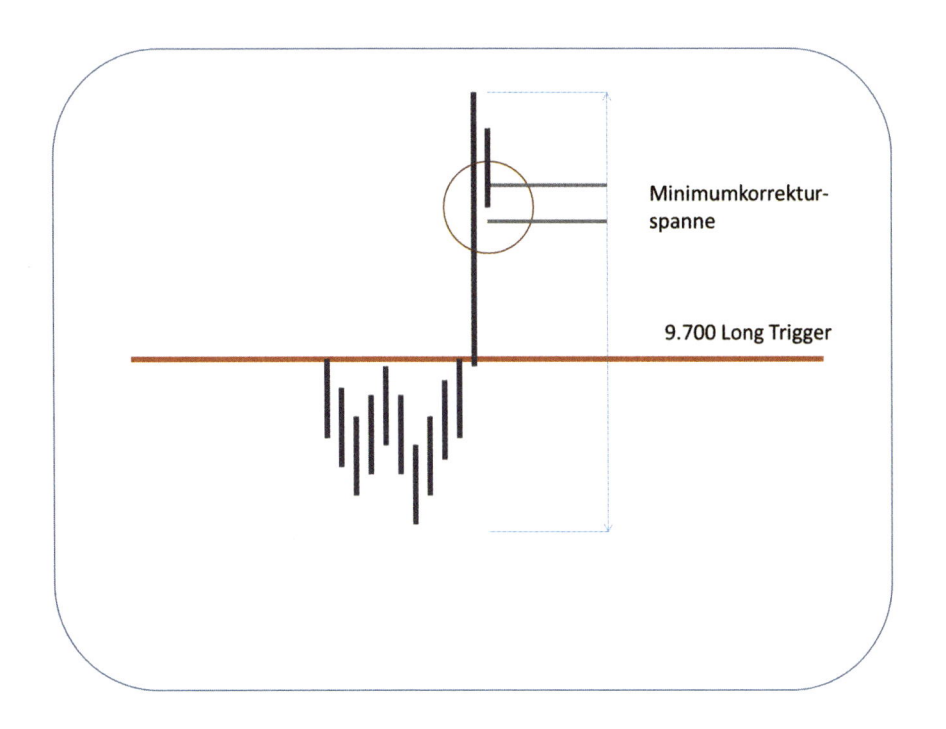

Eine regelbasierte Vorgehensweise sieht jetzt so aus: Wir definieren das Bewegungsextrem als entsprechenden Trigger. Alles bereits Gesagte trifft hier zu, wie unter (1) beschrieben.

Je mehr Praxis Sie mit diesem Regelwerk erlangen, umso eher werden Sie in der Lage sein, eigene Modifizierungen in Ihr Regelwerk einzupflegen. Hierbei gilt immer der Wohlfühlfaktor als wichtigstes Kriterium dafür, eine Modifizierung aufzunehmen oder wieder zu verwerfen.

Auf der Short-Seite arbeiten wir identisch mit dem gleichen Regelwerk, nur eben mit umgekehrtem Vorzeichen. Was ist allerdings anders?

Achten Sie darauf, dass sich der Kurs von Aktien und Aktien-Futures (auch im Renten-Future kann man das sehen) auf der Short-Seite anders verhält als auf der Long-Seite. Nur bei Währungspaaren ist dieser Effekt *nicht* anzutreffen, denn dort ist der steigende Kurs einer Währung zugleich ein fallender Kurs in der anderen Währung. In den übrigen Märkten reagieren die Kurse auf der Südseite heftiger, es geht alles etwas schneller, ausgeprägter und mit deutlicheren Rückläufen beziehungsweise Reaktionen. Auch hier heißt die Devise: Entwickeln Sie ein Gefühl dafür und sammeln Sie Erfahrung.

4.4 Praktische Beispiele

Die nächste Grafik zeigt einen von vielen Wiedereinstiegen im 1-Minuten-Chart des FDAX vom Freitag, den 14. August 2015. Nach der Überwindung der Ausbruchsebene bei 11.040,50 Punkten schob sich der Kurs im ersten Anlauf fast bis auf das 11.050er-Niveau, bevor er wieder zurücksetzte und das Ausbruchsniveau testete. Diese ursprüngliche Signallinie behauptete sich als Unterstützung, sodass der Kurs sich nach oben hin bewegen konnte und am bis dahin gültigen Impulshoch eine Wiedereinstiegs-Order auslöste.

Der untere Chart zeigt mehrere Wiedereinstiegsmöglichkeiten im 1-Minuten-Chart des FDAX auf der Short-Seite. Auffällig ist zum einen die jeweils ausgebildete Reaktionskerze nach einem Abwärtsschub, zum anderen das geringe Reaktionsausmaß der Reaktionskerze(n) im Anschluss (das interpretieren wir als

Indiz einer hohen Dynamik). Auffällig ist außerdem die rasche Wiederaufnahme des Abschwungs, wobei der Kurs das jeweilige Impulstiefs unterschreitet und die damit verbundene Order auslöst.

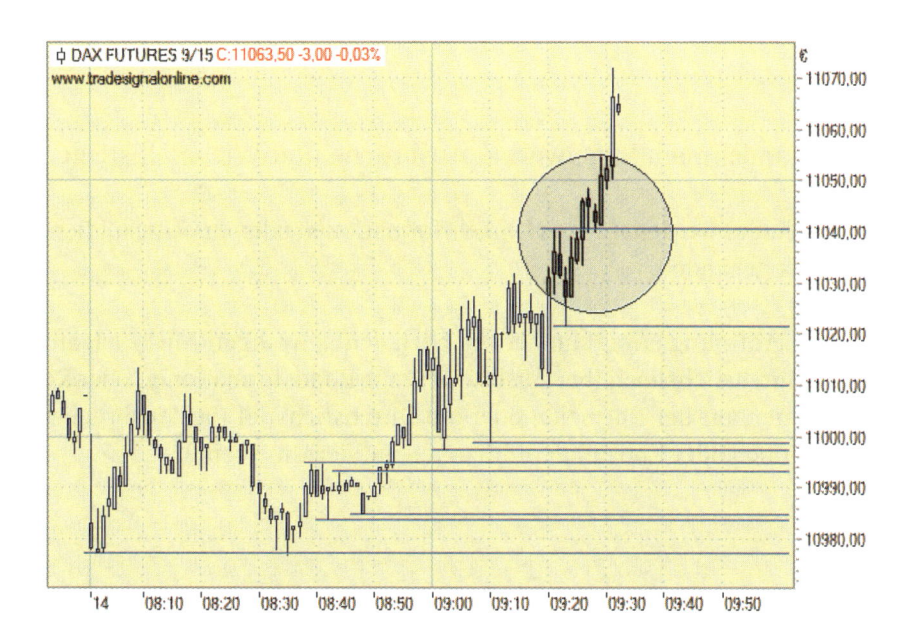

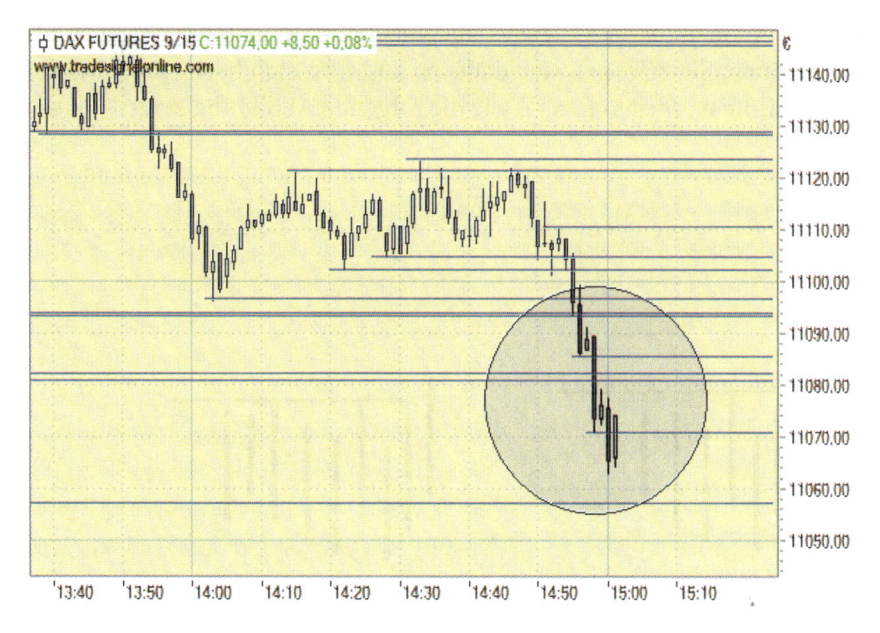

5 Fact-Sheet (Grundkurs – Handelsausbildung)

In aller Kürze wird hier das Wichtigste aus dieser ersten Phase der Handelsausbildung zusammengefasst.

5.1 Handel nach Regelwerk – Ausbrüche und Wiedereinstiege

Ausbruchs-Trades werden nur aus Umkehrformationen oder aus Konsolidierungszonen heraus gehandelt.

Die Positionseröffnung erfolgt immer erst **nach dem jeweiligen Ausbruch** am ausgebildeten **Durchstichshoch** (bei Ausbrüchen aus Bodenformationen oder Konsolidierungszonen auf der Oberseite) oder am **Durchstichstief** (bei Ausbrüchen aus Top-Formationen oder Konsolidierungszonen auf der Unterseite).

5.2 Wie wir Ausbruchsformationen definieren

Umkehrformationen für Long-Trades sind vorrangig **Doppelböden** oder **Dreifach-/Mehrfachböden**. Sie zeichnen sich dadurch aus, dass sich horizontale Nackenlinien als Signallinien anlegen lassen, wie die folgende Abbildung zeigt:

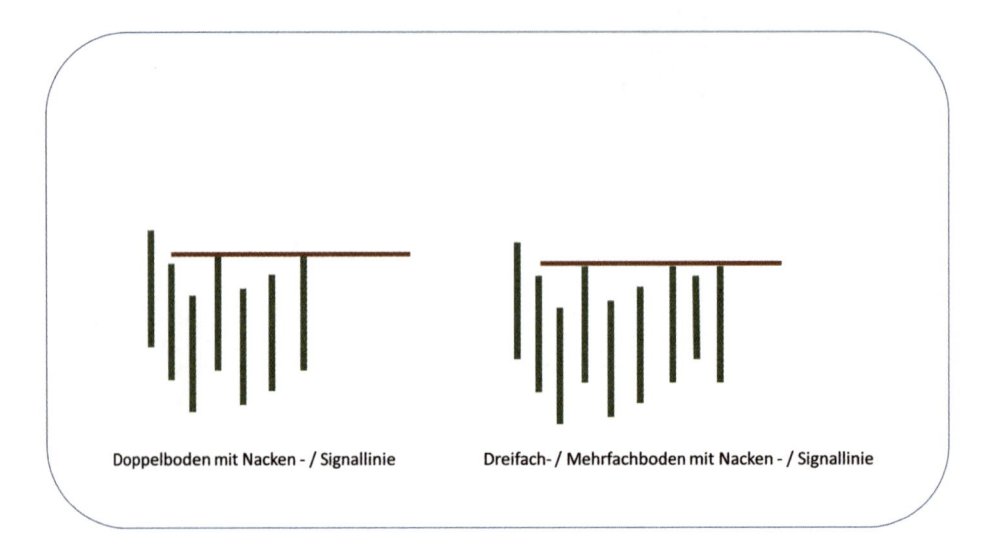

Doppelboden mit Nacken - / Signallinie   Dreifach- / Mehrfachboden mit Nacken - / Signallinie

Umkehrformationen für Short-Trades sind vorrangig **Doppelspitzen** oder **Dreifach-/Mehrfachspitzen**.

Sie zeichnen sich dadurch aus, dass sich horizontale Nackenlinien als Signallinie anlegen lassen. Das sieht beispielsweise folgendermaßen aus:

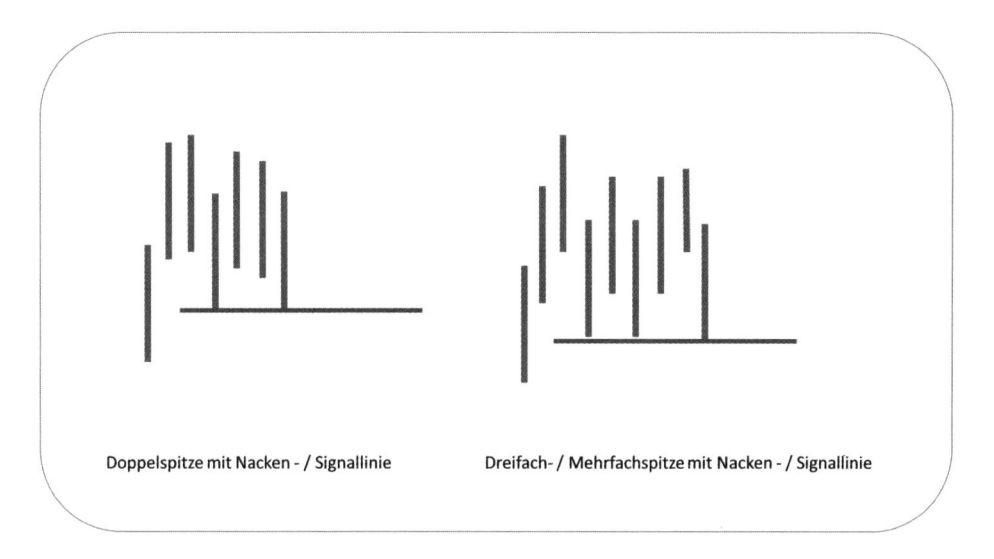

Doppelspitze mit Nacken - / Signallinie   Dreifach- / Mehrfachspitze mit Nacken - / Signallinie

Ausbrüche können auch aus **Konsolidierungs- oder Zwischenkonsolidierungsformationen** heraus erfolgen, da diese in der Regel nicht formgerechte Umkehrformationen darstellen. Schematisch lässt sich das so darstellen:

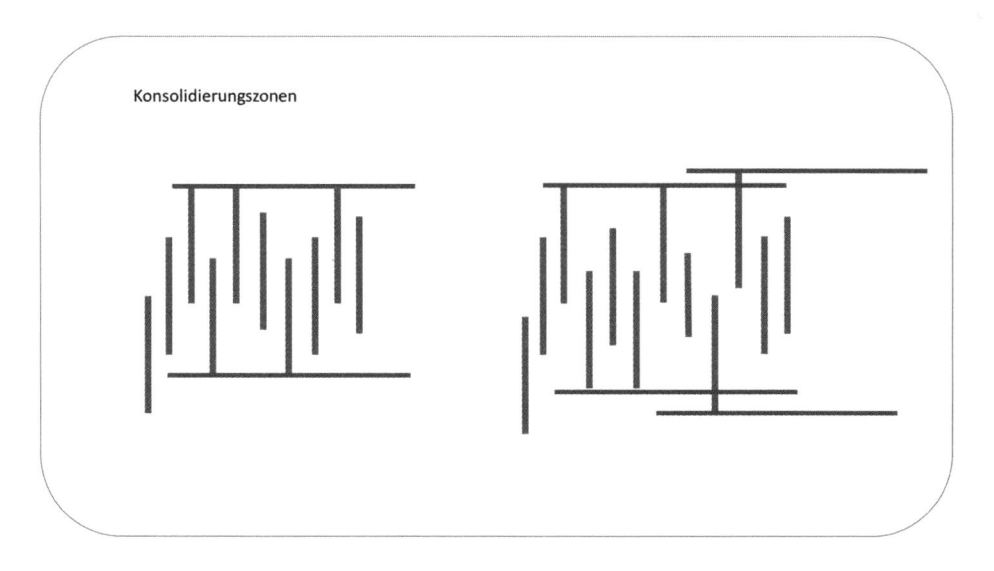

Konsolidierungszonen

Hierzu ein Hinweis: Umkehrformationen bilden in der Regel Positionierungsumschichtungen der Marktteilnehmer ab. Sie sind ebenfalls ein Zeichen dafür, dass die Akteure umdenken. Ein solcher Prozess verläuft normalerweise langsamer als der vorangegangene Bewegungsimpuls und führt zu den typischen Musterverläufen. Diese sind erkennbar an schnellen Umschichtungen oder Eindeckungen. Glattstellungen in ausgeprägterem Ausmaß führen meist zu den sogenannten V-Wenden, bei denen es nicht zu den gesuchten Umkehrformationen kommt. Hier können Ausbruchs-Trades nicht gehandelt werden.

5.3 Ausbrüche bereiten Positionseinstiege vor

Um einen Ausbruchs-Trade eingehen zu können, benötigen wir einen Ausbruch. Bei Konsolidierungen oder Zwischenkonsolidierungen müssen Ausbrüche beidseitig unterstellt werden – meist erfolgen sie in Richtung des vorangegangenen Impulses.

Bei Bildung von Bodenformationen (Doppel-, Dreifach-, Mehrfachböden) erwarten wir Ausbrüche auf der Oberseite, bei Top-Formationen (Doppel-, Dreifach-, Mehrfachspitzen) sind Ausbrüche auf der Unterseite wahrscheinlich.

Hinweis: Es ist hilfreich, sich in den Phasen der Formationsausbildung das nächsthöhere Zeitfenster im Kursverlauf anzusehen. Daraus lässt sich eine unterstützende Indikation herleiten, welche Formationsausbildung anstehen könnte. Die nächste Grafik zeigt schematisch den Ausbruch aus einer Bodenformation.

Vorgehen: Wir warten den Durchstich ab (das heißt, wir warten die Ausformung der Kerze ab). Nach Ausformung des Durchstichshochs platzieren wir auf jenem Niveau eine Stopp-Buy-Order. Wird die Order ausgeführt, folgen Stopp-Order (Stopp-Sell-Order) und Ziel-Order (Limit-Sell-Order).

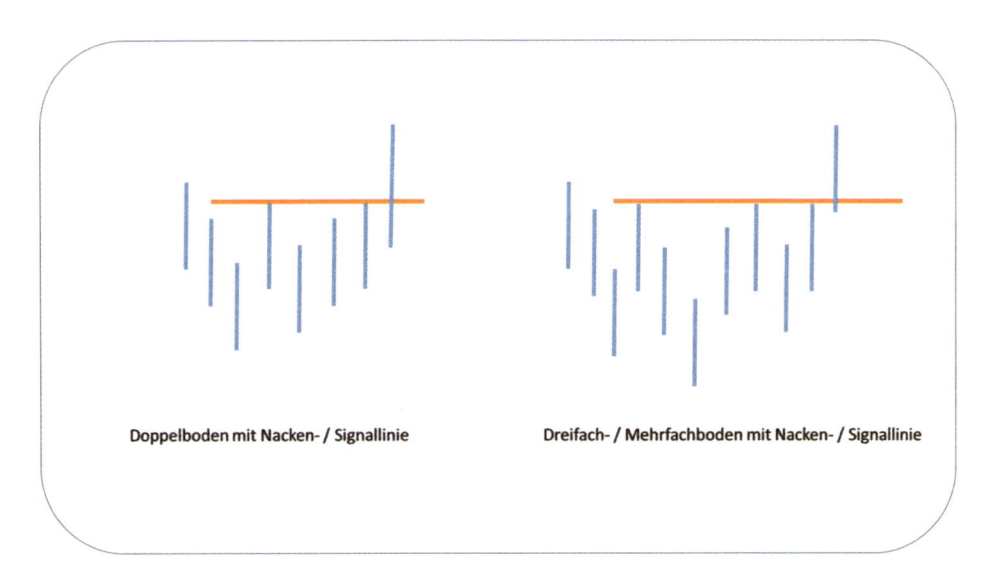

Themenkomplex 2: Ausbruchs- und Wiedereinstiegshandel

Doppelboden mit Nacken- / Signallinie

Dreifach- / Mehrfachboden mit Nacken- / Signallinie

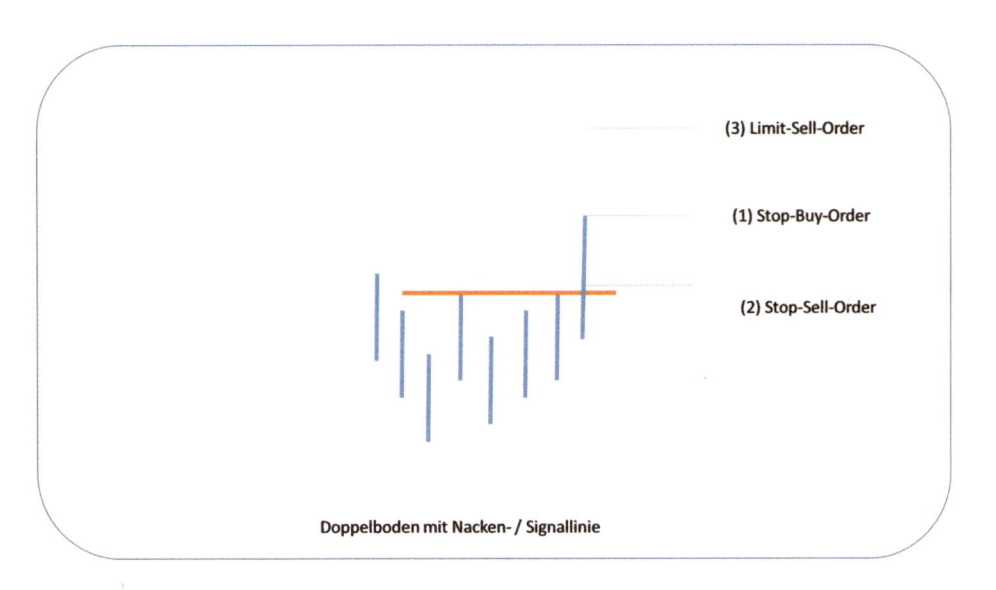

(3) Limit-Sell-Order

(1) Stop-Buy-Order

(2) Stop-Sell-Order

Doppelboden mit Nacken- / Signallinie

173

Die folgende Grafik zeigt schematisch den Ausbruch aus einer Top-Formation:

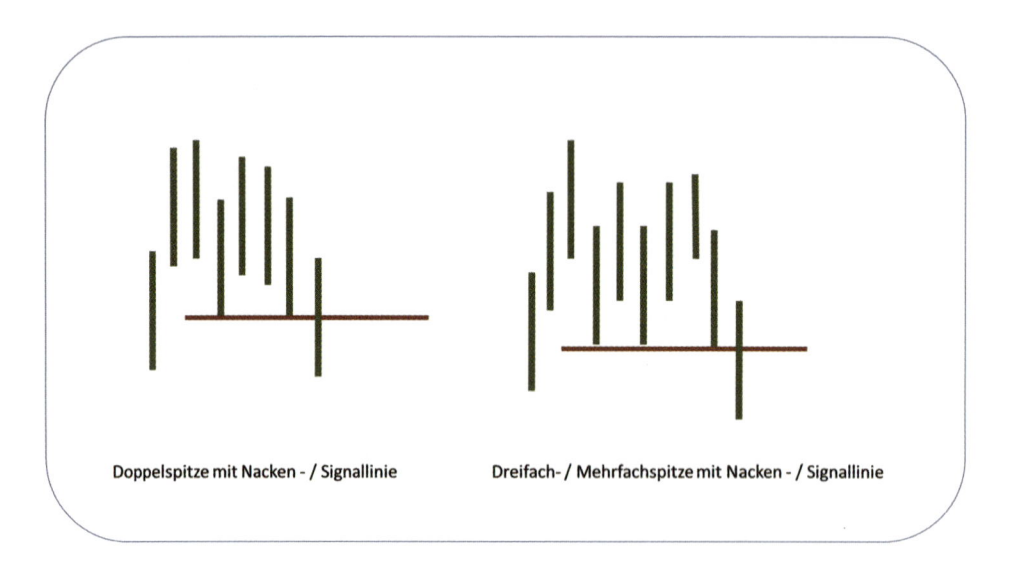

Doppelspitze mit Nacken - / Signallinie   Dreifach- / Mehrfachspitze mit Nacken - / Signallinie

Vorgehen: Wir warten den Durchstich ab (das heißt, wir warten die Ausformung der Kerze ab). Nach Ausformung des Durchstichstiefs platzieren wir auf jenem Niveau eine Stopp-Sell-Order. Wird die Order ausgeführt, folgen Stopp-Order (Stopp-Buy-Order) und Ziel-Order (Limit-Buy-Order).

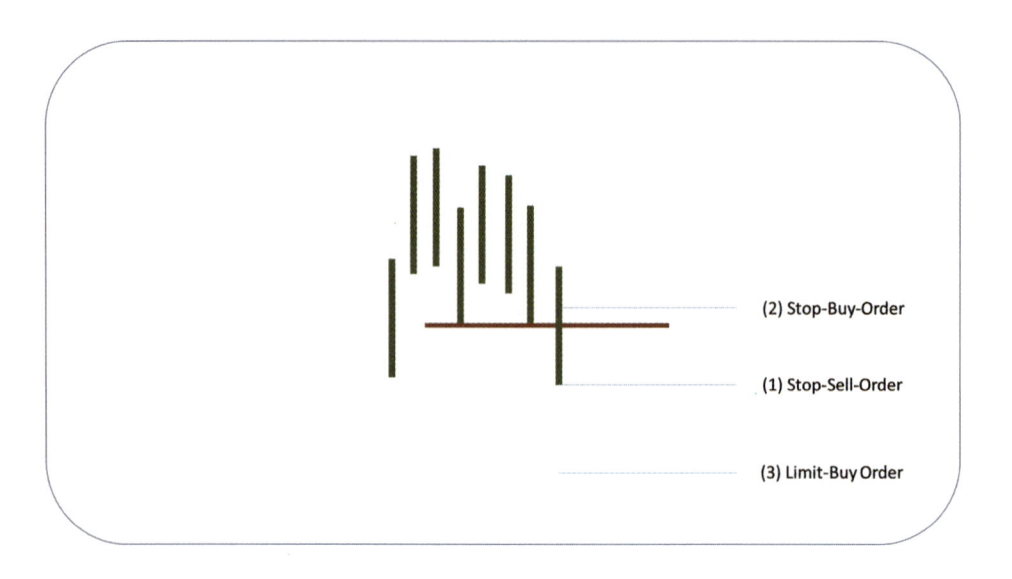

(2) Stop-Buy-Order
(1) Stop-Sell-Order
(3) Limit-Buy Order

Bei Ausbrüchen aus den Konsolidierungszonen verfahren wir nach dem gleichem Vorgehensmuster:

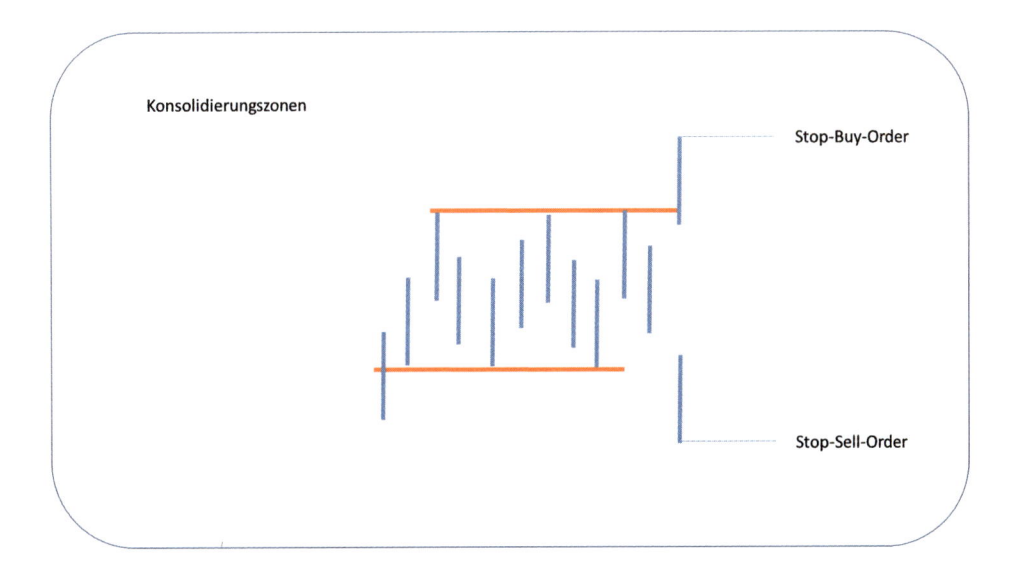

Konsolidierungszonen

Stop-Buy-Order

Stop-Sell-Order

Wichtiger Hinweis: Bei Ausbrüchen aus Umkehrformationen beziehungsweise Konsolidierungszonen wird das Durchstichshoch bzw. Durchstichstief sofort nach Abschluss der Kerzenbildung zum Trigger. Es ist keine weitere Bestätigungskerze notwendig (anders bei den Wiedereinstiegen).

Folgende Bedingungen erlauben einen sofortigen Einstieg in die Position mit Über-/Unterschreiten des Triggers:

Die am Hoch oder Tief der Durchstichskerze platzierte Stopp-Buy- oder Stopp-Sell-Order verbleibt dort bis nach Ausformung der vierten Folgekerze. Das heißt, die Order könnte sofort mit der ersten Folgekerze ausgeführt werden, sofern das markierte Durchstichshoch überwunden beziehungsweise das Durchstichstief unterschritten wird. Kann die Folgekerze den Trigger nicht gleich überwinden oder unterschreiten, bleibt die Order auch noch für die zweite, dritte und vierte Kerze gültig und im Markt. Löst auch die vierte Kerze die Order nicht aus, unterstellen wir mangelnde Bewegungsdynamik. Wir löschen die Order und warten den nächsten Durchstich ab.

5.4 Wiedereinstiege

Wiedereinstiege dienen zur erneuten Positionseröffnung innerhalb eines bereits laufenden Bewegungsimpulses.

Wiedereinstiegs-Trades kommen zum Tragen, sobald eine Ausbruchs-Order geschlossen wurde oder wenn es mangels gültiger Umkehrformation im Vorfeld keine Möglichkeit gegeben hat, eine Ausbruchs-Order zu platzieren.

Das Set-up eines Wiedereinstieges definiert sich aus einem laufenden Bewegungsimpuls (aufwärts oder abwärts ausgerichtet) und einer Reaktionskerze. Eine Reaktionskerze erkennen wir daran, dass diese innerhalb eines Aufwärtstrends das Hoch ihrer Vorkerze (das Bewegungshoch) nicht überschreitet beziehungsweise innerhalb eines Abwärtstrends das Tief ihrer Vorkerze (das Bewegungstief) nicht unterschreitet.

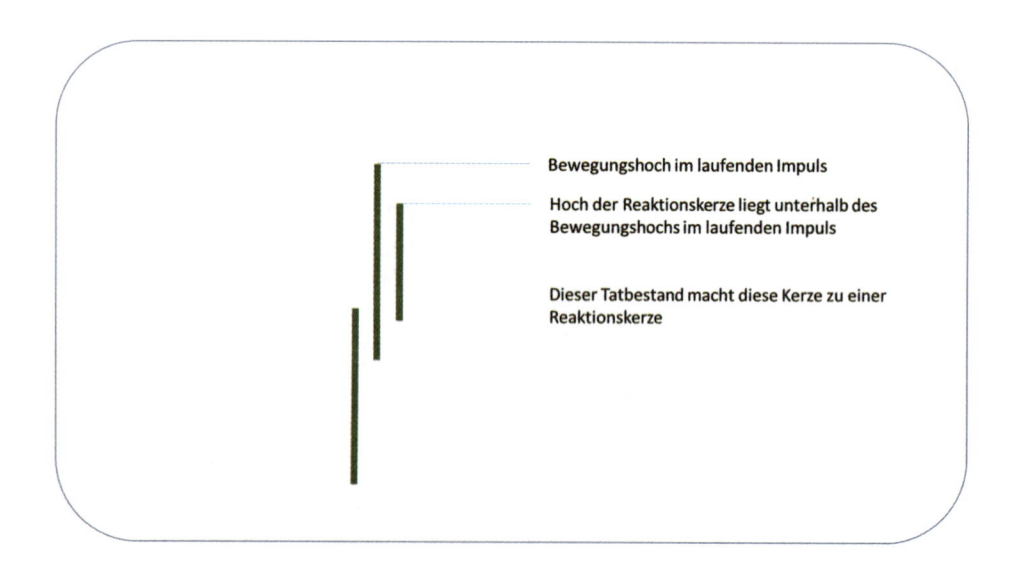

Bewegungshoch im laufenden Impuls

Hoch der Reaktionskerze liegt unterhalb des Bewegungshochs im laufenden Impuls

Dieser Tatbestand macht diese Kerze zu einer Reaktionskerze

Innerhalb eines Abwärtsimpulses gilt die gleiche Konstellation, nur mit umgekehrten Vorzeichen.

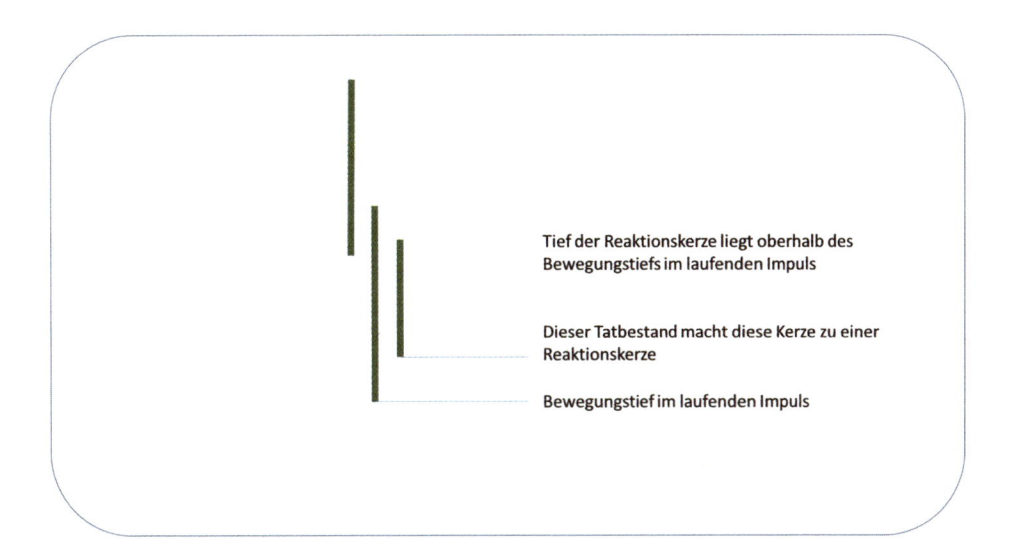

Tief der Reaktionskerze liegt oberhalb des Bewegungstiefs im laufenden Impuls

Dieser Tatbestand macht diese Kerze zu einer Reaktionskerze

Bewegungstief im laufenden Impuls

Tritt eine solche Konstellation innerhalb eines laufenden Impulses auf, empfiehlt sich folgende Vorgehensweise.

Innerhalb eines Aufwärtsimpulses ...

▶ ... platzieren wir *nach* fertiger Ausbildung der Reaktionskerze eine Stopp-Buy-Order.

▶ ... platzieren wir *nach Ausführung* der Stopp-Buy-Order eine Stopp-Sell-Order am Stoppkurs-Niveau und dann eine Limit-Sell-Order am Niveau des Zielkurses.

▶ ... bleibt die Stopp-Buy-Order aktiv, solange die Vier-Kerzen-Regel greift beziehungsweise solange die Zwischenreaktion das minimale Reaktionspotenzial nach unten hin (bezogen auf das jüngste Bewegungsfraktal des Aufwärtsimpulses) nicht ausschöpft.

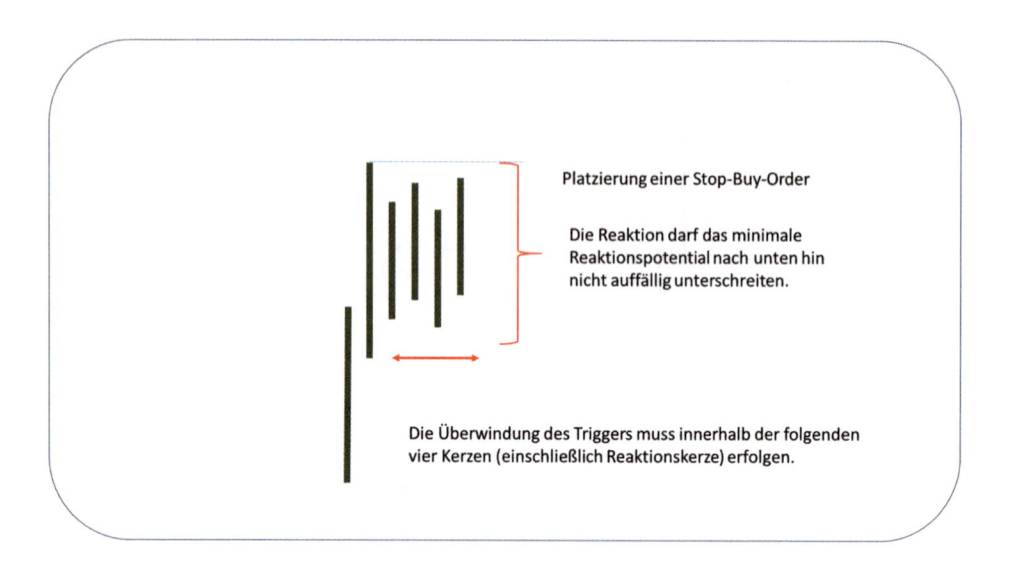

Platzierung einer Stop-Buy-Order

Die Reaktion darf das minimale Reaktionspotential nach unten hin nicht auffällig unterschreiten.

Die Überwindung des Triggers muss innerhalb der folgenden vier Kerzen (einschließlich Reaktionskerze) erfolgen.

Innerhalb eines Abwärtsimpulses...

▶ ... platzieren wir *nach* fertiger Ausbildung der Reaktionskerze eine Stopp-Sell-Order.

▶ ... platzieren wir *nach Ausführung* der Stopp-Sell-Order eine Stopp-Buy-Order am Stoppkurs-Niveau und dann eine Limit-Buy-Order am Niveau des Zielkurses.

▶ ... bleibt die Stopp-Sell-Order aktiv, solange die Vier-Kerzen-Regel greift beziehungsweise die Zwischenreaktion das minimale Reaktionspotenzial nach oben hin (bezogen auf das jüngste Bewegungsfraktal des Aufwärtsimpulses) nicht ausschöpft.

Bitte beachten Sie immer die Reihenfolge der Orderplatzierungen:

Die Platzierung der Einstiegsorder (Stopp-Buy, Stopp-Sell) erfolgt immer erst, wenn das jeweilige Platzierungsniveau durch Abschluss der Kerze bestätigt ist.

▶ Die Stopp-Order (Stopp-Sell nach dem Eingehen einer Long-Position, Stopp-Buy nach dem Eingehen einer Short-Position) wird erst platziert, wenn die Einstiegs-Order ausgeführt wurde.

▶ Die Ziel-Order (Limit-Sell nach Eingehen einer Long-Position, Limit-Buy nach Eingehen einer Short-Position) wird als letzte Order platziert.

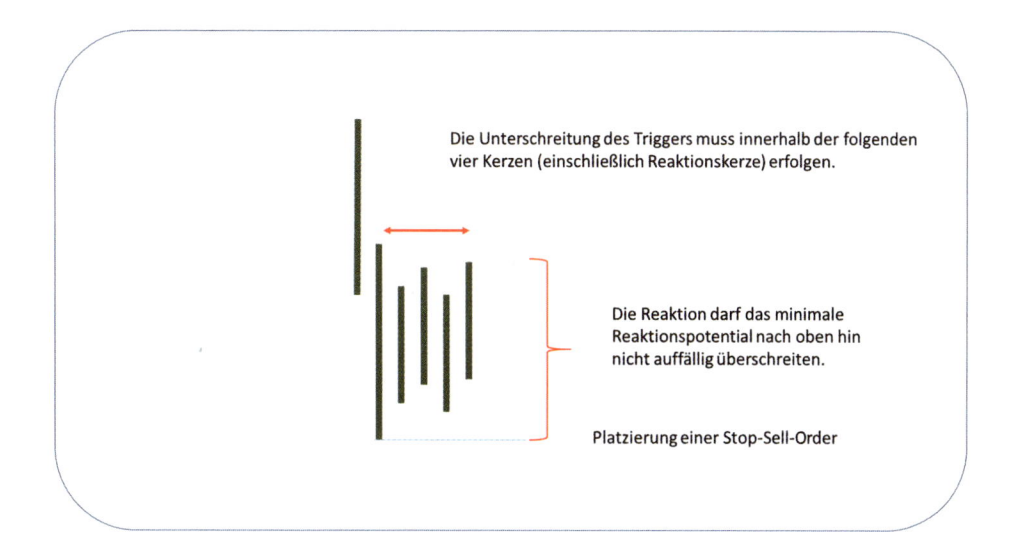

Die Unterschreitung des Triggers muss innerhalb der folgenden vier Kerzen (einschließlich Reaktionskerze) erfolgen.

Die Reaktion darf das minimale Reaktionspotential nach oben hin nicht auffällig überschreiten.

Platzierung einer Stop-Sell-Order

5.5 Wie setzen wir die Positionseinstiege in der Praxis um?

Die Handelsplattform ist, neben dem Broker, Ihre direkte technische Schnittstelle zum Markt – somit Ihr verlängerter Arm. Bei der Auswahl der richtigen Handelsoberfläche ist es notwendig, diese nach Ihren Befindlichkeiten und Vorlieben auszuwählen. Suchen Sie sich die Oberfläche mit der gleichen Sorgfalt aus, wie Sie bei der Wahl anderer Dinge vorgehen, die Ihnen viel bedeuten.

Mittlerweile werden sehr viele verschiedene Handelsoberflächen im Markt zur Verfügung gestellt. So gibt es Stand-alone-Versionen zum Kauf oder zur Vermietung. So gibt es gebührenpflichtige oder gebührenfreie Modelle von diversen Brokern. Sie können dabei wählen zwischen Typen mit oder ohne Chartsystem. Der gewöhnliche, aber nicht immer beste Weg ist, dass sich Nutzer, Markt und Produkt irgendwie zusammenfinden und dass sich daraus dann ein Handelsstil ergibt. Besser jedoch legen Sie zunächst Ihren Handelsstil, Ihr Zeitfenster, Ihren Markt und Ihr Produkt fest und begeben sich erst dann auf die Suche nach der dazu passenden Handelsoberfläche. Handelsoberflächen sind heute wie moderne Smartphones, nämlich überfrachtet mit allen möglichen Funktionalitäten. Doch ist viel nicht immer gut. Spricht man mit sehr erfahrenen Händlern, die bereits sehr lange im Geschäft sind, arbeiten sie mit einfachen, aber praktischen Oberflächen. Zusatzfunktionalitäten kommen nur zum Einsatz, wenn sie tatsächlich unterstützende Arbeiten übernehmen. Es geht dabei immer ums Unterstützen, nicht aber um das Abnehmen von Arbeiten oder Handelsschritten.

Grundsätzlich gibt es kaum pauschal gute oder pauschal schlechte Handelsoberflächen. Sondern manche sind besonders effektiv im Scalping, andere eignen sich hervorragend im Swing- und Positions-Trading, wiederum andere finden ihren besten Einsatz im System-Trading. Wenn wir uns für eine Handelsoberfläche und eine für uns sinnvolle Marktanbindung entscheiden, müssen alle anderen Fragen bezüglich Handelsstil, Markt und Produkt bereits geklärt sein. Stehen hier die Antworten fest, ist es sinnvoll, im Zusammenhang mit jedem Handelsstil die Anforderungen an die jeweilige Oberfläche und damit an die persönlichste Schnittstelle zum Markt zu definieren.

Hierzu zählen an erster Stelle Stabilität und Datengeschwindigkeit, weil diese für den Handel unerlässlich sind. Die Software sollte übersichtlich und ihre Handhabung einfach sein. Hat man die zum Charakter und Handelsstil des Traders passende Handelsplattform gefunden, kommt es darauf an, sie perfekt zu beherrschen. So wie ich keine Vorteile im Handeln mehrerer Märkte oder im Springen von Handelsansatz zu Handelsansatz sehe, so sehe ich auch keine Vorteile im häufigen Wechsel der Handelsoberflächen. Was nützt die schnellste Anbindung an den Markt, wenn der Händler nicht schnell ist?

In Gesprächen mit angehenden Tradern aus dem nicht professionellen Bereich wird immer wieder die Frage der Datenübertragungsgeschwindigkeit diskutiert. Ihr wird eine auffallend hohe Bedeutung beigemessen. Ich stimme dieser Sichtweise insoweit zu, als die Datenübertragungsgeschwindigkeit in ein sinnvolles Verhältnis zum praktizierten Handelsstil gesetzt werden muss. Wer immer mit Orderplatzierungen arbeitet (Limit, Stopp-Market, Stopp-Limit), dazu für seinen Trade auf größere Zeithorizonte fokussiert, muss nicht auf eine extrem schnelle und deshalb mitunter sehr teure Anbindung zugreifen. Anders sieht es aus, wenn der Handelsansatz dem Scalping zugeordnet werden kann und es um blitzschnelle Ausführungen geht.

Eine extrem schnelle Datenübertragung (Direct Market Access[59]) ist unter zwei Voraussetzungen möglich, um sinnvoll zu sein: Bevor die Order nämlich abgeschickt wird, benötigen wir eine schnelle Datenübertragung von der Börse zu uns in unser Charting-System. Kommt es hier zu Verzögerungen, ist selbst mit der schnellsten Trading-Software mitunter kein guter Schnitt machbar. Denn der Kurs, den wir im Chart sehen, ist bereits gehandelt! Damit sollte klar sein, dass wir auch ein gutes, angemessenes Charting-Tool benötigen – und hier steht die Bedeutung der Geschwindigkeit und Datenqualität ganz außer Frage.

Besonders Handelsoberflächen für Retail-Kunden liefern meist Charting-Tools gleich mit. Hier sollte unbedingt die Datenübertragungsgeschwindigkeit stimmen. Das ist umso wichtiger, je kürzer das geplante Handelszeitfenster ist. Dabei gilt zu beachten, dass manche Anbieter Datenquellen nutzen, die durch eine synthetische Latenz die Stabilität ihres Systems gewährleisten, wobei bewusst Daten kumuliert werden.

Verbreitete und bewährte Charting-Tools, sowohl in der Stand-alone-Version als auch in Kombination mit einer Trading-Anbindung, sind Tai-Pan, eSignal, Tele-Trader Professional, Metastock und Tradesignal. Bei der Auswahl der geeigneten Software muss ebenfalls genau geprüft werden, welches Tool sich für welchen Trading-Stil eignet. Lassen Sie sich hierbei nicht von der Fülle der Anwendungsmöglichkeiten bei den verschiedenen Chart-Programmen überwältigen. Auch hier gilt: Treffen Sie eine Auswahl nach den Kriterien, die am ehesten die notwendigen Informationen für Ihren Handel liefert, und das sowohl in der notwendig kurzen Zeit als auch in der notwendigen Qualität.

Im professionellen EUREX-Futures-Handel wird das Trading zu einem auffällig großen Prozentsatz über die Handelsoberfläche der US-amerikanischen Firma Trading Technologies abgewickelt. Das Flaggschiff ist der X_Trader® Pro, dem jedoch bereits eine neuere Version namens TT Platform zur Seite gestellt ist.

6 Der X_Trader®

In meinen ersten Berufsjahren nutzte ich die von den Terminbörsen DTB und später EUREX zur Verfügung gestellten Handelsoberflächen. Nachdem ich die

---

[59] Als Direct Market Access (DMA) bezeichnet man Anbindungen, die Marktakteure direkt mit den wichtigsten Wertpapiermärkten verbinden.

Deutsche Bank verlassen hatte, stieg ich auf den X_Trader® von Trading Technologies um. Der Grund dafür ist rasch erklärt: Die Oberfläche des X_Traders® ist den Funktionalitäten der Original-EUREX-Oberfläche so nachempfunden, dass ein Umsteigen leichtfällt und kein aufwendiges Umlernen notwendig ist. Händler, die über Jahre an die originalen Börsenoberflächen gewöhnt waren, wechselten zunehmend zu X_Trader® von Trading Technologies und fanden dort vor, was sie benötigen: Stabilität, absolute Zuverlässigkeit, extreme Datenübermittlungsgeschwindigkeit (mittlerweile dank eines eigens zur Verfügung gestellten Netzwerkes, dem TTNET®) und Vielseitigkeit der Handelssoftware. Heute sind viele Handelsräume großer Banken und marktbewegender Hedgefonds weltweit mit der Handelssoftware von Trading Technologies ausgestattet. Die Nutzer der Oberfläche sind global aufgestellt, hierzu zählen Häuser wie Bank of Amerika, Merrill Lynch, BNP Paribas, Credit Suisse, Daiwa, Deutsche Bank, E*Trade, Goldman Sachs, HSBC, J.P. Morgan, Morgan Stanley, Newedge und die Schweizer UBS.

Der X_Trader® ist das Arbeitstier unter den Plattformen. In der Grundeinstellung bietet diese Software allen Gruppen von Händlern, seien es Scalper, seien es Kommissionshändler, seien es System-Trader, Algo-Trader, News-Trader etc., genau die Parameter und Funktionalitäten, die sie für eine erfolgreiche Arbeit benötigen. Man kann sagen, ein jeder Trader nutzt in der Regel nur einen Teil der Möglichkeiten, die der X_Trader® bietet, indem er die Oberfläche im Vorfeld genau entsprechend seinen Bedürfnissen konfiguriert.

Vergleicht man allerdings den X_Trader® mit gängigen Handelsoberflächen diverser Retail-Broker, fällt seine auf das Profisegment zugeschnittene Ausrichtung auf. Diese Plattform ist gezimmert für Trader, die hohe Kontraktanzahlen in diversen Einzel- und Gruppenausführungen detailliert gelistet und dokumentiert in hoher Geschwindigkeit im Markt umsetzen. Hier zeigt sich die volle Stärke der Software, nämlich sehr schnelle Ausführungen, selbst bei großen Umsatzvolumina. Alle Zusatzfunktionen sind genau auf die Arbeitsweise professioneller Scalper oder Positions-Trader abgestimmt.

Auf einiges legt jedoch auch manch ein privater Trader Wert, der sich im einstelligen Kontraktvolumen bewegt, jedoch gern aus dem Chart heraus handelt, Orders im Chart mit der Maus verschiebt und dabei auf ein leistungsfähiges Charting-Tool zugreifen möchte. Diese Funktionalitäten sucht man im X_Trader® vergebens. Das Charting-Tool kann sich in der laufenden X-Trader® Version nicht messen mit vergleichbaren Chart-Software-Tools der klassischen Retail-Anbieter. Der Grund dafür ist, dass die originäre Zielgruppe des X_Traders® eine solche Ausstattung bisher nicht nachgefragt hat. Der Berufshandel greift schon immer auf separate Chart-Anbieter zu und das Handeln aus dem Chart ist im Scalping eher hinderlich als vorteilhaft. Zudem kann das Handeln großer Positionen im Kommissionshandel oder Trading, in dem Positionen hoch- beziehungsweise heruntergerollt werden, ebenfalls nicht über den Chart gewährleistet werden.

Dennoch ist der X_Trader® für mich eines der besten Tools, die es für aktive Scalper bisher auf dem Markt gibt. Die Vorteile, die eine extrem rasche Datenübertragung durch eine Direktanbindung an die Börsen bieten, sind gerade im sogenannten Heavy Trading einfach nicht wegzudiskutieren. Hinzu kommen die überlegene Softwarestabilität, die Vielzahl von Orderfunktionen und (ab Version 7.8) die Zwischenspeicherung der synthetischen Orders auf Servern bei TT direkt an den jeweiligen Co-Locations. Die Nachteile, die das recht einfache Charting-Tool mit sich bringt, sind bei allen Vorteilen verschmerzbar und werden sich mit der neuen Software TT Platform relativieren, die bereits von den ersten Handelsbanken und Trader-Gruppen genutzt wird.

Braucht man eine solche Software als angehender Trader?

Diese Frage muss am Ende jeder für sich allein klären. Wer sich im unteren einstelligen Kontraktvolumen bewegt, wer nur wenige Trades am Tag platziert, wer im Vorfeld Einstiegsniveaus an auffälligen Chartmarken definiert und somit ausreichend Zeit hat, diese frühzeitig in den Markt zu geben, sollte auch bei anderen Anbietern eine passende Software finden. Wer obendrein das Handeln direkt aus dem Chart heraus gewohnt ist, wird ebenfalls bei anderen Anbietern fündig werden. Auch hier ist zu unterstreichen: Jeder Handelsstil, jeder Markt und jedes dazu passende Handelsprodukt hat eine speziell auf die nötigen Anforderungen zugeschnittene Oberfläche. Hier sollten Anbieter wie WHS oder Interactive Brokers eine gute Alternative im Futures-Markt darstellen.

Wer sich auf das Handeln im kurzen Zeitfenster nahe am Scalping oder mitten in diesem Handelsstil konzentriert, wird über kurz oder lang am X_Trader® oder seinem Nachfolger, TT Platform, nicht vorbeikommen. Waren bisher die hohen Kosten eine Hürde für manch einen nicht professionellen Marktteilnehmer, gibt es dahingehend heute einige interessante Alternativen.

Bevor wir uns mit den unterschiedlichen Ordertypen befassen, möchte ich noch einen Blick auf die zwei Marktarten werfen, mit denen wir im Handel konfrontiert sind: die freien Märkte und die Märkte der Marketmakers.

7 Die wichtigsten Markt- und Ordertypen und deren Orderbuchpräsenz

Im Wertpapier-, Futures- und Optionshandel finden wir zwei Arten von Märkten vor: einmal die freien Märkte, innerhalb deren Anbieter und Nachfrager unkoordiniert aufeinandertreffen und durch ihre getätigten Handelsabschlüsse den Umsatzkurs generieren, zum anderen den Markt der Marketmakers, aber auch des sogenannten Designated Sponsoring, in dem ein Akteur permanent oder auf Anfrage einen verbindlichen Kurs für ein Kauf- oder Verkaufsangebot in den Markt stellt. Letzteres wird als Prinzip in Märkten angewandt, die von Natur aus eher wenig liquide sind. Sie werden durch diese Praxis mit künstlicher Liquidität versorgt.

Zu den freien Märkten, also jenen, in denen sich der Kurs im freien Wechselspiel zwischen Angebot und Nachfrage ergibt, zählen wir in der Regel die Future- und Währungsmärkte. Auch der absolut überwiegende Teil der Aktienmärkte gehört dazu und ebenso ein nicht unerheblicher Teil der Anleihemärkte. Klassische Marketmaker-Märkte sind zunächst all jene Handelsprodukte, die ein Marktteilnehmer direkt beim Emittenten erwirbt (was einige auf den jeweiligen Kunden oder auf die jeweilige Zielkundengruppe zugeschnittene Finanzprodukte betrifft). Dazu zählen in der Regel CFDs. Dazu zählen aber auch einige Optionsscheine und Zertifikate. Dazu zählt letztlich eben alles, was nicht frei an der Börse, sondern direkt beim Emittenten beziehungsweise Broker gekauft oder verkauft werden muss und folglich den Tatbestand eines OTC-Geschäftes erfüllt.[60] Klassisches Marketmaking finden wir aber auch an der EUREX-Optionsbörse vor. Hier schafft der Marketmaker stetige Liquidität, sodass zumindest in den (nahe) am Geld liegenden Basispreisen während der offiziellen Handelszeit immer eine Gegenseite (der sogenannte Counterpart) im Markt ist.

Freie Märkte unterscheiden sich von den Marketmaker-Märkten in einigen Faktoren. Beide weisen darüber hinaus aber große Schnittmengen auf. Im Folgenden möchte ich mich zunächst mit einigen grundsätzlichen Aspekten der Marktterminologie und der Marktgegebenheiten befassen, um hier im Informationsstand eine einheitliche Ausgangslage herzustellen.

---

[60] Der außerbörsliche Handel, auch Freiverkehrs-, Direkt- oder OTC-Handel, bezeichnet finanzielle Transaktionen zwischen Marktteilnehmern, die nicht über die Börse abgewickelt werden. OTC steht dabei für den englischen Begriff »Over The Counter«, was mit »über den Tresen« übersetzt werden kann. Der OTC-Handel heißt auf Deutsch Telefonhandel, auch wenn er heute überwiegend auf elektronischem Wege abläuft. (Quelle: Wikipedia)

8 Die jeweilige Marktseite

In einem funktionierenden Markt müssen immer Angebot und Nachfrage aufeinandertreffen. Durch ihre Interaktion kommt ein Ausführungskurs zustande. Angebot und Nachfrage stehen sich somit praktisch gegenüber, der Abstand zwischen dem jeweils höchsten Nachfragekurs und dem niedrigsten Angebotskurs nennen wir »Spanne« oder auch »Spread«. Die im Markt gebräuchliche Bezeichnung für Nachfrage und Angebot lautet »Geld« und »Brief« oder auch »Bid« und »Ask«. Diese Bezeichnungen der jeweiligen Handelsseite stammen noch aus den frühesten Jahren der Börse. Der Begriff »Geld« oder »Geldseite« steht für Nachfrage. Damit ist also der Kurs gemeint, zu dem man bereit ist, das Handelsprodukt zu kaufen. Der Akteur hat also das Geld und möchte aktiv werden. Folglich steht der Begriff »Brief« oder »Briefseite« für das Angebot. Offensichtlicher wird der Zusammenhang zum Angebot zum Beispiel im österreichischen Markt, wo man von »Ware-Kursen« spricht. Der Verkäufer verfügt über die Ware, die er auf den Markt bringen will. Der »Brief« bezieht sich auf die früheren Warenpapiere oder auch Warenbriefe – daraus wurde mit der Zeit das Synonym »Brief« für eine Verkaufsabsicht. Wir werden uns ab jetzt in dieser Terminologie weiterbewegen und nur noch vom Geldkurs reden, wenn die Käuferseite gemeint ist, der Briefkurs steht für die Seite des Verkäufers. Die Begriffe »Bid« und »Ask« kommen aus dem Englischen, stehen aber für die jeweils gleiche Handelsrichtung, also Kaufen im Falle von »Bid« und Verkaufen im Falle von »Ask«.

Der Spread ist demnach der Abstand zwischen dem höchsten Bid- oder Geldkurs und dem niedrigsten Ask- oder Briefkurs. Dies gilt sowohl für die freien Märkte als auch für die Marketmaker-Märkte. Der Unterschied hier ist lediglich, dass ein Marketmaker (zumindest in einem regulierten Markt wie dem Optionsmarkt EUREX) in der Regel einen einheitlichen Spread vorgibt, da er sich von der Differenz zwischen seinem Geld- und Briefkurs finanziert. An manchen Börsen (wie im Optionssegment der EUREX) ist für diesen Spread ein Maximum definiert und zugelassen, das in der Regel zwar verkleinert, aber nicht beliebig vergrößert werden kann.

In einem freien Markt ist der Spread ein Indiz für die Liquidität des Marktes. Je höher die Liquidität, desto enger der Spread. Je enger der Spread, desto besser eignet sich ein Markt zum Traden. Wäre ein Markt dauerhaft von einem breiten, schwer handelbaren Spread geprägt, würde er an Attraktivität verlieren. Der Akteur würde sich von diesem Markt abwenden, was zu noch weiterem Liquiditätsabfluss führen würde. Aus diesem Grund beauftragen die meisten offiziellen Terminbörsen

Marketmakers um Liquidität zu schaffen und somit die Attraktivität eines Marktes aufrechtzuerhalten. Im Falle eines OTC-Marktes, in den praktisch auch das CFD-Geschäft fällt, gibt es weitere Beweggründe für das Marketmaker-Prinzip. Darauf werde ich noch eingehen.

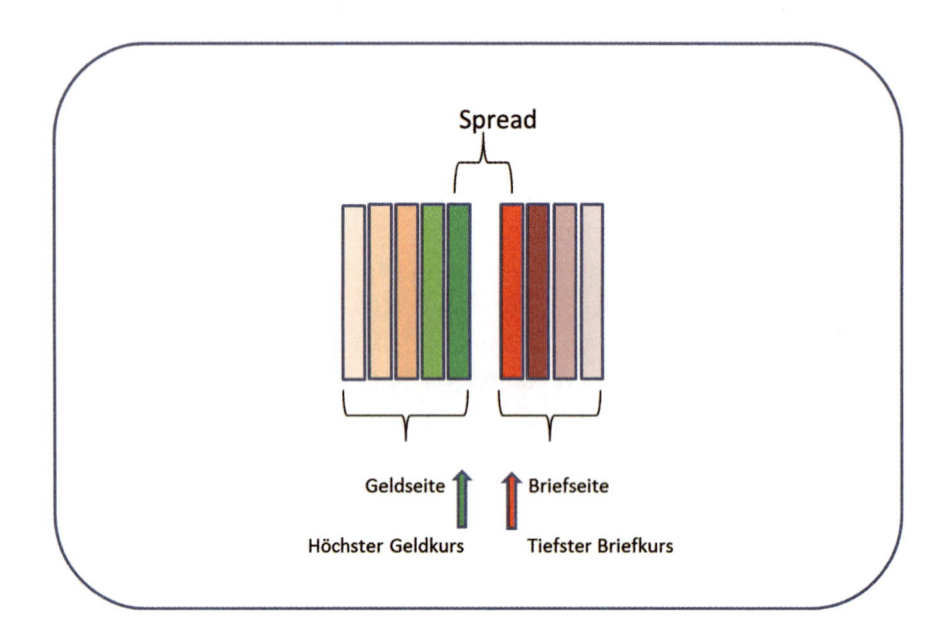

Spread

Geldseite ↑   ↑ Briefseite

Höchster Geldkurs   Tiefster Briefkurs

Zusammenfassend sollte zunächst deutlich werden: Spreads gibt es in jedem funktionierenden Markt. Sie ergeben sich aus dem Abstand zwischen Best-Bid und Best-Ask und können im Idealfall auf die kleinste mögliche Spanne zusammenschrumpfen, die einer Tickeinheit entspricht. Die Breite des Spreads ist ein Gradmesser für die vorherrschende Marktliquidität. Sie ist damit auch ein Indiz für die Attraktivität des Marktes.

9 Darstellungsmöglichkeit des Marktes als Orderbuch

Alle sichtbar in den freien Markt gegebenen Orders bilden das Orderbuch. Hierzu zählen nur Limit-Orders. Stopp-Market, Stopp-Limit, If-Touched-Orders und Ähnliches werden dagegen auf den jeweiligen Handelsservern der Clearer oder Broker vorgehalten und erst in den Markt gegeben, wenn die Auslösebedingungen für den jeweiligen Ordertyp erfüllt sind. Man kann diese folglich nicht im

Vorfeld im Orderbuch sehen. Somit hat man auch keine Möglichkeit, sicher zu erkennen, an welcher Stelle im Orderbuch diese Orders liegen und wo sie im Markt platziert sind. Ich werde dieses Prinzip im Abschnitt zu den Ordertypen erläutern.

Die im Handel mittlerweile gebräuchlichste Form der Orderbuchdarstellung ist der sogenannte DOM (Depth of Market). Darauf hat der Entwickler des X_Trader®, die US-Firma Trading Technologies, seit 2004 diverse Patente laufen. Hierbei stehen sich Angebot und Nachfrage vertikal gegenüber, was in der Darstellungsweise zur Bezeichnung »höchster Geldkurs« und »niedrigster Briefkurs« passt.

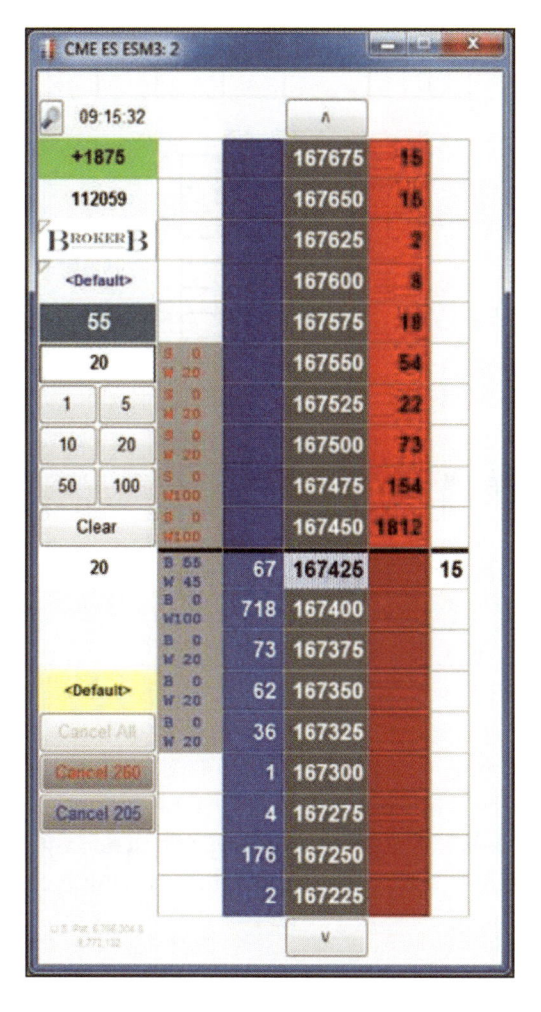

(Abdruck mit freundlicher Genehmigung von Trading Technologies)

Darstellungsmöglichkeit des Marktes als Orderbuch

Standardmäßig verläuft in der gängigsten Orderbuchdarstellung mittig die Preisleiter. Sie steigt von unten kommend an. Links davon befindet sich die blaue Geldleiste (ebenfalls von unten nach oben zählend, wobei die höchste Nachfrage oben steht, die zweithöchste Nachfrage darunter usw.) und rechts davon die rote Briefleiste. Diese zählt ebenfalls nach oben, hier steht das billigste Angebot unten, gefolgt von den nächsthöheren Angeboten. Da, wo sich der höchste (noch) nicht gehandelte Geldkurs und niedrigste Briefkurs treffen, ohne dass es bereits zu einer Ausführung kommen kann, liegt der Spread. Zieht sich Angebot oder Nachfrage zurück, ohne dass die Gegenseite nachrückt, weitet sich der Spread aus. Zu einem Geschäftsabschluss und damit zu einem Kurs kommt es, wenn Nachfrager auf Anbieter treffen und beide Orders gegeneinander ausgeführt werden.

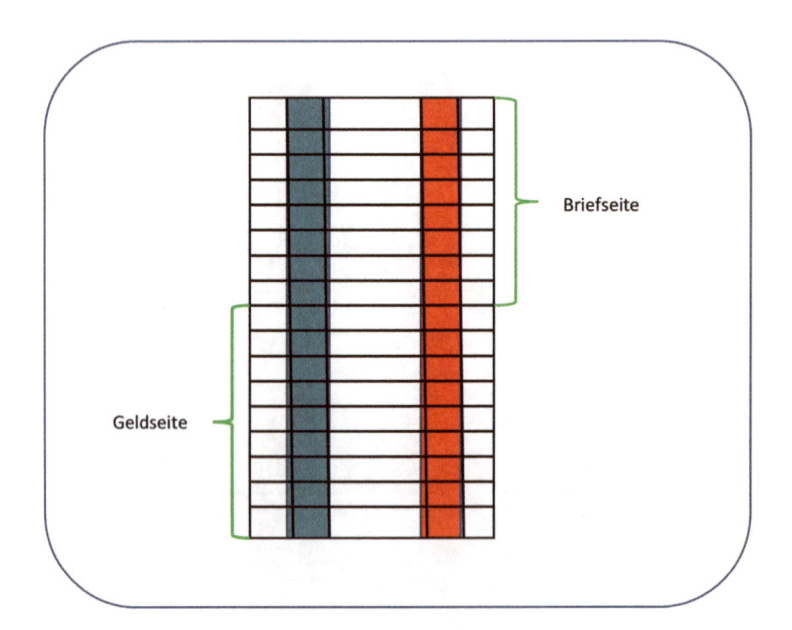

Ich möchte hier noch einen Einschub anbringen. Alle Basiswerte, verbriefte Derivate ebenso wie Optionsscheine, existieren nur in einer begrenzten Menge. Das heißt: Es können nicht unendlich viele Aktien oder Optionsscheine ge- oder verkauft werden. Selbst das Shorten[61] von Basiswerten ist nicht uneingeschränkt möglich, son-

---

[61] Als »Shorten« (auch Leerverkaufen) bezeichnet man das Veräußern von Handelsprodukten, die man selbst zum Zeitpunkt des Verkaufs nicht besitzt. Werden Basiswerte wie Aktien, Renten und ähnliche Produkte geshortet, müssen diese am Markt geliehen werden, denn hier steht ja nach Abschluss der Transaktion eine effektive Lieferung der Stücke an.

dern wird beschränkt auf die Stückmenge, die über die Wertpapierleihe abgedeckt werden kann.

Ganz anders ist dies im Markt der unverbrieften Derivate, zu denen hauptsächlich Futures und Optionen zählen. Unverbrieft heißt, dass es keine effektiven Stücke gibt. Diese Kontrakte entstehen bei Geschäftsabschluss (Kauf oder Verkauf) aus dem Nichts und sie verschwinden bei Schließung des Geschäftes (Positionsglattstellung) wieder. Trifft in einem Futures- oder Optionsmarkt eine Kauf-Order auf eine Verkaufs-Order, wird ein Kontrakt generiert. Dieser Kontrakt wird über das sogenannte Open Interest angezeigt, ein Thema, dem wir uns in der Produktlehre intensiver zuwenden.

10 Der Marketmaker

Als Marketmaker bezeichnet man einen Marktteilnehmer, der die Liquidität (und damit stetige Handelbarkeit) von Wertpapieren oder auch Derivaten sichert. Das tut er, indem er kontinuierlich Geld- und Briefkurse stellt. Zusätzlich sollen damit temporäre Ungleichgewichte zwischen Angebot und Nachfrage in Werten ausgeglichen werden, die von sich aus eine geringe Liquidität aufweisen. Marketmakers an den Terminbörsen sind angestellte Börsenhändler, die in Banken oder großen Handelshäusern arbeiten und von ihren Arbeitgebern mit der Betreuung entsprechender Werte betraut werden.

In der Praxis wird heute das Marketmaking mit dem Begriff des sogenannten Designated Sponsoring sehr oft synonym verwendet. Tatsächlich sind sich beide Aktivitäten sehr ähnlich, aber sie unterscheiden sich dennoch.

Ein Designated Sponsor stellt Liquidität im Auftrag eines Emittenten sicher. Dafür erhält er eine finanzielle Gegenleistung. Damit sollen zum Beispiel illiquide Aktien liquide dargestellt werden, was deren Handelbarkeit und damit Attraktivität erhöht.

Der Marketmaker erhält für seine Tätigkeit dagegen Vergünstigungen, zum Beispiel Nachlässe auf zu zahlende Handelsgebühren. Marketmakers, die im Rahmen ihrer Tätigkeit über die EUREX für eine bestimmte Anzahl von Einzelwerten die Liquidität sicherstellen, kommen in diesen Genuss. Hierzu stellen Marketmakers verbindliche Geld- und Briefkurse, sogenannte Quotes, für börsennotierte Werte wie illiquide Aktien oder wenig liquide Optionen. Das soll die Attraktivität erhöhen. Durch das

Marketmaking soll aber auch die Preisqualität der betreuten Werte steigen und den Investoren gewährleisten, innerhalb der Handelszeit zu angemessenen Preisen zu kaufen oder verkaufen zu können. Die EUREX gibt dafür einen maximalen Spread (Differenz zwischen Geld- und Briefkurs) vor. Daran ist der Marketmaker gebunden. Als ich noch als Marketmaker tätig war, stellten wir durch manuelle Eingabe der jeweiligen Preise sicher, dass die entsprechenden Serien gepreist wurden. Heutzutage wird das kontinuierliche Stellen von Kursen fast ausschließlich von Computerprogrammen übernommen, den sogenannten Quote-Machines.

Das Marketmaking in den klassischen CFD-Märkten übernehmen die jeweils emittierenden Broker. Damit haben CFDs einen OTC-Charakter, da CFDs nur über ihren jeweiligen Marketmaker (und ausschließlich dort) gehandelt werden können. Einen freien Markt gibt es für CFDs nicht.

11 Was macht den Marketmaker-Markt so besonders?

Gerade in Bezug auf Options- oder CFD-Quotierungen gelten gewisse Besonderheiten, die es zu beachten gilt: Sowohl Optionen als auch CFDs sind keine von sich aus absolut freien Werte, sondern beziehen sich immer auf einen Bezugswert[62]. Das heißt, wenn man den Kurs einer Option oder eines CFDs quoten möchte, muss man sich am jeweiligen Basiswert orientieren. Andernfalls bestünde die Chance der Arbitrage[63]. Allein diese Tatsache, also die Abhängigkeit des Derivats vom Basiswert, lässt ein Eins-zu-eins-Pricing eines Derivates gegenüber einem Bezugs- oder Basiswert nicht zu. Vielmehr muss sich ein Marketmaker an der Kursentwicklung des Basiswertes orientieren und seinen Markt daran ausrichten. Bei der Frage, wie er sich am Basiswert für das Pricing seines zu betreuenden Wertes orientiert, richtet sich der Marketmaker nach seinen eigenen Interessen. Diese Interessen lauten wie folgt:

▶ Er will sein Risiko minimieren.

▶ Er muss sich für seine Leistung refinanzieren können.

---

[62] Als Bezugs- oder Basiswert bezeichnet man handelbare Finanzprodukte, auf welche sich Derivate beziehen bzw. von denen sie abgeleitet sind. Bezugs- oder Basiswerte können sein: Aktien, Anleihen, Indizes, Währungen, Rohstoffe, Edelmetalle.

[63] Als Arbitrage bezeichnet man das Ausgleichen von Marktungleichgewichten. Der Arbitrage kommt in den Märkten eine sehr hohe Bedeutung als Liquiditätsspender zu, sodass wir uns dem Thema der Arbitrage noch detaillierter zuwenden werden.

Sehen wir uns zunächst die Risiken an, die ein Marketmaker eingeht. Seine Aufgabe besteht darin, einen funktionierenden Markt sicherzustellen. Das heißt, er muss möglichst stetig, mindestens jedoch auf Anfrage einen verbindlichen Geld- und Briefkurs stellen, zu dem ein anderer Akteur handeln kann. Während ein Trader in der Regel eine Position eingeht, wenn er es für richtig hält und auch nur in die Handelsrichtung, in die er handeln möchte, muss ein Marketmaker für beide Seiten zum Handel bereit sein. Bei einer Anfrage nach einem Markt[64] ist in der Regel im Vorfeld nicht bekannt, ob der anfragende Akteur kaufen oder verkaufen möchte. Erst recht bei einem permanent zu stellenden Kurs weiß man nicht, wann welche Seite bedient werden könnte. Daraus ergibt sich ein offensichtliches Risiko: Es besteht darin, dass ein Akteur dem Marketmaker geschickt Stücke in genau der Handelsrichtung abnimmt, in der es schmerzt. Um dieses Risiko etwas abzuschwächen, preist ein Marketmaker mehr in die eine oder andere Richtung. In einem steigenden Impuls versucht er zum Beispiel, seinen Geldkurs am letztgehandelten Kurs des Basiswertes zu halten, den Brief-Kurs dagegen darüber, um die Position schließen zu können, falls ihm Stücke abgenommen werden. Im fallenden Markt bewegt sich der Spread des Marketmakers in der Regel stärker nach unten, um auch hier Handlungsspielraum im Minimalbereich zu haben, wenn er Stücke in der Abwärtsbewegung kaufen muss. Diese Vorgehensweise ist besonders häufig anzutreffen, wenn ein Marketmaker allein den Markt dominiert (wie im CFD-Markt).

Die folgende Grafik zeigt diesen Effekt schematisch. Die mittlere Preisleiter bildet das Orderbuch des Basiswertes und damit des freien Marktes ab. Der hier aktuell vorliegende Spread ist blau markiert. Die linke Preisleiter zeigt ein im Vergleich dazu gängiges Verhalten der Marktstellung eines Marketmakers in einem fallenden Markt im Vergleich zur gehandelten Kursspanne im Basis- oder auch Bezugswert. Der hier gültige Spread liegt tiefer als der gehandelte Markt im Basiswert. Die rechte Preisleiter bildet die mögliche Preisstellung des Marketmakers in einem steigenden Markt ab. Hier weichen die Quotes nach oben aus. Da der Marketmaker die Kursschwankungen des Basiswertes nutzen will (und auch muss), um Risiken zu minimieren und Ertragschancen zu erhöhen, schwankt die Gesamtspanne seines Spreads im von ihm betreuten Derivat ausgeprägter als im zugrunde liegenden Basiswert.

---

[64] »Einen Markt stellen« ist die Bezeichnung dafür, dass ein Marketmaker jederzeit oder auf Anfrage verbindliche Geld- bzw. Briefkurse stellt. Das muss er mit einem akzeptablen Spread und akzeptablen Volumen tun. Die Marketmaker für Optionen an der EUREX haben von der Börse vorgegebene Maximum-Spreads und vorgegebene Mindest-Volumina. Daran müssen sie sich halten, um ihrer Verpflichtung zur Marktstellung zu entsprechen.

Was macht den Marketmaker-Markt so besonders?

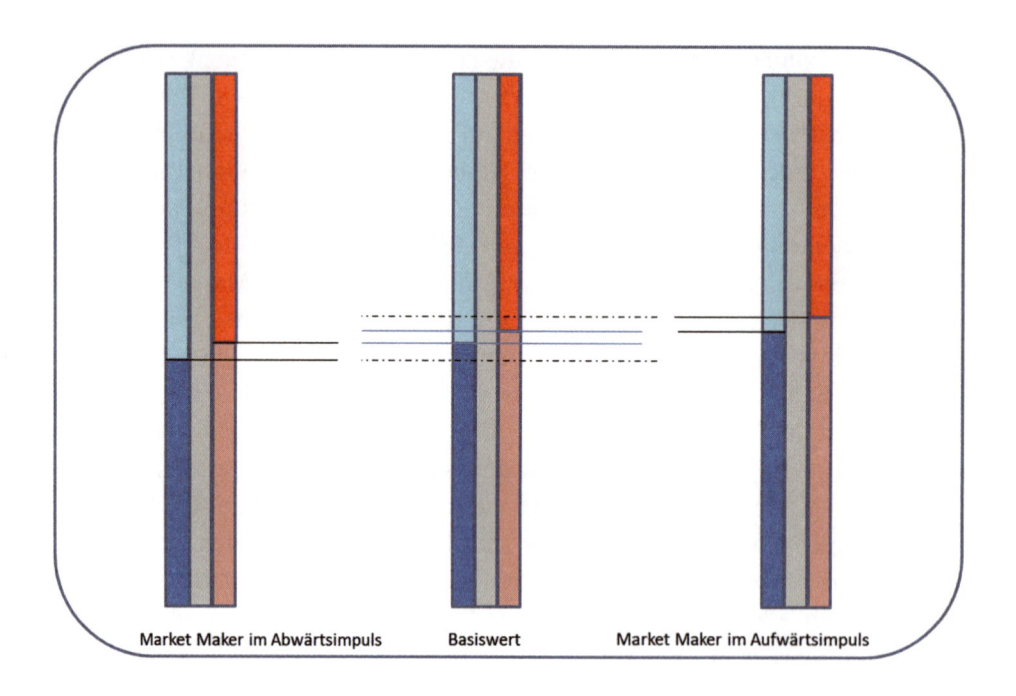

<figure>
Market Maker im Abwärtsimpuls — Basiswert — Market Maker im Aufwärtsimpuls
</figure>

Ein weiteres Risiko ist das Positionsrisiko. Ein Marketmaker versucht in der Regel, kein Positionsrisiko ins Buch zu nehmen. Bekommt er ein größeres Volumen angedient, versucht er, es möglichst zeitnah im realen Markt, also im Basiswert, unterzubringen. Im Optionsmarkt werden Positionsrisiken in der Regel durch eine angestrebte oder versuchte Arbitrage neutralisiert (zum Beispiel durch die Synthetisierung einer Seite). Im CFD-Markt kann das Positionsrisiko mitunter ganz plump neutralisiert werden, indem die Order erst nach Hedging im freien Markt ausgeführt wird. Letzteres ist ein Ärgernis, doch hat diese Praxis in den letzten Jahren durch das Poolen von Orders nachgelassen.

Die eigene Refinanzierung durch den Spread ist dagegen eine auch heute noch gängige Praxis. Eine Minderung dieses Effektes wird erzielt, wenn der Marketmaker eine Ausführungsgebühr verlangt, ein Vorgehen, wie es heute von einigen CFD-Brokern durchgesetzt wird.

Beide beschriebenen Risiken werden auf den Käufer oder Verkäufer des Derivates abgewälzt. Je mehr Marketmaker jedoch in einem gemeinsamen Markt tätig sind, desto größer die Effizienz, die sich hier naturgemäß durchsetzt. An der EUREX agieren mehrere Marketmakers gleichzeitig in den jeweiligen Optionsmärkten, was deren Preisstellung somit fairer macht, als wenn dort nur ein Marketmaker im Einsatz wäre.

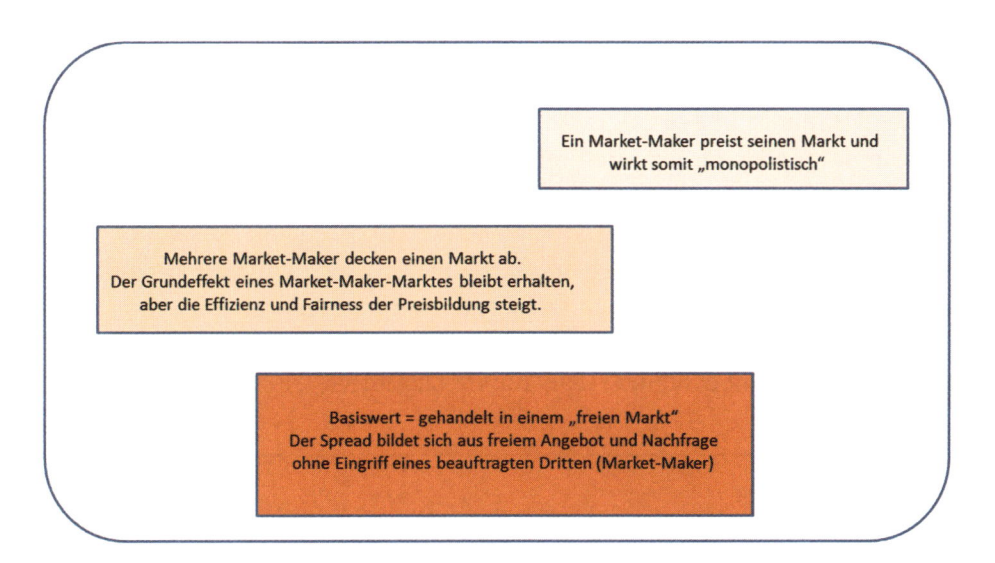

> Ein Market-Maker preist seinen Markt und wirkt somit „monopolistisch"
>
> Mehrere Market-Maker decken einen Markt ab. Der Grundeffekt eines Market-Maker-Marktes bleibt erhalten, aber die Effizienz und Fairness der Preisbildung steigt.
>
> Basiswert = gehandelt in einem „freien Markt" Der Spread bildet sich aus freiem Angebot und Nachfrage ohne Eingriff eines beauftragten Dritten (Market-Maker)

Dieser eben beschriebene Sachverhalt lässt demnach nicht nur eine Unterteilung der Märkte in freie Märkte und Marketmaker-Märkte zu, sondern erzwingt auch noch eine Unterteilung der Marketmaker-Märkte in jene, in denen mehrere Marketmaker an der Preisstellung beteiligt sind (zum Beispiel EUREX-Optionsmarkt), und jene, in denen ein einzelner Marketmaker die Preisstellung übernimmt und damit den Markt dominiert (zum Beispiel im CFD-Markt).

12 Welche Märkte sind besser?

Welche Märkte besser sind, freie Märkte oder Marketmaker-Märkte, das ist weniger eine Frage nach den Vor- und Nachteilen der beiden Marktarten. Es ist eher eine Frage nach den Alternativen. Marketmakers sind eine unverzichtbare Notwendigkeit, wenn es darum geht, ansonsten illiquide Märkte handelbar zu machen oder zu halten. Ein OTC-Geschäft, wie es das CFD-Geschäft nun einmal ist, wäre ohne Marketmakers nicht denkbar. Auch der Markt der EUREX-Optionen wäre weniger attraktiv, wenn er ohne die liquiditätsspendenden Marketmakers auskommen müsste. Und diese Vorteile haben eben ihren Preis.

Worin wir aber qualitative Unterschiede durchaus festmachen können, ist die Frage, ob es sich um monopolistische Marketmaker-Märkte handelt oder um Märkte, in denen mehrere Marketmakers für eine höhere Effizienz im Pricing sorgen.

Die Frage nach dem besseren Markt stellt sich allerdings auch, wenn es um den bevorzugten Trading-Stil geht. Das heißt, je länger die geplante Bewegungsstrecke einer Position ist und je länger der geplante Positionierungszeitraum ist, desto unbedeutender ist es, ob man sich im freien Markt oder in einem Marketmaker-Markt bewegt. Je kürzer der Positionierungszeitraum jedoch wird und je geringer die Kursspannen sind, die der Trader ausnutzen möchte (zum Beispiel im Scalping), desto mehr wird ein Marketmaker zum Bremser und zum Kostenfaktor. Auch wenn ich niemanden in seinem Engagement im Markt abbremsen möchte: Es gilt zu berücksichtigen, dass ein Marketmaker-Markt kein geeigneter Scalping-Markt ist. Hier sind hochliquide, freie Märkte klar im Vorteil.

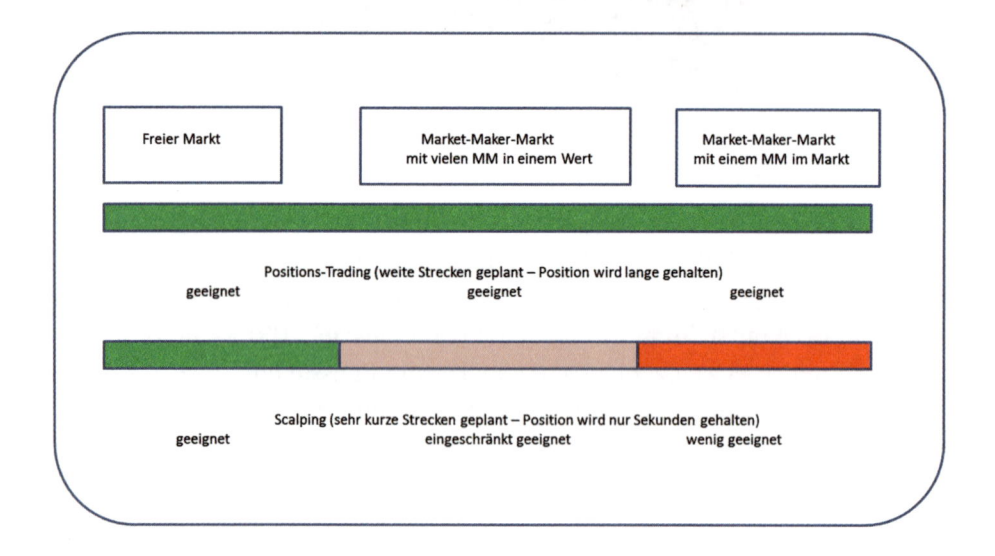

Freier Markt	Market-Maker-Markt mit vielen MM in einem Wert	Market-Maker-Markt mit einem MM im Markt
Positions-Trading (weite Strecken geplant – Position wird lange gehalten)		
geeignet	geeignet	geeignet
Scalping (sehr kurze Strecken geplant – Position wird nur Sekunden gehalten)		
geeignet	eingeschränkt geeignet	wenig geeignet

13 Wann kommen die unterschiedlichen Ordertypen in den Märkten zum Einsatz?

Alle im Markt zum Einsatz kommenden Ordertypen lassen sich auf drei Grundformen reduzieren: die Market-, die Limit- und die Stopp-Order. Jeder darüber hinausgehende Ordertyp ist eine Modifizierung, Erweiterung, Ergänzung einer dieser drei Grundformen.

Die EUREX akzeptiert nur die oben genannten drei Möglichkeiten der Orderplatzierung. Folglich werden alle darüber hinausgehenden Orders in den jeweiligen Clearer- oder Broker-Servern vorgehalten. Sind die Bedingungen im Markt dann je nach Definition des zusätzlichen Ordertyps erfüllt, wird die Order ausgeführt oder platziert, dann aber in einer der drei genannten Grundformen.

Die richtige Zuordnung und damit auch der exakte Einsatz von Ordertypen ist im Futures-Handel eine Grundvoraussetzung, um die eigenen Trading-Ideen auch zielsicher umzusetzen. Da es immer mal wieder Missverständnisse beziehungsweise Unsicherheiten in diesem Zusammenhang gibt, möchte ich im Folgenden die wichtigsten Ordertypen besprechen.

Praktischer Hinweis: Die drei Grundformen der Orderplatzierung sind die sogenannten Standards, die jeder Händler absolut und fehlerfrei in der Anwendung beherrschen muss – daran führt kein Weg vorbei. Mittlerweile bieten fast alle Handelsoberflächen die Möglichkeit, Ordertypen miteinander zu verlinken, sodass eine Orderausführung eine andere Orderplatzierung automatisch nach sich zieht. Das erleichtert den Handel natürlich sehr und erhöht dessen Geschwindigkeit. Aber das sollte kein Vorwand sein, sich nicht um eine sichere Beherrschung der drei Grundformen von Orders zu kümmern. Sie manuell einstellen zu können und sicher mit ihnen umzugehen ist unabdingbar nötig. Einem Berufshändler in der Phase der Ausbildung wird der Einsatz von Algorithmen erst zugestanden, wenn er den Handel in der Grundform beherrscht. Jeder Schüler muss das Kopfrechnen erlernen, bevor er einen Taschenrechner erhält. Wer im Vorfeld bereits mit automatischer Stoppkurs- und Zielkursplatzierung arbeitet, ist praktisch wie ein Quereinsteiger zu betrachten, der das Erlernen dieser Handfertigkeiten einfach überspringt. Es ist aber wie in jedem anderen Beruf auch: Dadurch bringt der Betreffende ein weniger stabiles Fundament seiner tagtäglichen Arbeitsweise mit. Beginnen wir mit den grundlegenden Begrifflichkeiten.

13.1 Market-Order

Eine Market-Order ist ein Ordertyp, der eine sofortige Ausführung der Order verlangt. Wird eine Kauf-Order als Market-Order aufgegeben, wird sie sofort zum nächstmöglichen Briefkurs ausgeführt. Gleiches gilt für eine als Market-Order platzierte Verkaufs-Order. Würde man das mit dem üblichen Vokabular an der Börse bezeichnen, so entspräche das einer Kauf-Order vom Typ »billigst« oder einer Verkaufs-Order vom Typ »bestens«. Wer mithilfe einer Market-Order kaufen will, dessen Priorität liegt auf dem sofortigen Markteintritt, wobei der Ausführungspreis zweitrangig ist. Die einzige Einschränkung wäre demnach, er kauft so billig wie möglich (»billigst«), aber dennoch zum nächstmöglichen Kurs. Wer via Market-Order verkaufen will, hat seine Priorität darin, auf jeden Fall einen Verkauf durchzuführen, wobei auch hier der Ausführungspreis zweitrangig ist. Die einzige Einschränkung wäre demnach, er verkauft so gut wie möglich (»bestens«), aber dennoch zum nächstmöglichen Kurs.

»Market« heißt also: »Führe die Order jetzt aus, und zwar zum nächstmöglichen Kurs.« Market-Orders haben folglich immer ein Slippage-Risiko: Die nächste Kursstellung kann teilweise deutlich von der letzten abweichen.

13.2 Limit-Order

Wie der Name es bereits sagt, ist eine Limit-Order eine *limitierte Order*. Sie limitiert etwas, das heißt, sie schränkt ein, und zwar den Ausführungskurs. Eine limitierte Kauf-Order begrenzt folglich den möglichen Ausführungskurs auf der Oberseite. Limitieren wir zum Beispiel eine Kauf-Order im FDAX auf 11.700, dann heißt das für das Handelssystem: »Ich bin bereit zu kaufen, aber nur bis zu einem *maximalen* Kurs von 11.700 Punkten.«

Das bedeutet: Der Käufer ist bereit, zu *jedem* Kurs zu kaufen, solange dieser *nicht höher* ist als 11.700 Punkte. Tiefere Ausführungskurse werden dagegen akzeptiert.

Eine limitierte Verkaufs-Order begrenzt den möglichen Ausführungskurs auf der Unterseite. Limitieren wir zum Beispiel eine Verkaufs-Order im FDAX auf 11.701, dann heißt das für das Handelssystem: »Ich bin bereit zu verkaufen, aber nur bis zu einem *minimalen* Kurs von 11.701 Punkten.«

Das bedeutet: Der Verkäufer ist bereit, zu *jedem* Kurs zu verkaufen, solange er *nicht niedriger* ist als 11.701 Punkte. Höhere Ausführungskurse werden dagegen akzeptiert.

13.3 Stopp-Market-Order

Eine Stopp-Market-Order ist praktisch eine Mischung aus einer limitierten Order und einer Market-Order. Stellen wir uns vor, der Kurs des Basiswertes (in unserem Falle der FDAX) notiert bei 11.985 Punkten. In unserem Beispiel unterstellen wir jetzt, dass der FDAX weiter steigen, aber bei 12.000 Punkten auf einen möglichen heftigen Widerstand treffen könnte. Wir entscheiden uns, erst oberhalb der 12.000 Punkte auf der Kaufseite in den Markt zu gehen, da wir die Überwindung der 12.000 Punkte abwarten wollen. Wir platzieren eine Stopp-Buy-Market-Order bei 12.005. Was bedeutet das jetzt?

Unsere aufgegebene Order wird vom Handelssystem bereitgehalten, aber noch nicht in den Markt gegeben. Würde eine Kauforder mit Limit 12.005 bereits in den Markt gegeben, wenn der Kurs des Basiswertes noch bei 11.985 notiert (oder jedem anderen Kurs unterhalb 12.005), würde die Order sofort ausgeführt. Warum? Weil wir eine günstigere Ausführung bekommen würden, als mit 12.005 festgelegt. Somit wartet das System bei einer Stopp-Market-Order, bis die 12.005-Punkte-Marke erreicht wird, um dann die Order direkt in den Markt zu geben. Bei Erreichen von 12.005 wandelt das System die ursprünglich mit 12.005 limitierte Order jedoch um in eine ab dann gültige Market-Order. Das heißt konkret: Wird die 12.005 erreicht, handeln wir zu jedem von da an möglichen Preis, eben wie bei einer klassischen Market-Order. Das hat den Vorteil, sofort im Markt zu sein, und den Nachteil, dass unsere Order mit Slippage ausgeführt werden könnte.

Diese Vorgehensweise gilt natürlich auch auf der Verkaufsseite. Wir platzieren eine Stopp-Sell-Market-Order zu 11.990 bei einem aktuellen Kursstand des FDAX bei 12.000 Punkten.

13.4 Stopp-Limit-Order

Eine Stopp-Limit-Order ist einer klassischen Limit-Order sehr ähnlich, nur mit dem Unterschied, dass diese als Limit-Order in den Markt gehoben wird, wenn das limitiert angegebene Niveau angehandelt wird. Wir können hier sowohl für die Kauf- als auch für die Verkaufsseite festhalten, dass alle Bedingungen und Aussagen bei diesem Ordertyp genauso gelten wie bei einer Stopp-Market-Order. Der einzige Unterschied besteht darin, dass bei Erreichen des limitierten Kursniveaus die Order vom System nicht »Market«, sondern zum limitierten Kurs in den Markt gegeben wird.

Das heißt, im Gegensatz zu einer Stopp-Buy-Market-Order, die bei Erreichen des limitierten Kursniveaus (z. B. 12.005) Market kaufen soll, wird in diesem Falle die Order als Limit-Order eingegeben. Der Vorteil ist, dass keine Slippage anfällt, da die Order ja bei Markteingang eine Limit-Order darstellt. Der Nachteil ist ebenfalls offensichtlich: Läuft der Kurs ohne Rücksetzer gleich weiter, wird die Order nicht ausgeführt. In diesem Punkt gleicht sie einer klassischen Limit-Order.

13.5 Platzierung einer Limit-Market-Order

Der berufliche Kurzfristhandel nutzt in der Regel zum raschen Arbeiten einen Ordertyp, nämlich die Limit-Order. Mit dieser Grundeinstellung können wir sowohl klassische Limit-Orders platzieren als auch Market-Orders auslösen. Sehen wir uns dazu wieder den DOM in der stilistischen Darstellung an.

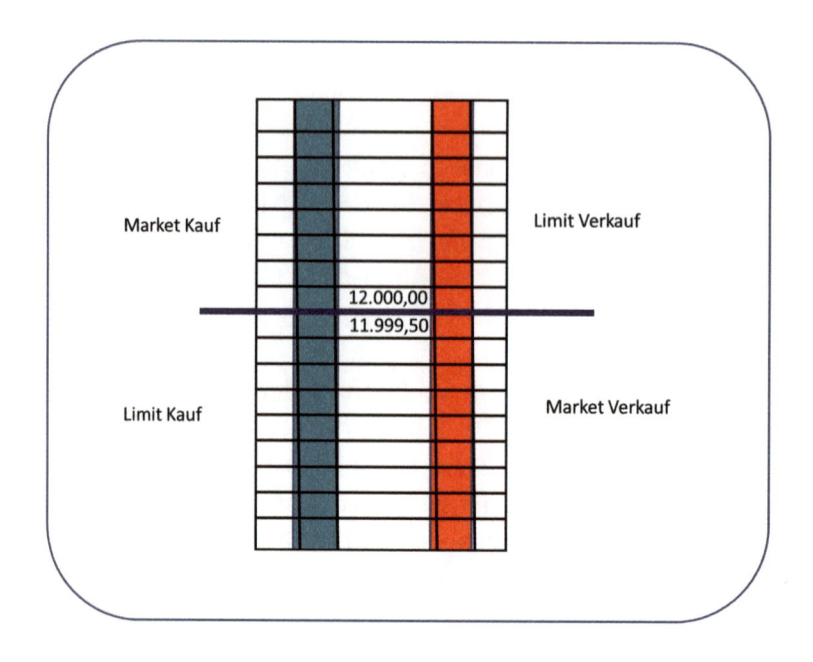

Wir unterstellen, dass die Schnittstelle zwischen Geld und Brief bei 11.999,50 (Geld) und 12.000 (Brief) verläuft. Sie wird in der Grafik in Form der blauen Linie angezeigt.

Klicken wir jetzt mit der Maus in ein blaues Feld unterhalb der Schnittstelle zwischen Geld und Brief, somit unterhalb der 12.000, wird eine Limit-Kauf-Order eingestellt (siehe Limit-Kauf in der Grafik). Die Order wird platziert, weil sie bedeutet, dass wir bereit sind, zu diesem (unterhalb des 12.000er Brief-Kurses) angeklickten Niveau zu kaufen. Nach oben hin ist die Order damit praktisch limitiert. Klicken wir zum Beispiel auf 11.995, dann heißt das, wir sind bereit, zu 11.995 zu kaufen, auf keinen Fall aber teurer.

Würden wir jetzt aber in die blaue Spalte oberhalb der Schnittstelle Geld/Brief klicken (z. B. bei 12.005), würde die Order sofort zum nächstmöglichen Kurs ausgeführt werden. Das wäre in unserem Falle die 12.000-Punkte-Marke (siehe Market-Kauf in der Grafik). Warum? Bei Klicken auf 12.005 wird dem System mitgeteilt: »Ich bin bereit, jetzt zu 12.005 oder billiger zu kaufen, aber nicht teurer als 12.005.« Das System prüft jetzt, wo der aktuell tiefste und damit günstigste Briefkurs ist. Das heißt: Alles, was tiefer als 12.005 ist, kommt somit für eine sofortige Ausübung infrage. Da 12.000 in unserem Beispiel der tiefste Angebotskurs ist, wird die Order sofort zum Kurs von 12.000 Punkten ausgeführt.

Klicken wir in der rechten roten Spalte oberhalb der Schnittstelle Geld/Brief (z. B. bei 12.005), wird eine Limit-Verkaufs-Order eingestellt (siehe Limit-Verkauf in der Grafik). Die Order wird platziert, weil sie bedeutet, dass wir bereit sind, zu diesem (oberhalb des 12.000er Briefkurses) angeklickten Niveau zu verkaufen. Die Order ist damit nach unten hin praktisch limitiert. Klicken wir auf 12.005, dann heißt das, wir sind bereit, zu 12.005 zu verkaufen, auf keinen Fall aber billiger.

Klicken wir auf die rechte Spalte unterhalb der Schnittstelle von Geld/Brief, in unserem Falle also auf Kurse unterhalb von 12.000 Punkten, würde die Order sofort zum nächstmöglichen Kurs ausgeführt. Das wäre in unserem Falle die Marke von 11.999,50 (siehe Market-Verkauf in der Grafik). Warum? Bei Klicken auf 11.990 wird dem System mitgeteilt: »Ich bin bereit, jetzt zu 11.990 oder teurer zu verkaufen, aber nicht billiger als 11.990.« Das System prüft jetzt, wo der aktuell höchste und damit beste Geldkurs ist. Das wäre in unserem Beispiel die 11.999,50. Das heißt, alles, was teurer als 11.990 ist, kommt somit für eine sofortige Ausführung infrage. Da 11.999,50 in unserem Beispiel der höchste Geldkurs ist, wird die Order sofort zu diesem Kurs von 11.999,50 Punkten ausgeführt.

13.6 Die Platzierung einer Stopp-Buy-Market-Order

Bevor wir eine Stopp-Buy-Market-Order platzieren können, müssen wir einen entsprechenden Kurs definieren, zu dem wir bei Erreichen kaufen wollen. Dieser Kurs leitet sich aus einer Trigger-Linie oder aus einem Durchstichshoch ab.[65] Wir unterstellen, das wäre ein Kursstand von 12.006,50.

Ist eine Stopp-Buy-Market-Order mit 12.006,50 anvisiert, aktivieren wir im DOM zunächst die entsprechende Schaltfläche. Damit teilen wir dem System mit, dass jetzt dieser Ordertyp platziert werden soll. Im Anschluss klicken wir auf die blaue Spalte in Höhe von 12.006,50. Solange nun dieses Niveau nicht angehandelt wird, wird auch die Order nicht ausgeführt. Erst wenn 12.006,50 erreicht werden, wird der Ordertyp aktiviert und als Market-Order in den Markt gegeben.

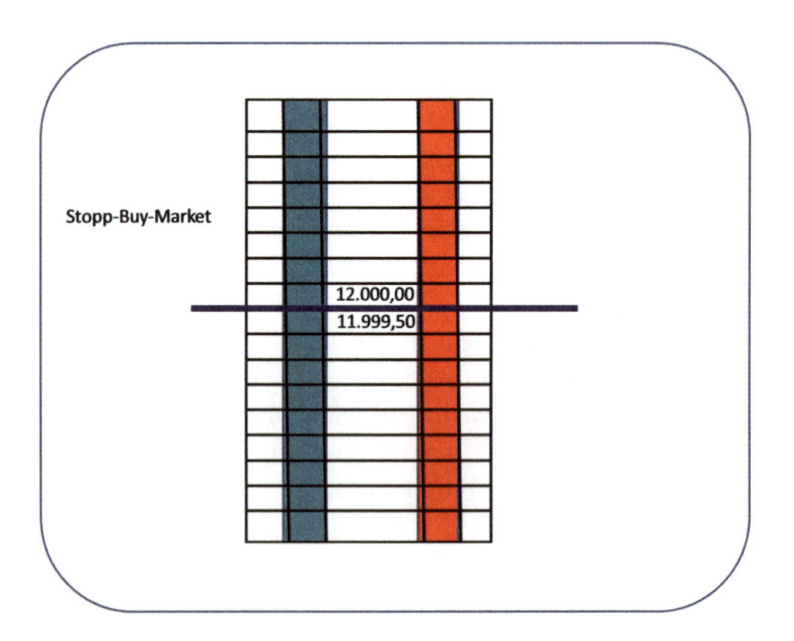

13.7 Die Platzierung einer Stopp-Limit-Buy-Order

Auch hier gilt: Bevor wir eine Stopp-Limit-Buy-Order platzieren können, müssen wir einen entsprechenden Kurs definieren, zu dem wir bei Erreichen kaufen wol-

---

[65] Wie diese Chartmarken zu finden sind, besprechen wir im Abschnitt über die Handelsregelwerke.

len. Dieser Kurs leitet sich ebenfalls aus einer Trigger-Linie (bei einem Einsatz als Wächter) oder aus einem Durchstichshoch ab. Wir unterstellen erneut, das wären die 12.006,50.

Ist eine Stopp-Limit-Buy-Order mit 12.006,50 angedacht, aktivieren wir im DOM zunächst die entsprechende Schaltfläche. Damit teilen wir dem System mit, dass jetzt dieser Ordertyp platziert werden soll. Im Anschluss daran klicken wir auf die blaue Spalte in Höhe von 12.006,50. Solange nun dieses Niveau nicht angehandelt wird, wird auch die Order nicht ausgeführt. Erst wenn 12.006,50 erreicht werden, wird der Ordertyp aktiviert und als Limit-Order in den Markt gegeben.

13.8 Die Platzierung einer Stopp-Sell-Market-Order

Bevor wir eine Stopp-Sell-Market-Order platzieren können, müssen wir einen entsprechenden Kurs definieren, zu dem wir bei Erreichen verkaufen wollen. Wie bei den Kaufbeispielen, leitet sich dieser Kurs aus einer Trigger-Linie oder aus einem Durchstichstief ab. Wir unterstellen, das wäre die Marke von 11.996,50.

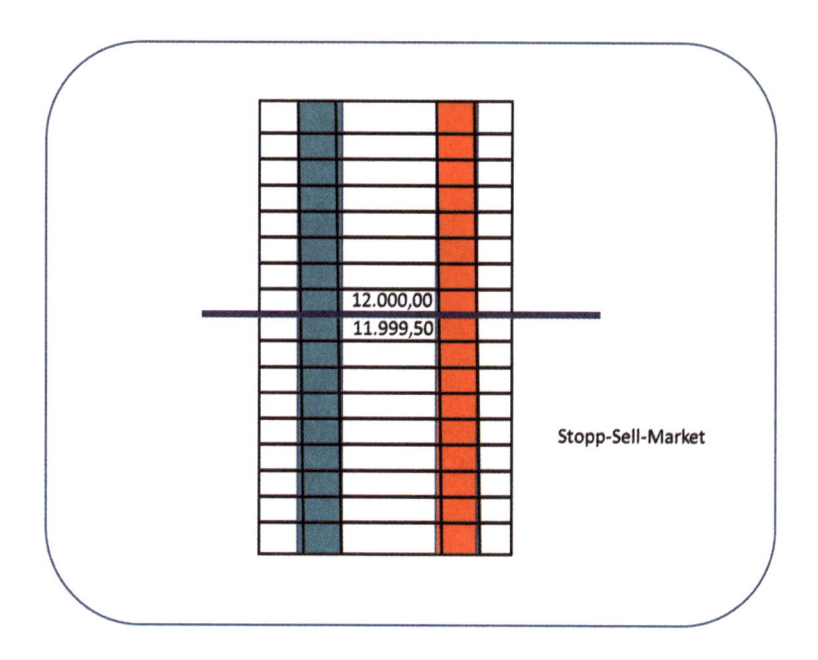

Ist eine Stopp-Sell-Market-Order mit 11.996,50 angedacht, aktivieren wir im DOM zunächst die entsprechende Schaltfläche. Dadurch teilen wir dem System mit, dass jetzt dieser Ordertyp platziert werden soll. Im Anschluss klicken wir auf die rote Spalte in Höhe von 11.996,50. Solange nun dieses Niveau nicht angehandelt wird, wird auch diese Order nicht ausgeführt. Erst wenn 11.996,50 erreicht werden, wird der Ordertyp aktiviert und als Market-Order in den Markt gegeben.

13.9 Die Platzierung einer Stopp-Limit-Sell-Order

Erneut gilt: Bevor wir eine Stopp-Limit-Sell-Order platzieren können, müssen wir einen entsprechenden Kurs definieren, zu dem wir bei Erreichen verkaufen wollen. Dieser Kurs leitet sich (wie bereits im Vorfeld ausgeführt) aus einer Trigger-Linie oder aus einem Durchstichstief ab. Wir unterstellen erneut, das wäre die Marke von 11.996,50.

Ist eine Stopp-Limit-Sell-Order mit 11.996,50 anvisiert, aktivieren wir im DOM zunächst wieder die entsprechende Schaltfläche. Damit teilen wir dem System mit, dass jetzt dieser Ordertyp platziert werden soll. Im Anschluss klicken wir auf die rote Spalte in Höhe von 11.996,50. Solange nun dieses Niveau nicht angehandelt wird, wird auch die Order nicht ausgeführt. Erst wenn 11.996,50 erreicht werden, wird der Ordertyp aktiviert und in den Markt als Limit-Order gegeben.

13.10 Weitere Ordertypen

Darüber hinausgehende Ordertypen sind Kombinationen aus den oben besprochenen Grundformen. Streng genommen muss sogar bereits die Stopp-Limit-Order als Kombinations-Order angesehen werden. Das Besondere an Kombinations-Orders ist, dass sie immer erst das Eintreten einer Bedingung im Markt abwarten, bevor sie dann als Standard-Ordertyp in den Markt eingestellt werden.

Die wohl bekannteste Form einer Kombinations-Order ist die sogenannte Bracket Order. Hier verfolgt der Trader das Ziel, unmittelbar mit Positionseröffnung (erst dann) seine eingegangene Position per Stoppkurs zu besichern und ebenfalls einen Zielkurs zu platzieren. In der Fachsprache bedeutet das: »Eine Order wird durch zwei weitere, einander gegenüberstehende Orders mit gleicher Qualität wie die originäre Order flankiert.« Das heißt, nach Eröffnung einer Kaufposition wird vom System automatisch eine vordefinierte Stopp-Sell-Order und eine Ziel-Order (als Limit-Verkaufs-Order) im Markt platziert. Im Falle einer originären Verkaufs-Order ginge die Platzierung der Folge-Order andersherum vonstatten, aber vom Prinzip her ist das Ganze vergleichbar.

Stopp- und Limit-Orders werden zusätzlich als OCO Order[66] automatisch verknüpft. Das bedeutet, dass eine Order gelöscht wird, wenn die andere Order ausgeführt wurde. Der Stoppkurs wird gelöscht, sollte der Zielkurs erreicht und ausgeführt werden, und umgekehrt.

Eine ebenfalls beliebte Orderkombination ist die If-Touched-Order. Dieser Ordertyp kann sowohl mit einer Kauf- als auch mit einer Verkaufs-Order verbunden werden. Erteilt wird eine solche Order dann, wenn die tatsächlich in Ausführung zu bringende Order erst in den Markt hineingelegt werden soll, sofern ein vordefiniertes Kursniveau mit Umsatz erreicht oder der Briefkurs beziehungsweise Geldkurs auf jenem vordefinierten Niveau einläuft. So könnte der Auftragsalgorithmus heißen: »Wenn der Kurs XY erreicht ist (»If Touched«), stelle eine Kauf- bzw. Verkaufs-Order auf dieses oder jenes Niveau in den Markt ein, und zwar in Form von diesem oder jenem Ordertyp.« Auch hier können die Orders wiederum gleich als OCO-Bracket-Order verknüpft werden. Der Vorteil ist, dass auch dieser Ordertyp nicht im Orderbuch zu sehen ist und dass sich dahinter tatsächlich eine ganze Algorithmusabfolge verbirgt.

13.11 Lesen des Orderbuches

Kommen wir jetzt auf das Orderbuch zurück, das ich in der Darstellung über den DOM bereits im Vorfeld angesprochen habe. Das Orderbuch zu lesen kann schnell in seiner tatsächlichen Bedeutung als Informationsquelle überschätzt werden. So viel, wie gern hineininterpretiert wird, steht tatsächlich gar nicht im Orderbuch. Dennoch lassen sich einige interessante Aspekte aus dem Orderbuch ableiten, die uns zumindest darüber informieren, wie die jeweils dominanten Akteure den Markt einschätzen, was ihr Handels- und Platzierungsverhalten beeinflusst.

---

[66] OCO = One Cancels Others.

Ich stelle den weiteren Ausführungen zunächst folgende Feststellung voran: (1) Wir sehen im Orderbuch nur platzierte Limit-Orders. (2) Die volleren Seiten werden bevorzugt gehandelt (was Ausnahmen von dieser Regel bestätigen). Stopp-Orders oder andere Ordertypen werden nicht im Orderbuch ausgewiesen und sind somit für Dritte nicht sichtbar.

Wie im Abschnitt zu den Ordertypen beschrieben, sind Limit-Orders passive Orders, die im Buch stehen und sich anhandeln lassen. Sie stehen praktisch im Orderbuch an ihrer Stelle und warten darauf, abgeholt zu werden. Der passive Charakter macht diesen Ordertyp für den über weite Strecken des Tages meist dominierenden Kurzfristhandel (KFH) nicht sehr attraktiv. Die meisten im Scalping agierenden Trader handeln überwiegend Market – sie handeln also immer auf den aktuell besten Geld- oder Briefkurs – und sind damit aktiv unterwegs. Zumindest bei der Positionseröffnung arbeiten sie fast stetig Market, wobei die Positionen in der Regel über einen (durch einen Algorithmus automatisch platzierten) Stoppkurs besichert werden. Dieser Stoppkurs ist jedoch nicht im Orderbuch sichtbar. Der Hintergrund ist die gewollte Schnelligkeit und Flexibilität. Diese würde man einbüßen, sobald das Platzieren von Einstiegslimits ins Spiel käme. Das gilt übrigens auch für den etwas behäbiger arbeitenden Kommissionshändler, der ebenfalls nur einen Teil seiner Orders als Limit-Order einstellt, sofern er eine aktiv zu bearbeitende Order erhält. Folglich sind die Orders, die wir im Orderbuch sehen, ausschließlich jene, die von Kunden oder Händlern konkret als passive Limit-Orders aufgegeben werden. Das ist aber nur ein kleiner Teil der Orders, die im Markt gehandelt werden.

Da die aktive Seite demnach in der Regel nicht im Orderbuch zu sehen ist, bleibt diese Seite meist stärker ausgedünnt als jene Seite, die zum jeweiligen Zeitpunkt eher passiven Charakter hat. Das Fazit ist schnell gezogen: Die vollere Seite sollte in den überwiegenden Fällen die passive Seite sein und damit auch bevorzugt bedient werden.

Da in der überwiegenden Zeit des Tages der Kurzfristhandel im Markt am dominantesten auftritt, möchte ich hier kurz umreißen, wie er agiert (eine detailliertere Beschreibung werde ich im Abschnitt des Spurenlesens wiedergeben). Ein durchschnittlich guter Trader im Berufshandel führt meist Future-Positionen in einer Größenordnung von 50 bis 100 Stück, manch einer handelt 150, einige wenige Händler arbeiten mit größeren Trading-Positionen. Diese Positionsgrößen lassen sich nicht sinnvoll am Stück aufbauen, sondern müssen portioniert ins eigene Buch genommen werden. Dabei mischt sich der Händler in die Position. Gleiches geschieht im Positionsabbau. Hier werden die Stücke in der Regel nicht im Block glattgestellt, sondern scheibchenweise. Ziel dieses Vorgehens ist es, einen Einstandskurs (Mischkurs) in der Position zu haben, der günstiger ist, als der (Misch-) Ausstiegskurs ausgewiesen wird. Das heißt, es kommt dem Händler dabei nicht auf die jeweilige Einzelausführung an, sondern auf das jeweilige Gesamtpaket. Selbst wenn der Verkaufsdurchschnittskurs nur hinter dem Komma oberhalb des Einstandsdurchschnittskurses liegt, ist das Ziel des Trades erreicht – die Masse macht es ja. Dieses Agieren erlaubt kein langwieriges Platzieren von Orders, sondern deren rasches Abarbeiten und eine flexible Reaktion im Markt. Wenn man professionelle Handelsoberflächen sieht, stellt man fest, dass hier in der Regel der Mischkurs der Positionen gerechnet wird. Die Kursdifferenzen zwischen einzelnen Kontraktkäufen und -verkäufen bleiben dagegen meist unberücksichtigt. In Bezug auf die gehandelte Gesamtmasse sind sie unwichtig.

Ist der im Laufe des Tages meist dominierende Kurzfristhandel auf diese Weise im Markt unterwegs, sehen wir ihn so gut wie nicht im Orderbuch. Wir erkennen ihn nur im Gesamtchartbild während der Entwicklung einer Kerze im Minuten-Zeitfenster oder in der Times-&-Sales-Liste (wobei hierfür ein geübtes Auge notwendig ist, denn die Umsätze rasen hier für gewöhnlich sehr schnell durch). Wird der Markt von den eher tradingorientierten Akteuren innerhalb des Scalping-Zeitfensters eingeschätzt als unsicher im Bezug auf die zu erwartende Richtung, als unsicher in Bezug auf die Erwartung von Dritt-Orders oder als hochvolatil beziehungsweise wenig berechenbar, verbleibt die Führung der Trading-Position in der Regel in der Hand des Traders. Das heißt, er handelt Ein- wie auch Ausstiege manuell (also als Market-Order) und wir sehen ihn nicht im Orderbuch.

Etwas anders sieht es aus, wenn sich auffällige Zwischenkonsolidierungen ausbilden und auch vonseiten des Kurzfristhandels eingeschätzt wird, dass man unter sich ist und der Kurs innerhalb der Konsolidierungsspanne verbleiben könnte. Dann verändert sich das Vorgehen einiger Trader mitunter. Positionseröffnungen erfolgen zwar weiterhin manuell. Aber zur Schließung der Position greifen sie dann schon eher auf den Versuch zurück, diese durch Limit-Positionierungen nahe möglichen Impulswendepunkten (Begrenzungen der Konsolidierungsbereiche) glattzustellen, um das Gesamtergebnis der laufenden Gesamtposition zu optimieren. Das Erste, was uns in diesen Phasen auffällt, ist, dass sich auf der jeweiligen Gegenseite des laufenden Bewegungsimpulses nahe der erwarteten Impulswendepunkte plötzlich Limit-Orders im Orderbuch aufbauen. Was schlussfolgern wir daraus?

- ▶ Als Erstes lässt sich damit bestätigen, dass die jeweils aktuelle Marktdominanz dem Kurzfristhandel obliegt.

- ▶ Wir schlussfolgern weiterhin, dass die Trader überwiegend unterstellen, dass sich der Markt in seiner Konsolidierungsbewegung fortsetzt und aktuell nicht mit weiter reichenden Dritt-Orders von finaler[67] Seite zu rechnen ist.

- ▶ Wir sehen an den sich türmenden Limit-Orders, in welcher Handelsrichtung die Bücher der Trader positioniert sind, da die dann im Orderbuch sichtbaren Limit-Orders Glattstellungen bewirken sollen.

- ▶ Wir sehen auch, dass zumindest in dem jeweiligen Augenblick eine gewisse Ruhe und Kontinuität in der Konsolidierungsbewegung unterstellt wird, in dem der Kurzfristhandel wenigstens in der Phase der Positionsglattstellung das aktive Zepter aus der Hand gibt und auf die Limit-Orders setzt (was ihn allerdings nicht daran hindert, jederzeit Positionen manuell glattzustellen, wenn der Markt die eingestellten Limits nicht zu erreichen scheint oder wenn sich die kurzfristige Markteinschätzung ändert).

- ▶ Wir wissen dann auch, dass die als Limit gesehenen Ordergrößen (mindestens diese – meistens haben die Kurzfristhändler mehr davon im Buch) durch Market-Orders in den Markt kommen, wenn die Limits nicht abgeholt werden.

Doch warum sollte ein Trader seine Stücke im Markt zeigen? Wäre es nicht besser, man ließe den Markt im Unklaren über die eigenen Positions-(Teil-)größen? Nicht unbedingt. Ein potenzieller Finalkunde (und hier zähle ich jetzt auch und erst recht die Arbitrage-Trader mit hinzu) reagiert bevorzugt auf größere sichtbare Positionsstücke, da er diese aus dem Markt nehmen kann, ohne den Kurs auffällig zu bewegen. Somit ist es durchaus sinnvoll, das Volumen zu zeigen, um der finalen Seite zu signalisieren: »Du suchst Material? Hier biete ich es dir an!«

---

[67] Der Begriff »finale Seite« oder auch »Finalkunde« bezieht sich auf Marktakteure, die mit längerfristigem Blickwinkel in den Markt gehen, somit Stücke aus dem Markt nehmen oder hineingeben, ohne kurz danach die Positionen wieder zu schließen. Sie agieren somit final. Zu den üblichen Finalkunden zählen wir Fonds, Versicherungen, Pensionskassen, institutionelle Investoren, streng genommen auch die Arbitrage (sei es Index- oder auch Optionsarbitrage).

13.12 Wie ist das mit den Fake-Orders im Markt?

Als Fake-Order bezeichnet man eine sichtbare Orderplatzierung im Orderbuch, die mitunter großes handelswilliges Ordervolumen signalisiert, ohne dass diese Order tatsächlich ausgeführt werden soll. Es werden praktisch Volumen und Handelsabsicht vorgetäuscht, ohne dass ein reales Geschäft gewollt ist. Fake-Orders werden mit dem Ziel eingestellt, Kursbewegungen zumindest in der kleinsten Zeiteinheit zu beeinflussen, da im Orderbuch eine falsche Orderlage signalisiert wird. Nähert sich der gehandelte Kurs dieser Fake-Order, wird sie gelöscht. Fake-Orders sind, sofern sie in Massen auftreten, ein Ärgernis. Aber verboten sind sie nicht.

13.13 Die Times-&-Sales-Liste

Die sogenannte Times-&-Sales-Liste liefert einen detaillierten Einblick in das Marktgeschehen. Als Times & Sales (T&S) bezeichnet man eine chronologische Liste der gesamten Marktaktivität eines Wertpapiers oder Future. Jede erfolgte Transaktion an der Börse wird hier Zeile für Zeile aufgelistet. Mit farbigen Aktualisierungseffekten sowie Preis- und Umsatzfiltern ist Times & Sales ein interessantes Instrument zur Beobachtung des Marktes. Wir sehen, welche Marktseite im Kauf oder Verkauf dominiert. Wir sehen, welche Handelsseite zum jeweiligen Zeitpunkt oder gar Zeitabschnitt aktiv und welche Seite passiv gewesen ist.

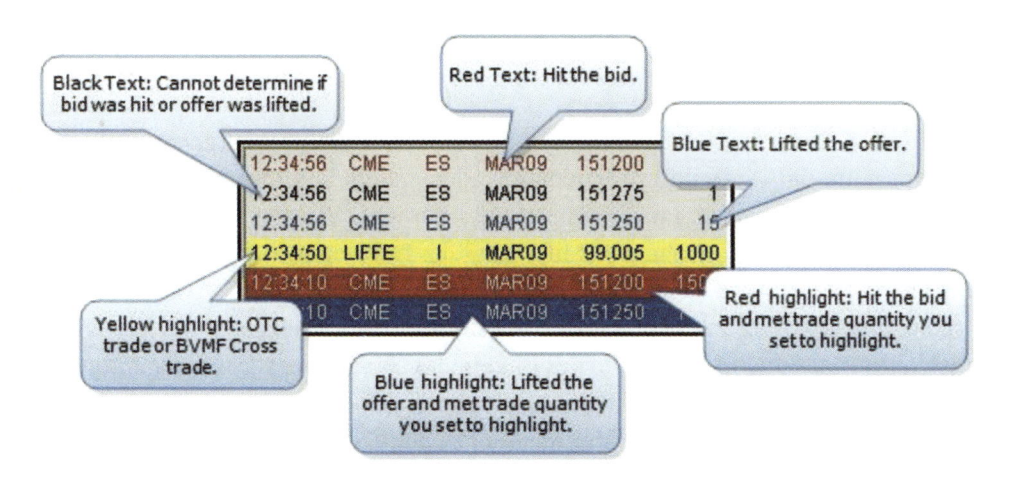

Abdruck mit freundlicher Genehmigung von Trading Technologies

In der Praxis wird jeder Trader aus der Vielzahl der gebotenen Informationen jene herausfiltern, die für ihn individuell wichtig sind. Orderbuch und T&S sind interessante Informationsmittel, doch sollte man sich auf diejenigen Informationen fokussieren, die sie auch tatsächlich liefern. Aber ohne Verständnis dessen, welche Akteure am Markt aktiv sind, und ohne die Kenntnis dessen, wie diese arbeiten und welches deren Ziele und Beweggründe sind, lassen sich die wirklich wichtigen Informationen aus Orderbuch und T&S kaum sinnvoll extrahieren und auswerten. Damit zeigt sich auch an dieser Stelle, dass dem Erlernen des Spurenlesens im Markt die mit Abstand höchste Priorität zukommt.

14 Gibt es eine optimale Einrichtung des Trading-Platzes?

Der Einrichtung des Trading-Platzes kommt eine nicht unbedeutende Stellung in Ihrer Handelsvorbereitung zu. Wichtig ist es dabei, die wesentlichen Informationseinheiten (Trading-Ausführungsfenster, zum Beispiel die Preisleiter/DOM, sowie der Chart des Hauptwertes, mit denen wir bevorzugt arbeiten) nicht irgendwo wild über den oder die zur Verfügung stehenden Bildschirme zu verteilen. Vielmehr empfiehlt sich auch hier eine sinnvolle Aufbaustruktur. Diese sollte erfahrungsgemäß einmal erstellt werden und dann möglichst nur noch dann angepasst, verändert oder optimiert werden, wenn sich in der täglichen Arbeit erweist, dass eine andere Struktur tatsächlich zweckmäßiger ist. Unser Gehirn muss sich an die Aufteilung der Informationsfenster gewöhnen – ist dies erst geschehen, gerät durch jede Veränderung der vormals flüssige Arbeitsablauf zunächst einmal wieder ins Stocken.

Wie in allen Bereichen des Tradings gilt auch hier der Wohlfühleffekt. Somit sieht das Optimum der Aufteilung für jeden Trader anders aus und es ist schwierig, hier allgemeingültige Vorgaben zu machen. Aber ich will versuchen, Hinweise zu geben, und mich dabei auf meine Aufteilung der Informationseinheiten beziehen.

Die aus meiner Sicht zweckmäßigste Aufteilung ist die Konzentration der wichtigsten Informationen im Zentrum des Blickfeldes. Je seltener wir weitere Informationsfenster nutzen und je unwichtiger die darin gelieferten Informationen sind, desto weiter verschieben wir diese an die Peripherie unseres Blickfeldes. Damit soll erreicht werden, dass wir alle unmittelbaren Informationen, die wir unbedingt für unsere Handelsentscheidungen und -ausführungen benötigen, im Blickfeld haben, ohne den Kopf nennenswert drehen oder bewegen zu müssen.

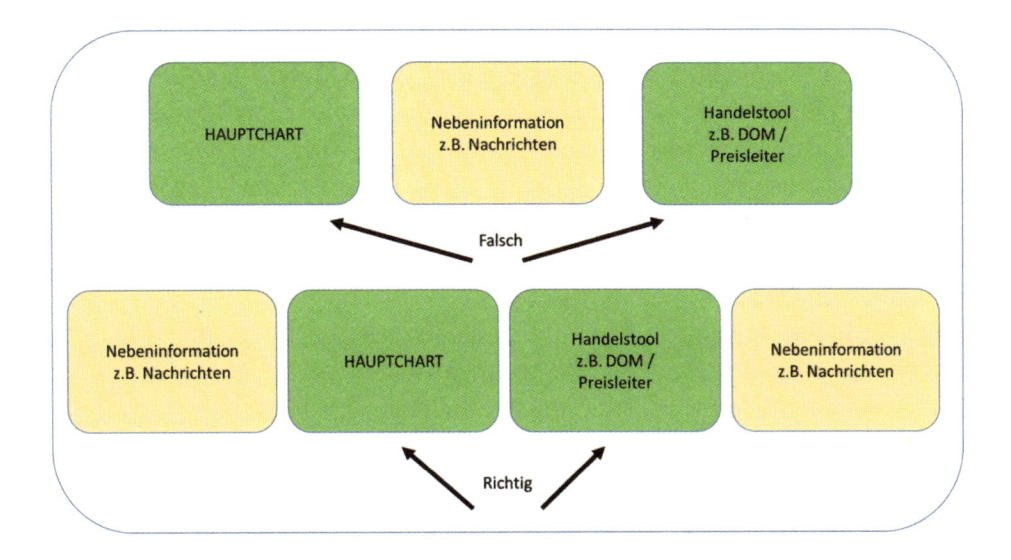

Liegen die Hauptinformationen, auf denen unsere konkreten Handelsaktivitäten dauerhaft beruhen, so weit auseinander, dass zur Erfassung eine auffällige Kopfbewegung nötig ist, reißt der Verarbeitungsstrom im Entscheidungsprozess. Das Gehirn ist dann mehr damit beschäftigt, die Informationen zu suchen, sondern sie rasch zu verarbeiten.

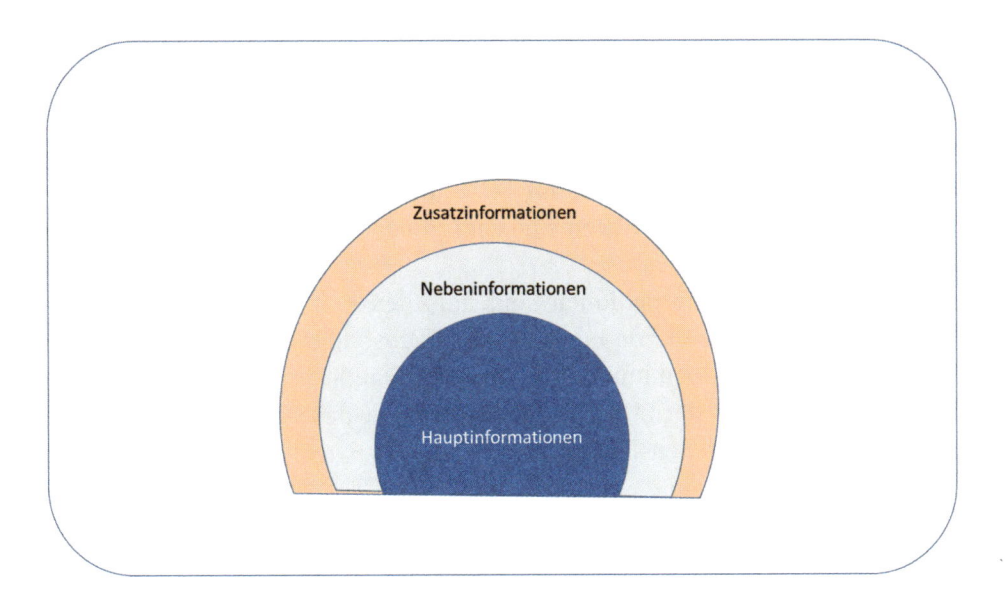

Je weniger Sie Kopf und Augen im Moment der Handelsentscheidung, Orderausführung und Positionsbegleitung bewegen müssen, desto besser. Was gehört zu den Hauptinformationen, die möglichst zentral positioniert sein sollten? Hierzu zählen nur zwei Informationseinheiten: Ihre Preisleiter oder der DOM und der Hauptchart des Wertes, den Sie handeln, in der Zeiteinheit, auf deren Grundlage Sie Ihre finale Entscheidung für eine Orderausführung treffen. Wer direkt aus dem Chart heraus handelt, platziert diesen zentral.

Räumen Sie in Ihrem Hauptchart auf. Das heißt, löschen Sie alles, woraus Sie nicht unmittelbar verwertbare Handelsinformationen ziehen. Dazu zählen überflüssige Chartlinien und auf jeden Fall überflüssige Indikatoren. Alles, was stören oder irritieren könnte, muss weg – weniger ist hier auf jeden Fall mehr. Bitte beachten Sie, dass unser Gehirn laut der Auswertung einiger Psychologen immer nur sieben Informationseinheiten gleichzeitig verarbeiten kann. Alles, was darüber hinausgeht, bringt wieder System 2 ins Spiel und blockiert den intuitiven Denkprozess unseres Systems 1. Das ist übrigens auch der Grund, weshalb Telefonnummern in der Regel maximal siebenstellig sind. Wenn Sie Ihre Charts vollpflastern mit Trendlinien und Indikatoren, und das möglichst noch in allen gängigen bunten Farben, werden sie unübersichtlich. Für das direkte Arbeiten ist es hilfreich, im Chart nie mehr als maximal sechs unmittelbar notwendige Trendlinien zu nutzen. Alles, was überholt ist, zwei- oder dreimal durchgehandelt, kommt sofort raus. Wenn Sie dennoch einige Indikatoren in Ihren Charts verwenden, bringen Sie diese in den Chartfenstern unter, welche in der Peripherie Ihrer Chartanordnung liegen, also möglichst außerhalb Ihres direkten Blickfeldes. Da stören sie nicht. Im Zentrum Ihres Blickfeldes haben sie absolut nichts zu suchen!

Ich nutze als Hauptchart den FDAX auf 1-Minuten-Basis und das Ordereingabefenster. Beide Informationseinheiten sind zentral angeordnet.

Die wichtigsten Nebeninformationen sind aufseiten des Charts der FDAX auf 3-Minuten-Basis und die Charts in der jeweils kleinstmöglichen sinnvollen Zeiteinheit der Werte, die aktuell mutmaßlich mit dem Hauptwert (FDAX) korrelieren. Das wären zum Beispiel der EUR/USD auf 1-Minuten-Basis und der Euro-Bund-Future (FGBL) auf 1-Minuten-Basis.

[Diagramm: FDAX 1 Minute | Ordereingabefenster]

Aufseiten der Handelsoberfläche ist die wichtigste Nebeninformation das eigene Orderbuch und das sogenannte Fill-Window, in dem die Orderausführungen sichtbar sind.

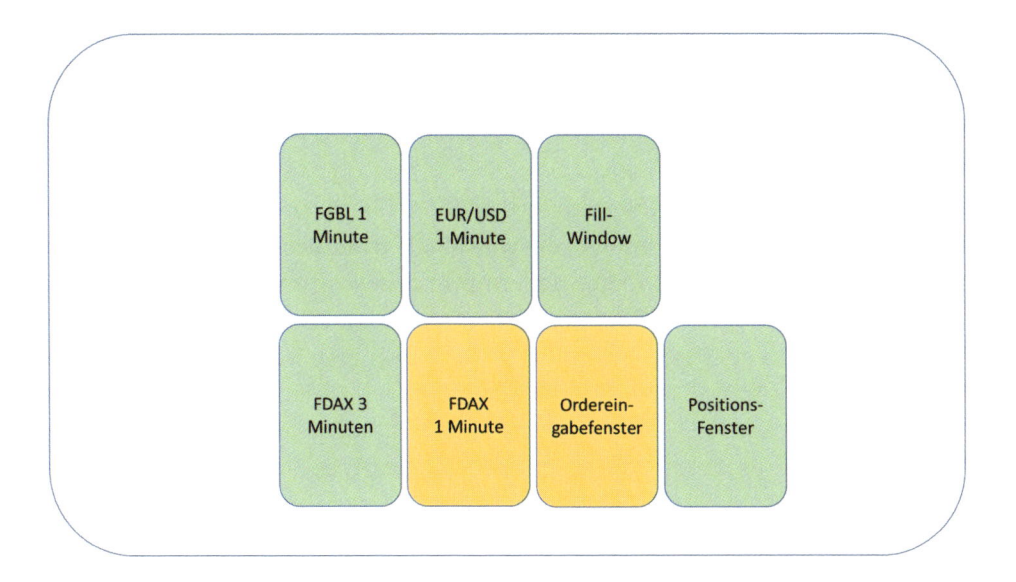

[Diagramm: FGBL 1 Minute | EUR/USD 1 Minute | Fill-Window / FDAX 3 Minuten | FDAX 1 Minute | Ordereingabefenster | Positions-Fenster]

Zusatzinformationen umfassen auf der Chartseite den FDAX auf 30-Minuten-Basis, die Kursverläufe der Zusatzwerte, die als Nebeninformation mitgeführt werden, jetzt auf Tagesbasis (somit in Bezug auf das aktuelle Beispiel demnach EUR/USD auf Tagesbasis und FGBL auf Tagesbasis). Bezogen auf die Handelsoberfläche zählen hier zu den Zusatzinformationen das P/L-Fenster mit allen Auswertungen und zusätzlich noch ein Nachrichten-Tool, das zeitnah aktuelle Informationen über die Märkte und das Weltgeschehen zur Verfügung stellt.

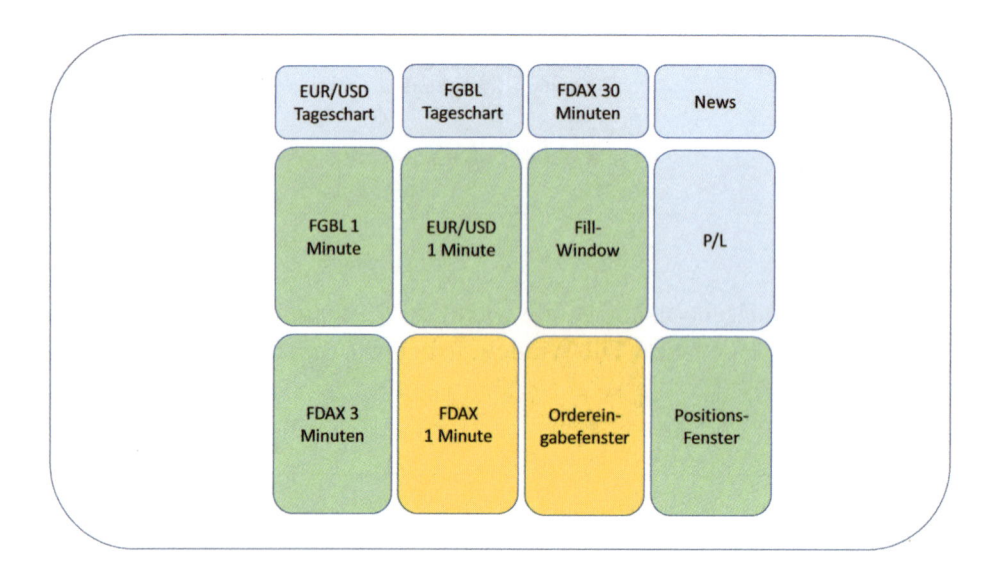

EUR/USD Tageschart	FGBL Tageschart	FDAX 30 Minuten	News
FGBL 1 Minute	EUR/USD 1 Minute	Fill-Window	P/L
FDAX 3 Minuten	FDAX 1 Minute	Ordereingabefenster	Positions-Fenster

Es hat sich bewährt, die Hintergrundfarben Ihrer Charts so anpassen, dass Sie schon an der Farbe erkennen können, um welchen Wert es sich handelt. Nutzen Sie dazu keine grellen, starken Farben, sondern sehr dezente Töne. Dennoch müssen sie ausreichend stark getönt sein, um aus dem Augenwinkel heraus noch erkennbar anzuzeigen, was den Hauptwert und was die jeweiligen Nebenwerte abbildet.

15 Wie viele Monitore Sie brauchen

Auch in Bezug auf die Zahl der Monitore muss jeder für sich das Optimum finden. Meiner Erfahrung nach müssen es mindestens zwei Monitore sein. Haben Sie Zugriff auf vier Monitore, bietet sich die Monitoranordnung zwei unten und zwei oben an, sodass sich ein großes Viereck ergibt. Bei sechs oder acht Monitoren hat sich ebenfalls die zweireihige Anordnung bewährt, also drei oder vier Monitore in der unteren Reihe und drei oder vier Monitore in der oberen Reihe. Spezialanbieter von Monitorhalterungen bieten die passenden Gerüste, die sich in den Handelsräumen bewährt haben – allerdings sind diese Halterungen nicht billig.

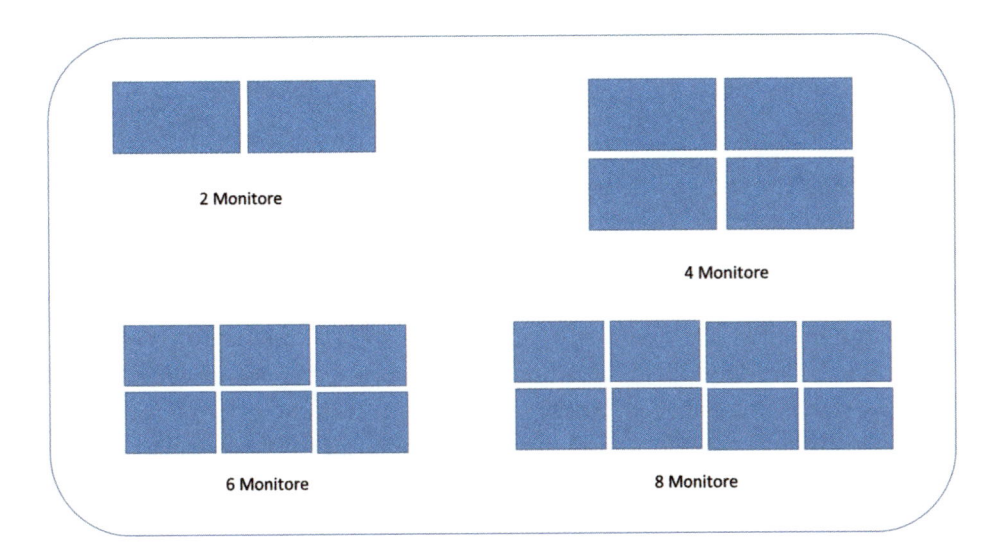

Egal wie viele Monitore Sie für Ihre Arbeit einsetzen, die Aufteilung der Informationseinheiten sollte immer nach obiger Struktur erfolgen. Im Zentrum, da, wo Sie die meiste Zeit hinschauen, liegen die Hauptinformationseinheiten. Nach außen und oben hin nimmt die Bedeutung der jeweiligen Informationen immer mehr ab. Alles, was Sie nur kurz mit einem Blick streifen oder einmal interessehalber überfliegen müssen (wie Nachrichten oder Charts in langen Zeitfenstern, aber auch Ihr aktuell gültiges Ertragsergebnis), schieben Sie am besten ganz nach außen in die Peripherie.

Wie viele Monitore Sie brauchen

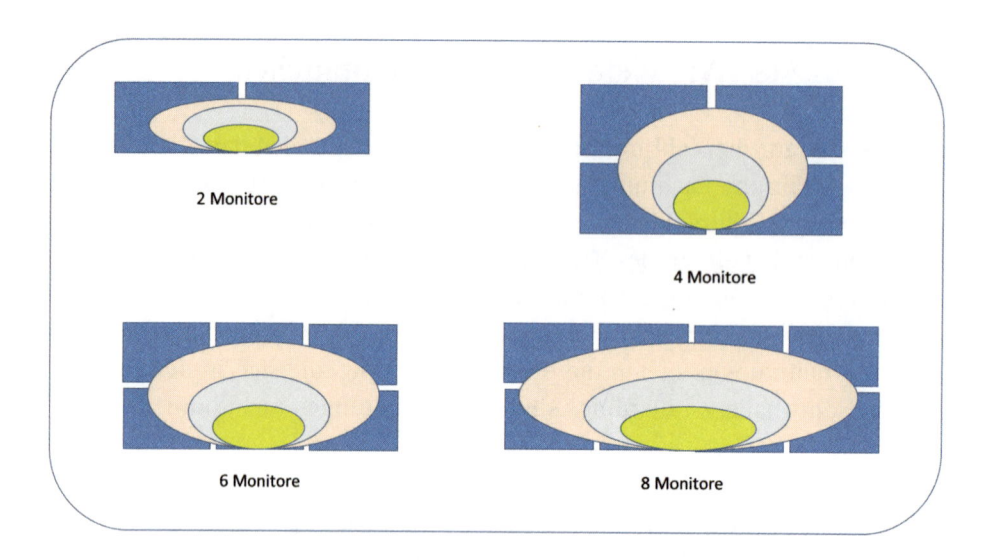

2 Monitore

4 Monitore

6 Monitore

8 Monitore

Sind mehr Monitore besser als wenige? Ich glaube nicht. Auch hier gilt: Mehr hilft nicht wirklich. Zwei Monitore sollten es zwar mindestens sein, mit drei und vier Monitoren kann man eine bequeme Übersichtlichkeit erreichen. Alles darüber hinaus ist nur sinnvoll, wenn es wirklich notwendig wird, weil zusätzliche Informationseinheiten als *Zusatzinformation* in der Peripherie benötigt werden. Auf jeden Fall darf die Fläche der Hauptinformation nicht mit der Anzahl der Monitore steigen. Diese Fläche bleibt immer gleich – Sie müssen sie immer im Blick haben, ohne sich wie im Kino in der ersten Reihe zu fühlen, wo man nur die Hälfte des Filmes mitbekommt, egal wohin man sieht.

THEMENKOMPLEX 3:
DIE SPUREN IM MARKT VERRATEN DIE INTERESSEN DER AKTEURE

Die Spuren zu lesen, die Motivationen, die hinter den Bewegungsimpulsen stecken, zu verstehen und daraus rechtzeitig eigene Schlüsse zu ziehen – all das bildet den Kern unseres Handelns an der Börse. Im dritten Teil des Buches wollen wir uns den Marktteilnehmern nähern, um sie zu erkennen und ihre Aktivitäten zu unseren Gunsten zu nutzen.

1 Ein erfolgreicher Trader muss die Spuren im Markt lesen können

Die äußerst wichtige Erkenntnis eines Daytraders ist, dass wir nicht die Märkte bewegen. Wir sind vielmehr darauf angewiesen, uns an diejenigen Akteure zu hängen, welche die Kursbewegungen verursachen. Diese Feststellung hat zwei Konsequenzen:

▶ Wir müssen die marktdominanten Akteursgruppen kennen, über ihre Vorgehensweise, ihre Ziele und Möglichkeiten informiert sein und sie obendrein nicht als Gegner, sondern als Mittel zum Zweck betrachten.

▶ Wir müssen erkennen, wann diese Akteure im Markt aktiv sind und jeweils das Geschehen dominieren. Entsprechend müssen wir unsere Trading-Aktivitäten möglichst darauf ausrichten. Damit kommt der Fähigkeit, die Spuren im Markt zu lesen, eine sehr hohe Bedeutung zu. Ich persönlich halte die Fähigkeit, die Spuren der anderen treffsicher zu erkennen und für sich profitabel auszunutzen, sogar für die wichtigste Eigenschaft, die sich ein Daytrader aneignen sollte.

Tatsächlich konzentrieren sich jedoch sehr viele der besonders kurzfristig ausgerichteten Händler und Daytrader bei der Beurteilung der Märkte und bei der Definition ihrer Ein- und Ausstiege ausschließlich auf technisch basierte Regelwerke. Eines der Hauptinstrumentarien hierfür ist im Allgemeinen die technische Analyse in all ihren Facetten. Ebenso arbeiten einige Experten mit dem Orderbuch oder spezialisieren sich auf das Handeln von Ereignissen, das heißt das Handeln von Nachrichten und Wirtschaftsdaten. Sie verlieren dabei aber jene aus den Augen, die die Märkte überhaupt erst bewegen. Kaum jemand macht sich wirklich die Mühe, zu analysieren, welche Marktteilnehmer mit welchen Interessen oder Zwängen im Markt unterwegs sind, wie sie agieren und welche Kursbewegungen sich daraus mit hoher Wahrscheinlichkeit ableiten lassen. Die Tatsache, warum dieses überaus wichtige Element der Marktbeurteilung eine so geringe Aufmerksamkeit erhält, hängt wahrscheinlich damit zusammen, dass es kaum entsprechende Fachliteratur oder Ausführungen dazu gibt. Zudem scheint mir (wie schon zu Beginn des Buches erwähnt) die Grundvorstellung darüber, was die Börse bewegt und wie das geschieht, in eine ganz andere Richtung zu streben. Zwar ist sich durchaus jeder darüber im Klaren, dass die Kursverläufe keinen mechanischen Gesetzmäßigkeiten unterliegen. Folglich weiß auch jeder, dass es keine dauerhaft zuverlässigen Bewegungsabläufe gibt, die nur mit einer hinreichend raffinierten Analyse- oder gar Prognosemethode entdeckt und dann immer nur abgearbeitet werden müssen. Dennoch scheint ein Hauch dieser Idee in den Köpfen der meisten Trader (besonders im privaten Segment) verhaftet zu bleiben. Noch immer werden eifrig Trendlinien, Widerstände und Unterstützungen gezeichnet, Pivot-Punkte berechnet sowie Indikatoren angelegt und bewertet. Und doch arbeiten die meisten an den Ursachen der Marktbewegung vorbei, nämlich den Menschen.

Dieses Vorgehen führt in der Regel zu einer falschen Gewichtung marktbewegender Komponenten. Der Schwerpunkt wird in jeder Marktsituation auf immer wieder die gleichen Themen der technischen Analyse gelegt. Dies geschieht, ohne sich darüber im Klaren darüber zu sein, wann einem Widerstand, einer Unterstützung, einem Pivot-Punkt oder ähnlichen Projektionen eine sinnvolle Bedeutung zukommt und wann wir deren Beachtung in den Hintergrund schieben sollten, um nicht auf das falsche Pferd zu setzen oder fälschlicherweise komplett aus dem Handel herausgehalten zu werden.

Für einen erfolgreichen Trader ist die Kenntnis und die Beachtung der tatsächlichen Rolle und der Interessenlage der marktdominierenden Akteure von sehr hoher Bedeutung. Ich persönlich vertrete seit Jahren die Auffassung, dass Kenntnisse über das Verhalten dieser Gruppen die entscheidende Grundlage sind, um erfolgreich handeln zu können.

Im Folgenden wollen wir uns deshalb mit den Marktteilnehmern auseinandersetzen. Wir werden die wichtigsten Gruppen benennen und uns ansehen, welche Interessen sie wirklich verfolgen. Wir wollen betrachten, wie ihre Vorgehensweise ist, welche Risiken sie eingehen und mit welchem Ziel sie das tun. Und wir werden herausfinden, wie sie diese handeln. Hierbei möchte ich wie folgt vorgehen:

- Zu Beginn der Ausführungen möchte ich umreißen, innerhalb welcher Rahmenbedingungen sich die Märkte in den letzten 20 Jahren entwickelt haben, bis sie die Form erreicht haben, die wir heute kennen. Dabei soll auch besprochen werden, was denn überhaupt das Investmentbanking ist. Es wird auch heute noch von Presse und Politik als Herzkammer des Kapitalismus beschrieben, aber auch für die schlimmste Finanzkrise seit dem Zweiten Weltkrieg verantwortlich gemacht.

- Ich führe den Streifzug durch die Marktstruktur fort, in dem unser Markt beschrieben wird, jener Ort, an dem unsere Transaktionen mit den Transaktionen unserer Spurenleger interagieren. Da sich dieses Buch im Kern auf den Futures-Handel und hier konkret auf den Handel mit FDAX-Kontrakten fokussiert, liegt es nahe, die European Exchange (EUREX) in ihren wesentlichen Strukturen zu beschreiben. Darauf aufbauend werde ich die wichtigsten Interaktionen zwischen den Akteuren beschreiben. Hierbei konzentriere ich mich auf den institutionellen Kurzfristhandel (unsere Trading-Wirte), gehe über zur Indexarbitrage, befasse mich mit den klassischen Finalkunden und umreiße schließlich weniger auffällige oder eher temporär dominante Marktteilnehmer.

Es geht hierbei darum, den Markt zu verstehen, zu erkennen und schließlich die von diesen Akteuren verursachten Kursbewegungen zu unserem eigenen Vorteil auszunutzen.

2 Die Weichen wurden in den 80ern gestellt ...

An den Börsen werden keine Werte geschaffen. Hier werden lediglich gigantische Kapitalsummen umverteilt, Tag für Tag. Standen früher nur wenige Trading- und Investitionsmöglichkeiten für diese Art von Geschäft zur Verfügung, vervielfältigte sich ihre Zahl, Umfang und Komplexität in den 80er- und 90er-Jahren exponentiell. Für diesen Prozess sind drei Eckpfeiler verantwortlich, die zusammenwirken und voneinander abhängig sind:

▶ Eckpfeiler 1 ist die vollzogene Kehrtwendung im wirtschaftspolitischen Regulierungsprozess. Sie betrifft die global wichtigsten Kapitalmärkte. Ohne diese Kehrtwende wäre nicht erklärbar, warum die Finanzindustrie in Bezug auf die weltweite Wirtschaftsentwicklung mit all ihren bisher bekannten Exzessen so gewaltig an Bedeutung gewonnen hat.

▶ Eckpfeiler 2 ist die geradezu dramatische Zunahme derivativer Finanzprodukte, die es zwischenzeitlich in einer nie dagewesenen Vielzahl und Komplexität gibt. Das erfordert(e) einen ganz neuen intellektuellen Typ von Trader, Verkäufer und Produktentwickler und hat damit den klassischen Aktien- und Rentenhändler verdrängt.

▶ Eckpfeiler 3 ist der einzigartige Anspruch an die Fähigkeiten, die Motivation und die Mentalität, der an die nun benötigten Akteure am Markt gestellt wurde und der bis heute den Handel prägt.

Gesucht wurden und werden hungrige, kämpferische Söldner, fähig zu einem urteilssicheren Umgang mit Risiko unter Zeitdruck. Sie müssen rund um die Uhr zur Verfügung stehen und nicht eine gewerkschaftlich organisierte Arbeitszeit von 38,5 Stunden pro Woche anstreben. Damit änderte sich die Geschäftsphilosophie der Finanzinstitute grundlegend, ja, sie kehrte sich praktisch ins Gegenteil um: Aus dem persönlich bekannten institutionellen Geschäftspartner wurde der Counterpart. Ab jetzt ging es um die absolute Maximierung des Profits bei gleichzeitiger Verschiebung des Risikos. Die Börsenmärkte wurden schnell, komplex und aggressiv. Sehen wir uns die Faktoren im Einzelnen an, die gemeinsam die heutigen Märkte formten und noch immer prägen.

Die Kapitalmärkte haben in den letzten 20 Jahren eine dramatische Veränderung durchgemacht. Ursache hierfür war eine ordnungspolitische makroökonomische Deregulierung, deren Wurzeln in den 1970er-Jahren liegen. Der Kerngedanke jener Deregulierung bestand darin, jede Form der staatlichen Interventionen an Märkten auf ein Minimum zu beschränken, gleichgültig ob in Form von staatlicher Regulierung des wirtschaftlichen Handels, in Form von erhobenen Steuern, in Form von Subventionen oder Ähnlichem. Die philosophischen Urväter dieser Ausrichtung waren der österreichische Ökonom Friedrich August von Hayek und einer der prominentesten Vertreter der sogenannten Chicago School, der 1976 mit dem Wirtschaftsnobelpreis ausgezeichnete Milton Friedman. Hayek und Milton zufolge sollte es ein Mehr an Marktwirtschaft geben und ein Weniger an Staat. Nun muss man zum besseren Verständnis dieser Entwicklung berücksichtigen, dass die Philosophie des zügellosen Kapitalismus in die Zeit des Kalten Krieges fiel. Hier stand einem vollkommen regulierten System in den osteuropäischen Ländern ein vollkommen freies Wirtschaftssystem im Westen gegenüber. Das machte die westliche Welt empfänglich für Theorien wie die von Friedman, die vor und mit dem Untergang der Sowjetunion als Doktrin ausgebaut wurden. Das geschah, ohne zu hinterfragen, ob ein solch komplett liberalisiertes System auch tatsächlich und langfristig das bessere ist. Im Kontext eines erbarmungslosen Wettlaufs um militärische Vorherrschaft, um Bedürfnisbefriedigung der jeweiligen Bevölkerung und um ideologische Überlegenheit im Kalten Krieg wurde eine überbordende Deregulierung der Kapitalmärkte angeschoben. Ihr gibt man heute die Schuld daran, 20 Jahre nach dem Zusammenbruch der Planwirtschaft nach sowjetischem Vorbild und dem damit errungenen Sieg des kapitalistischen Systems eben dieses erschüttern zu können.

Initiatoren der Deregulierung waren die Regierungen von Margaret Thatcher und des US-Präsidenten Ronald Reagan, beides überzeugte Anhänger der These, dass zu viel staatliches Handeln freie Menschen in die Knechtschaft führe. 1981 trafen sich Vertreter der Thatcher-Regierung mit Vertretern des Reagan-Kabinetts im Weißen Haus. Sie lösten eine Entwicklung aus, die 1986 in Großbritannien als sogenannter Big Bang die gesamte britische Finanzindustrie traf. Am 27. Oktober 1986 traten die neuen Finanzmarktregeln in Kraft und ließen die britische Börse von den Zügeln. Damit fiel in Europa ein Startschuss, der im Investmentbanking eine bis dahin ungeahnte Entwicklungsperiode einläutete.

Als sich die US-amerikanische und britische Finanzindustrie mit ihren neu gewonnen Freiheiten in einem ungeahnten Tempo entfaltete, wurde auch im restlichen Europa rasch erkannt, welche Schritte notwendig waren, um den Anschluss nicht zu verlieren. Der damalige Vorstand der Deutschen Bank, Alfred Herrhausen, erkannte als einer der ersten deutschen Wirtschaftslenker, welche Stunde geschlagen hatte. Er hatte realisiert, dass die Deutsche Bank den Anschluss an diese Entwicklung nicht verpassen durfte. Mit der geplanten Übernahme der Londoner Investmentbank Morgan Grenfell leitete er den Übergang des Instituts von einer bis dahin nationalen Geschäftsbank zur globalen Investmentbank ein. Dieser Schritt brachte den im Vorfeld angesprochenen Kulturwandel auch in der Deutschen Bank und damit auch am zweitwichtigsten Finanzplatz Europas mit sich. Die Schwerpunkte in der Finanzindustrie verschoben sich dramatisch, weg vom klassischen, lokalen, auffällig national gefärbten Bankgeschäft, hin zu einem global geführten Investmentgeschäft, das alle seine Bereiche aufblähte: den Rohstoff-, Anleihe-, Derivate- und Wertpapierhandel, das Geschäft mit Mergers and Acquisitions (M&A) und die Organisation und Betreuung von Börsengängen. Dieser Schritt hin zur vollumfänglichen Investmentbank katapultierte die Deutsche Bank von einer vormals im Börsengeschäft international eher unbedeutenden Institution in die Liga der global wichtigsten und bedeutendsten Adressen in diesem Bereich. Er war auch einer nationalen Entwicklung geschuldet. Herrhausen hatte bereits sehr früh erkannt, dass immer mehr deutsche Industrieunternehmen die Dienste amerikanischer Investmentbanken wie Goldman Sachs oder J.P. Morgan in Anspruch nahmen, während die Deutsche Bank ihren industriellen Kunden in diesem stark wachsenden Bereich des Investmentbanking keine vergleichbaren Dienstleistungen anzubieten vermochte.[68] Wenn der Investmentbereich nicht in dieser Form ausgebaut worden wäre, wäre die Deutsche Bank heute vermutlich bestenfalls nur noch eine mittelgroße deutsche Geschäftsbank oder schlechtestenfalls längst von einem Wettbewerber übernommen.

Die erlebte globale Entwicklung im Investmentbereich wäre jedoch nicht in derartiger Form möglich gewesen, wenn sie nicht von besonderen Charakteren getragen worden wäre. Die sich in den 80er- und 90er-Jahren entwickelnde Informationstechnologie schuf nun die Voraussetzungen. Sie erlaubte es den Derivateexperten, akademische Bewertungsmodelle mithilfe der Finanzmathematik zu schaffen. Sie erlaubte es auch, den Wert von Optionen zu ermitteln, diese an den Markt zu bringen und damit Geld zu verdienen. Plötzlich war es möglich, hochkomplexen Produkten der Finanzwirtschaft einen Preis zuzuordnen und diese Produkte in Echtzeit elektronisch zu handeln. Herausragende, im Markt geradezu als Legende verehrte Spitzenleute im Investmentbereich sammelten von den 90er-Jahren bis in die Jahr 2005/2006 hinein jene marktprägenden Charaktere um sich, mit denen sie für ihre Arbeitgeber Milliardengewinne erwirtschafteten. Man muss dieses Wechselspiel richtig einordnen, um zu verstehen, womit wir es heute im Markt zu tun

---

[68] *Tod eines Investmentbankers*, Nils Ole Oermann, Verlag Herder GmbH, Freiburg im Breisgau 2013, Seite 63.

haben. Die fähigsten und marktprägendsten Marktteilnehmer wurden und werden noch immer nach folgenden Schlüsselmotiven ausgewählt:

▶ Wettbewerb
▶ Gehalt
▶ Elitebewusstsein[69]

Durch die exorbitanten Verdienstmöglichkeiten, die sich im Zusammenhang mit jener Entwicklung in den Märkten anboten, zog es zunehmend hochgebildete Physiker, Mathematiker und andere Akademiker an die Börse. Sie konnten exzellent mit Zahlen umgehen und hatten kein Problem damit, diese Fähigkeiten nun an den Märkten und hoch bezahlt einzusetzen – und das ist bis heute so. Für Außenstehende mag es lustig klingen, aber der klassische Investmentbanker, ob nun im Vertrieb, im Handel oder in der Produktentwicklung, sah und sieht sich noch heute als Teil einer elitären Gruppe: hochmotiviert, einen 18-Stunden-Arbeitstag absolvierend und die Bank oder seine Finanzinstitution als geschlossenes System und Lebensmittelpunkt betrachtend. Nils Ole Oermann beschreibt diese Stoßrichtung treffsicher in Bezug auf Händler der Deutschen Bank: »Die von Mitchell[70] zusammengestellten Teams arbeiteten nicht 38,50 Stunden pro Woche miteinander, sondern marschierten 80 und mehr Stunden gemeinsam, gern auch in Nachtmärschen mit voller Kampfausrüstung, denn irgendwo auf der Welt ist immer eine Börse geöffnet. Und ist dann Casual Friday zur Abwechslung im Sakko ohne Krawatte schon um 20 Uhr Dienstschluss, dann geht es zusammen in die Edelkneipe. Das Leben eines junior analyst ist die Bank. Man verdient extrem gut und die Besseren ordnen ihr gesamtes Leben der Mission unter. Gefragt sind junge, international ausgebildete, möglichst ungebundene und schnell denkende junge Menschen, die ihre Zelte [...] binnen Stunden anderswo aufstellen könnten. Sie arbeiten in Handelssälen und Großraumbüros unter Neonlicht. Ihre Arbeitsplätze sehen in London kaum anders aus als in Sydney oder New York. Räumliche Bezüge spielen keine große Rolle, ja, die Ortslosigkeit ist Programm.«[71]

---

[69] Ebenda, Seite 69.
[70] Edson Mitchell (* 19. Mai 1953 in Portland, Maine; † 22. Dezember 2000 in Rangeley, Maine) war eine Persönlichkeit der internationalen Finanzwelt. Mitchell, ein Nachfahre schwedischer Einwanderer, wuchs in sehr einfachen Verhältnissen auf. Sein Studium der Wirtschaftswissenschaften am Colby College und an der Tuck School of Business des Dartmouth College schloss er mit einem MBA ab. Anschließend arbeitete er bei der Bank of America in Chicago und wechselte 1980 zu Merrill Lynch nach New York. Trotz großer Erfolge gelang es ihm allerdings nicht, in die dortige Führungsetage aufzusteigen. 1995 wechselte er zur Deutschen Bank und übernahm dort die Leitung der globalen Märkte. Im Jahre 2000 wurde er zusammen mit Michael Philipp als erster Amerikaner in den Vorstand berufen. Mitchell kam Ende 2000 durch den Absturz seines Privatflugzeugs ums Leben, der laut Untersuchungsbericht auf einen Pilotenfehler zurückzuführen ist. (Quelle: Wikipedia)
[71] *Tod eines Investmentbankers*, Nils Ole Oemann, Verlag Herder-GmbH, Freiburg im Breisgau 2013, Seite 63.

Mit dem Zusammenbruch der Investmentbank Lehman Brothers, die als Brandbeschleuniger das gesamte kapitalistische Finanzsystem fast zum Einsturz brachte, vollzog die Politik eine erneute 180-Grad-Wende. Sie stoppte den zügellosen Kapitalismus in der Finanzindustrie im vollen Galopp. Jetzt erleben wir wieder das andere Extrem: eine immer stärkere Regulierung und Einmischung des Staates, um denjenigen an die Kette zu legen, der vermeintlich Schuld hat an den Problemen und Fehlentwicklungen in unserem Wirtschaftssystem. Durch Regularien in Bezug auf Eigenkapitalvorschriften schafften Banken ihren Eigenhandel ab oder lagerten diesen in hauseigene Hedgefonds aus. Bestimmte Finanzprodukte wurden stigmatisiert. Gehälter zu deckeln und Bonuszahlungen zu begrenzen – das entzieht den Finanzinstitutionen das Argument und den Treibstoff schlechthin, mit dem das Humankapital an der Börse befeuert wurde. Aber auch in diesem Falle wissen wir nicht, ob wir das Richtige tun oder (nur diesmal im anderen Extrem) über das Ziel hinausschießen. Doch ist damit eine erfolgreiche Regulierung gelungen, wie sie den Regierungen in Washington, London und Berlin vorschwebt? Werden wir wieder Märkte vorfinden, wie wir sie bis in die 80er-Jahre hatten und auf denen viele der Analyse- und Handelsansätze basieren, die noch heute in vielen Fachbüchern besprochen und besonders von Retailern gern und bevorzugt eingesetzt werden? Ich halte das für überaus unwahrscheinlich. Die Märkte haben sich nachhaltig verändert. Die Mentalität hat sich nachhaltig verändert. Ein Zurück wird es nicht geben. Dem widersprechen schon die Rahmenbedingungen. Es sind die Staaten mit ihren Zentralbanken selbst, die das Geschäft mit Aktien, Anleihen, Derivaten und Währungen befeuern. Das tun sie durch die Billionen an billigem Geld, das sie in die Märkte pumpen. Unsere Welt produziert heute in etwa reale Güter und Dienstleistungen im Werte von über 70 Billionen USD. In Aktien werden aktuell im Jahr etwa um die 63 Billionen USD umgesetzt, Anleihen (Unternehmens- und Staatsanleihen) werden im Wert von etwa 24 Billionen USD gehandelt. Die derivaten Märkte (Futures und Optionen) machen um die 708 Billionen USD aus und am Devisenmarkt gehen Gegenwerte um die 1007 Billionen USD durch die Handelsbücher. Das heißt: Allein am Devisenmarkt werden weit mehr als 10 Mal mehr Werte pro Jahr gehandelt, als weltweit pro Jahr real produziert wird.

Der Wettlauf zwischen Regulierern und Regulierten geht in immer neue Runden. Und doch ähnelt er dem Märchen von dem Hasen und dem Igel. Die Finanzbranche steht hier für den Igel. Sie ist stark aufgerüstet mit den besten Anwälten, den kreativsten Steuerberatern, mit hervorragenden Lobbyisten und einem Heer von erstklassigen, brillant ausgebildeten und bis in die Fußspitzen motivierten Finanzsöldnern. Dem stehen Regulierungsbeamte gegenüber, die mitunter noch nie einen Handelssaal von innen gesehen haben und die Produkte im derivaten Bereich und ihre Einsatzmöglichkeiten kaum vollständig verstehen. »Kapital ist wie ein scheues Reh«, sagt ein bekanntes Sprichwort und findet im aktuellen Marktumfeld seine wörtliche Bestätigung. Die Märkte werden immer flexibler reagieren und global die vorhandenen Nischen suchen, um jede Chance optimal zu nutzen und Gewinne zu produzieren. Berufshändler sind ihren Strukturen beziehungsweise Arbeitgebern verpflichtet und damit der Maximierung ihres Profits. Sie sehen sich nicht in der Pflicht gegenüber Staaten, Steuerzahlern oder Regulierungsbehörden. Folglich bleibt der Börsenhandel die Formel 1 des Kapitalismus.

Die Märkte scheinen heute gezügelter als noch vor vier oder fünf Jahren, aber Liquiditäten verschieben sich. Die prägenden Charaktere haben das Parkett bis heute nicht verlassen. Nach wie vor dominieren exzellent ausgebildete Spitzenleute den Handel. Die Maschinerie der Produktentwicklung läuft auf Hochtouren, immer neue Produkte werden in Reaktion auf den Anpassungsdruck entworfen, den die Staaten ausüben. Und weiterhin setzen die Beteiligten in der gleichen gnadenlosen Konsequenz in immer höheren Geschwindigkeiten auf Gewinne.

Die wichtigste Erkenntnis, mit der wir uns jetzt gemeinsam in das Abenteuer Börse stürzen, lautet: Wir haben in diesem einzigen, gemeinsamen Markt nur eine Chance, wenn wir uns bewusst sind, dass auch wir es nur mit unbedingtem Leistungswillen, Wissensaneignung und Konsequenz schaffen können, nicht zum Nettoeinzahler in diesem Markt zu werden. Hobby-Trader wird es weiterhin geben, die mal etwas gewinnen und mal etwas verlieren. Aber wer sich über diese Ebene hinaus entwickeln will, muss die Spielregeln kennen und sich diesen anpassen.

Doch ist damit die Schuldfrage in der auch aktuell noch tobenden Finanzkrise noch immer nicht eindeutig geklärt. Ist der nach außen hin dargestellte gierige Wildwuchs im Investmentgeschäft tatsächlich Ursache für die Fast-Kernschmelze unseres Wirtschaftssystems? Einen aus meiner Sicht wirklich sachlichen Bewertungsansatz in dieser Hinsicht versuchte der ehemalige Chefvolkswirt der Deutschen Bank, Thomas Mayer, in seinem Werk *Die neue Ordnung des Geldes – Warum wir eine neue Geldreform brauchen*[72]. Mayer ist ein scharfer Kritiker der aktuellen Ordnung unserer Geldpolitik. Er schied aus der Deutschen Bank aus, da er die noch heute gültige konventionelle Ökonomie nicht mehr mittragen wollte

---

[72] *Die neue Ordnung des Geldes – Warum wir eine neue Geldreform brauchen,* Thomas Mayer, FinanzBuch Verlag 2014.

und schon gar nicht die Rolle, die sie den Banken im Geldschöpfungsprozess auch heute noch zuordnet.

Dennoch schiebt Mayer den Schwarzen Peter interessanterweise trotz seiner zum Teil beißenden Kritik an der gelebten Struktur und Geschäftspolitik des Investmentbankings nicht vordergründig dem von Politik und Medien geschmähten Bereich zu. Vielmehr sieht er die Ursachen eher in der Grundordnung unseres Geldsystems. Er spart nicht mit Kritik im Hinblick auf vereinzelte Auswüchse der Spekulation. Er weist aber darauf hin, dass eine »Verteufelung der Spekulation und Charakterisierung der Kapitalmärkte als Hochburgen dionysischer Irrationalität« das Kind mit dem Bade ausschütte[73] – wieder einmal.

Mayer vertritt die Ansicht, dass die Produktion von Passivgeld durch die Banken eine überaus riskante Aktivität sei. Er meint damit jene Geschäftspolitik, die nicht von regulatorischen Einschnitten in dem Ausmaß erfasst wurde, wie wir dies im Investmentbanking gesehen haben. Sie sei deutlich riskanter als im Vergleich dazu das Kapitalmarktgeschäft.[74] Die Geschäftspolitik des klassischen Bankgeschäfts mit seiner Fähigkeit, durch Kreditvergabe beliebig Geld zu schaffen, vergleicht er mit dem Betreiben eines Kernkraftwerkes. Er vertritt die Meinung, dass hier das systembedingte unkalkulierbare Restrisiko schlummert. Die Kapitalmärkte sieht er dagegen als das, was man den Banken gemeinhin als Funktion zuschreibt: die Vermittlung zwischen Sparern und Investoren. Er lehnt die Regulierung der Kapitalmärkte keineswegs ab, aber sieht aktuell die Schwerpunkte gefährlich verschoben. Das begründet er mit sträflicher Unkenntnis der politisch Verantwortlichen.

Damit wird aller Wahrscheinlichkeit nach auch weiterhin die Basis für kommende Verwerfungen an den Märkten gelegt. Durch die bereits getroffenen Regulierungsmaßnahmen sehen wir Einschränkungen, die den gröbsten Auswüchsen des ehemals weitestgehend freien Wildwuchses im Börsengeschäft die Spitzen gebrochen hat. Wir sehen aber auch gefährliche Negativeffekte der übertriebenen Regulierungsversuche: Liquiditätsrückgänge. Gerade die großen Banken, die über ihre Funktion als Eigenhandelsinstitute als Puffer bei drastischen Kursverwerfungen und aktive Marketmaker in volatilen oder liquiditätsschwachen Phasen aufgetreten sind, sind heute deutlich weniger dominant an den Märkten anzutreffen. Folglich kommt es zu krassen Volatilitätsschwankungen. Die Unruhe an den Märkten tritt deutlich offener und nachhaltiger zutage, als wir dies vor den derzeit gültigen

---

[73] Ebenda, Seite 73.
[74] Ebenda, Seite 79.

Maßnahmen sahen, die ihren bisherigen Höhepunkt im Reformpaket des Baseler Ausschusses der Bank für Internationalen Zahlungsausgleich (BIZ) finden.[75]

Die folgende Übersicht zeigt das aktuell gültige Geflecht, innerhalb dessen die Akteure untereinander interagieren. Wichtig sind hierbei folgende Aspekte, die gern übersehen werden, die aber für das Erkennen, Interpretieren und Verstehen von Aktivitäten dominanter Akteure am Markt wichtig sind.

▶ Die Börse selbst ist ein Markt mit Regularien, an dem handelnde Menschen aufeinandertreffen. Die Entscheidung, ob und wann ge- oder verkauft wird, wird weiterhin von Menschen getroffen. Der Grad selbstständig agierender Computermodelle wird gemeinhin überbewertet. Es sind zwar eine Vielzahl von Algorithmen im Markt aktiv, doch treffen diese keine selbstständigen Handelsentscheidungen, sondern arbeiten unterstützend, schneller und präziser auf Basis menschlicher Vorgaben und Einschätzungen.

▶ Berücksichtigen wir bitte immer, dass jede Transaktion zu einer Veränderung des Risikoprofils im jeweiligen Handelsbuch führt. Es gibt keine Akteure im Markt, die die Märkte ohne Risikolimits nach ihrem Willen hin oder her bewegen können, ohne sich darüber im Klaren zu sein, was aus den sich aufbauenden Positionsrisiken wird. Die gern als »Big Boys« bezeichneten Schattenmänner sind normale Akteure. Sie agieren in Realität profaner, als es ihnen Dritte, die ihre Tätigkeit nicht verstehen, immer andichten.

▶ Banken übernehmen heute, nach der Regulierung, wieder vorrangig Dienstleistungsfunktionen. Sie sind als Börsenmitglieder die Schnittstelle zwischen Akteur und Börse. Diese Schnittstelle kann rein technischer Natur sein, aber auch als ausführender Dienstleister wie in der Produktbereitstellung, im Pricing, in der Orderausführung oder im Research. Eigenhandel in derjenigen Form, wie er von den Banken noch bis 2008/2009 betrieben wurde, ist zumindest in diesen Instituten drastisch beschränkt, wenn nicht ganz abgeschafft. Große Institute haben ihre Eigenhandelsaktivitäten zum Teil in eigene Hedgefonds ausgelagert, die somit nicht mehr in den Bankbilanzen auftauchen.

---

[75] Hier beziehe ich mich auf das sogenannte Basel-III-Reformpaket. Dieses Reformpaket der BIZ bezieht sich auf die Bankenregulierung Basel II. Basel III ist seit 2013 die Reaktion auf die weltweite Finanz- und Wirtschaftskrise ab 2007, um offengelegte Schwächen der bisherigen Bankenregulierung zu korrigieren. Im Dezember 2010 wurde die vorläufige Endfassung von Basel III veröffentlicht, danach wurden einzelne Teilaspekte diskutiert. Die Umsetzung in der Europäischen Union erfolgte über eine Neufassung der Capital Requirements Directive (CRD), die am 1. Januar 2014 mit umfassenden Übergangsbestimmungen in Kraft trat. In der Schweiz erfolgte die Umsetzung ab 2013. Dort sind insbesondere die Kapitalquoten strenger.

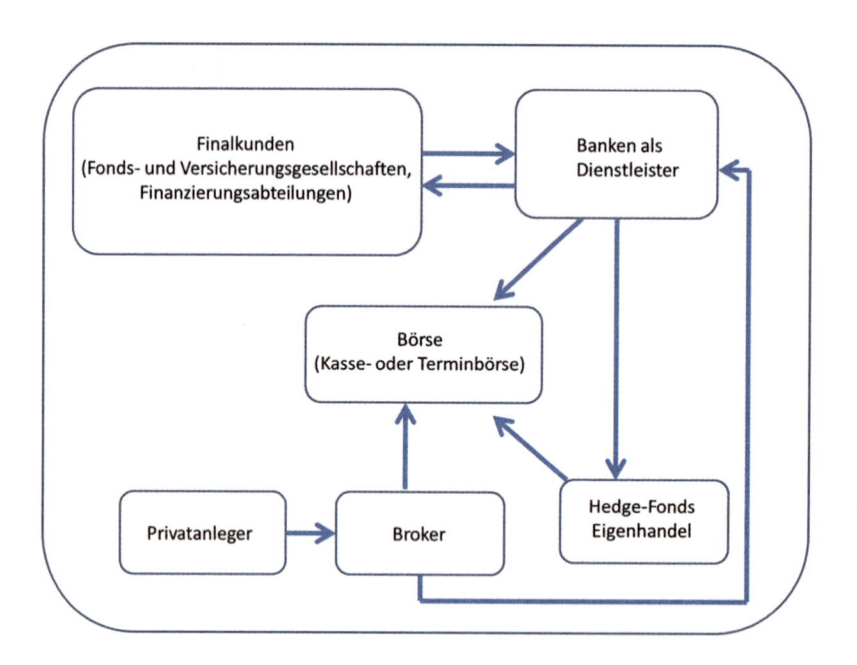

Die obige Grafik zeigt die Börse als Dreh- und Angelpunkt des Investmentgeschäfts. Dies gilt sowohl für die Termin- als auch für die Kassamärkte. Wir haben heute kaum noch bedeutende Präsenzbörsen. Die Geschäfte werden überwiegend elektronisch abgewickelt. Damit sind die ehemals ehrwürdigen Präsenzhallen, die zum Teil architektonisch überaus beeindruckend waren, profanen Großrechnern gewichen. Schnittstelle zwischen Börse (Markt) und Kunde, Investor oder Trader sind Banken, die als Börsenmitglieder die Anbindung in ihrem Namen gewährleisten. Banken sind heute im Investmentbereich überwiegend Dienstleister, über welche Hedgefonds, Broker, Fonds, Versicherungsgesellschaften, Finanzinstitute und ähnliche Akteure ihre Trading- und Investitionsgeschäfte tätigen.

3 Die European Exchange (EUREX)

Die EUREX ist ein eigenständiger, vollelektronischer Markt für Börsentermingeschäfte. Der vollständige Name lautet »European Exchange«. Sie ging 1998 aus dem Zusammenschluss der Deutschen Terminbörse (DTB) und der zur Swiss Exchange gehörenden Swiss Options and Financial Futures Exchange (SOFFEX) hervor. Die EUREX ist heute eine der weltweit größten Terminbörsen. Sie war eine der ersten Börsen, die den Zugang zu Derivatemärkte über elektronische Handelsplattformen ermöglichte.

Die EUREX funktioniert wie jede andere Börse auch. Ihr herausragender Unterschied besteht in der Komplexität der Verrechnungen der Termingeschäfte. Da in der Regel Optionen und Futures nur mit Unterlegung eines marginalen Bruchteiles (der Margin[76]) ihres tatsächlichen Gegenwertes gehandelt werden, benötigt eine Terminbörse ein wesentlich aufwendigeres Verrechnungssystem als eine Aktien- oder Anleihenbörse.

Um eine Order an die EUREX zu leiten, ist der Weg über ein Clearing-Member (Abrechnungsmitglied) notwendig. Es können auch Orders über sogenannte Non-Clearing-Members aufgegeben werden. Diese wiederum müssen jedoch Vereinbarungen mit einem oder mehreren Clearing-Members haben, denn nur Letztere sind direkte Geschäftspartner der EUREX. Zum Schutze aller Marktteilnehmer vor Zahlungsausfällen einzelner Marktteilnehmer lässt die EUREX als Clearing-Member nur kapitalstarke Banken oder Broker zu. Diese wiederum müssen der EUREX gegenüber für ihre Kunden das Risiko des Zahlungsausfalles übernehmen. Wird ein Anleger oder Trader zahlungsunfähig, wird die jeweilige Clearing-Bank durch die EUREX zur Zahlung aufgefordert und muss auch leisten. Damit soll sichergestellt werden, dass die Ansprüche des Handelspartners auf der anderen Seite auf jeden Fall erfüllt werden.

Über diese Clearing-Members als Schnittstellen zum Computersystem der EUREX werden unsere Orders geleitet. Kommt es dort zu einer Orderausführung, wird unser Auftrag im Markt »gematcht«. Wir erhalten umgehend eine Ausführungsbestätigung auf unserem Bildschirm. Im Clearing-System der EUREX erfolgt die Geschäftsabrechnung.

Alle Transaktionen werden schnell und marktnah verbucht. Man bezeichnet das Berechnen beziehungsweise Bewerten eines Börsenwertes von Optionen, Futures und ähnlichen Produkten zum aktuell gültigen Marktwert als Mark-to-market-Bewertung. Jeden Börsentag nach Handelsschluss führt die EUREX eine Bewer-

---

[76] Als Margin bezeichnet man im Rahmen des Börsenhandels die Hinterlegung von Sicherheiten für Börsentermingeschäfte. Man könnte auch sagen, eine Margin ist praktisch ein Pfand. Die Margin soll die möglichen Glattstellungskosten eines Termingeschäftes bis zum nächsten Börsentag absichern. Wir unterscheiden in der Regel zwischen einer Premium Margin, einer Additional Margin bei Optionen und einer Initial Margin (manchmal auch Additional Future Margin genannt) bei Futures. Die jeweilige Margin wird im Voraus als Sicherheitsleistung erbracht und dient der Abdeckung von Verlustrisiken. Die sogenannte Variation Margin deckt den täglichen Gewinn- und Verlustausgleich ab.

tung aller offenen Positionen durch. Die Gutschrift oder Belastung, die sich daraus ergibt, wird an das jeweilige Clearing-Mitglied und damit dann an das Kundenkonto weitergegeben.

Eine weitere Besonderheit der EUREX und ihres vollelektronischen Handelssystems ist die Anonymität. Ein Handelsteilnehmer weiß nicht, mit wem er gerade ein Geschäft macht. Da man aber mit den Jahren seinen Markt kennenlernt, kann man bei größeren Orders durchaus anhand der Handschrift der Orderabwicklung erahnen, wer sich aktuell im Markt befindet.

3.1 Wie kommt Ihre Order an die Börse?

Als Retail-Kunde benötigen Sie einen Broker, der wiederum Ihre persönliche Verbindung zur Börse darstellt. Hierbei erfüllt der Broker in der Regel Ihnen als Trader gegenüber ein komplexes Geflecht von Dienstleistungen. Ihr Broker ist Kontoführer, Bereitsteller einer Handelsoberfläche und eines Chartsystems, Gebührensteller, mitunter Nachrichtenoberfläche und Abrechner. Der Broker leitet Ihre Order an die Börse und wickelt Ihre Transaktion entsprechend ab. Dabei bedient sich der Broker in der Regel einer Bank, die seine Schnittstelle und sein Dienstleister ist. Die von Ihnen aufgegebene Trading-Order kommt bei der jeweiligen Kooperationsbank des Brokers als dessen Order an und wird als Order der Bank an die EUREX weitergereicht. Die Rückmeldung erfolgt über das Verrechnungszentrum der EUREX an die Bank des Brokers. Diese leitet die Ausführungsmeldung an den Broker weiter, der die Transaktion auf Ihrem virtuellen Konto verbucht.

Dem Broker kommt darüber hinaus noch eine Schutz- und Kontrollfunktion zu. Im Sinne des Kapitalmarktgesetzes in Deutschland gilt ein Privatkunde zunächst grundsätzlich als schutzwürdig. Das bedeutet, dass der Broker zu Ihrem Schutz, aber auch zu seinem Schutz Ihre Transaktionen vor einer Weiterleitung an die Börse filtert. Dabei prüft er, ob diese im Rahmen Ihrer finanziellen Möglichkeiten und im Rahmen der vom Broker vorgegebenen Risikoparameter abwickelbar sind. Damit soll verhindert werden, dass Ihnen durch unbedachtes Trading unzumutbare Belastungen aufgebürdet werden können, die über Ihre Kontogröße hinausgehen. Dass dieses Vorgehen jedoch keinen hundertprozentigen Schutz vor Nachschusspflichten bietet, hat die Freigabe des Wechselkurses zwischen dem Schweizer Franken und dem Euro durch die Schweizer Nationalbank im Jahre

2015 gezeigt. In deren Folge gerieten einige Broker durch falsches Risikomanagement und damit auch einige Privatkunden in erhebliche Schwierigkeiten.

4 Für fast jedes Termingeschäft sind Margins zu hinterlegen

Eine Schutzmaßnahme für beide Parteien eines Termingeschäfts sind die sogenannten Margins. Margins sind Sicherheitsleistungen, welche die EUREX von ihren jeweiligen Mitgliedern verlangt, um deren Ausfallrisiken zu vermeiden. Diese können aus offenen Positionen in Derivaten entstehen. Dazu hinterlegt ein Handelsteilnehmer einen errechneten Sicherheitsbetrag in bar oder in Wertpapieren. Da es sich hierbei nur um einen Bruchteil des gesamten Kontraktwertes handelt, wird der oft zitierte Hebeleffekt erzielt, der Termingeschäfte überhaupt erst attraktiv macht. Auf eine vergleichbare Art werden übrigens auch CFD-Geschäfte bei CFD-Brokern besichert. In der Fachsprache bezeichnen wir dieses Verfahren als Risk Based Margining, wobei sich die Gesamtmargin auf das Gesamtrisiko der Position bezieht. Entgegengesetzte Risiken werden hierbei berücksichtigt, um eine zu große Margin-Deckung (auch Überdeckung oder Over Margin genannt) zu vermeiden. Dieses Vorgehen spielt dann eine Rolle, wenn es um Kombinationen verschiedener Derivate geht.

Da das Risiko von Long-Optionen auf die gezahlte Prämie beschränkt ist, werden bei offenen Long- und Short-Positionen die Risiken gegeneinander aufgerechnet. Nur der Überhang wird über eine Margin besichert.

Die EUREX ermittelt die Margin mit einer Vorgehensweise, die man Cross Margining nennt. Hierbei werden verschiedene Terminkontrakte eines Portfolios nach gleichartigen Risiken aufgeteilt. Derivate, wie Optionen oder Futures, denen der gleiche Basiswert zugrunde liegt, werden zu sogenannten Margin-Klassen zusammengefasst. Auf diese Weise können innerhalb jeder Margin-Klasse Gewinne und Verluste der darin enthaltenen Terminkontrakte gegeneinander verrechnet werden. Margin-Klassen, deren Basiswerte eine vergleichbare Risikostruktur aufweisen, fasst die EUREX schließlich noch in Margin-Gruppen zusammen, innerhalb deren ebenfalls die Risiken gegeneinander aufgerechnet werden. Der Vorteil dieses Cross-Margining-Verfahrens liegt auf der Hand: die Schonung von Liquidität. Auf diese Weise muss ein Handelsteilnehmer deutlich weniger Margin hinterlegen, als er hinterlegen müsste, wenn er wirklich für jedes Einzelinstrument eine Margin hinterlegen müsste.

Ein weiterer wichtiger Punkt im Verständnis der Margin ist die Tatsache, dass die EUREX diese Sicherheitsleistung nicht feststehend definiert, sondern täglich neu berechnet. Damit soll so viel Margin wie nötig, aber so wenig Margin wie möglich verlangt werden. Hierzu ermittelt die EUREX den jeweils schlimmsten anzunehmenden Fall, den sogenannten Worst Case. Die Margin soll damit die höchstmöglichen Glattstellungskosten einer Derivateposition absichern, die unter Annahme der ungünstigsten möglichen Preisentwicklung entstehen können. Wie geschieht das?

Die Grundlage der Margin-Berechnung bilden zunächst die bisherige historische Kursentwicklung des Basiswertes und dessen bisherige Volatilität (historische Volatilität). Darauf aufbauend wird eine Prognose für die zukünftige Volatilität getroffen. Dieser Prognosewert wird mit einem Risikofaktor multipliziert, um eine maximal mögliche Kursveränderung zu ermitteln. Diese Spanne bezeichnet man im Markt als Margin-Intervall. Unterstellen wir bei einem DAX-Stand von 10.000 Punkten ein Margin-Intervall von beispielsweise 250 Punkten, entspräche dies einem möglichen Kurssprung bis zum nächsten Handelstag auf entweder 9750 Punkte oder 10.250 Punkte. Folglich würden sich bei einer solchen Entwicklung auch die Options- und Future-Preise verändern, woraus dann die Höhe der zu ermittelnden Margin errechnet wird. Ergänzend wird sowohl ein deutlicher Volatilitätsanstieg als auch ein deutlicher Rückgang simuliert.

An der EUREX werden verschiedene Margin-Arten unterschieden, die für Optionen und Futures gelten. Wir wollen uns hier allerdings nur die wichtigsten Aspekte in diesem Zusammenhang ansehen. Grundsätzlich gilt: Nur diejenigen Geschäfte sind marginpflichtig, die mit einer Verpflichtung verbunden sind. Das bedeutet, dass Future-Positionen marginpflichtig sind, ebenso Short-Positionen von Optionen. Long-Positionen in Optionen müssen dagegen nicht mit einer Margin hinterlegt werden, da sich hier das Risiko auf die bezahlte Prämie beschränkt (siehe hierzu die Beschreibung der Optionen als Anlage- und Trading-Instrument im Themenkomplex »Produktbeschreibungen«).

Für Short-Positionen in Optionen wird eine weitere Margin-Unterscheidung durchgeführt, nämlich in gedeckte Short-Positionen und ungedeckte Short-Positionen. Unter einer gedeckten Short-Position verstehen wir den Verkauf von Optionen, die mit einem Basiswert abgesichert sind. Wird ein Call auf die Aktie

XY verkauft, der sich auf 100 Aktien bezieht, sind 100 Aktien XY als Margin zu hinterlegen. Hier gibt es keine Nachschussverpflichtungen mehr, egal wie sich der Markt im Anschluss bewegt. Anders sieht es bei ungedeckten Short-Positionen aus. In diesem Falle muss sofort bei Verkauf der Optionen die errechnete Margin hinterlegt werden. Sollte die kommende Marktbewegung schließlich die Margin aufbrauchen, sodass sie den Erfordernissen nicht mehr entspricht, erfolgt vonseiten der EUREX ein sogenannter Margin Call. Das bedeutet, dass der Stillhalter aufgefordert wird, die Margin umgehend zu erhöhen. Passiert dies nicht innerhalb einer vorgeschriebenen Zeitspanne, schließt die EUREX die betreffende Position.

Sehen wir uns im Folgenden eine kleine Übersichtsgrafik an, die einen einfachen Überblick über mögliche Margin-Erfordernisse liefert:

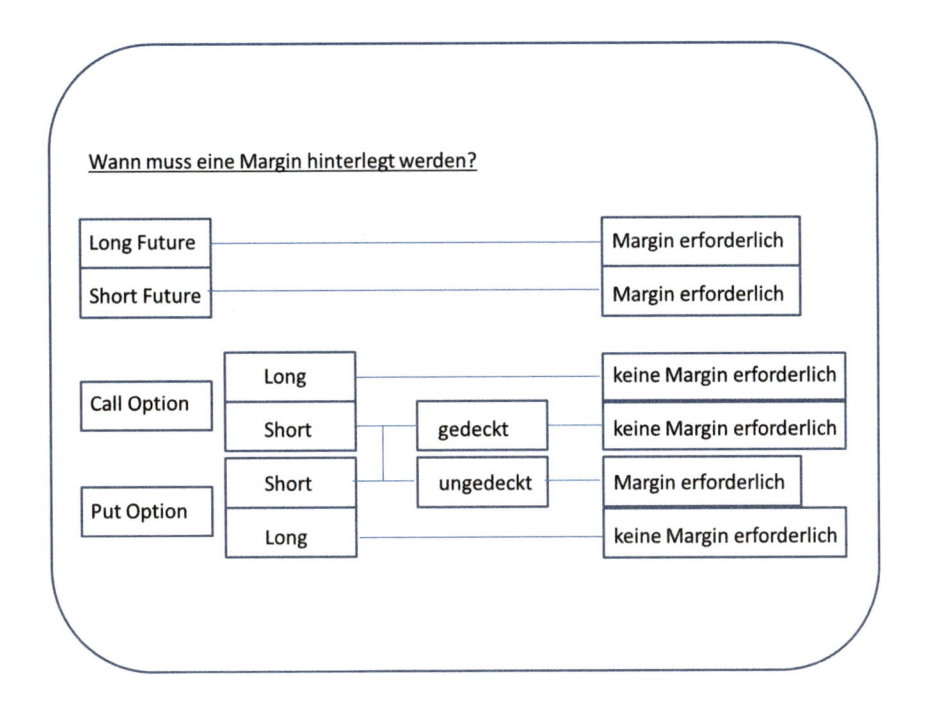

Wann muss eine Margin hinterlegt werden?

Long Future			Margin erforderlich
Short Future			Margin erforderlich
Call Option	Long		keine Margin erforderlich
	Short	gedeckt	keine Margin erforderlich
Put Option	Short	ungedeckt	Margin erforderlich
	Long		keine Margin erforderlich

5 Ordertypen an der EUREX

Die EUREX stellt über ihr Computersystem einige Ordertypen zur Verfügung, die wir uns im Folgenden ansehen werden. Alle darüber hinausgehenden Ordertypen, die Ihnen möglicherweise über die Handelssoftware Ihres Brokers zur Verfügung stehen, sind somit nicht im Angebot der EUREX. Das hat Auswirkung auf die Übermittlungsgeschwindigkeit Ihrer Order und damit auch auf die Geschwindigkeit und Reihenfolge ihrer Ausführung. Aus diesem Grund gehe ich in diesem Abschnitt noch speziell auf die Ordertypen an der EUREX ein und auf die Art, wie die EUREX die einzelnen Orders ausführt.

An der Terminbörse gilt im Zusammenhang mit einer Orderausführung das FIFO- (first in, first out) bzw. LILO-Prinzip (last in, last out). Kommen zwei Orders mit gleichem Ausführungspreis und gleichen Ausführungsbedingungen an den Markt, wird immer die Order zuerst ausgeführt, die zuerst in das Computersystem der Börse gelangte. Nehmen wir an, Sie geben eine limitierte Kauforder für fünf Kontrakte im FDAX zu 11.000 Punkten auf. Zeitgleich wird durch einen anderen Trader ebenfalls eine limitierte Kauforder für ebenfalls fünf Kontrakte im FDAX in den Markt gegeben. Da diese Order einen Sekundenbruchteil vor Ihrer Order vom System erfasst wird, steht sie vor Ihrer Order. Trifft jetzt eine Verkaufs-Order auf die bei 11.000 Punkten platzierten Kauf-Orders, kommt es zur Ausführung. Erst werden dabei die fünf Kontrakte des Traders abgearbeitet werden, die zeitlich vor Ihren fünf Kontrakten stehen. Dann erst können Sie mit einer Ausführung rechnen. Werden beispielsweise sieben Kontrakte zu 11.000 FDAX-Punkten verkauft, werden zunächst die fünf Kontrakte gehandelt, die zeitlich vor Ihrer Order stehen. Die verbleibenden zwei Verkaufskontrakte werden gegen zwei Kontrakte Ihrer Kauforder gematcht. Der Rest von drei Kontrakten bleibt im Markt, steht jetzt aber an erster Stelle.

Dieses Prinzip hat somit folgende Konsequenzen für die Platzierung Ihrer Order im Markt: Orders, die den Ordertypen der EUREX entsprechen, werden in der Regel sofort durch den Broker an die Börse gegeben. Ordertypen, welche die EUREX nicht unterstützt, werden dagegen im System des Brokers vorgehalten und erst in das Computersystem der EUREX geschickt, wenn im Sinne der Ordertypdefinition eine Ausübung möglich ist. In diesem Falle schickt der Broker die vorgehaltene Order in den Markt als ein Ordertyp, der vom EUREX-System unterstützt wird. Der Vorteil ist, dass Ihnen durch einen solchen Service mehrere Ausführungsmöglichkeiten zur Verfügung stehen. Als Nachteil stellen wir aber fest, dass Ihre Order dann wohl immer erst als letzte Order auf diesem Niveau in den Markt kommt. Damit wird sie auch als letzte Order abgearbeitet, was mitunter unangenehme Slippage-Ausführungen bewirkt.

Die EUREX bietet grundsätzlich drei Ordertypen an: die Limit-Order, die Stopp-Order und die Market-Order.

Bei einer **Limit-Order** werden die Aufträge entweder zu einem bestimmten, vom Auftraggeber definierten Limit ausgeführt oder zu einem für den Auftraggeber günstigeren Kurs. Wir unterscheiden dabei fünf Arten von Limit-Orders, welche die EUREX bereithält:

▶ Immediate-or-Cancel (IOC): Eine IOC-Order wird bei Erreichen sofort und so weit wie möglich ausgeführt. Nicht ausgeführte Orderteile werden wieder gelöscht. Das heißt: Sie wollen 20 Kontrakte IOC zu einem vordefinierten Limit kaufen. Zu diesem Kurs werden aktuell aber nur 13 Kontrakte angeboten. Bei einer IOC-Order werden diese 13 Kontrakte gekauft, die verbleibenden 7 Kontrakte werden als Order wieder automatisch gelöscht.

▶ Fill-or-Kill (FOK): Eine FOK-Order wird vom System nur ausgeführt, wenn diese Order sofort komplett ausgeführt werden kann. Ist dies nicht möglich, wird die Order komplett gelöscht. Auf unser obiges Beispiel bezogen bedeutet dies: Können Sie nicht 20 Kontrakte zum Zeitpunkt der Ordererteilung kaufen, da nur 13 Kontrakte angeboten werden, wird die Order komplett gelöscht.

▶ Good-for-Day (GFD): Die GFD-Order ist tagesgültig und wird, sofern sie nicht ausgeführt (oder nicht vollständig ausgeführt) wurde, am Ende des Handelstages gelöscht.

▶ Good-till-Cancelled (GTC): Eine GTC-Order endet erst mit Löschung der Order durch den Auftraggeber oder alternativ bei einer Ausführung der Order, bei einem Verfall des Kontraktes, auf den sich die Order bezieht, oder spätestens nach einem Jahr, nachdem sie im Orderbuch platziert wurde.

▶ Good-till-Date (GTD): Unter einer GTD-Order verstehen wir eine limitierte Order, die ihre Gültigkeit bis zu ihrem festgelegten Datum behält und danach gelöscht wird. Darüber hinaus kann auch diese Order erlöschen bei Ausführung, Löschung durch den Auftraggeber oder bei Verfall des Kontraktes.

Stopp-Orders können nur im Future-Handel eingesetzt werden, nicht im Handel mit Optionen. Eine Stopp-Order schließt die Position als Market-Order, also zum nächstmöglichen Kurs, sobald das Stopp-Order-Kursniveau erreicht wird. Jede Stopp-Order wird an der EUREX somit bei Erreichen des festgesetzten Limit-Kurses zu einer unlimitierten Order, die sofort bestens (im Verkauf) oder billigst (im Kauf) ausgeführt wird.

Eine **Market-Order** ist eine unlimitierte Verkaufs- oder Kauforder, die bei Erteilung bestens oder billigst ausgeführt wird.

Ordertypen an der EUREX

Auftragsart	Optionen	Optionskombinationen	Futures	Futures-Kombinationen
Limit-Order				
IOC	x	x	x	x
FOK	x	x		
GFD	x		x	x
GTC	x		x	x
GTD	x		x	x
Stopp-Order				
Stopp-Buy-Order			x	
Stopp-Sell-Order			x	
Market-Order	x		x	

6 Die Spurenleger

Banken, Fondsgesellschaften, Finanzierungsabteilungen, Versicherungen, Hedgefonds und private Investoren, Trader und Spekulanten gruppieren sich in diesem Markt und in den angeschlossenen Märkten (Kassamarkt, Devisen- und Rohstoffmärkte). Sie wollen darin Gewinne erwirtschaften, Verluste begrenzen, die Märkte lang- oder kurzfristig für ihre Interessen und Ziele nutzen. Sie alle hinterlassen ihre Spuren im Markt mal mehr, mal weniger auffällig. Wir wollen diese Spuren lesen und die daraus zu ziehenden Schlüsse in unser Trading-Verhalten einfließen lassen.

Ich möchte die Spurenleger in zwei Gruppen unterteilen:

a) jene Akteure, die den Kurs über ausgeprägte Strecken tragen können

b) die Akteure, die nur zu temporär und streckenmäßig deutlich begrenzten Bewegungsschüben beitragen

Zur Gruppe a) zähle ich vorrangig sogenannte Finalkunden. Als Finalkunden bezeichnen wir Marktteilnehmer, die für längere Zeit (also nicht aus einer Kurzfristmotivation heraus) Ware aus dem Markt nehmen oder in den Markt geben – ihr Tun ist somit final. Klassische Finalkunden sind Fonds und Versicherungsgesellschaften. In gewissem Sinne zählen auch die Arbitrageure zwischen Index und Kassa oder Optionen und Basiswert dazu – also Future oder Kassa.

Zu b) zähle ich den Kurzfristhandel (das Trading) sowie die Arbitrage. Auch das Drehen von Positionen kann von diesen Akteuren vollzogen werden (wird jedoch im überwiegenden Falle auch von Finalkunden durchgeführt).

Natürlich sind im Laufe des Tages eigentlich immer alle Marktakteursgruppen aktiv. Das geschieht jedoch mit unterschiedlicher Intensität und somit auch mit unterschiedlicher Dominanz. Zu erkennen, welche Gruppe wann Dominanz hat, beeinflusst unsere Beurteilung des Marktes und damit direkt unsere Handels- beziehungsweise Trading-Aktivitäten. Ich möchte es an einfachen, zugegebenermaßen sehr pauschalisierten Beispielen festmachen, welche konkreten Auswirkungen es auf unser Vorgehen am Markt hat, wenn wir unterschiedliche Gruppendominanzen feststellen. Dominieren vornehmlich Kurzfrist-Trader das Handelsumfeld, spielen technische Aspekte eine große Rolle. Widerstände, Unterstützungen, Fibonacci-Bereiche und Pivot-Punkte stellen interessante Kursniveaus dar, an denen mitunter recht zuverlässige Reaktionen feststellbar sind. Wir werden die Hintergründe und Ursachen für diese Tatsachen ausführlich im fünften Themenbereich diskutieren, der sich mit der Marktanalyse beschäftigt. Kommen Finalkunden ins Spiel, dann walzen deren Orderausführungen jene Chartmarken über den Haufen, die wir im Vorfeld als interessant angesehen haben. Dominieren Finalkunden das Geschehen (mitunter reicht dafür sogar eine einzige dominante Order), dann werden wir unseren Handel daran anpassen.

6.1 Banken als Marktakteure

Banken sind Dienstleister und treten auch als solche am Markt auf. Ihre Dienstleistungsfunktionen in Bezug auf den Wertpapiermarkt üben sie im Kommissionsgeschäft aus, als Broker, als Marketmaker, als Arbitrageur, aber auch als Konsortialbank bei der Emission von Wertpapieren. Sie führen Trading-Konten, stellen Marktzugänge, führen Orders aus, übernehmen Risiken, entwickeln zielgerichtete

Instrumentarien für spezielle Kunden, bieten eigene Verrechnungsmärkte an (OTC beziehungsweise sogenannte Dark Rooms oder auch Dark Pools) und liefern Research. Bis zu Beginn der 2000er-Jahre handelten die Banken zum Teil auch auf eigene Rechnung. Das hat jedoch deutlich nachgelassen (was auf die Regularien von Basel III zurückgeht). Die Eigengeschäfte sind jetzt überwiegend in bankeneigene Hedgefonds und Töchter ausgelagert oder ganz eingestellt worden.

Die Handelsabteilungen spielen aufgrund ihrer Dienstleistungsfunktion eine Schlüsselrolle im Geflecht der Akteure. Sie sind arbeitsteilig aufgebaut und decken somit eine breite Palette von Vorgehensweisen und Spezialisierungen ab. Sie sind das Bindeglied zwischen allen Akteuren und der Börse. Sie bringen investitionssuchendes Kapital und Investitionsanbieter zusammen.

6.2 Sales-Trader als Marktakteure

Eine wichtige Händlergruppe innerhalb eines Handelsraums sind die sogenannten Sales-Trader. Sie sind dem Kommissionsgeschäft zugeordnet. Sie betreuen die Manager von Fonds- und Versicherungskapital oder auch von Handelsbereichen einiger Großunternehmen. Sie informieren diese täglich über die hauseigenen Markteinschätzungen und über Besonderheiten im Markt. Sie führen Orders ihrer Geschäftspartner entweder über den Markt aus oder lassen die Positionen von eigenen Tradern übernehmen. In diesem letztgenannten Fall übernimmt ein Händler durch das Stellen von Geld- und Briefkursen die Position des Kunden auf eigenes Risiko. Er muss dieses dann möglichst gewinnbringend am Markt abarbeiten. Das Interesse des Kunden (Fonds oder Versicherung) steht immer im Mittelpunkt. Bekommt der Kunde eine schlechte oder für ihn unbefriedigende Ausführung, wird er unter Umständen den Dienstleister und damit die Bank wechseln. Die Banken verdienen am Kunden über die Gebühren, die sie für ihre Transaktionen und Dienstleistungen berechnen.

Erteilt ein Fonds oder eine Versicherung der Bank eine Order, so wird diese in der Regel von einem oder mehreren Händlern in eigener Regie abgearbeitet. Der Fonds oder auch die Versicherung trifft ihre Entscheidung wiederum auf der Grundlage eigener Anlagerichtlinien, die den Fondsmanagern als grundsätzlicher Fahrplan vorgegeben werden. Innerhalb dieser Richtlinien trifft der Manager zwar seine eigenen Entscheidungen. Aber er ist kein Trader im eigentlichen Sinne, sondern ein Investor, der sein zu verwaltendes Kapital möglichst langfristig profitabel im Markt unterbringen will. Damit unterscheiden sich Fonds- und Versicherungs-Orders von den Aktivitäten eines Traders. Fonds und Versicherungen agieren vorrangig als Positionsinvestoren. Das heißt, dass eine in den Markt gegebene Order (egal ob Kauf oder Verkauf) als längerfristig zu betrachten ist. Deshalb bezeichnet man diese Orders auch als Final-Orders und die Fonds und Versicherungen entsprechend als Finalkunden. Kommen ein oder mehrere Finalkunden in den Markt und sind deren Orders schwer genug, kommt es in der Regel zu länger anhaltenden Impulsbewegungen im Kursverlauf. Dabei werden charttechnische Aspekte wie Intraday-Widerstände, Unterstützungen, Überhitzungen, Pivot-Punkte völlig uninteressant.

Das heißt folglich: Es liegt im Interesse eines jeden Kurzfrist-Traders, Final-Orders möglichst frühzeitig zu erkennen und sich anzuhängen.

6.3 Trader als Marktakteure

Eine weitere wichtige Gruppe sind die Trader. Sie arbeiten die Orders ab, die ihnen der Sales-Trader weiterleitet. Oder sie führen mit Eigenkapital der Bank einen Eigenhandel durch (Nostro-Trader oder auch Eigenhandel). Mittlerweile sind die Trader aufgrund gesetzlicher Regularien entweder stark beschnitten oder organisatorisch anders aufgesetzt. Es ist in einer Bank strengstens untersagt, sich an Kunden-Orders anzuhängen, um davon zu profitieren. Zu meiner Zeit gab es börsentäglich sogenannte Restricted Lists, in denen das Trading über die Werte informiert wurde, in denen Orders vorlagen. Für den Nostro-Trader bestand dann ein Handelsverbot in diesem jeweiligen Wert. Später wurde der Nostro-Handel sogar räumlich vom Sales-Trader getrennt und der Trader, der für die Orderabarbeitung zuständig war, durfte keinerlei Eigenhandel mehr betreiben. Auch auf Druck aus dem angelsächsischen Raum ist heute der Eigenhandel vom orderausführenden Trading strikt getrennt. Diese strikte Trennung wird konsequent überwacht.

Ein Händler ist also verantwortlich dafür, die Order eines Finalkunden auszuführen. Er muss sie entweder abarbeiten oder in sein eigenes Buch nehmen. Letzteres ist optimal für den Finalkunden, weil nun das Risiko zu 100 Prozent beim Händler liegt. Nun muss dieser schauen, wie er die Stücke möglichst sinnvoll am Markt platziert oder sich verschafft.

Sehen wir uns eine Situation an, in welcher der Trader die Oder im Markt für den Kunden abarbeiten muss: Sie kann zeitlich limitiert sein, das heißt, er muss die Order bis zu einem bestimmten Zeitpunkt im Markt abarbeiten oder er muss einen möglichst günstigen Kurs erzielen. US-amerikanische Orders kommen meist früh in den europäischen Markt und werden aus England heraus abgearbeitet. Die jeweilige Order wurde dann meist bereits am Vorabend erteilt. Europäische Orders können zu jeder Zeit kommen, aber hier kann man meist unterstellen, dass sie erst gegen Mittag oder Nachmittag auftauchen, wenn die Anlageausschüsse getagt haben. Nur bei besonders markanten Ereignissen, Anlässen oder Entwicklungen kann es bereits früh losgehen und es wird rascher als üblich reagiert. Amerikanische Orders sind meist in der Ausführungsvorgabe aggressiver gestrickt als europäische Orders. Ich persönlich kenne noch Situationen, wo es hieß: »Verkaufen!« Dann musste aggressiv verkauft werden. Natürlich ging es auch andersherum.

Früher wurden dem Kunden Mischkurse abgerechnet. Folglich versuchte der Händler, ein möglichst hohes Volumen der Kauf-Order auf niedrigem Niveau auszuführen. Er zog den Kurs dann mit dem letzten Drittel der Oder hoch, um eine gute Differenz zu erzielen zwischen realem Mischkurs der Order und dem Durchschnittskurs aller Umsätze zu dieser Zeit im Markt des Wertes. Die Differenz war der Ertrag des Händlers. Im Verkauf ging es natürlich andersherum vonstatten: Möglichst viele Stücke wurden zu einem hohen Kurs verkauft, bevor anschließend der Markt gedrückt wurde. Heute muss dem Kunden jede Einzelausführung gemeldet werden, da funktioniert diese Praxis nicht mehr. Anders ist es, wenn der Trader die Stücke übernommen und nun auf dem eigenen Buch hat. Dann muss er die Stücke möglichst gut unterbringen oder verkaufen, da hier das Risiko bei ihm liegt.

Diese Art von Trading ist mitunter sehr nervenaufreibend, denn dem Händler ist eine Handelsrichtung vorgegeben (Kauf- oder Verkaufsorder), die er sich nicht selbst ausgesucht hat. Das unterscheidet ihn vom Eigenhändler. Erschwerend kommt hinzu, dass ein Händler selten eine Order in Kaufrichtung erhalten wird, wenn das Umfeld kritisch aussieht, oder umgekehrt. Hier obliegt es jetzt dem Geschick des Traders, die Abwicklung zufriedenstellend auszuführen, sei es für den Kunden oder für seine Bank. Gelingt ihm dies nicht, bekommt er bald keine Orders mehr. Ein früheres Deutsche-Bank-Vorstandsmitglied sagte in diesem Zusammenhang einmal bei einem Vortrag vor Händlern: »Ein Händler hat das höchste Gehalt und die kürzeste Kündigungsfrist.«

Ein Händler muss möglichst geschickt agieren. So kann er natürlich im Falle einer großen Verkaufsorder zunächst selbst im Markt kaufen, um Nachfrage zu simulieren in der Erwartung, dass andere Händler oder Final-Kunden aufspringen und ihm genug Nachfrage stellen, um seine Order plus die zusätzlich aufgenommenen Stücke zu realisieren.

Was macht der **Nostro-Trader**? Mit ihm können Sie sich vielleicht am ehesten identifizieren. Der Nostro-Trader macht das Gleiche wie wir: Er muss sehen, dass er am Abend mehr Kapital auf dem Buch hat als früh zu Handelsbeginn. Ein Nostro-Trader einer Bank unterscheidet sich von Ihnen vielleicht noch dadurch, dass er zielgerichtet ausgebildet wurde. Aber dieser selbst noch vor zehn Jahren bestehende Vorteil hat sich mittlerweile deutlich relativiert. Der Nostro-Trader bekommt seine Nachrichten heute nicht mehr schneller oder früher als Sie, da auch Ihnen entsprechende Nachrichten ohne Verzögerung zur Verfügung stehen (sofern Sie bereit sind, sich den Zugang zu den entsprechenden Medien zu leisten). Die Marktzugänge sind nicht zwingend schneller als Ihre, sofern Sie das Orginalprodukt über einen guten Broker handeln. Auch das Charting-System ist nicht besser als jenes, das auch Sie sich anschaffen könnten. Wenn Sie gut sind in dem, was Sie tun, sind Sie eine ernsthafte Konkurrenz für einen professionellen Nostro-Trader.

Unter den Nostro-Tradern haben wir die klassischen Daytrader, die wie wir auf Formationen und Musterausbrüche handeln und Contra-Trades platzieren. Hier gibt es Modifikationen, aber im Prinzip ist das alles vergleichbar. Mittlerweile ist auch der Einsatz von Handelssystemen weit verbreitet. Regelwerke bestimmen Maschinenprogramme, die völlig emotionslos und unermüdlich ihre Vorgaben abarbeiten. Es gibt die sogenannten Scalper, die ähnlich einem Marketmaker mit großem Volumen versuchen, dem Markt an kleinsten Schwankungen einen oder zwei Punkte zu entreißen.

Diese Nostro-Händler unterliegen auch Restriktionen, die ihnen von ihren Vorgesetzten oder Geldhäusern vorgegeben werden. Dazu gehören ihre Risiko-Limits. Nostro-Händler können sich ihre Bücher nicht unbegrenzt vollsaugen und unbegrenzte Risiken eingehen, sondern unterliegen Limits. Dabei sind in der Regel die Tages-Limits großzügiger als die Overnight-Limits. Nostro-Trader versuchen mitunter, durch das Anhandeln von Marken Anschluss-Orders anzustoßen. So können Marken von Knock-outs angehandelt werden, um das Emissionshaus zu zwingen, den frei gewordenen Hedge im Markt aufzulösen. Das bringt dem Nostro-Händler mitunter den Folgeimpuls, diejenige Position wieder zu bereinigen, die er im Vorfeld spekulativ eingegangen ist. Viel häufiger wird aber versucht, die Arbitrage mit ins Boot zu holen.

In den letzten Wochen haben Nostro- oder auch Kurzfristhändler Impulse, Nachrichten oder auch technische Ausgangslagen gehandelt in der Erwartung, dass institutionelle Kunden ebenfalls in die entsprechende Richtung mit Anschluss-Orders aktiv werden. Kommt dann nichts nach, wird es kritisch und es laufen Eindeckungen (oder Abverkäufe von Longs).

Für uns heißt das also: Wir müssen nicht nur nach Final-Orders Ausschau halten, sondern auch im Hinterkopf behalten, dass Kurzfrist-Trader, die täglich unterwegs sind, ihre Risiko-Limits zum Abend hin auf ein erlaubtes Maß zurückstutzen müssen. Man mag es immer nicht glauben, aber das Verhalten der Akteure ist mitunter einfacher durchschaubar, als gemeinhin unterstellt.

Es ist und bleibt folglich zwingend und mitunter überaus lukrativ, sich ein Bild von der möglichen Order- und Risikolage der Finalkunden und der Kurzfrist-Trader zu machen. Daraus können Sie viel mehr ablesen als bei einer bloßen Beachtung von Richtungsfiltern und Extremzuständen.

Einschub: Das Arbeiten mit mehreren Future-Kontrakten

Der institutionelle Kurzfristhändler ist aufgrund seiner Performancevorgaben und in Abhängigkeit des ihm zugeteilten Bezugskapitals darauf angewiesen, alle Transaktionen mit mehreren Kontrakten durchzuführen. Dabei steht die Kontraktanzahl zunächst in direkter Beziehung zu dem zugrunde liegenden Bezugskapital. Dieses wird auf Grundlage seiner Erfahrung und seines bisherigen Handelserfolges festgelegt. Diese Ausgangslage macht es jedoch notwendig, dass ein Trader sein Vorgehen im Positionsauf- und abbau modifiziert im Vergleich zu dem Handel, den wir praktizieren. Ein triggergenaues Handeln ist mit vielen Kontrakten nicht möglich. Somit muss ein solcher Trader Handelspraktiken anwenden, die wir im Handel mit einem Kontrakt normalerweise nicht anwenden. Vor allem muss er auszulösende Handelsmarken antizipieren.

Die Basisregeln des Handelns gelten aber auch hier, besonders das Setzen von Stopp-Kursen und deren unbedingte Unverrückbarkeit. Im Folgenden möchte ich die Arbeitsschritte schematisch skizzieren, die (angelehnt an unseren Ursprungshandelsstil) vom professionellen Kurzfristhändler zum Einsatz kommen.

Die Ausgangslage:

a) Die jeweilige Gesamtsumme aller maximal handelbaren Kontrakte wird in kleine, sinnvolle Teileinheiten zerlegt. Dabei werden üblicherweise jeweils mindestens zehn Teileinheiten gebildet. Beträgt die Maximalmenge zu handelnder Kontrakte zehn, werden zehn Teileinheiten zu je einem Kontrakt gebildet. Werden 20 Kontrakte gehandelt, beträgt jede Teileinheit je zwei Kontrakte. Bei 50 Kontrakten beträgt jede Teileinheit fünf Kontrakte. Würden zehn Kontrakte je Einheit überschritten werden, erhöht sich die Zahl der Teileinheiten, sodass maximal zehn Einzelkontrakte pro Einheit bestehen bleiben. Somit würde ein Händler, der maximal 150 Kontrakte pro Seite handeln darf, mindestens 15 Teileinheiten à zehn Kontrakte bilden. Nimmt die Liquidität im Markt ab, reduziert man für gewöhnlich die Stücke pro Einheit und erhöht damit die Zahl der Einheiten.

b) Wir beginnen mit zehn Einheiten, wobei wir pro Einheit einen Kontrakt handeln.

c) Diese Menge handelbarer Kontrakte ist eine *Maximalmenge*. Das heißt nicht, dass diese immer in voller Höhe ausgelastet werden muss. Der Händler muss selbst einschätzen können, wann er wie viele Kontrakte maximal aufbaut, wobei er darauf achten muss, nicht over-traded zu sein. Das bedeutet, dass er im Fall der Fälle mit einem akzeptablen Schaden aus dem Handel gehen würde und nicht mit einem im Vorfeld kaum seriös abschätzbaren Schaden.

d) Beim Handel mit mehreren Kontrakten legt ein Händler in der Regel seine bevorzugte Handelsseite fest (long oder short). Diese handelt er bevorzugt, die Gegenseite dagegen überhaupt nicht oder nur mit reduziertem Volumen.

e) Stoppkurse werden pro Einheit unverrückbar platziert. Es erfolgt keine Anpassung. Das gilt für beide Seiten: Auf keinen Fall wird ein Stoppkurs verrückt, um der Position Platz zum Atmen zu lassen. Er wird aber auch nicht nachgezogen. Wie in unserem Handel mit jeweils einem Solokontrakt gelernt, wird eine Position manuell oder bei Erreichen des Limits geschlossen. Diese Regel ist unverrückbar! Wichtig ist, dass jeder Stopp pro Kontrakteinheit platziert wird und es *keine* Anpassung von Stopps zum Gruppendurchschnitt im negativen Sinne gibt. Das heißt konkret: *keine Durchschnittsanpassung* auf der *Unterseite* bei Long-Positionen, *keine Durchschnittsanpassung* auf der *Oberseite* bei Short-Positionen. Die mentale Anpassung eines angestrebten Gesamtausstieges an einem bei Long-Positionen ermittelten Durchschnitt auf der Oberseite kann dagegen durchgeführt werden, sofern es die Marktlage erlaubt. Dies gilt in umgekehrter Weise auch für die Short-Seite.

f) Wir haben die Grundregel gelernt, dass eine Kaufposition nur verbilligt werden darf, wenn zuvor bestehende Long-Einheiten geschlossen worden sind – zum Beispiel bei einer Reduzierung des Long-Hebels bei Ausbleiben des Wirtes oder weiterer Wirte. Durch das rasche und konsequente Herausdrücken von Long-Beständen wird ein rascher Positionsabbau erreicht. Auf tieferem Niveau wird dann sofort wieder eingemischt, was den Mischkurs der Long-Seite reduziert. Eine Position zuzukaufen und dadurch den Einstand einer Gesamtposition im fallenden Impuls zu verbilligen ist normalerweise unzulässig. Das heißt: Lässt man sich in den Markt heben (zum Beispiel zum Erstaufbau einer Long-Position unmittelbar an der unteren Begrenzung einer Konsolidierungszone durch platzierte Limit-Orders) und gibt der Kurs weiter nach, wird erst zugekauft, wenn eine der folgenden Voraussetzungen erfüllt ist: Entweder die eingegangene Erstposition ist ausgestoppt und auf tieferem Niveau erscheint ein neuer Einstieg für die Erstplatzierung einer Gesamtposition. Oder die Erstposition liegt bereits im Gewinn. Diese Grundregel gilt mit umgekehrtem Vorzeichen ebenso für den Aufbau von Short-Positionen.

Ich persönlich halte mich allerdings an die unter f) beschriebene Grundregel nicht immer konsequent. Zwar kommt es nur äußerst selten vor, aber hin und wieder ist es doch der Fall, dass ich eine weitere Position eingehe, wenn die Erstposition bereits im Minus notiert. Dabei gilt dennoch: Der Stopp der im Minus liegenden Erstposition wird nicht verändert und das Gesamtszenario muss unbedingt noch stimmig sein. Trotzdem sollten Sie einen solchen Regelverstoß besser nicht durchführen, denn er versucht unter Umständen, ein zu frühes Timing auf unzulässige Weise zu korrigieren.

Das Mischen basiert auf einer umfassenden Anwendung des Contra-Handelsansatzes, der im nächsten Themenbereich besprochen wird. Das heißt demnach: Der Einsatz des Contra-Trades in allen Variationen (innerer Contra innerhalb einer

Konsolidierungszone, Contra an auffälliger Chartmarke, Erschöpfungs-Contra und antizipierender Contra) muss sitzen. Der Trader hat den Überblick über den Markt und verfügt über ein klar visualisierbares Szenariodenken. Dies ist sehr wichtig, denn hier muss zumindest im Ansatz dem Händler zu jeder Zeit eines Positionsauf- oder auch -abbaus klar sein, ob sein Positionsszenario noch stimmig ist.

Bitte lesen Sie dazu auch noch einmal den Abschnitt »Die Visualisierung kommender Kursbewegungen« im Themenkomplex 1 dieses Buches. Diesem Thema kommt besonders beim Positionsmischen eine gesteigerte Bedeutung zu.

Im Folgenden skizziere ich die Grundschritte des Handelns mit mehreren Kontrakten:

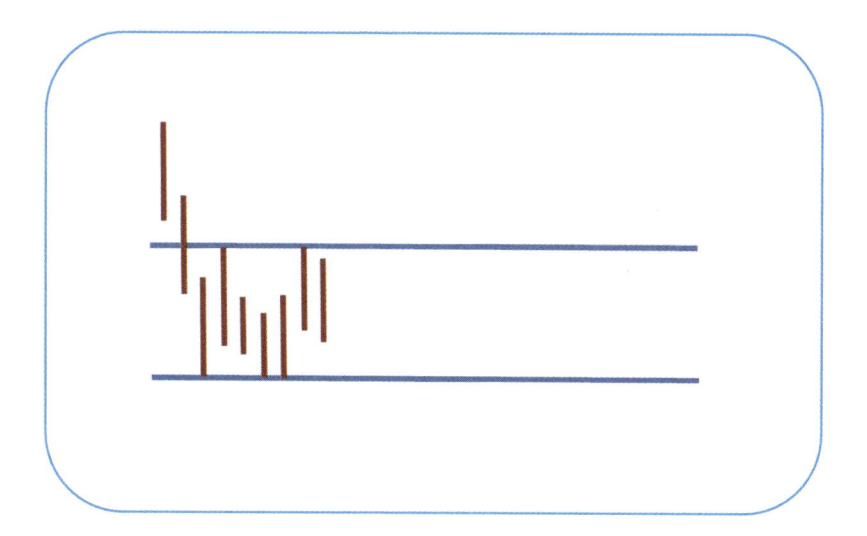

a) Wir unterstellen die beginnende Ausformung einer Zwischenkonsolidierung. Eine Konsolidierungszone ist das allgemeinste Kursverlaufsmuster, wenn der Kurzfristhändler den Markt dominiert, wenn also Arbitrage und größere marktbewegende Final-Orders fehlen. Innerhalb dieser Konsolidierungszone wollen wir nur die Long-Seite handeln.

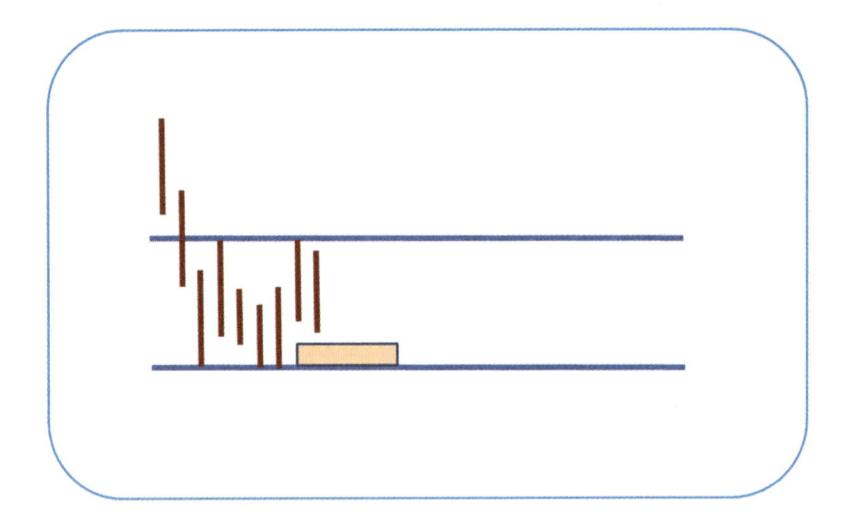

b) Wir platzieren nahe der unteren Bereichsbegrenzung erstmals eine Kauf-Order. Sie kann platziert werden als Limit-Kauf-Order oberhalb der unteren Begrenzungslinie oder (im Falle eines möglichen einmaligen Durchstichs) als echte Wächter-Order unterhalb derselben. Dabei könnte die Wächter-Order ebenfalls eine Limit-Order oder auch eine If-Touched-Order sein, die bei Ausführung ein höheres Limit in den Markt stellt oder zu Market-Konditionen kauft. Bei Orderausführung wird ein 10-Punkte-Stopp gesetzt. Auch hier gilt: Ist die Volatilität zu hoch, sodass ein 10-Punkte-Stopp kein gutes Chance/Risiko-Verhältnis zulässt, wird nicht gehandelt. Es findet keine Erweiterung des Stopps statt!

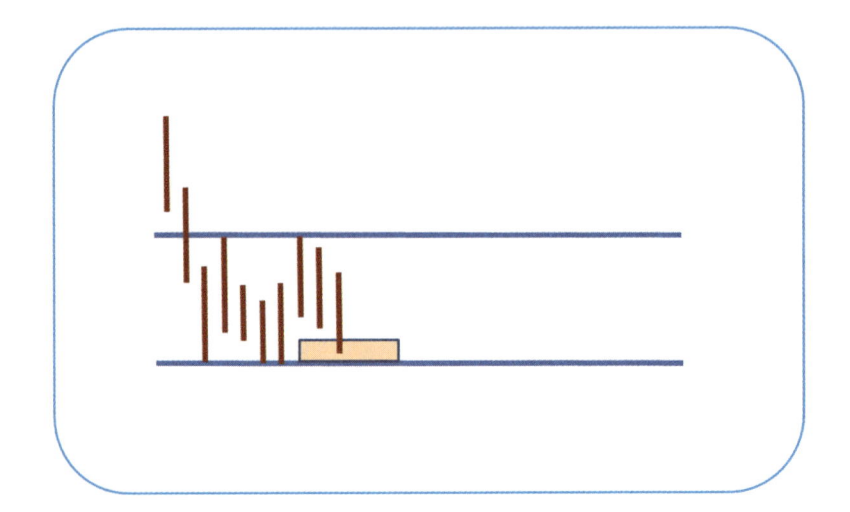

c) Ist die Erstorder ausgeführt und die Position eröffnet und im Plus, kaufen wir im unteren Drittel der Konsolidierungszone zu, wobei die Käufe oberhalb der ersten Positionseröffnung liegen. Jede Positionseinheit hat ihren eigenen Stopp-Kurs, der nicht (!) verändert werden darf. Etwa zwei Drittel der für diesen Gesamttrade geplanten Kontrakte kaufen wir im unteren Drittel der Konsolidierungszone. Die genaue Zahl machen wir abhängig von Dynamik und grundsätzlicher Marktmeinung. Beachten Sie bitte, dass wir aggressiver vorgehen, wenn der Markt eine erwartete Grundtendenz in Richtung unserer Positionseröffnung aufweist.

d) Das letzte Drittel der geplanten Gesamtposition füllen wir im mittleren Drittel der Konsolidierungszone auf, sofern wir weiterhin von der erwarteten Entwicklung überzeugt sind und sofern die vorhandene Liquidität wie auch Dynamik diesen Handelsschritt noch rechtfertigen.

e) Beachten Sie: Wir beginnen ab dem zweiten oder auch mittleren Drittel bereits, Positionen abzubauen. In der Regel geschieht dies über Limit-Platzierungen. Im letzten Drittel wird nicht mehr zugekauft, hier wird nur noch glattgestellt (per Limit oder, wenn der Markt stockt, durch Market-Orders oder Liquidate). Haben wir mit Erreichen des letzten Drittels noch nicht alle gewollten Kontrakte zusammen, weil es zu schnell ging, wird das Kaufen dennoch unterbrochen! Im letzten Drittel wird nicht mehr gekauft.

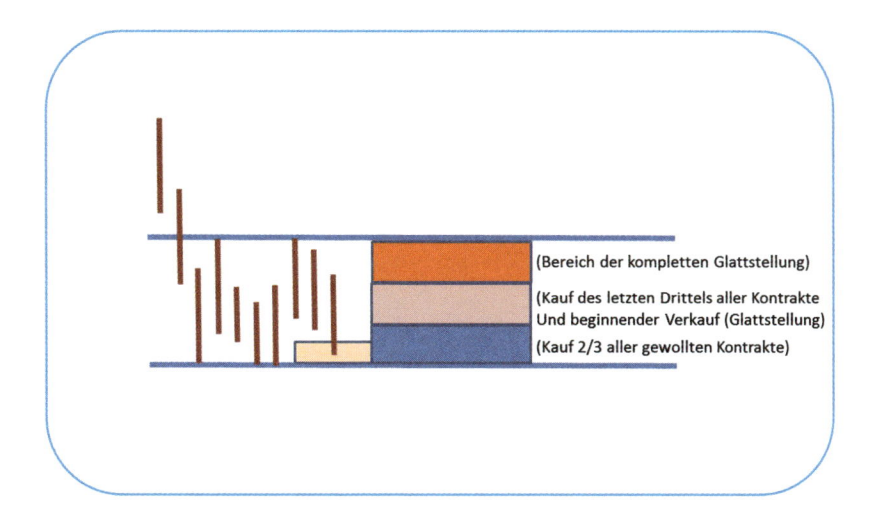

Auf der Short-Seite wird unter umgekehrten Vorzeichen vergleichbar vorgegangen, sofern Sie diese bevorzugen.

Handeln wir die Long-Seite, bleiben wir im abwärts gerichteten Impuls ganz aus dem Markt. Alternativ können wir nur mit einer kleinen Einheit im klassischen Contra-Short-Ansatz handeln, wie wir ihn mit einer Einheit kennen.

Handeln wir die Short-Seite, bleiben wir im aufwärts gerichteten Impuls entweder ganz aus dem Markt oder wir können nur mit einer kleinen Einheit im klassischen Contra-Long-Ansatz handeln, wie wir ihn mit einer Einheit kennen.

Eine Bodenposition (auch Blockposition oder auch Kernposition) wird nur beibehalten, wenn wir eine Dritt-Order unterstellen (und *keine* Konsolidierung). Innerhalb von Konsolidierungszonen werden keine Blockpositionen aufgebaut. Bei vorhandenen Dritt-Orders sind diese nur in Richtung des Impulses möglich.

Als letzte Gruppe von Marktakteuren kommen die Marketmaker ins Spiel. Da ihr Tun schon im Themenkomplex 2 ausführlich beschrieben wurde, verzichte ich hier auf eine Darstellung.

7 Die Steckbriefe

Wie beeinflussen die einzelnen Marktteilnehmer den Handel? In Kurzform ist dies in folgenden Steckbriefen zusammengefasst.

7.1 Kurzfristhändler als Marktakteure

Wo positioniert? In Banken, Finanzgesellschaften, Hedgefonds, Trading-Gesellschaften

Hauptcharakteristika:

Als Kurzfristhändler definieren wir jene breite Gruppe von Marktteilnehmern, die sich in einem sehr kurzen, wenige Sekunden bis Minuten umfassenden Zeitfenster (maximal intraday) im Markt positionieren. Der durchschnittliche Kurzfristhändler hält keine Position über Nacht.

Die Position umfasst in der Regel maximal Größen bis zu 150 Kontrakten, tatsächlich werden geringere Positionsgrößen gehandelt.

Die begrenzte Positionsgröße und das zeitlich kurze Halten von Positionen führt zu folgenden Auffälligkeiten, anhand deren die Spuren dieser Akteure im Markt zu identifizieren sind:

▶ Die vergleichsweise geringe Positionsgröße erlaubt eine gewisse Wendigkeit und Flexibilität der Akteure, sodass es ihnen möglich ist, sich fast zu jeder Handelszeit im Markt aufzuhalten.

▶ Der Kurzfristhändler tritt nicht final im Markt auf, sondern verändert durch seine Handelsaktivitäten die Nachfrage- und Angebotssituation nur temporär. Hinzu kommt eine nach oben hin begrenzte Positionsgröße, durch die sein Einfluss auf den Kurs des gehandelten Produktes ebenfalls nur begrenzt ist.

▶ Im Ergebnis ist die auffälligste Spur im Markt, sofern die Gruppe der Kurzfristhändler die Dominanz im Markt innehat, die Ausbildung einer Konsolidierungsphase, wobei es durchaus zu klar begrenzbaren Konsolidierungszonen oder Staubereichen kommen kann. Fehlen Dritteinflüsse wie finale Orders oder Arbitrage, ist das Konsolidierungsverhalten des Kurses prägend.

▶ Kurzfristhändler sind in der Regel charttechnisch orientiert. In Phasen einer auffälligen Dominanz dieses Händlertyps sind charttechnisch reflexiv auffällige Marken (Widerstände, Unterstützungen, mitunter Signallinien), ebenso berechnete Ziel- beziehungsweise Wendemarken (wie Pivot-Punkte, Reaktionspotenziale, Indikatoren) durchaus interessante und zu beachtende Niveaus innerhalb des Kursverlaufes.

▶ Die Hauptwirte der Kurzfristhändler sind Arbitrage- und Kommissions-Orders.

7.2 Indexarbitrageure als Marktakteure

Wo positioniert? In Banken

Hauptcharakteristika:

Das Betätigungsfeld der Indexarbitrageure ist der **Cash-and-Carry-** und der **Reverse-Cash-and-Carry-Handel** zwischen Index und Future (Basiswert und Future). Die Grundlage hierfür ist die errechnete faire Basis zwischen Basiswert und Future.

Der Indexarbitrageur kann als Finalkunde definiert werden, denn er tritt durchaus im jeweiligen Markt final auf. Entweder kauft er final Futures und gibt dagegen Kassa (Basiswert) – was dem Cash-and-Carry-Trade entspricht. Dieser Handel wird durchgeführt, wenn der Abstand zwischen Future und Kassa (Basiswert) kleiner ist als die faire Basis. Oder er verkauft final Futures und kauft Kassa (Basiswert) – was dem Reverse-Cash-and-Carry-Trade entspricht. In diesem Falle ist der Abstand zwischen Future und Kassa (Basiswert) größer als die faire Basis.

Die Indexarbitrage ist im Markt wie folgt zu interpretieren:

▶ Der Indexarbitrageur tritt nur im Markt auf, wenn es eine Arbitragemöglichkeit gibt. In diesem Falle ist die Kursbewegung von einem kurzen Stich innerhalb oder meist am Rand von Konsolidierungszonen geprägt, der mitunter rasch vom Kurzfristhandel gekontert wird.

▶ Alternativ treten die Aktivitäten der Arbitrageure innerhalb laufender Impulse auf.

Final-Orders werden in der Regel entweder im Kassamarkt abgearbeitet (etwa 70 bis 80 Prozent aller Orders) oder aber im Futures-Markt, nicht aber gleichzeitig in beiden Märkten. Deshalb überträgt die Arbitrage den Impuls des einen Marktes in den anderen Markt.

Auffällig ist hierbei, dass in der Regel der Markt, in dem die Order abgearbeitet wird, ruhiger, auf jeden Fall stetiger läuft als der andere Bezugsmarkt, in den hinein der Impuls über die Arbitrage übertragen wird.

Liegt uns eine marktbewegende Order in der Kassa vor und wird der dadurch ausgelöste und dominierende Bewegungsimpuls über die Arbitrage in den Futures-Markt übertragen, zeichnet sich dies ebenfalls durch plötzliche Kursstiche in Richtung des Hauptimpulses aus. Sie werden meist rasch über den Kurzfristhändler gekontert, da hier die Arbitragebewegung zum Positionsabbau des Kurzfristhändlers genutzt wird.

Werden Impulsbewegungen des Future über die Arbitrage in die Kassa (Basiswert) übertragen, fällt dies meistens dadurch auf, dass wir gleichmäßige, nahezu zeitgleiche Impulsbewegungen in allen Kassawerten oder in den entsprechenden Sektorindizes vorliegen haben.

7.3 Optionshändler als Marktakteure

Wo positioniert? In Banken, Finanzgesellschaften, Hedgefonds, Trading-Gesellschaften

Hauptcharakteristika:

Wir unterteilen die Gruppe der Optionshändler in die Options-Marketmaker und in die Optionshändler. Der Einfluss des Optionshandels auf den Kursverlauf des Future ist mitunter prägender, als gemeinhin erwartet und bekannt ist. Er hat aber vorwiegend temporären Charakter. Am stärksten ist der Einfluss über die aufgebauten Optionspositionierungen, die im Open Interest ausgewiesen werden, in Abhängigkeit von ihrer Größe, ihrer Ausrichtung (long, short) sowie ihrer Konzentration in wenigen oder vielen Händen.

Options-Marketmaker: Der Einfluss der Options-Marketmakers ist in der Regel eher weniger auffällig. Die Funktion des Marketmakers besteht in der Gewährleistung von Liquidität in den jeweiligen Basispreisen. Wird er gehandelt oder handelt er selbst aktiv, ist er bemüht, Risikoausgleiche in seinem Positionsbuch durchzuführen. Darüber hinaus trägt er durch stetigen Arbitrageausgleich dazu bei, dass der Optionsmarkt fair und effizient gepreist ist. Folglich sind Positionen der Options-Marketmakers meist ausarbitriert und weisen keine Klumpenrisiken aus. Die Arbeit der Options-Marketmakers hinterlässt kaum auffällige Spuren im Markt.

Optionshändler: Der Optionshändler arbeitet im Markt in erster Linie strategisch und baut dabei Optionsstrategien (von einfach bis komplex) auf, die meist bis zur Endfälligkeit der jeweiligen Optionen gehalten werden. Die Kursbeeinflussungen von dieser Seite her erfolgen in der Regel über den sogenannten Delta-Gamma-Effekt bestehender Optionspositionen, somit im Grunde nachträglich beziehungsweise als Reaktion darauf. Je nach Überhang bestehender Positionen in wenigen Händen kann der Optionshändler heftig reagierend in den Markt eingreifen (meist bei Short-Überhängen in Call-Optionen) oder eher bremsend oder klebrig, so meist bei Long-Überhängen in Put-Optionen.

Die Auffälligkeiten sehen wie folgt aus:

- Bei bestehenden Klumpenrisiken in Short-Optionen, meist in Call-Optionen, bewirken die Gamma-Short-Bestände, dass sich bei jeder beliebigen Kursentwicklung des Basiswertes die Wert- und Gewichtsveränderung der Optionen zuungunsten des Portfoliowertes verändern. Sind die Veränderungen zu ausgeprägt, muss der Optionsschreiber durch Positionsbereinigungen (Delta-Bereinigungen) reagieren. Sind solche Überhänge auffallend und erreichbar, wird der Optionsschreiber bevorzugt vonseiten des Kurzfristhandels zur Reaktion provoziert.

- Bei bestehenden Klumpenbildungen in Long-Optionen, meist in Put-Optionen, bewirken die Gamma-Long-Bestände, dass sich bei jeder beliebigen Kursentwicklung des Basiswertes die Wert- und Gewichtsveränderung der Optionen zugunsten des Portfoliowertes verändern. Da in der Regel die Prämien der Long-Bestände intern abgeschrieben sind, ergeben die Entwicklungen der günstigen Delta-Veränderungen für den Optionshändler Zusatzerträge, die meist über den Future realisiert werden. Sie bewirken damit immer Zusatzvolumen in entgegengesetzter Richtung (mehr Angebot in steigenden Kursbewegungen und mehr Nachfrage in fallenden Bewegungen). Im Ergebnis kommt es zu dem auffälligen »Kleistereffekt« im Markt, wobei der Kursverlauf nur sehr zäh von der Stelle kommt.

7.4 Kommissionshändler als Marktakteure

Wo positioniert? In Banken, Finanzgesellschaften

Hauptcharakteristika:

Kommissionshändler sind Dienstleister für Kunden ihres jeweiligen Hauses (Fonds, Großinvestoren) und arbeiten für diese die an sie gegebenen Aufträge ab. Nahezu alle Final-Orders sind Kommissions-Orders und werden in unterschiedlichen Größen in Einzelwerten (Kassa-Markt), Sektoren (Kassa-Markt) oder im Gesamtindex (dann über Futures) abgearbeitet. Sie können zu jeder Zeit auftreten, auch wenn es mitunter Häufungen am Vormittag und späten Nachmittag (US-Handelszeit) gibt.

Kommissions-Orders sind begehrte Wirte für den Kurzfristhandel, da diese ab einer bestimmten Größenordnung mitunter weit tragen. Bei der Abwicklung von Kommissions-Orders spielen technische Marken nur eine untergeordnete oder gar ganz zu vernachlässigende Rolle.

Die auffälligsten und weitesttragenden Orders, die für den Future-Handel am profitabelsten zu handeln sind, werden durch die Kommissionshändler direkt im Future abgearbeitet. Auf der Kaufseite werden in der Regel zwei bis drei durch temporäre Zwischenkonsolidierungen unterbrochene Umsatzschübe generiert. Danach geht der Kursverlauf sehr häufig in die Konsolidierung über, in der er bis Auslaufen der Order gehalten wird. Das hängt mit der Vergleichsrechnung des Mischkurses der abgewickelten Order und dem Vergleichskurs des Marktes zusammen. Auf der Verkaufsseite werden Final-Orders in der Regel heftiger abgearbeitet, im Future handelt es sich meist um Hedge-Orders.

Kommissions-Orders erkennen wir im Markt besonders gut, wenn sie groß genug sind, um weit zu tragen. Hauptcharakteristikum ist, dass sich Reaktionen im Impulsverlauf von ihrem Ausmaß her in Grenzen halten. Sie erreichen selten das jeweilig errechnete minimale Reaktionspotenzial, noch seltener unterschreiten sie es. Zudem entfalten technisch-reflexiv ausgebildete Chartmarken beim Kommissionshandel kaum ihre erwartete Wirkung.

8 Wie erlernt man die Spurenerkennung und ihre profitable Umsetzung im Markt?

In unserer Ausbildung gehen wir folgenden Weg:

▶ Im Anschluss an eine umfassende theoretische Ausbildung in allen Themengebieten, die auch Inhalt dieses Buches sind, werden dem beginnenden Trader über einen Simulationsserver ausgewählte Marktphasen immer und immer wieder vorgespielt. Diese Marktphasen zeigen das typische Verhalten der einzelnen Akteursgruppen im Markt. So kann der angehende Trader zunächst ganz bewusst die Kursentwicklungsmuster optisch nachverfolgen und deren Entstehung in seinem Gehirn abspeichern. Das erleichtert ihm eine spätere Visualisierung dessen, was typisch für die jeweiligen Akteursgruppen ist. Die hier bedeutenden Muster im Kursverlauf ergeben sich gerade im 1-Minuten-Chart aus den einstudierten und optimierten Arbeitsweisen der unterschiedlichen Akteure, sodass der angehende Trader ihre Grundstruktur erlernt. Damit wird er in die Lage versetzt, selbst bei einer nicht idealtypischen Ausbildung eines solchen Musters entsprechend rasch die Möglichkeiten zu erkennen und darauf zu reagieren. Und eine nicht idealtypische Ausbildung ist eher die Regel als die Ausnahme.

▶ Im zweiten Schritt lernt der Trader, in diese sich in der Simulation immer wiederholenden Muster hineinzuhandeln, also Positionen auf- und abzubauen. Die Tatsache, dass der Trader hierbei bereits weiß, wie sich der Kurs bewegen wird, bewirkt, dass er ohne Stress in einem gewissen Sinne intuitiv lernt, auf die trainierten Kursmuster richtig zu reagieren.

▶ Danach folgt der Wechsel in den Live-Markt, jedoch auf Simulationsbasis. Jetzt werden das in der ständigen Wiederholung erlernte Wissen und der praktische Ablauf im Echtmarkt angewendet. Durch die Theorie und durch die vielen praktischen Übungen wird im dritten praktischen Ausbildungsabschnitt die Umsetzung auf die realen Marktbedingungen hin angepasst und verfeinert.

▶ Alle Handelsaktivitäten werden über ein Auswertungs-Tool erfasst und dort in Echtzeit nach den RINA-Kriterien ausgewertet. So kann jeder Trader genau in Bezug auf seine Stärken und Schwächen bewertet werden. Die Auswertung tut so, als wäre der Trader selbst ein Handelssystem, sodass seine Risiko/Ertrags-Faktoren sehr genau aufgezeichnet und ausgewertet werden.

▶ Erst nach erfolgreicher und stabiler Ergebnisentwicklung erfolgt der Wechsel in den Echtgeld-Handel.

Weitere Informationen dazu finden Sie unter www.tradematiker.de.

THEMENKOMPLEX 4: DER CONTRA-HANDELSANSATZ

Der Contra-Handelsansatz ergibt sich als logische Konsequenz, wenn unser Handel nicht mehr ausschließlich dem Suchen von regelwerkbasierten Ein- und Ausstiegen folgt, sondern zunehmend daran gebunden ist, die Bücher der anderen Akteure zu lesen. Gelingt es uns, mit dem Markt zu treiben und uns in jeder Hinsicht in die Denk- und Arbeitsweise unserer Wirte hineinzuversetzen, wird der Contra-Handelsansatz unsere dominante Vorgehensweise.

1 Der Contra-Trade

Das Erlernen und Praktizieren des Contra-Handelsansatzes schließt sich dem Beherrschen des Regelwerk-Tradings an und basiert auf dem verstehenden Lesen der Bücher der anderen Marktteilnehmer. Der Contra-Handelsansatz ist damit die logische Konsequenz aus den beiden vorangegangenen Lernabschnitten »Ausbruchs- und Wiedereinstiegs-Trading« und »Identifizieren, Interpretieren und Verstehen der Spuren der anderen Marktakteure«.

Warum führen wir eine solche Trennung durch und fokussieren vor allen Dingen auf eine solche Reihenfolge? Weil ein Contra-Trade einer anderen Philosophie folgt als der klassische Ausbruchs- oder der klassische Wiedereinstiegs-Trade. Ausbruchs- und Wiedereinstiegs-Trades sind zwingend regelbasiert. Sie orientieren sich an klaren, charttechnisch herleitbaren Marken (Kursniveaus). Der jeweilige Trade wird mechanisch an einem im Vorfeld festgelegten Niveau ausgelöst, sofern alle beschriebenen Bedingungen erfüllt sind. Der Contra-Trade orientiert sich am Verständnis dessen, wie sich das kurzfristige Nachfrage/Angebots-Verhältnis im Markt entwickelt. Er ist somit die folgerichtige Umsetzung dessen, was wir aus dem Kerzenverlauf (Art und Geschwindigkeit der Kerzenentwicklung) in die Positionslage unserer Wirte hineininterpretieren. Folglich ist für den Contra-Trade ein zumindest annähernd gefestigtes Verständnis dessen notwendig, wer unsere Wirte sind und wie sie im Markt agieren.

Ich möchte diesen Sachverhalt, auch wenn er bereits mehrfach angesprochen wurde, erneut und immer wieder betonen. Contras, sei es als klassische Contras in Form eines aggressiven Wiedereinstieges als Re-Long oder Re-Short, sei es an potenziellen Wendemarken oder in Form eines Erschöpfungs-Contras, sollte in der Praxis erst angehen, wer die Grundlagen im Regelwerks-Traden verstanden, verinnerlicht und zumindest im Ansatz automatisiert hat und wer die Akteure im Markt an ihren Spuren im Kursverlauf erkennt und sich ansatzweise in sie hineinversetzen kann. Wer diese Reihenfolge ändert oder das Tempo der Wissens- und Praxisaneignung überstürzt, dem droht der Verlust einer Trading-Struktur im Kopf. Der Betreffende kann dann wieder leicht in wahl- und konzeptionsloses Klicken abrutschen.

Der Contra-Trade richtet sich, wie der Name schon sagt, gegen den Haupt- beziehungsweise vorangegangenen Impuls. Damit schließen sich die Definitionen nach Ausbruchs- und Contra-Trades aufgrund ihrer Philosophie gegenseitig aus. Sie gehören praktisch unterschiedlichen Handelsrichtungskategorien an. Der korrekten Einordnung nach gehören Ausbruchs- und Wiedereinstiegs-Trades in eine Trade-Kategorie, Contra-Trades in eine andere. Diese Unterteilung ist wichtig für unser mentales Verständnis. Denn besonders wenn wir erst beginnen, die hier besprochenen Regelwerke zu erlernen oder später zu festigen, müssen wir darauf achten, beide Trade-Kategorien nicht zu mischen. Erst wenn der Trading-Prozess zu einem gewissen Grade im Ablauf automatisiert ist und wir nicht mehr über das Suchen von Triggern nachdenken müssen, die uns einen Trade-Einstieg ermöglichen, können wir beginnen, beide Trade-Kategorien je nach Marktgegebenheit miteinander zu mischen.

Der Contra-Trade kommt in *verschiedenen Marktphasen* zum Einsatz, was ihn zu einer überaus interessanten *Beimischung unseres Handelsportfolios* macht, da er einige Lücken füllt, die unser Regelwerk-Trading-Ansatz (Ausbrüche) aufgrund seiner Art auslassen muss. Diese hohe Flexibilität macht seinen Einsatz allerdings auch anspruchsvoller als die einfacheren Ausbrüche und Wiedereinstiege. Somit ist sein praktischer Einsatz lernintensiver als das Arbeiten mit Ausbrüchen und Wiedereinstiegen.

Bevor ich mich den Contras konkret zuwende, möchte ich noch einen Sachverhalt voranstellen:

Die beiden Grundphilosophien der verschiedenen Trading-Kategorien sind zwar verschieden, jedoch haben wir bei Verständnis und konsequenter Anwendung Überschneidungen – praktisch eine gemeinsame Schnittmenge:

- Der Ausbruchs-Trade und der konsequent regelwerkbasierte Wiedereinstieg definieren in ihrer ursprünglichsten und natürlichsten Auslegung ein klares Einstiegsprozedere (nämlich am charttechnisch hergeleiteten und definierten Trigger). Aber sie definieren auch klar definierte Ausstiege, nämlich entweder am erreichten Zielkurs oder aber am definierten Stoppkurs. In dieser Phase des Erlernens spielen die äußeren Rahmenbedingungen (Marktteilnehmer etc.) noch keine Rolle. Diese kommen erst in Phase 2 ins Spiel und damit weichen wir zunächst die ursprünglich strikten Ausstiegsregeln auf.

- Erfolgen die Einstiege noch immer strikt regelkonform, beginnen wir, die Ausstiege bereits an äußeren Faktoren festzumachen. Jetzt warten wir nicht mehr stur, bis Ziel- oder Stoppkurs erreicht werden, sondern nehmen Gewinne rascher mit, wenn das Nachfrage/Angebots-Verhältnis zu kippen beginnt. Es kann auch vorkommen, dass wir den Stoppkurs nicht mehr ausreizen, sondern gegebenenfalls früher aus dem Markt gehen und den Stopp nur noch als letzte Versicherung betrachten. Wir beginnen praktisch, eine gewisse Geschmeidigkeit ins Spiel zu bringen.

- Im nächsten Entwicklungsschritt gewinnt die Beachtung, Bewertung und Interpretation des direkten Marktgefüges weiter an Bedeutung. Wir nehmen jetzt schon nicht mehr jeden Ausbruch oder konservativen Wiedereinstieg mit, sondern stellen diese gegebenenfalls zurück, sofern die äußere Einschätzung das sinnvoll erscheinen lässt.

Stellen Sie etwas fest? Das strikte Regelwerk-Handeln tritt langsam in den Hintergrund und gibt der Beachtung und Bewertung der Aktivitäten Dritter mehr Raum. Wir wandeln unseren Handelsstil vom passiven Trade-Umsetzer zum aktiven Trade-Entscheider. Entwickelt sich dieser Fluss im richtigen Tempo, ist der Contra-Trade, wie er schließlich zum Einsatz kommt, die selbstverständliche Konsequenz aus unserem Lernprozess.

Dabei machen wir unsere Handelsentscheidungen vom Lesen der Kerzen und damit vom Lesen der anderen Händlerbücher abhängig.

Ist das regelwerkbasierte Handeln in der ersten Ausbildungsphase somit eigentlich ein Hemmnis? Nein, auf keinen Fall! Striktes Handeln nach Regelwerk verfolgt zu Beginn auch ein zweites Ziel außer dem regelkonformen Eröffnen und Schließen von Positionen. Es diszipliniert. Es zwingt zu Achtsamkeit und Demut vor dem Markt. Es bremst überschäumende Emotionen. Das alles sind Eigenschaften, ohne die ein Contra-Traden kaum erfolgreich sein kann.

Im Handelsstil des institutionellen Kurzfristhandels dominiert naturgemäß der Contra-Ansatz, da der Auf- und Abbau größerer Positionen mit einem triggergenauen Handelsstil nicht umgesetzt werden kann. Und dennoch kommt kein Händler am Regelwerk-Trading vorbei. Ohne im Vorfeld hier zumindest die Kreisliga erreicht zu haben, sind Contras und damit das Mischen von Kontrakten tabu.

Zurück zum Thema: Wir unterteilen die Contra-Trades in zwei Einsatzfelder:

a) Einsatz innerhalb von Konsolidierungszonen und nahe wichtiger, also auffälliger Chartmarken

b) Einsatz zum Antizipieren von Vollendungen sich ausbildender Kursmuster und Einsatz bei einer erwarteten temporären Erschöpfung von Impulsstrecken (ohne dass es bereits zur Ausbildung von Umkehrmustern gekommen ist)

Dabei wird offensichtlich, dass die Contra-Trades unter a) in einer direkten Abhängigkeit zu einer im Vorfeld definierbaren Chartmarke stehen können, während die Contra-Trades unter b) sich aus der laufenden Kursbewegung heraus ergeben und einen sehr hohen Grad an Marktassoziation voraussetzen.

Haben Contra-Trades ihrer Natur nach schon einen gesteigerten Schwierigkeitsgrad gegenüber Ausbruchs- und Wiedereinstiegs-Trades, so gibt es auch eine Abstufung in der Schwierigkeit der Contra-Trades: Die Gruppe b) setzt mehr Fingerspitzengefühl für den Markt voraus als die Gruppe a).

Im Folgenden wollen wir wieder schematisch die einzelnen Einsatzmöglichkeiten besprechen und hierbei Risiken und Vorteile beleuchten. Im Anschluss daran führen wir die Ansätze zusammen.

2 Contra-Trades mit direktem Bezug zu Chartmarken

Der wohl klassischste Einsatz von Contra-Trades erfolgt **innerhalb von Konsolidierungszonen**, die kaum sinnvolle beziehungsweise keine sinnvoll umsetzbaren Ausbruchs-Trades zulassen.

Konsolidierungszonen zeichnen sich durch **dynamikarme Marktphasen aus**: Hier fehlen in den meisten Fällen Final-Orders. Manchmal sind solche Zonen auch zu beobachten, wenn gerade wegen der Bearbeitung einer Final-Order eine Konsolidierungszone bewusst von einem oder mehreren Akteuren im Markt gehalten wird. Das ist aber eher selten der Fall. Konsolidierungszonen lassen sich in der Regel recht gut im Chartverlauf durch das Anlegen von Signallinien hervorheben und mitunter recht auffällig und scharf begrenzen. In eher seltenen Fällen fransen Konsolidierungszonen an ihren Rändern aus. Das passiert besonders, wenn in volumenschwachen Seitwärtsbewegungen (meist an Feiertagen) die Indexarbitrage große Lücken reißt. Interessante Konsolidierungsphasen verschiedenster Ausmaße finden wir, wenn der eher kurzfristig orientierte Handel das Marktgeschehen dominiert und keine Final-Orders zu einer nachhaltigen Verschiebung des Angebot/Nachfrage-Verhältnisses führen. Zonen dieser Art haben eine unterschiedlich lange Halbwertszeit. Sie hält mitunter lange an, wenn eine Konsolidierung zur Mischkurserstellung bei Abarbeitung einer Final-Order zielgerichtet aufrechterhalten wird oder wenn tageweise der Kurzfristhandel dominiert, keine wichtigen Zahlen ins Haus stehen und sich bereits nach den ersten 90 Handelsminuten nach Kassa-Eröffnung zeigt, dass Angebot und Nachfrage sich in etwa die Waage halten. Eine Faustregel besagt, dass anhaltende Konsolidierungsphasen nur äußerst selten sowohl den Vor- als auch den Nachmittag dominieren. Dies sollte man immer im Hinterkopf haben und auf Indizien achten, die ein Ende einer solchen Phase einleiten.

Kurze Konsolidierungsphasen erleben wir dagegen fast täglich. Allerdings eignen sich diese meist nur selten für mehr als ein oder zwei klassische Contra-Trades, da sie rasch wieder in jene Impulsphasen münden, die wir bevorzugt für Ausbruchs-Trades nutzen wollen. Besonders bei der Identifizierung dieser Marktabschnitte ist es wichtig, sich immer wieder die Frage zu stellen: Welche Akteursgruppe beherrschte heute bisher den Markt? Gibt es Anzeichen dafür, dass sich dahingehend etwas ändern könnte? Wie könnten die Bücher der jetzt dominanten Akteure aussehen? Die Mehrzahl der marktbeherrschenden Akteure bewegt weitaus größere Positionen als wir (das gilt auch für den institutionellen Kurzfristhandel). Das macht sie in ihrer Reaktionsfähigkeit etwas langsamer und schwerfälliger, als wir es sind. Somit kommen bestimmte Bewegungen nicht aus dem Stand, sondern deuten sich an. Das lässt uns umschalten von Contra- auf Ausbruchs- beziehungsweise Wiedereinstiegs-Trades.

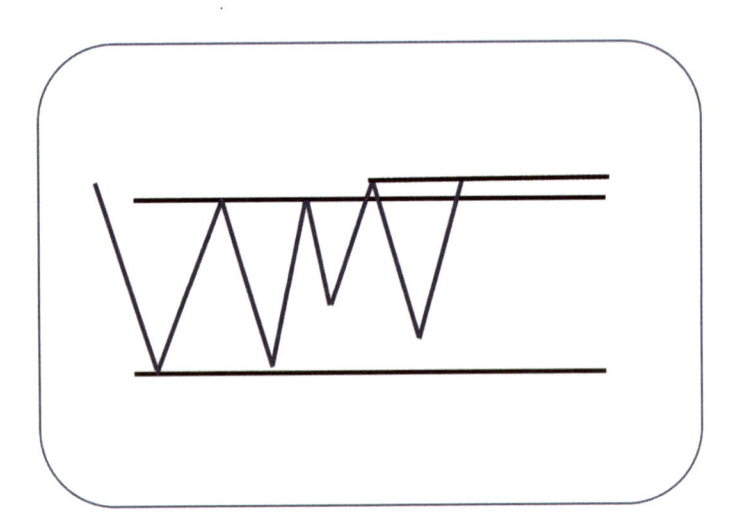

Die hier schematisch dargestellte Konsolidierungszone zeigt ein typisches Kursverlaufsmuster. Die Wendepunkte des Kursverlaufes bilden sich an oder zumindest nahe gleicher Kursniveaus aus. Hier kommt uns durchaus zu Hilfe, dass sich Märkte reflexiv bewegen. Das heißt, die Wendepunkte rücken zusammen, weil sie von den dominierenden Marktakteuren gesehen werden. Temporäre Durchstiche, die durchaus zur Dehnung einer solchen Konsolidierungszone führen können, sind dabei nicht ungewöhnlich.

Für den klassischen Contra-Trend-Handel innerhalb einer Konsolidierungszone sind für uns die potenziellen Wendezonen von Interesse. Hier bieten sich verschiedene Einstiegsmöglichkeiten an, die sich abermals in ihrer Aggressivität graduell abstufen lassen.

3 Der innere klassische Contra

Der **innere klassische Contra** kommt an den Begrenzungsinnenseiten der Konsolidierungszone zum Einsatz. Ziel ist es hier, die Impulswende zu erwischen, um beim Rücklauf des Kurses zur Mitte der Zone dabei zu sein. Wichtig ist hierbei, dass es noch keinen (!) Durchstich auf der Ober- oder Unterseite der Konsolidierungszone gab. Ist dies doch der Fall, werten wir das als Indiz, dass die Schwankungsintensität innerhalb der Konsolidierungszone steigt und ein nachhaltiger Ausbruch erfolgen könnte.

Für den Einsatz eines klassischen Contras gehen wir wie folgt vor:

a) Wir definieren zunächst die potenzielle Konsolidierungszone mit ihren potenziellen Begrenzungen.

b) Wir legen innerhalb der Konsolidierungszone einen Bereich fest, innerhalb dessen wir eine Contra-Position aufbauen werden. Erreicht der Kurs diesen Bereich nicht, sondern dreht er unter diesem Bereich oder darüber wieder in die Konsolidierungszone hinein ab, werden wir nicht aktiv. Auch hier wird nicht nachgesprungen!

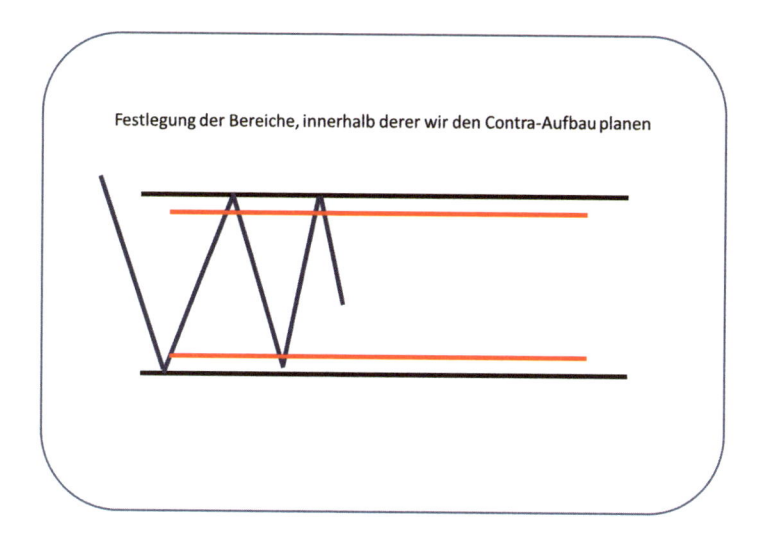

Festlegung der Bereiche, innerhalb derer wir den Contra-Aufbau planen

c) Die Breite dieses Bereiches machen wir abhängig von der Gesamtbreite der Konsolidierungszone. Da diese für den Aufbau von Contras möglichst eine Breite von 25, 30 oder noch mehr Punkten aufweisen sollte, stecken wir den Bereich auf eine Breite von etwa jeweils fünf Punkten auf beiden Seiten ab. Wird die Konsolidierungszone breiter als 30 Punkte, erweitern wir den Contra-Bereich auf maximal zehn Punkte nach beiden Seiten. Nur innerhalb dieser Bereiche kommen klassische innere Contras zum Einsatz. Erst wenn dieses Vorgehen sitzt, können Sie auch hier bei mehr praktischer und mentaler Sicherheit größere Improvisationen zulassen.

d) Ist die Konsolidierungszone enger als 15 bis 20 Punkte, lassen wir Contras innerhalb der Konsolidierungszone entweder weg oder lassen uns knapp unter die Obergrenze beziehungsweise knapp über die Untergrenze in den Markt heben. Auch hier arbeiten wir mit einem Stopp- und Zielkurs von zehn Punkten. Diese Art des Handels ist aber mit höheren Risiken verbunden.

e) Unterstellen wir eine entsprechend breite Konsolidierungszone, welche die Abgrenzung von Bereichen nach Punkt c) zulässt, gibt es zwei Möglichkeiten, in den Markt zu kommen: Entweder lassen wir uns anhandeln (hohes Ausstopprisiko – ist aber Bestandteil des institutionellen Kurzfristhandels bei der *Erstposition*, wenn Mischpositionen aufgebaut werden). Oder wir eröffnen eine Position, sobald sich der Kurs innerhalb des Wendebereiches erschöpft und in Richtung Mitte der Konsolidierungszone zurückläuft.

In Bezug auf e) sehen wir uns im Folgenden wieder Vor- und Nachteile der beiden Einstiegsmöglichkeiten an.

Möglichkeit 1: Wir lassen uns anhandeln und auf diese Weise in den Markt heben.

Vorteil:

▶ Wir stellen sicher, dass wir auf einem im Vorfeld festgelegten Niveau in den Markt kommen.

Nachteile:

▶ Wir stehen gegen den Impuls, greifen praktisch ins fallende Messer. Wir haben ein nicht unerhebliches Risiko eines Fehl-Trades.

▶ Wird der von uns definierte Einstandskurs für unseren Contra-Trade nicht erreicht, weil sich der Impuls unter Umständen bereits vor Erreichen dieses Niveaus erschöpft und der Kurs wieder dreht, sind wir nicht dabei. Das gilt auch dann, wenn der sich Kurs am Ende doch erwartungsgemäß in Richtung der Zonenmitte entwickelt.

Möglichkeit 2: Wir eröffnen die Position, wenn sich der Impuls in Richtung der Zonengrenzen erschöpft und wieder in Richtung Zonenmitte abdreht.

Vorteil:

▶ Wir gehen erst in den Markt, wenn wir zumindest ein Indiz für die Bestätigung unserer Erwartungshaltung haben, dass nämlich der Kurs wieder zurück in Richtung Mitte der Konsolidierungszone strebt. Das senkt messbar das Risiko eines Fehl-Trades durch Ausstoppen der Position.

Nachteile:

▶ Wir haben kein klar definiertes Einstiegsniveau, sondern nur eine Kursspanne. Um mit dieser Methode erfolgreich arbeiten zu können, benötigen wir bereits einige Erfahrung im Umgang mit dem Regelwerk und ein erstes Gespür dafür, wie sich die Dynamik des Impulses entwickelt.

▶ Wir springen dem Kurs hinterher und vergeben unter Umständen wertvolle Punkte. Dieser Sachverhalt ist umso kritischer, als wir keine Sicherheit haben, dass der Rücklauf erfolgreich sein wird.

Hinweis: Für diese Art des Handels eignet sich auch der Einsatz des Volume-Tick-Charts oder eines einfachen, numerisch zählenden Tick-Charts. Beide Chartdarstellungen liefern bei entsprechender Einstellung kleine mögliche Umkehrmuster, die es erleichtern, Einstiege nicht intuitiv, sondern aus der Musterbildung heraus zu finden. Dieses Vorgehen ist als Hilfsmittel geeignet, um zumindest in der Anfangsphase das noch fehlende Gespür für die mögliche Dynamik zu entwickeln.

4 Der Wächter

Dominiert der Kurzfristhandel das Geschehen, sind Konsolidierungszonen ein sehr auffälliges und dominantes Kursverlaufsmuster. Der Grund hierfür ist an sich logisch: Wegen der beschränkten Positionsgrößen, die diese Händler im Zusammenhang mit ihren vorgegebenen Risikoparametern nur handeln, reichen die Verschiebungen im Angebots/Nachfrage-Verhältnis meist nicht aus, um auffällige Ungleichgewichte im Markt zu bewirken. Die Verschiebungen halten sich in Grenzen. Sie werden durch das Hoch- oder Heruntermischen immer nur temporär bewirkt. Erst wenn eine finale Drittorder eintrifft oder aufgrund einer Meldung die Positionsgrößen ausgereizt werden, bricht der Kurs plötzlich aus der Konsolidierungszone aus. Ebenso kann die Indexarbitrage zu nachhaltigen, wenn auch nicht sehr ausgeprägten Verschiebungen des Kursgefüges führen (wir betrachten in diesem Zusammenhang die Indexarbitrage als Finalkunden, was sie ja im jeweiligen Markt temporär auch ist).

Auf jeden Fall sind diese Ereignisse schmerzhaft, wenn ein Kurzfristhändler die aggressive Vorgehensweise nach e) durchführt (siehe Absatz zu den klassischen inneren Contras) und sich in den Markt heben lässt, sobald sich der Kurs den Zonengrenzen annähert oder diese erreicht. Um hier etwas Sicherheit oder Schutz zu bekommen, gibt es die sogenannten Wächter[77].

Ich möchte die Wächter im Folgenden beschreiben, betrachte das im Moment aber eher als Vervollständigung denn als Aufforderung, diese Trades nachzuhandeln.

Ein Wächter soll den Contra-Händler warnen, wann die laufende Phase der Konsolidierung enden könnte oder sich doch zumindest zu verschieben droht. Wächter dienen einerseits als interessante Form einer mitunter recht profitablen Positionierung. Andererseits haben sie in erster Linie eine Signalfunktion. Sie eignen sich zum Einsatz an allen Konsolidierungszonenarten – aber ganz besonders in denjenigen, die zur Erarbeitung von Mischkursen bei Final-Orders manchmal über Stunden gehalten werden.

4.1 Wo und wann setzen wir Wächter-Contras ein?

Die sogenannten Wächter positionieren wir sofort bei Ausbildung einer jungen Konsolidierungszone. Diese zeichnet sich dadurch aus, dass sie mindestens zwei obere und zwei untere Wendepunkte aufweist, die sich grafisch miteinander verbinden lassen. Beachten Sie bitte, dass dies die Minimalvoraussetzung ist, um überhaupt von der potenziellen Ausbildung einer Konsolidierungszone zu sprechen.

---

[77] Die hier beschriebenen Wächter sollen nicht mit den »missbrauchten Wächtern« verwechselt werden, deren Einsatz komplett vom Wächter-Einsatz abweicht.

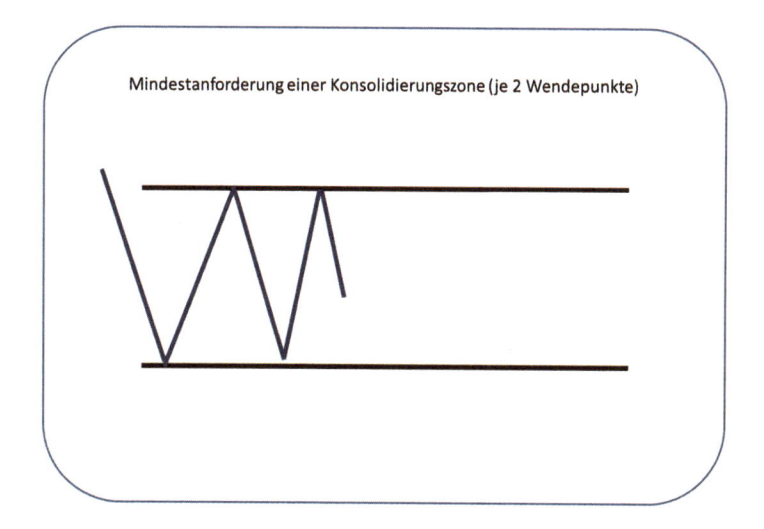

> Mindestanforderung einer Konsolidierungszone (je 2 Wendepunkte)

Wir platzieren die Wächter an den Außengrenzen der (möglichen) Konsolidierungszone, entgegen der Richtung eines möglichen Ausbruchs. Wir wählen dabei einen Abstand, dessen Größe in Punkten wir von der Dynamik des Tages abhängig machen. Ich schlage vor, einen Abstand zwischen drei und maximal fünf Punkten außerhalb der Zone zu wählen.

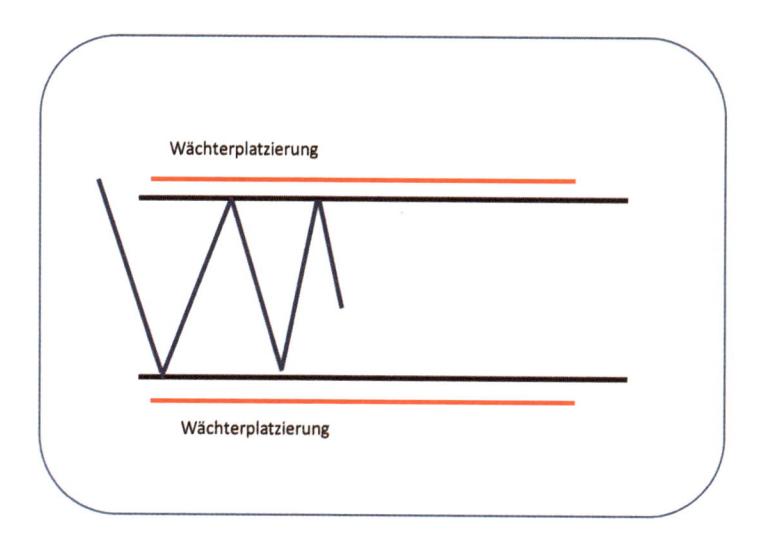

> Wächterplatzierung
>
> Wächterplatzierung

Bei der Frage, wann die Grenze der Konsolidierungszonen bricht, geben uns ausgelöste Wächter einen ersten Hinweis. Selten ist der erste Durchstich über oder unter die Bereichsbegrenzung erfolgreich im Sinne eines Ausbruchs. Deshalb warten wir auch des Öfteren die Bestätigung eines Ausbruches ab, wenn wir einen Ausbruch handeln. Beim Wächter aber nutzen wir einen versuchten Ausbruch oder Durchstich bereits, um sofort auf der Gegenseite in den Markt zu kommen.

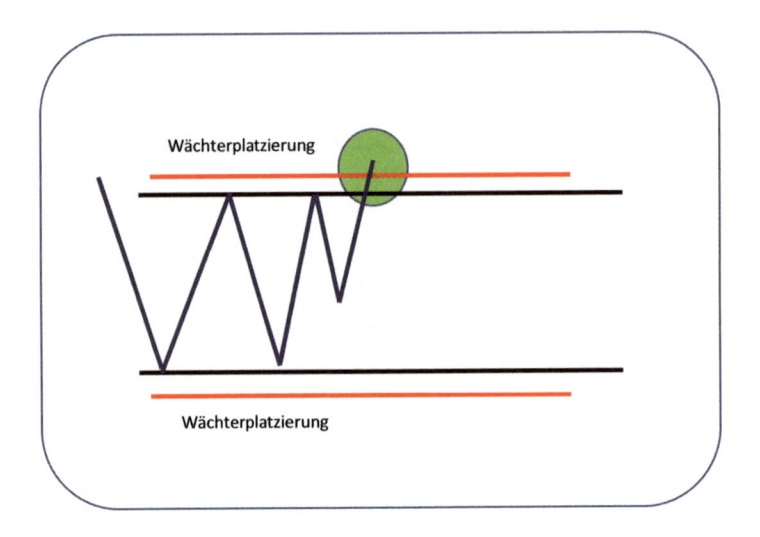

Im grafischen Beispiel hebt uns der erste Durchstich auf der Oberseite sofort auf der Short-Seite in den Markt. Der sich dann in der Regel anschließende Rücklauf trägt unseren Contra in den Gewinn. Wir platzieren auch hier einen Stoppkurs von zehn Punkten, da wir uns in den Markt heben lassen und nicht erst auf den Gegenlauf warten. Unser Kursziel legen wir auch auf zehn Punkte fest. Wir behalten uns in beiden Fällen aber vor, sowohl auf der Stopp- als auch auf der Gewinnseite den Positionsausstieg bereits im Vorfeld manuell durchzuführen (wie auch bei den Ausbruchs- und Wiedereinstiegs-Trades).

Einschub: Hier bietet sich auch eine interessante Kombination mit einem ersten Ausbruchs-Trade an. Wir platzieren zum Beispiel auf der Oberseite eine Kauforder (missbrauchter Wächter) für eine Einheit long auf der oberen Bereichsbegrenzung der Konsolidierungszone (Stopp-Buy-Market). Auf dem Niveau des Wächters stellen wir zwei Verkaufs-Orders als Limit-Orders ein: einmal die Ziel-Order des Ausbruchs-Trades und den *Wächter*. Wird das Ziel erreicht, realisieren wir den Profit des Ausbruchs und eröffnen den Contra-Trade des Wächters. Läuft der Markt dann wieder zurück, realisieren wir den Profit des Wächters.

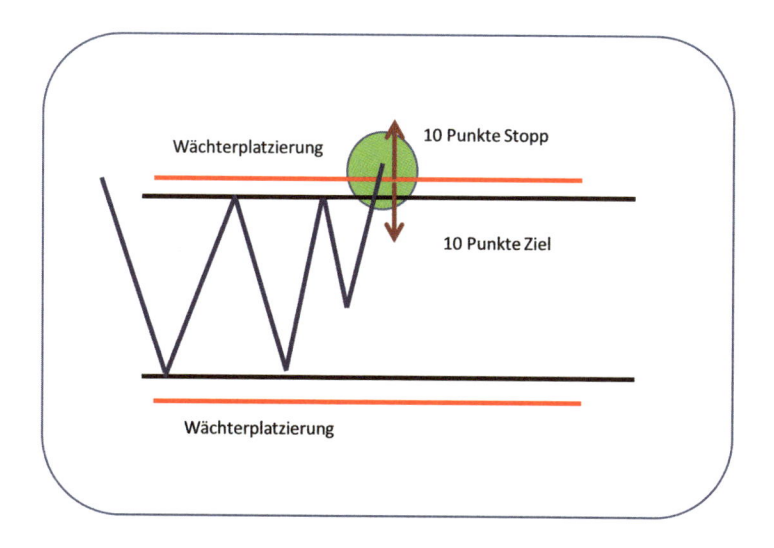

Was kann passieren?

▶ Der Ausbruch wird getriggert, erreicht aber nicht sein Kursziel – wir verfahren, wie im Abschnitt der Ausbruchs-Trades beschrieben.

▶ Der Ausbruch erreicht das Kursziel und löst sowohl die Verkaufs-Order aus als auch den Wächter. In den meisten Fällen kommt der Kurs wieder zurück, mindestens bis zum Ausbruchsniveau. Hier können wir realisieren oder versuchen, das 10-Punkte-Kursziel auszureizen.

▶ Der Ausbruch wird getriggert. Der Kurs läuft nicht weiter, setzt aber auch nicht zurück. Das lässt erwarten, dass er an Kraft gewinnt und dass der Ausbruch sich tatsächlich durchsetzen könnte. Wir löschen den Wächter.

▶ Der Ausbruch erreicht Zielkurs und Wächter und steigt weiter. Hier können wir nur noch die Short-Wächter-Position schließen. Dieser Sachverhalt tritt allerdings seltener ein, als man befürchten könnte. Denn Erstausbrüche verlaufen selten sofort ohne Reaktion.

Auf der Unterseite gilt das gleiche Regelwerk, nur mit jeweils anderem Vorzeichen.

5 Der Contra-Handel innerhalb einer engen Konsolidierungszone

Als enge Konsolidierungszone definieren wir eine Handelsspanne von 15 bis 20 Punkten, mindestens jedoch zehn FDAX-Punkten. Noch engere Zwischenkonsolidierungen werden im Contra-Trading nicht mehr berücksichtigt.

Grundsätzlich gilt: Bevor innerhalb einer Konsolidierungszone gehandelt werden kann, muss diese mit horizontalen Signallinien eingegrenzt werden. Potenzielle Widerstände und Unterstützungen müssen also an den Chart angelegt werden und diese Begrenzungslinien sind aktiv zu pflegen (anzupassen). Das gilt besonders, wenn es Dehnungen nach kleineren, nicht nachhaltigen Durchstichen gibt.

Enge Konsolidierungszonen unterscheiden sich in ihrer Ausprägung von breiteren Konsolidierungszonen in der Regel dadurch, dass die Begrenzungen auffällig genau angehandelt werden. Tatsächliche Wendepunkte durchsticht der Kurs dann selten auffällig. Meist dreht er sogar vor Erreichen der Begrenzung ab. Kommt es zu auffälligen Durchstichen oder dreht der Kurs bereits vor Erreichen der Signallinie ab, ist mit einer Veränderung der Konsolidierungsphase zu rechnen. Das könnte eine Dehnung oder Verschiebung der Begrenzungen mit sich bringen. Es könnte aber auch ein Indiz dafür sein, dass die Konsolidierung gänzlich ihrem Ende entgegengeht und ein nachhaltiger Ausbruch folgt. Für diese Möglichkeit müssen wir sensibilisiert sein, wenn es zur beschriebenen Erschöpfung innerhalb der Konsolidierungszone kommt.

Im aktiven Handel richten wir innerhalb enger Konsolidierungszonen unsere Aufmerksamkeit somit auf die Begrenzungslinien. Ein Contra-Handel ist hier sehr aggressiv möglich und sinnvoll. Es heißt zwar immer: »Wir gehen erst in den Markt, wenn der Trade läuft.« Dies ist aber in erster Linie sinnvoll in breiteren Konsolidierungszonen (ab 20 Punkte Ausdehnung) oder nahe auffälligen Chartmarken, ohne dass diese bereits als nachhaltig bestätigt definiert werden können, oder (mit Einschränkungen) bei der Anwendung als antizipierende Contras in sich ausbildenden Umkehrformationen. In engen Konsolidierungszonen mit klaren, scharfen Begrenzungen gehen wir aggressiv in den Markt. Das gilt auch bei Re-Longs beziehungsweise Re-Shorts an Ausbruchsebenen (auf die ich noch zu sprechen komme) und bei bekannten und gehäuft auftretenden Positionsdrehmustern. Aggressiv heißt, wir eröffnen den Trade sofort bei Erkennen der Signalmarke in deren unmittelbarer Nähe.

Warum weichen wir hier von der Regel des Laufenlassens ab? Das hat zwei Gründe: Erstens ist der Handlungsspielraum (besonders innerhalb enger Konsolidierungszonen) mitunter zu eng, als dass wir hier viel Platz hätten, dem Contra-Trade Entfaltungsspielraum zu geben. Zweitens bietet es sich – aufgrund der recht genauen Begrenzungsdefinition einer engen Konsolidierungszone und des darin auffällig exakten Kursverlaufes und des im Berufshandel sehr bekannten und verbreiteten Handels von Re-Longs und Re-Shorts nach Durchstichen auffälliger Widerstände und Unterstützungen – an, bereits aggressiv mit Contras in den Markt zu gehen.

Aggressive und defensive Contras

Aggressives Contra-Handeln	Defensives Contra-Handeln (erst laufen lassen)
• Enge Konsolidierungszonen	• Breite Konsolidierungszonen
• Als Re-Long/Re-Short an Ausbruchslinien	• Antizipierende Contras
• Bei Positionsdrehmuster	• An wichtigen Chartmarken ohne eindeutige Bestätigung

5.1 Wie handeln wir in engen Konsolidierungszonen?

a) Nach Festlegung und Markierung der Bereichsbegrenzungen legen wir die Stoppgrenzen jeweils maximal zehn Punkte außerhalb der Grenzen fest. So können wir auch sehen, dass das Konsolidierungsmuster komplett hinfällig wäre, wenn wir ausgestoppt würden. Dieser optische Trick erleichtert mental die aggressive Positionseröffnung an den Bereichsgrenzen enger Konsolidierungszonen.

b) In unmittelbarer Nähe der Bereichsgrenzen gehen wir mit einer Market-Order in den Markt, sobald er Stabilisierungsansätze zeigt.

c) Wir halten die Position innerhalb der Grenzen, solange der Gegenimpuls läuft, reizen dennoch nicht die Strecke aus. Das verbietet sich, da wir davon ausgehen müssen, dass andere, ebenfalls positionierte Akteure bereits vor Erreichen der Gegenseite glattstellen und den Impuls damit abwürgen, in dem wir investiert sind.

d) Den Stopp setzen wir zehn Punkte vom Einstand der Position – unabhängig von der ursprünglichen mentalen Stoppmarke. Aber auch hier gilt: Wir halten die Position nur so lange, wie wir vernünftigerweise erwarten können, dass unsere ursprüngliche Markteinschätzung noch richtig und sinnvoll ist.

5.2 Wie handeln wir den Re-Long oder Re-Short an Ausbrüchen?

Ein sogenannter Re-Trade gilt als Unterkategorie eines Contra-Trades. Während sich ein Contra-Trade einem vorangegangenen Bewegungsimpuls entgegenstellt, wird ein Re-Trade als Contra einer Erstreaktion definiert. Damit eröffnet dieser die Position wieder in Richtung des Hauptimpulses.

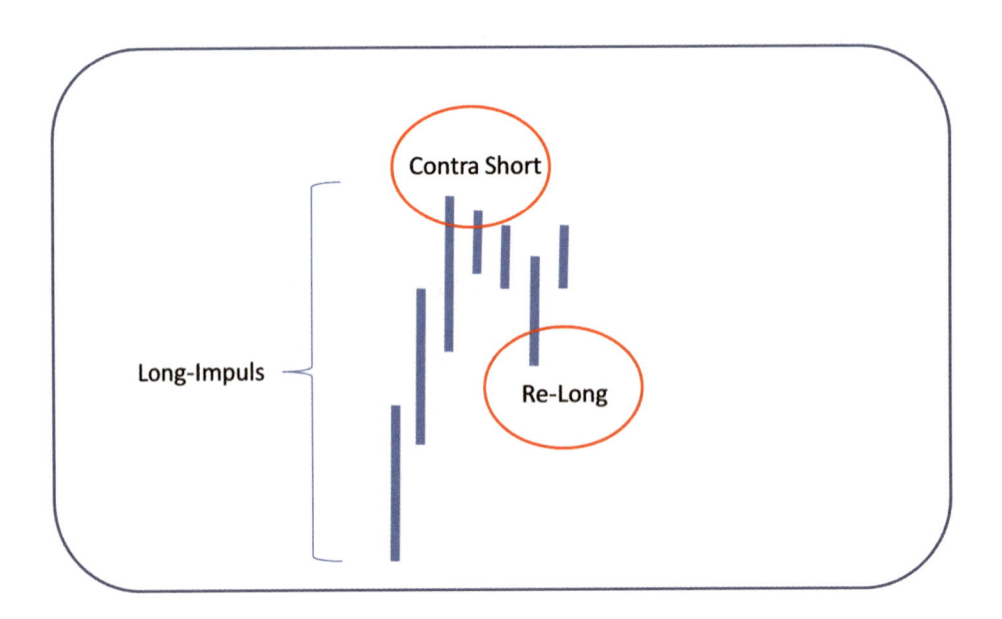

Es gibt zwei Möglichkeiten, die Re-Trades zu handeln: einmal im Anschluss an die Korrektur eines Hauptimpulses. Dabei konzentrieren wir uns auf das jeweils gültige minimale Reaktionspotenzial, das nicht unterschritten werden sollte. Zudem achten wir auf das jeweilige Ausbruchsniveau, das ebenfalls halten sollte.

In beiden Fällen steigen wir in den Re-Trade erst ein, wenn der ursprüngliche Impuls wieder aufgenommen wurde und der Trade somit wieder läuft.

Die aggressivere Form des Re-Trades gehen wir ein, wenn wichtige Signalmarken (reflexive Nackenlinien, Bereichsbegrenzungen oder aber auch reflexiv auffallende Chartmarken) über- beziehungsweise unterschritten werden. Diese Form des Re-Trades ist übrigens der erste Contra, in dem angehende Berufshändler in ihrer Ausbildung geschult werden. Somit sind derartige Re-Trades bekannt und werden auffällig oft angewandt.

Bei dieser Form des Re-Trades achten Sie immer auf den ersten Durchstich, dem meist ein Gegenlauf zum Ausbruchsniveau folgt. Viele Händler parieren diesen ersten Durchstich bereits mit einem Erschöpfungs-Contra, um am Rücklauf zu partizipieren. Um den Erschöpfungs-Contra zu handeln, werden meist If-Touched-Orders mit einer Market-Funktion eingesetzt.

Kommt der Impuls zum Ausbruch zurück, lässt er sich bereits sehr aggressiv mit einem Re-Trade kontern, der sehr nah am wieder angehandelten Ausbruchsniveau platziert wird. Da dies ein reflexiver Trade ist, kann er ohne viel Wartezeit rasch eröffnet werden. Auch hier gilt ein 10-Punkte-Stopp. Auch hier wird die Position nach Abschätzung einer realistischen Trade-Erwartung gehalten.

5.3 Handeln des Contras am Positionsdrehmuster

Positionsdrehmuster treten im kurzfristigen Bereich (1-Minuten-Chart) sehr oft auf. Sie sind ausreichend zuverlässig, um ebenfalls sehr rasch und aggressiv angegangen zu werden. Dies lässt sich wie folgt begründen:

▶ Diese Muster treten nicht einfach so auf wie bekannte komplexe Kursmuster (Schulter-Kopf-Schulter, Dreiecke, Keile usw.), sondern sind Ergebnis eines klaren, einstudierten Vorgangs, um Positionen zu drehen, Hebel zu reduzieren, Mischkurse zu senken (in Long-Positionen) beziehungsweise Mischkurse zu erhöhen (in Short-Positionen).

▶ Da diese Muster einer klaren Arbeitsabfolge entsprechen, lässt sich abschätzen, wie weit der Umschichtungsprozess gediehen ist und wie realistisch ein darauffolgender Gegenimpuls ist.

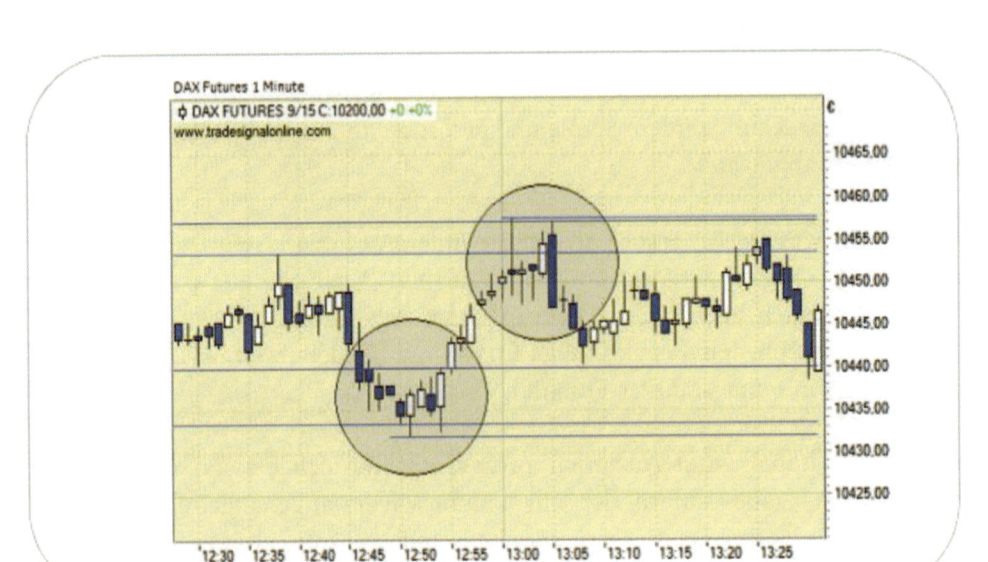

Den Ablauf des Musters zeigt folgender Chart:

Der obige Chart zeigt den FDAX am 9. September 2015 im 1-Minuten-Chart. Sie sehen eine enge Konsolidierungszone. Allein in 20 Minuten wurde zwei Mal ein entsprechender Umschichtungsprozess vollzogen. Dies zeigt, dass diese Prozedur sehr oft (da antrainiert) durchgeführt wird.

In der Regel besteht ein solches Muster selten aus drei, sondern meistens aus vier 1-Minuten-Kerzen. Hin und wieder besteht es sogar aus fünf 1-Minuten-Kerzen. Sehen wir uns die Long-Seite an:

▸ Der Kurs erreicht ein reflexives Wendeniveau, stockt und signalisiert damit das mögliche Fehlen von Anschlusswirten.

▸ Der Trader führt eine erste, meist als Market-Order initiierte Teilreduzierung des Long-Bestandes durch. Mitunter mischt er sich anschließend bei tieferem Kurs wieder in den Long-Bestand ein. Hier werden zwei Aspekte erfüllt: Der Einstandsmischkurs der Position wird gesenkt bei gleicher Ausgangslage der Gesamtposition. Außerdem gewinnt der Trader Zeit, in der ein Wirt (meist Arbitrageur) aktiv werden kann. Übrigens erfolgt eine solche Wiedereinmischung des abgegebenen Bestandes auf niedrigerem Niveau nur, wenn der Einsatz der Arbitrage sinnvoll erwartet werden kann.

- ▶ Das erste Einmischen hebt in der Regel den Kurs in der Mittelkerze oder den Mittelkerzen. Bleibt der Wirt auch diesmal aus, folgt ein konsequenter Ausstieg aus der Position mit einer Market-Verkaufs-Order. Dieser Verkauf erfolgt meist heftig, rasch und fokussiert, um den Vorteil der vorhergehenden niedrigeren Einmischung optimal ausnutzen zu können.

- ▶ *Diesen* Moment passen wir mit einem Re-Short ab und platzieren diesen aggressiv in den Glattstellungsprozess hinein.

Mit Short-Positionen im Zuge eines Abwärtstrends wird nach gleichem Muster verfahren, nur mit umgekehrten Vorzeichen.

Die folgende Grafik zeigt eine enge Konsolidierungszone am 9. September 2015 im FDAX. Alle Kreise zeigen das gleiche Vorgehen. Achten Sie auf die Ähnlichkeit der Muster – es ist immer der gleiche Ablauf.

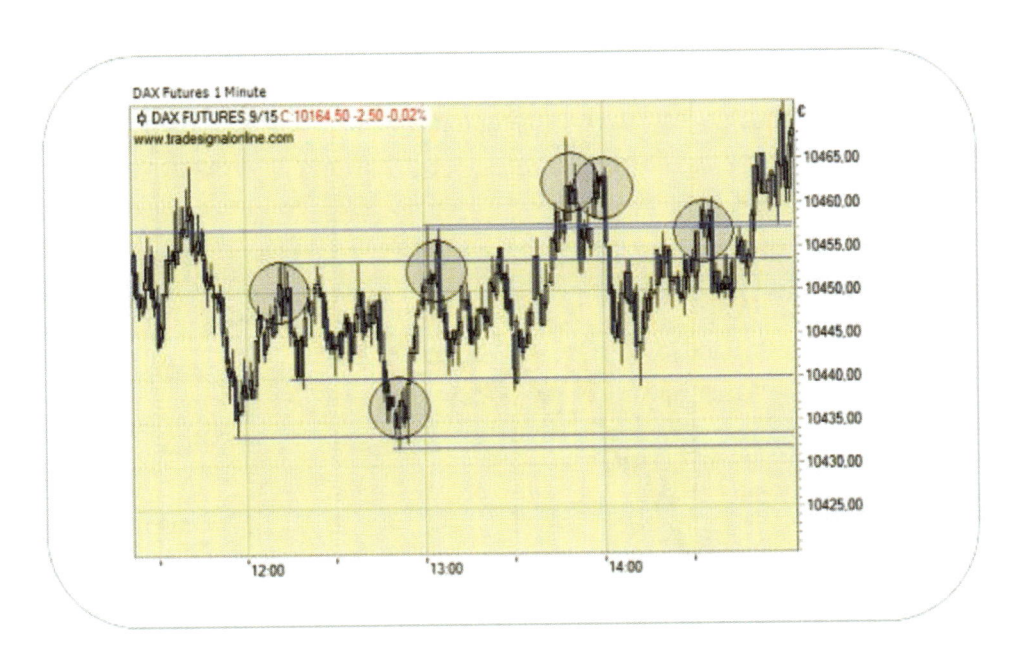

Warum tritt dieses Muster immer wieder auf?

Da Märkte für sich genommen chaotisch und ungeordnet verlaufen, nutzen wir Menschen optische Hilfsmittel in der grafischen Kursführung. Diese dienen uns als Orientierungspunkte. Trendlinien etc. geben uns Struktur, mehr nicht. Händler mit großen Positionen benötigen auch Struktur im Handeln dieser Positionen. Wer keine Struktur und keine Automatismen hat, um Positionen zu führen, zu drehen, sie hoch- oder heruntermischen, verliert rasch den Überblick. Die beschriebenen Umschichtungsvorgänge sind antrainiert und werden immer nach dem gleichen Schema abgearbeitet. Verzerrungen treten nur deshalb auf, weil verschiedene Akteure tätig sind, eingebettet in ein Umfeld von diversen Gegenimpulsen und verschiedenen Trade-Impulsen. Solange Kurzfristhändler phasenweise den Markt dominieren, sind aber dennoch die Handlungsspuren in ihrer Grundstruktur sichtbar und durch rasche Contra-Trades ausnutzbar.

5.4 Einsetzen von Contras innerhalb großer finaler Orders

Die folgende Grafik zeigt eine über gut drei Stunden abgearbeitete Final-Order am 8. September 2015 im FDAX. Sie lief um 11 Uhr aus. Daran schlossen sich letztlich Einzelorders in der Kassa an. Vorgehen und Motivation eines Kommissionshändlers beim Abarbeiten einer Final-Order sind bereits mehrfach beschrieben worden, ich möchte jetzt davon Abstand nehmen.

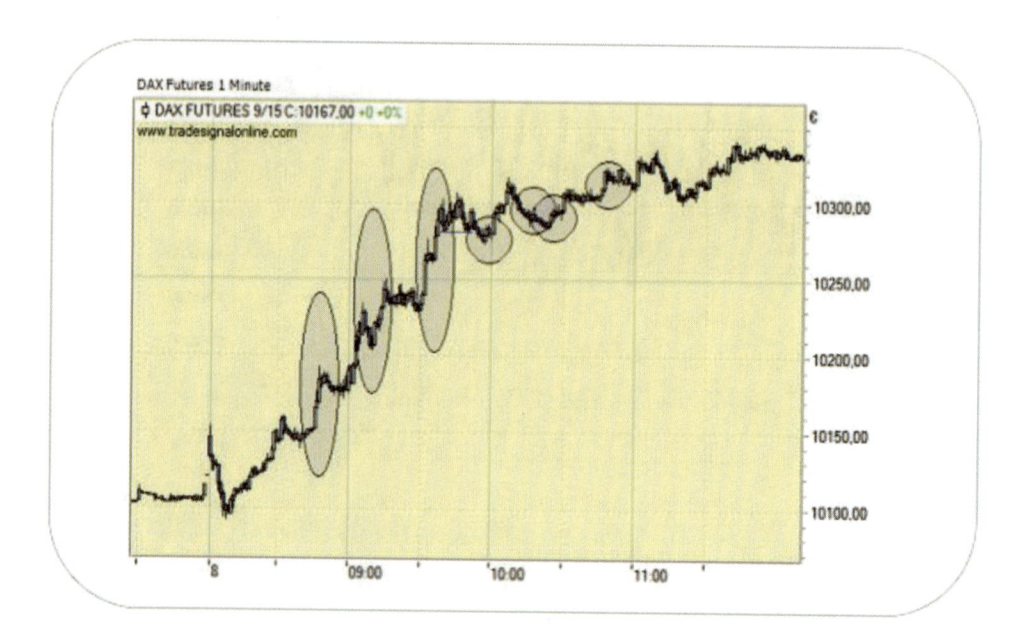

Die Grafik zeigt beeindruckend, wie sauber, professionell und stetig von 8 Uhr bis 10 Uhr der Kauf der ersten fünf Sechstel der Order im Rhythmus durchgeführt wurden, um in den Zwischenpausen den sich unvermeidlich mit anhängenden Kurzfristhandel die mitgenommenen Stücke abgeben zu lassen, bevor der Folgeschub einsetzte. Von 10 Uhr bis 11 Uhr folgte die Stabilisierung des Kurses in der Konsolidierung, was an der obligatorischen Pflege des Mischkurses liegt. Die Markierungen zeigen jene Abschnitte, in denen der Händler aktiv ist.

Das Abwickeln einer Final-Order ist ebenfalls ein klar einstudierter und nach optimierten Regeln ablaufender Arbeitsprozess, den jeder Kommissionshändler erlernt. Da er sehr offensichtlich abläuft, ist er sehr gut ausnutzbar. Wichtig sind folgende Regeln:

- Solange die Order aktiv ist, werden niemals Contras, Ausbrüche oder Wiedereinstiege entgegen der Impulsrichtung eingegangen, so verlockend sie auch erscheinen mögen. Orders dieser Art laufen übrigens in der Regel immer erst zur vollen Stunde aus, nachdem sie mindestens eine Stunde in der Konsolidierung gehalten wurden. Erst wenn Sie den Markt kennen wie Ihre Westentasche, sind temporäre Modifizierungen möglich, aber selbst dann nicht unbedingt empfehlenswert.

- Der Contra in Impulsrichtung kann in Ruhe eingegangen werden, wenn der Trade läuft.

- Wichtig: Sollten Sie sich durch Platzierung von Limit-Orders in den Markt hineinheben lassen, können Sie in der Regel durchhalten, solange die Fünf-Sechstel-Phase läuft. Die Rücksetzer sind immer nur marginal.

Beachten Sie: In Short-Phasen erfolgen Verkäufe aggressiver und die Konsolidierungsphase fällt meistens aus. Das hat auch nachvollziehbare Gründe: Finale große Short-Orders im FDAX dienen meist dem Hedgen von Positionen. Long-Orders sind Marktpositionierungen, die in der Regel in den Folgetagen gegen Kassa gedreht werden.

THEMENKOMPLEX 5:
DIE HANDELSPRODUKTE

Ein Futures-Händler muss den Future als Handelsprodukt kennen, darüber hinaus aber auch jene Produkte, welche die anderen Akteursgruppen im Markt bewegen und mit denen sie den Markt beeinflussen.

Einen erheblichen Einfluss auf die Kursentwicklung des DAX und FDAX haben große Optionspositionen institutioneller Investoren. In der Konsequenz werden wir die EUREX-Optionen auf den DAX und den DAX-Future zumindest in den Grundzügen besprechen, um eine Basis für aufbauende Studien zu schaffen.

1 Optionen – die Königsklasse der Trading-Instrumente

»Warum muss ich als Futures- oder Aktienhändler wissen, wie Optionen funktionieren, wenn ich diese doch niemals selbst handeln werde?« Diese Frage wird immer mal wieder gestellt, wenn sich angehende Futures-Händler durch den meist recht trocken dargebotenen, komplexen Stoff der Optionstheorie durchkämpfen. Aber Optionen führen kein Nischendasein. Sondern sie üben durchaus Einfluss auf die Kursentwicklungen ihrer Basiswerte aus – und das in mal mehr, mal weniger ausgeprägter Form. Der DAX gehört zu denjenigen Indizes weltweit, die einen sehr ausgeprägten derivaten Überbau besitzen. Ein Futures- oder Aktienhändler ohne ein Grundverständnis dafür, wie Optionen funktionieren und sich in ihrem Wert entwickeln, käme einem Schwimmer im Ozean gleich, der sich im Vorfeld nicht mit Wetter, Wellen und Strömungen auseinandergesetzt hat.

Ein Privatanleger kennt den Einsatz von Optionen wahrscheinlich in erster Linie unter den Gesichtspunkten, durch den Erwerb von Kaufrechten (Calls) an steigenden Kursen des Basiswertes zu partizipieren und mit dem Erwerb von Verkaufsrechten (Puts) auf fallende Kurse des Basiswertes zu setzen. Tatsächlich kratzt man aber mit diesen zwei einfachen Strategien nur an der Oberfläche der gewaltigen

Vielzahl von Einsatzmöglichkeiten dieser Trading- und Investmentinstrumente. Ohne Übertreibung kann man sagen, dass ein geschulter Optionshändler mit diesen Derivaten jede Markterwartung detailliert abbilden kann. Mit Optionen ist sogar eine Feinsteuerung in Bezug auf Kapitaleinsatz und Risiko auf eine Weise durchführbar, zu der sich andere Anlage- und Trading-Produkte nicht eignen. Optionen sind wie Skalpelle. Ihnen gegenüber wirken Futures, Aktien, Zertifikate und andere Instrumente eher wie Vorschlaghämmer.

Wer sich mit dem Thema »Optionen« beschäftigt, stolpert meist über die Bewertungsmethoden. Bei einer Aktie, einer Anleihe, einem Future, einem Zertifikat oder einem CFD ist die Preisentwicklung leicht nachvollziehbar. Sie verläuft in der Regel linear zum zugrunde liegenden Basiswert. Je nach vordefiniertem Hebel steigt oder fällt der Wert der genannten Anlageinstrumente linear zum Kursanstieg oder Kursrückgang des entsprechenden Basiswertes. Die Ursache für diese Entwicklung ist, dass jedem Kauf oder Verkauf des Basiswertes eine unbedingte Zahlungsverpflichtung gegenübersteht. Wenn Sie eine Aktie kaufen, müssen Sie den Kaufpreis der Aktie an den Verkäufer zahlen. Wenn Sie ein Zertifikat kaufen, müssen Sie ebenfalls den Preis des Zertifikates an den Verkäufer bezahlen. Gehen sie in einem Future long, gehen Sie ebenfalls eine Zahlungsverpflichtung ein, die am Ende der Laufzeit (Verfallstermin) fällig wird. Dieser Verpflichtung entgehen Sie nur, wenn Sie Ihre eingegangene Future-Position vor deren Verfall wieder glattstellen und sich somit vorzeitig aus der Geschäftsbeziehung zurückziehen. Etwas abstrakter, aber im Grunde nach gleichem Muster, vollzieht sich die lineare Wertveränderung eines CFDs gegenüber seinem Basiswert. Hier liegt lediglich die unbedingte Zahlungsverpflichtung in einer unbestimmten Zukunft, was aber dennoch die lineare Wertveränderung eines CFDs gegenüber seinem Basiswert rechtfertigt. Die einzigen Finanzinstrumente am Kapitalmarkt, deren Wertveränderung nicht linear verläuft und damit bei manch einem Akteur den Eindruck einer verwirrenden Preisentwicklung hervorrufen, sind Optionen. Um diese Abweichung vom gewohnten Bild zu verstehen, müssen wir uns dem Prinzip einer Option zuwenden. Die Wertveränderung einer Option verläuft nicht linear im Vergleich zu der Kursentwicklung ihres Basiswertes. Das resultiert aus der schwankenden Wahrscheinlichkeit ihrer Ausübung. Damit schwankt auch die Wahrscheinlichkeit, am Fälligkeitstag einen Zahlungsfluss auszulösen.

Eine Option wird sich genau dann linear zur Wertveränderung des Basiswertes entwickeln, wenn ihre Ausübungswahrscheinlichkeit bei 100 Prozent liegt. Sinkt dagegen die Ausübungswahrscheinlichkeit, weicht die Wertveränderung der Option von der Wertveränderung des zugrunde liegenden Basiswertes zunehmend ab. Eine Option verfällt wertlos, wenn ihre Ausübungswahrscheinlichkeit auf 0 Prozent gefallen ist. Dieser Sachverhalt ist der Dreh- und Angelpunkt für das Verständnis von Optionen und für deren vielfältige Einsatzmöglichkeiten. Deshalb werden wir die wichtigsten Eckpunkte dieser zunächst meist ungewohnten Logik Schritt für Schritt nachvollziehen.

1.1 Die Sache mit den Rechten und Pflichten

Aktien, Anleihen, Zertifikate, Genussscheine und Futures haben eines gemeinsam: Sie beinhalten eine **unbedingte** und **beidseitige** Verpflichtung. Am Ende einer jeden Transaktion im Zusammenhang mit einem dieser genannten Investmentinstrumente steht für den Käufer die Pflicht, für den Erwerb dieses Wertes zu zahlen. Der Verkäufer muss dagegen liefern. Der einzige Unterschied besteht in der zeitlichen Ausführung dieser Verpflichtung.

Finanzinstrument	Käufer	Verkäufer
Aktie	Unbedingte Zahlungspflicht	Unbedingte Lieferpflicht
Anleihe	Unbedingte Zahlungspflicht	Unbedingte Lieferpflicht
Bezugsrecht	Unbedingte Zahlungspflicht	Unbedingte Lieferpflicht
Zertifikat	Unbedingte Zahlungspflicht	Unbedingte Lieferpflicht
CFD	Theoretische unbedingte Zahlungspflicht	Theoretische unbedingte Lieferpflicht
Option Call	Ausübungsrecht, Zahlungspflicht wird nur bei Ausübung fällig	Unbedingte Lieferpflicht, wenn Käufer der Option diese ausübt
Option Put	Ausübungsrecht, Lieferpflicht wird nur bei Ausübung fällig	Unbedingte Zahlungspflicht, wenn Käufer der Option diese ausübt

Wenn Sie eine Aktie, eine Anleihe, ein Zertifikat oder ein Bezugsrecht kaufen, wird die Zahlung des Gegenwertes sofort fällig (Valuta zwei bis drei Tage, je nach Markt). Im Falle eines Future verschieben sich die Zahlung und der Bezug des zugrunde liegenden Basiswertes (ein Index, eine Aktie, eine Ware, ein Edelmetall u. Ä.) auf den Verfalltermin. Doch kommt die Zahlungsverpflichtung unausweichlich, sofern Sie sich nicht durch Glattstellung Ihres Future-Trades dieser Pflicht entledigen. Gehen Sie in Futures auf Schweinehälften long und halten Sie diese Kontrakte bis zur Fälligkeit, werden Sie die Schweinehälften im Sinne der Kontraktspezifikationen beziehen und bezahlen. Folglich kann in diesen genannten Börsenwerten der Preis dieser Investmentinstrumente linear zu ihren Basiswerten bestimmt werden. Eine BASF-Aktie in Ihrem Depot kostet genauso viel wie eine BASF-Aktie an der Börse. Ein Future bewegt sich (unter Berücksichtigung seiner Basis) sehr preisnah am Wert seines Basiswertes, ein Zertifikat bewegt sich in Abhängigkeit des definierten Hebels linear zur Preisentwicklung seines Basiswertes.

Der einzige Unterschied, der im Hinblick auf die Zahlungs- und Lieferverpflichtung gemacht wird, ist der Zeitpunkt der Fälligkeit (sofort oder zu einem im Vorfeld definierten Termin). Es gibt jedoch keine Unklarheit darüber, *ob* am Ende *tatsächlich* eine Zahlung und damit ein Kapitalfluss steht, denn dieser ist verbindlich.

Der CFD weicht ein wenig von dieser Praxis ab, obwohl vom Prinzip her dieser Mechanismus identisch zu den Zahlungs- und Lieferpflichten im Aktien-, Anleihe-, Zertifikate- und Waren-, Rohstoff- und Währungsmarkt ist. Der Unterschied liegt hier in der Unbedingtheit der Zahlungs- und Lieferbedingung: Diese liegt praktisch auf Eis, da ein klassischer CFD keine Fälligkeit des Zahlungsversprechens hat. Somit wurde der Zeitpunkt der Zahlungs- und Lieferverpflichtung praktisch in die Unendlichkeit verschoben, besteht aber theoretisch fort.[78] Dieser Trick erlaubt es auch, den Preis für ein CFD linear zum Basiswert zu bestimmen.

Bei Optionen ist alles anders. Optionen sind einseitige Rechte, denen auf der anderen Seite einseitige Verpflichtungen gegenüberstehen. Der Inhaber einer Call-Option verfügt über das *Recht*, einen definierten Basiswert zu einem definierten Basispreis innerhalb oder am Ende einer definierten Zeitspanne vom Optionsverkäufer, dem sogenannten Schreiber oder auch Stillhalter, zu kaufen. Der Inhaber einer Put-Option verfügt über das *Recht*, einen definierten Basiswert zu einem definierten Basispreis innerhalb oder am Ende einer definierten Zeitspanne dem Optionsverkäufer zu verkaufen. Diesem *einseitigen Recht* des Optionsinhabers steht die *einseitige Verpflichtung* des Optionsverkäufers gegenüber, den Basiswert an den Inhaber eines Calls zu liefern beziehungsweise vom Inhaber eines Puts abzunehmen. Diese Verpflichtung besteht, sofern dieser Optionsinhaber sein Recht ausübt.

---

[78] Diese Verschiebung in die Unendlichkeit dient lediglich als Bild, anhand dessen sich die lineare Wertentwicklung eines klassischen CFDs im Vergleich zu seinem Basiswert im Gegensatz zu einer Option deutlich machen lässt. Tatsächlich kommt es hier niemals zu einer effektiven Zahlungs- und Lieferverpflichtung.

Inhaber eines Calls:

Er hat das RECHT, den Basiswert zum Basispreis zu kaufen.

Stillhalter / Schreiber eines Calls:

Er hat die PFLICHT, den Basiswert zum Basispreis zu verkaufen, WENN der Inhaber des Calls von seinem Kaufrecht Gebrauch macht.

Inhaber eines Puts:

Er hat das RECHT, den Basiswert zum Basispreis zu verkaufen.

Stillhalter / Schreiber eines Puts:

Er hat die PFLICHT, den Basiswert zum Basispreis zu kaufen, WENN der Inhaber des Puts von seinem Verkaufsrecht Gebrauch macht.

Wie ist dieses Recht nun konkret zu verstehen? Das folgende Beispiel soll den Unterschied zwischen Inhaber-Recht einer Option und der Inhaber-Pflicht am Beispiel eines Weizen-Future verdeutlichen:

Stellen Sie sich vor, Sie möchten sich gegen steigende Weizenpreise absichern. Sie sind als Käufer großer Weizenmengen mit den heutigen Preisnotierungen zufrieden. Sie fürchten aber eine Verteuerung bis zu dem Monat, in dem Sie eine entsprechend große Menge an Weizen benötigen (sagen wir im September des kommenden Jahres). Also gehen Sie heute in einem Weizen-Future mit Laufzeit bis September des kommenden Jahres long. Sie beabsichtigen, diesen bis zur Endfälligkeit zu halten. Lagen Sie mit Ihren Befürchtungen richtig und ist der Weizenpreis in den Monaten bis September des kommenden Jahres deutlich gestiegen, können Sie Weizen nun zu dem Preis beziehen, den Sie sich mit Ihrer Long-Position heute für September des kommenden Jahres gesichert haben. Liegen Sie dagegen mit Ihren Erwartungen falsch und der Weizenpreis ist bis zum Fälligkeitstermin gefallen, müssen Sie den Weizen am Liefertag dennoch zu dem Preis abnehmen, wie Sie ihn sich heute gesichert haben. Sie kommen aus dieser Pflicht nur heraus, wenn Sie den Kontrakt vor Fälligkeit glattstellen. Das geschieht übrigens mit fast 95 Prozent aller Kontrakte regelmäßig. Käufer und Verkäufer eines Future wissen, dass der eine Akteur (Käufer) eine Zahlungs- und Abnahmepflicht, der andere Akteur (Verkäufer) eine Lieferpflicht hat. Wir sprechen daher bei Futures von einer zweiseitigen Verpflichtung.

Ähnlich wäre es auch, wenn Sie heute eine Aktie X zum Preis von Y erwerben. Selbst wenn Sie sich mit dem Verkäufer einigen würden, diese Aktie erst in fünf Wochen zu bezahlen, stünde bereits heute (zum Zeitpunkt des Kaufes) der Preis fest, nämlich der heutige aktuelle Preis. Diesen müssten Sie bezahlen ungeachtet der Tatsache, ob die Aktie zu diesem Zeitpunkt (also in fünf Wochen) höher oder tiefer notieren würde als heute.

Optionen verändern zumindest für den Käufer seine rechtliche Stellung gegenüber dem Verkäufer. Sie wandeln die Ausübungspflicht und die damit verbundene Zahlungs- oder auch Lieferpflicht für den Optionsinhaber in ein einseitiges Ausübungs-, Zahlungs- und Lieferungsrecht um. Die Verpflichtungen für den Verkäufer der Option bleiben dagegen erhalten, sofern der Käufer sein Recht ausübt.

Stellen wir uns wieder die gleiche Ausgangslage vor: Sie möchten sich heute den Preis des Weizens für September des kommenden Jahres sichern, kaufen aber diesmal eine Option. Diese berechtigt Sie (verpflichtet Sie aber nicht), Weizen (Basiswert) im September des kommenden Jahres (Verfalltermin) zu einem heute definierten Preis (Basispreis) zu beziehen (Call). Steigt der Weizenpreis bis September des kommenden Jahres und notiert er am Fälligkeitstag oberhalb des heute vereinbarten Basispreises, werden Sie die Option ausüben. Sie kaufen dann den Weizen zum Basispreis. Notiert Weizen zu diesem Zeitpunkt aber unterhalb des heute vereinbarten Basispreises – könnten Sie Weizen dann also billiger am Markt erwerben, als Sie heute vereinbaren –, dann lassen Sie Ihr Recht auf Weizen zum Basispreis einfach verfallen. Sie kaufen den Weizen dann lieber billiger am Markt.

Der Verkäufer der Option muss dagegen über den gesamten Zeitraum hinweg »stillhalten«. Er muss sich praktisch bereithalten, auf die mögliche Ausübung der verkauften Option durch den Käufer der Option zu reagieren. Diese einseitige Pflicht des Stillhaltens und Abwartens führt dazu, dass Optionen nach ihrer Ausübungswahrscheinlichkeit bewertet werden. Das heißt konkret: Der Verkäufer einer Option muss abschätzen, mit welcher Wahrscheinlichkeit der Optionskäufer diese ausüben wird und somit seine Liefer- oder Zahlungsverpflichtung vom Verkäufer abfordert. Diese Wahrscheinlichkeit ist somit die einzige und damit ausschließlich dominante Komponente, an der sich der Preis und damit auch das Gewicht einer Option ausrichtet. Der Ermittlung dieser Wahrscheinlichkeit nimmt sich nun die Optionspreistheorie an.

1.2 Übt der Optionsinhaber sein Recht nun aus – ja oder nein?

Die Optionspreistheorie geht im Vorfeld von einigen Annahmen aus, um die Wahrscheinlichkeit der Ausübung definieren zu können. Natürlich könnte der Optionsinhaber immer und jederzeit von seinem Recht Gebrauch machen. Aber die Optionspreistheorie trifft die Annahme, dass sich der Optionsinhaber ökonomisch vernünftig verhält und eine rechnerisch wertlose Option nicht in Anspruch nimmt. Folglich wird er nur aktiv, wenn ein ökonomischer Vorteil für ihn besteht. Dieser Vorteil besteht aber nur, wenn der Optionsinhaber den Basiswert durch das Ausüben seines Optionsrechts (Call) billiger erwerben kann, als ihn zum am Verfallstag am Markt gültigen Preis zu kaufen. In Bezug auf den Inhaber eines Verkaufsrechts gilt folglich, dass eine Ausübung der Verkaufsoption (Put) nur dann ökonomisch sinnvoll ist, wenn dadurch ein höherer Verkaufspreis erzielt wird als durch den Verkauf zum am Fälligkeitstag gültigen Marktpreis. Damit kommt hier die erste Schlüsselkomponente ins Spiel, an der man die Werthaltigkeit einer Option festmacht: der Basispreis. Ich habe ihn bereits mehrfach erwähnt, jetzt soll er definiert werden.

Der Basispreis ist das im Vorfeld festgelegte Kursniveau, zu dem der Basiswert (also der Wert, auf den sich das Optionsrecht bezieht) vom Stillhalter gekauft (Call) oder an den Stillhalter verkauft (Put) werden kann.

Liegt der Basispreis eines Calls oberhalb des Preises, zu dem der Basiswert aktuell gehandelt wird, wäre die Ausübung des Calls ökonomisch nicht sinnvoll. Die Option wäre damit formal wertlos. Erst wenn der Kurs des Basiswertes den Basispreis des Calls übersteigt, bekommt die Call-Option einen ökonomisch sinnvollen Ausübungswert. Diesen Ausübungswert bezeichnet man in der Optionspreistheorie als den inneren Wert einer Option.[79]

Sehen wir uns die Frage nach der ökonomischen Sinnhaftigkeit der Ausübung bei einer Verkaufsoption an, einem sogenannten Put. Hier müssen wir die umgekehrte Schlussfolgerung ziehen: Solange der Basiswert oberhalb vom Basispreis des jeweiligen Puts gehandelt wird, ist diese Option formal wertlos. Erst wenn

---

[79] Die Ausübung einer Kaufoption mit einem Basispreis von 100 Euro wird ökonomisch sinnvoll, wenn der Basiswert die 100 Euro übersteigt. Solange der Basiswert an der Börse für 99,99 Euro oder billiger zu erwerben ist, ergibt die Ausübung des Calls für 100 Euro keinen Sinn, da dadurch zwangsläufig ein Verlust auftreten würde. Übersteigt dagegen der Preis des Basiswertes 100 Euro, erhält die Kaufoption einen inneren Wert. Dann ist es ökonomisch sinnvoll, den Basiswert zum Basispreis von 100 Euro zu kaufen und diesen Basiswert dann z. B. zum aktuell höheren Marktpreis wieder zu verkaufen.

der jeweils gehandelte Kurs des Basiswertes unter den Basispreis fällt, erhält die Option einen inneren Wert. Dann ist eine Ausübung sinnvoll.

Die folgende Erläuterung zeigt, wie der innere Wert einer Option in Abhängigkeit ihrer Ausübungsrichtung berechnet wird:

Innerer Wert eines Calls = Kurs des Basiswertes − Basispreis

Wobei gilt: Es gibt keinen negativen inneren Wert. Liegt der Kurs des Basiswertes unterhalb des Basispreises des Calls, ist der innere Wert = 0

Innerer Wert eines Puts = Basispreis − Kurs des Basiswertes

Wobei gilt: Es gibt auch hier keinen negativen inneren Wert. Liegt der Kurs des Basiswertes oberhalb des Basispreises des Calls, ist der innere Wert = 0

Wir merken uns somit: Der innere Wert ist der bestimmende Faktor, an dem die Werthaltigkeit einer Option gemessen wird. Bei einer Option mit einem inneren Wert lohnt sich eine Ausübung, bei einer Option ohne inneren Wert lohnt sich eine Ausübung nicht, sie ist damit streng genommen wertlos.

Nun zeigt uns aber die Praxis, dass der Preis einer Option, welcher ja den Wert der Option widerspiegelt, immer über seinem jeweilig gültigen, errechneten inneren Wert der Option liegt. Folglich besteht der Preis einer Option aus zwei Komponenten: dem inneren Wert und dem sogenannten Zeitwert.

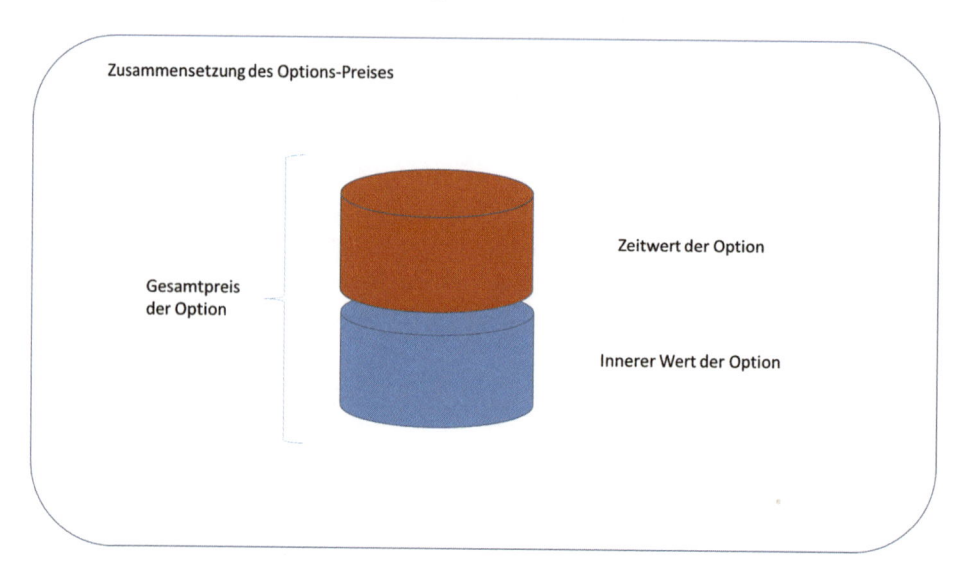

Zusammensetzung des Options-Preises

Gesamtpreis der Option

Zeitwert der Option

Innerer Wert der Option

Im Handel wird der Zeitwert als »heiße Luft« bezeichnet, da er sich über die Laufzeit der Option tendenziell abbaut. Am Verfallstag wird er auf 0 abgeschmolzen sein, daran führt kein Weg vorbei. Doch was ist der Zeitwert einer Option wirklich? Welche Funktion hat er in der Optionsbewertung?

Der Zeitwert, als Kennziffer mit Theta bezeichnet, wird durch zwei Größen bestimmt: zum einen durch den Zinsvorteil (Haltekosten) und zum anderen von der erwarteten Wahrscheinlichkeit, dass diese Option sich bis zu ihrem Verfallstermin eventuell doch noch so entwickelt, dass eine Ausübung[80] sich lohnt. Das heißt konkret: Ermittelt wird die Wahrscheinlichkeit, mit der die Option bis zu ihrer Fälligkeit noch ins Geld gehen könnte, also noch einen inneren Wert erhält. Hier fließen demzufolge zwei Kennziffern mit ein: Rho – die Kennziffer, welche die Preissensitivität der Option bezüglich des Zinssatzes ausdrückt –, und Vega – die Kennziffer, welche die Preissensitivität der Option hinsichtlich der Volatilitätsveränderung abbildet.

Sehen wir uns das Verhältnis von Zeitwert und innerem Wert in der Gesamtpreisbildung einer Option an, können wir zunächst folgende Pauschalaussagen treffen:

Optionen, die im Geld liegen (in the money), haben einen inneren Wert, der sich nur verändert, wenn sich der Kurs des Basiswertes gegenüber dem Basispreis der Option bewegt. Der Zeitwert nimmt dagegen grundsätzlich ab – er schmilzt förmlich weg, je weniger Restlaufzeit verbleibt. Das Abschmelzen erfolgt jedoch nicht linear, sondern schwankend. Die Hauptkomponente, die in erster Linie ein temporäres Auf und Ab des Zeitwertes bewirkt, ist die erwartete oder auch implizierte Volatilität des Basiswertes (gemessen über die Kennziffer Vega).

Liegen Optionen tief im Geld, bildet der innere Wert den absolut größten Teil ihres Preises, während der Zeitwert nur noch eine bescheidenere Rolle spielt. Innerhalb des Zeitwerts einer tief im Geld liegenden Option dominiert dann vorrangig die Zinskomponente. Die implizierte Volatilität übt hier noch deutlich weniger Einfluss auf die Preisbildung aus.

---

[80] Professionelle Händler sagen auch gerne: »Eine Option könnte noch eine Ausübung werden.« Sie meinen damit einen Sachverhalt, bei dem die Option bis zu ihrem Verfallstermin noch einen inneren Wert erhalten kann.

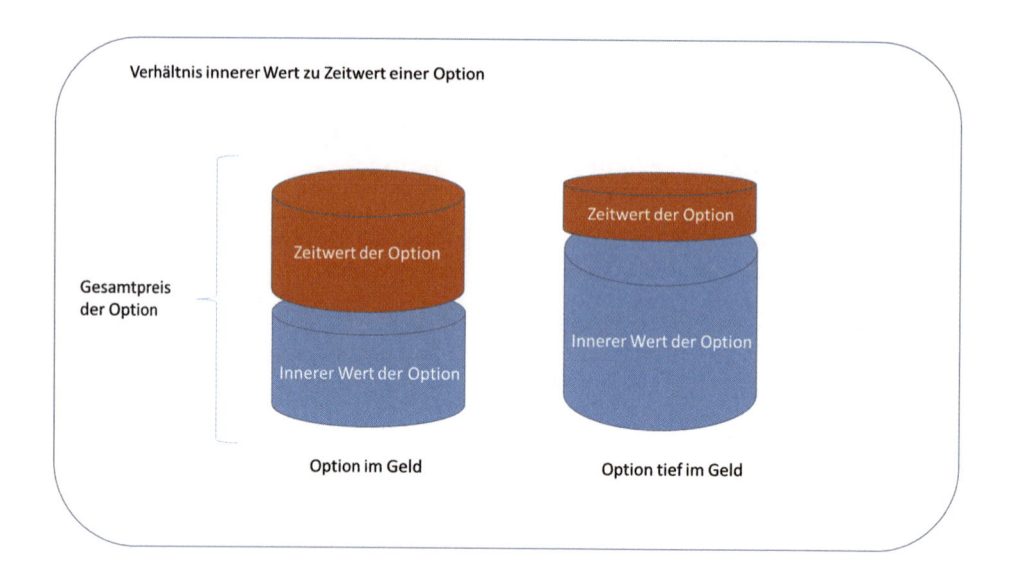

Verhältnis innerer Wert zu Zeitwert einer Option

Gesamtpreis der Option

Zeitwert der Option
Innerer Wert der Option
Option im Geld

Zeitwert der Option
Innerer Wert der Option
Option tief im Geld

Optionen sind am Geld, wenn ihr Basispreis und der Kurs des Basiswertes in etwa oder genau auf gleichem Niveau liegen. Dann ist der innere Wert eine sehr untergeordnete Preiskomponente, während dem Zeitwert hier eine sehr hohe Bedeutung zukommt. Immerhin ist hier die Unsicherheit, ob es zu einer Ausübung kommt oder nicht, am höchsten.[81] Stimmt der Kurs des Basiswertes mit dem Basispreis überein, besitzt die Option keinen inneren Wert. Das gilt sowohl für den Call als auch für den Put.

Eine Option, die aus dem Geld liegt, besitzt ebenfalls keinen inneren Wert. Dabei spielt es keine Rolle, ob die Option nur leicht aus dem Geld oder weit aus dem Geld ist.

---

[81] Wie bereits hervorgehoben unterstellt die Optionstheorie ein ökonomisch sinnvolles Verhalten des Optionsinhabers. Das heißt, dass er eine Option nur ausüben wird, wenn er einen entsprechenden finanziellen Vorteil davon hat. Liegt der Kurs des Basiswertes zum Zeitpunkt der Ausübung genau auf Höhe des Basispreises (at the money), hat der Optionsinhaber weder einen finanziellen Vor- noch einen finanziellen Nachteil dadurch, die Option auszuüben, anstatt die Transaktion direkt am Markt durchzuführen. Notiert der Basiswert bei 100 Euro, kann der Inhaber eines Calls diesen ausüben und den Basiswert für 100 Euro vom Stillhalter kaufen. Er kann aber den Basiswert auch direkt an der Börse für 100 Euro beziehen. Mit umgekehrten Vorzeichen gilt dieses Vorgehen ebenso für den Inhaber eines Puts. Ob er den Basiswert für 100 Euro an den Stillhalter veräußert oder für 100 Euro an der Börse verkauft, bringt ökonomisch weder Vor- noch Nachteile. Die Ausübungswahrscheinlichkeit ist somit 50 zu 50.

Verhältnis innerer Wert zu Zeitwert einer Option

Gesamtpreis der Option

Zeitwert der Option

Zeitwert der Option

Option am Geld

Option weit aus dem Geld

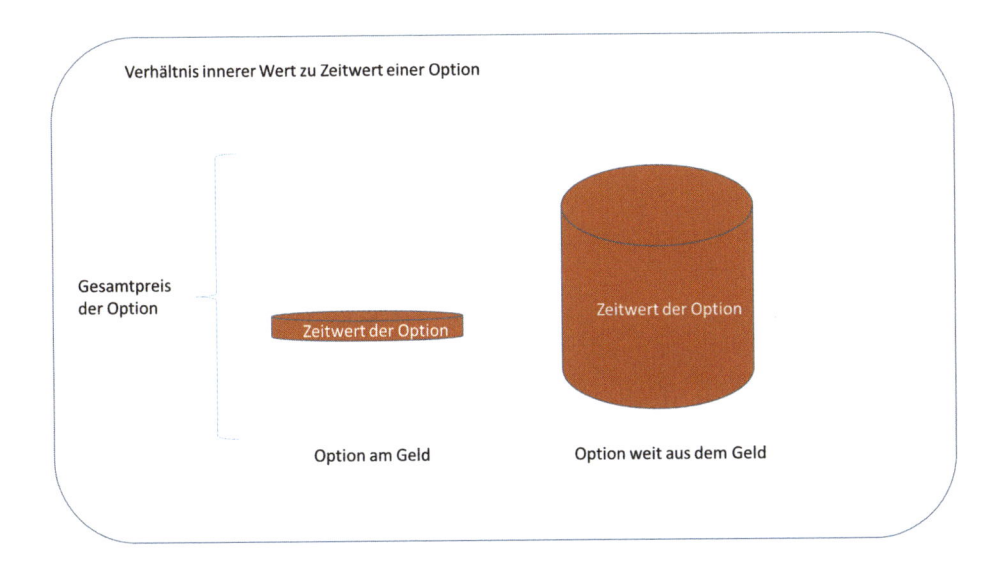

Halten wir somit folgende Aussagen zusammenfassend fest:

▸ Einen inneren Wert besitzen nur Optionen, die im Geld (in the money) notieren. Hierzu muss der Basispreis einer Call-Option unterhalb des jeweils aktuellen Kurses des Basiswertes notieren. Bei einer Put-Option muss der Kurs des Basiswertes unterhalb des Basispreises notieren, um die Option im Geld zu halten.

▸ Optionen am Geld (at the money) beziehungsweise aus dem Geld (out oft he money) besitzen keinen inneren Wert.

▸ Die Ausübung einer Option ist nur dann ökonomisch sinnvoll, wenn sie einen inneren Wert besitzt.

1.3 Wie wahrscheinlich ist jetzt aber die Ausübung?

Wie wir bereits gesehen haben, ist der Dreh- und Angelpunkt für das *Verständnis der Preis- und Wertentwicklung* einer Option das *Verstehen der Ausübungswahrscheinlichkeit* einer Option. Um über die gesamte Laufzeit einer Option deren fairen Wert berechnen zu können, greift man auf wahrscheinlichkeitsmathematische Ableitungen zu, die ihren Ursprung in einem 1973 veröffentlichten Aufsatz von Fischer Black und Myron Scholes haben und zwischenzeitlich weiterentwickelt und verfeinert wurden.[82] Kern der Ausarbeitung (und damit das Fundament der noch heute gängigen Optionspreistheorie) ist die aufgezeigte Möglichkeit, dass sich Kapitalanlagen risikolos duplizieren lassen durch den Einsatz von Optionen mit unterschiedlicher Ausübungsrichtung. Spezielle Annahmen über die erwartete Richtung der künftigen Wertentwicklung des Basistitels sind hier nicht nötig. Es gelang den Autoren, eine geschlossene Bewertungsgleichung für die Bewertung europäischer[83] Kaufoptionen zu entwickeln, die unter dem Namen Black-Scholes-Formel großen Bekanntheitsgrad erzielt hat. Inzwischen ist die Theorie der Bewertung von Optionen und anderen zustandsabhängigen Finanztiteln äußerst weit entwickelt und verfeinert worden. Die theoretische Diskussion ist in der Mitte der 80er-Jahre zu einem gewissen Abschluss gekommen.

Um den obigen Absatz zu verstehen, müssen Sie nichts von Wahrscheinlichkeitsrechnung verstehen. Ich möchte das Prinzip der Ausübungswahrscheinlichkeit im Folgenden stark vereinfacht darstellen. Hierzu bringe ich jetzt eine weitere Kennziffer ins Spiel, das sogenannte Delta. Diese Kennziffer gibt an, wie stark sich der Preis einer Option absolut verändert, wenn der zugrunde liegende Basiswert um eine Geldeinheit steigt oder fällt. Steigt der Basiswert zum Beispiel um 1 Euro und steigt der Wert der Option ebenfalls um 1 Euro (was einer linearen Wertveränderung entspricht), beläuft sich das Delta auf 1. Verteuert sich dagegen dieselbe Option nur um 60 Cent, liegt ein Delta von 0,6 vor. Bei einer Wertveränderung von 30 Cent der Option haben wir ein Delta von 0,3. Liegt keinerlei Wertveränderung vor, beläuft sich das Delta auf 0. Hier können wir jetzt auch eine inoffizielle und ergänzende Definition des Delta ansetzen: Diese Kennziffer weist die zum jeweiligen Zeitpunkt gültige Ausübungswahrscheinlichkeit aus. Ein Delta von 1 ist gleichzusetzen mit einer hundertprozentigen Ausübungswahrscheinlichkeit. Ein Delta von 0 entspricht somit auch einer Ausübungswahrscheinlichkeit von 0. Bei einem Delta von 0,3 liegt somit die Ausübungswahrscheinlichkeit bei 30 Prozent. Ein Delta von 0,7 entspricht einer 70-prozentigen Ausübungswahrscheinlichkeit.

1.4 Die Put-Call-Parität

Behalten Sie diese Ausgangslage im Hinterkopf. Denn auf dieser Grundlage möchte ich jetzt noch eine weitere Prämisse benennen, die für das Verständnis

---

[82] Black, Scholes, M., The Pricing of Options and Corporate Liabilities, in: Journal of Political Economy 1973.
[83] Eine europäische Option kann nur an ihrem Verfallstag ausgeübt werden. Das Gegenstück dazu ist eine amerikanische Option, die über ihre gesamte Laufzeit hinweg ausgeübt werden kann.

der Optionspreisbewertung notwendig ist: Das Delta eines Optionspärchens ergibt immer *eins*. Das wird als Put-Call-Parität bezeichnet.

Als Optionspärchen bezeichnen wir einen Call und einen Put mit gleicher Laufzeit, gleichem Basiswert und gleichem Basispreis. Der Partner des 10.000er DAX-Calls Dezember wäre folglich der 10.000 DAX-Put Dezember. Der Partner des 9600 DAX-Put Dezember wäre der 9600 DAX-Call Dezember. Beide Partneroptionen, die also ein Optionspärchen bilden, haben zusammen ein Delta von *eins*. Diese Prämisse werde ich noch mathematisch beweisen, denn diese sogenannte Put-Call-Parität ist das Herzstück der Optionspreistheorie. Zum aktuellen Zeitpunkt wollen wir diese Aussage aber zunächst einmal als gegeben hinnehmen.

Wir haben jedoch festgestellt, dass das Delta auch als Gradmesser für die Ausübungswahrscheinlichkeit der jeweiligen Option angesehen werden kann. Somit schwankt sie zwischen 0 (0-prozentige Ausübung) und 1 (100-prozentige Ausübung). Deshalb muss die jeweils andere Option des Optionspärchens ein Delta aufweisen, welches das Gesamtdelta auf eins auffüllt. Das lässt sich auch leicht verstehen mit Blick auf die jeweilign Ausübungswahrscheinlichkeiten:

▶ Liegt der Call mit Basispreis 9600 genau am Geld (DAX notiert ebenfalls bei 9600) und weist ein Delta von 0,5 (50-prozentige Ausübungswahrscheinlichkeit) aus, muss der Put des gemeinsamen Optionspärchens ebenfalls ein Delta von 0,5 (50-prozentige Ausübungswahrscheinlichkeit) ausweisen. Sowohl die mögliche Ausübung des Calls als auch die mögliche Ausübung des Puts bringen dem Inhaber der Optionen keinen ökonomischen Vorteil (aber auch keinen Nachteil).

▶ Klettert der DAX über den Punktestand 9600 hinaus, liegt der 9600er Call im Geld, der 9600er Put ist dagegen aus dem Geld. Die Ausübungswahrscheinlichkeit des Calls steigt, folglich klettert auch das Delta über 0,5 hinaus. Für unser Beispiel unterstellen wir, dass das Delta des Calls auf 0,6 gestiegen ist. Im gleichen Ausmaß reduziert sich die Wahrscheinlichkeit der Ausübung des Puts des gleichen Pärchens jetzt auf 0,4.

▶ Steigt der DAX nun deutlich an, sodass der 9600er Call tief ins Geld geht, steigt dessen Delta immer deutlicher in Richtung eins. Der Put baut im gleichen Maß sein Delta ab. Wir merken uns aber, dass die Summe beider Deltas dabei dennoch immer eins beträgt. Steigt die Ausübungswahrscheinlichkeit des Calls auf 70 Prozent, muss die des Puts auf 30 Prozent sinken.

▶ Fällt der DAX dagegen unter die 9600-Punkte-Marke, verringert sich die Wahrscheinlichkeit der Ausübung des Calls auf unter 50 Prozent, einhergehend mit einem nachlassenden Delta. Im gleichen Maß steigt die Ausübungswahrscheinlichkeit des 9600er Puts.

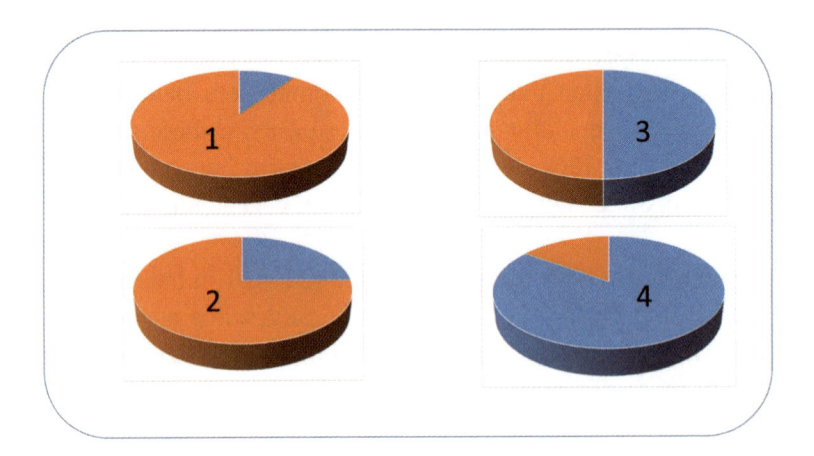

Die obige Grafik zeigt schematisch das Verhältnisse der Options-Deltas zueinander in Abhängigkeit vom Kurs des Basiswertes im Verhältnis zum Basispreis. Diagramm 1 bildet ein Call-Delta mit 0,9 ab, das Delta des Puts liegt in dieser Konstellation bei 0,1. Diagramm 2 weist ein Call-Delta mit 0,75 aus, dem ein Put-Delta mit 0,25 gegenübersteht. Im Diagramm 3 wird ein Delta-Verhältnis von 0,5 zu 0,5 bei Call und Put ausgewiesen, Diagramm 4 zeigt ein Call-Delta von 0,85 gegenüber einem Put-Delta von 0,15.

Wenn wir es bis hierher geschafft haben, erhöhen wir jetzt die Komplexität ein wenig und führen die Vorzeichen des Deltas mit ein.

1.5 Die Vorzeichen des Deltas

Erste Abstraktionsstufe: Wenn der Basiswert steigt, steigt auch der Wert des Calls, da dessen Ausübungswahrscheinlichkeit steigt. Fällt der Wert des Basiswertes, fällt auch der Wert des Calls, da dessen Ausübungswahrscheinlichkeit sinkt. **Ein Call verhält sich folglich in seiner Wertveränderung wie der Basiswert selbst (auch**

wenn das Ausmaß der Wertveränderung nicht linear zum Kurs des Basiswertes verläuft).

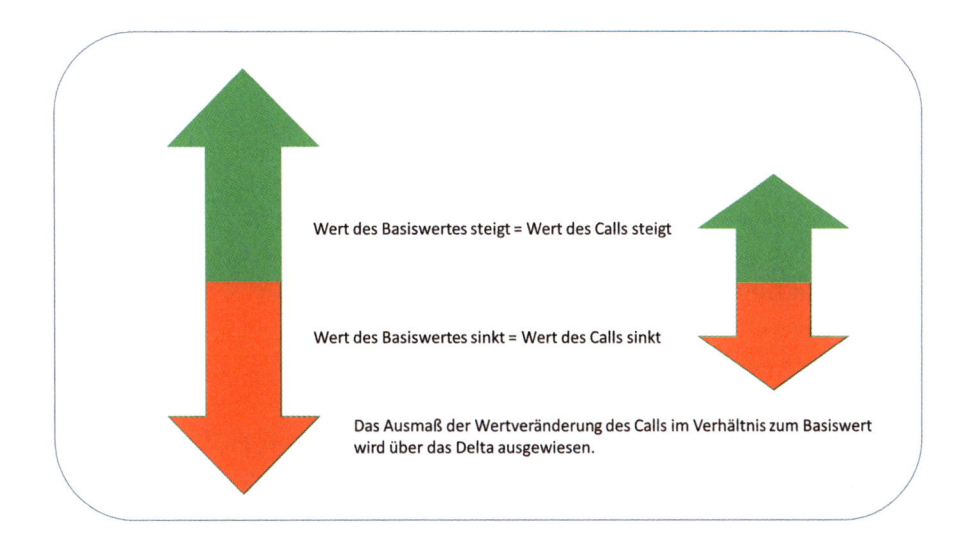

Wert des Basiswertes steigt = Wert des Calls steigt

Wert des Basiswertes sinkt = Wert des Calls sinkt

Das Ausmaß der Wertveränderung des Calls im Verhältnis zum Basiswert wird über das Delta ausgewiesen.

Sehen wir uns die Wertveränderung des Puts in Abhängigkeit von der Wertveränderung des Basiswertes an. Steigt der Basiswert, sinkt die Ausübungswahrscheinlichkeit des Puts. Das führt dazu, dass der Wert des Puts sinkt. Fällt dagegen der Basiswert, steigt die Ausübungswahrscheinlichkeit dieser Option, was in der Konsequenz einen Wertzuwachs der Verkaufsoption nach sich zieht.

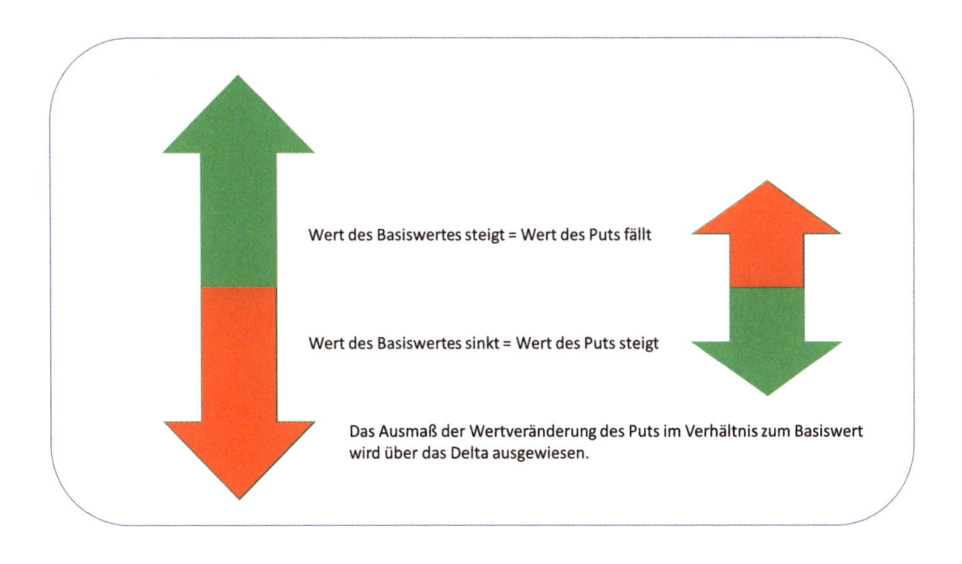

Wert des Basiswertes steigt = Wert des Puts fällt

Wert des Basiswertes sinkt = Wert des Puts steigt

Das Ausmaß der Wertveränderung des Puts im Verhältnis zum Basiswert wird über das Delta ausgewiesen.

Die Wertentwicklung eines Puts verhält sich somit invers zur Kursveränderung des Basiswertes. **Ein Put verhält sich folglich in seiner Wertveränderung genau umgekehrt wie der Basiswert selbst** (auch wenn das Ausmaß der Wertveränderung nicht linear zum Kurs des Basiswertes verläuft).

Diese beiden Aussagen legen somit zunächst fest:

- Ein Call hat für sich genommen immer ein positives Delta.
- Ein Put hat für sich genommen immer ein negatives Delta.

Zweite Abstraktionsstufe: In der zweiten Abstraktionsstufe sehen wir uns die Vorzeichen eines Calls oder Puts in Abhängigkeit davon an, wie die Rechtsbeziehung gegenüber dem Inhaber der Option oder ihrem Schreiber aussieht.

Wenn die Call-Option grundsätzlich für sich genommen ein positives Delta hat, aber zu einer Handelsware wird, muss sich ihre Wertveränderung, die richtungsmäßig mit der des Basiswertes übereinstimmt, unterschiedlich auf das Portfolio des Inhabers beziehungsweise des Schreibers auswirken.

Um diese Feststellung zu untermauern, sehen wir uns die Wertveränderung unseres Depots an. Angenommen, wir kaufen uns eine Aktie X und betrachten die Wertveränderung dieser Aktie dahingehend, ob diese zu unseren Gunsten oder zu unseren Ungunsten verläuft.

Die folgende Grafik zeigt die Wertveränderung einer bei 100 Euro erworbenen Aktie in unserem Depot:

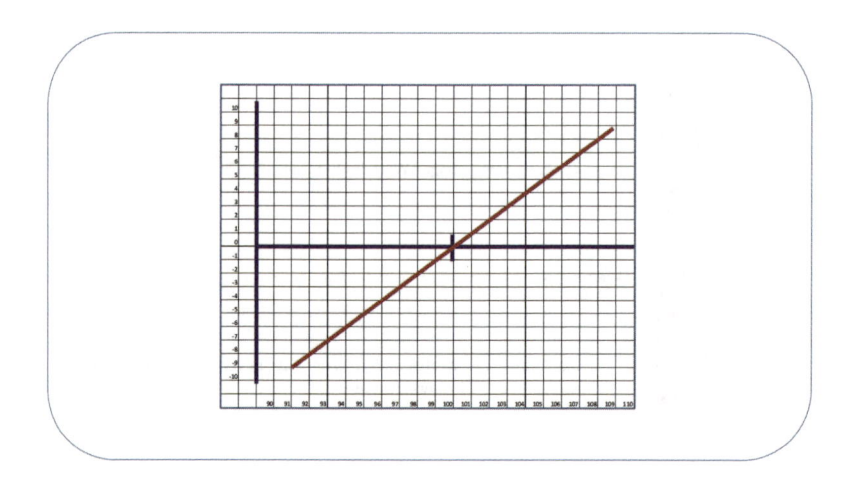

Steigt die Aktie X am Markt um eine Geldeinheit von 100 Euro auf 101 Euro, verteuert sich auch die Aktie X in unserem Depot um diesen Betrag. Da wir die Aktie in unserem Besitz haben, steigt der Wert unseres Depots um diesen Wert. Folglich hat die Aktie X in unserem Depot, die naturgemäß ein lineares Delta 1 im Vergleich zur Aktie X am freien Markt hat, ein positives Delta.

Würden wir dagegen die Aktie X leerverkaufen und damit short gehen, sähe unsere Wertentwicklung im Depot invers zur Kursentwicklung am Markt aus:

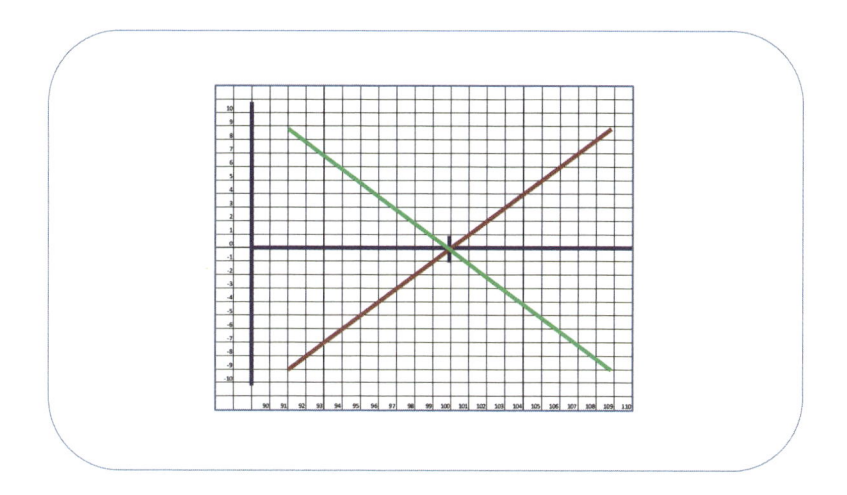

Wir würden von unserem Leerverkauf nur profitieren, wenn die Aktie X am Markt fallen würde. Denn irgendwann müssen wir den Leerverkauf wieder eindecken, also die Aktie zurückkaufen. Können wir dies bei niedrigerem Kursniveau durchführen, realisieren wir einen Gewinn. Müssen wir dagegen teurer zurückkaufen, müssen wir einen Verlust hinnehmen. Das heißt somit, eine leerverkaufte Position verhält sich wertmäßig in Bezug auf unsere Depotbetrachtung invers zur Wertentwicklung des Vergleichswertes am Markt. Bezogen auf unsere Delta-Betrachtung hieße das: Es liegt ein negatives Delta in Höhe von 1 vor.

Basiswert am Markt	Basiswert im Depot long	Basiswert im Depot short
Steigt	Steigt – Wert entwickelt sich zu unseren Gunsten Delta = plus 1	Steigt – aber Wert entwickelt sich zu unseren Ungunsten Delta = minus 1
Fällt	Fällt – Wert entwickelt sich zu unseren Ungunsten Delta = plus 1	Fällt – aber Wert entwickelt sich zu unseren Gunsten Delta = minus 1

Die gleiche Betrachtungsweise wollen wir jetzt auf die beiden Optionstypen Call (Kaufrecht) und Put (Verkaufsrecht) übertragen. Wir haben festgestellt: Für sich genommen besitzt ein Call ein positives Delta. Somit kann ein Call mit einem Basiswert verglichen werden, mit dem wir long gegangen sind. Wäre der Call so tief im Geld, dass er bereits ein Delta von 1 hätte und sich folglich linear zum Basiswert entwickeln würde, wäre er aus dem Blickwinkel der Wertveränderung praktisch dem Basiswert gleichzusetzen.

Ein Put hat für sich genommen ein negatives Delta. Folglich können wir einen Put auch mit einem Leerverkauf des Basiswerts vergleichen. Denn auch dessen Wertentwicklung verläuft invers zum Wert des Basiswertes am Markt.

Die hier jetzt zur Sprache kommende zweite Abstraktionsstufe dreht sich um das Verhältnis unseres Depots zu einem Call beziehungsweise Put. Wenn ein Call bereits für sich genommen einem Kauf des Basiswertes gleichgesetzt werden kann, heißt es, dass ich einem gekauften Call (Long Call) auch weiterhin ein positives Delta zuordnen kann. Denn wenn ich einen Call in meinem Depot halte und der dazugehörige Basiswert steigt, verteuert sich auch mein im Depot befindlicher Call. Damit ist die Richtung der Depotwertänderung gleich jener Wertveränderung des Basiswertes. Fällt der Basiswert am Markt, fällt auch der Wert des Calls. Da ich den Call long bin, wirkt sich sein Wertverlust negativ auf mein Depot aus.

Gehen wir den Call short, drehen sich diese Relationen. Steigt der Preis des Basiswertes am Markt, verteuert sich auch der Call. Da ich diesen aber in meinem Depot short bin, läuft die Wertentwicklung der Option entgegen meinen Interessen. Der Depotwert verringert sich, denn es entstehen potenzielle Verluste, die ich realisiere, sobald ich den Call teurer zurückkaufen müsste oder sobald dieser Call durch den Inhaber ausgeübt wird. Somit verhält sich ein Short Call wie ein Short-Basiswert und bekommt jetzt folglich ein negatives Vorzeichen.

Sehen wir uns die Wertveränderungen der Call-Option im Vergleich zur Wertveränderung im Depot an, können wir folgendes Fazit ziehen:

Basiswert am Markt	Call allgemein	Call long im Depot	Call short im Depot
Steigt	Da ein Call ein positives Delta besitzt, steigt der Wert der Option. Positives Delta	Der Wertanstieg des Calls wirkt sich positiv auf mein Depot aus. Folglich hat ein Call long ein positives Delta. Positives Delta	Der Wertanstieg des Calls wirkt sich negativ auf mein Depot aus. Folglich hat ein Call short ein negatives Delta. Negatives Delta
Fällt	Da ein Call ein positives Delta besitzt, fällt der Wert der Option. Positives Delta	Der Wertverfall des Calls wirkt sich negativ auf mein Depot aus. Folglich hat ein Call long ein positives Delta. Positives Delta	Der Wertverfall des Calls wirkt sich positiv auf mein Depot aus. Folglich hat ein Call short ein negatives Delta. Negatives Delta

Sehen wir uns diese Relationen in Bezug auf die Put-Option an:

Eine Put-Option hat von sich aus ein negatives Delta. Folglich entwickelt sich eine Long-Position in Puts in unserem Depot zu unseren Ungunsten, wenn der Basiswert ansteigt. Wir gewinnen über eine Long-Put-Position, wenn der Basiswert am Markt fällt. Folglich hat der Long Put ein negatives Delta. Dieses inverse Verhalten zeigt seine Wirkung auch andersherum: Sind wir die Put-Option short, profitieren wir von ansteigenden Kursen des Basiswertes. Denn der Wert der Put-Option verringert sich, da wir diese später entweder billiger zurückkaufen können oder die Option im Idealfall sogar wertlos verfällt. Fällt dagegen der Basiswert am Markt, steigt der Wert des Puts aufgrund seines negativen Delta-Vorzeichens an. Das würde unsere Short-Position verteuern, denn wir müssten entweder die leerverkaufte Option teurer zurückkaufen oder bei Ausübung den Basiswert gar verteuert abnehmen. Demnach hat ein Short Put für uns ein positives Vorzeichen.

Basiswert am Markt	Put allgemein	Put long im Depot	Put short im Depot
Steigt	Da ein Put ein negatives Delta besitzt, fällt der Wert der Option. Negatives Delta	Der Wertverfall des Puts wirkt sich negativ auf mein Depot aus. Folglich hat ein Put long ein negatives Delta. Negatives Delta	Der Wertverfall des Puts wirkt sich positiv auf mein Depot aus. Folglich hat ein Put long ein positives Delta Positives Delta

Basiswert am Markt	Put allgemein	Put long im Depot	Put short im Depot
Fällt	Da ein Put ein negatives Delta besitzt, steigt der Wert der Option	Der Wertanstieg des Puts wirkt sich positiv auf mein Depot aus. Folglich hat ein Put long ein positives Delta.	Der Wertanstieg des Puts wirkt sich negativ auf mein Depot aus. Folglich hat ein Put long ein positives Delta
	Negatives Delta	Negatives Delta	Positives Delta

Jetzt fügen wir die beiden obigen Erkenntnisse zusammen, nämlich dass jedes Optionspärchen zusammengenommen ein Delta von 1 besitzt und dass sich das Vorzeichen einer Option aus ihrem Verhältnis zu uns oder unserem Depot ableitet.

Ausrichtung	Vorzeichen
Basiswert long	positiv/plus
Basiswert short	negativ/minus
Call long	positiv/plus
Call short	negativ/minus
Put long	negativ/minus
Put short	positiv/plus

Kommen wir auf eine der Kernaussagen der Black-Scholes-Theorie zurück. Diese besagt, dass sich Kapitalanlagen risikolos duplizieren lassen durch den Einsatz von Optionen mit unterschiedlicher Ausübungsrichtung, ohne dass dabei spezielle Annahmen über die erwartete Richtung der künftigen Wertentwicklung des Basiswertes getroffen werden müssen.

1.6 Das Duplizieren einer Kapitalanlage

Das heißt, wir können mit Optionen zum Beispiel einen Basiswert identisch nachbilden. Was ist damit gemeint? Im Hinblick auf das Depot ist die wichtigste Komponente eines Basiswertes dessen Wertentwicklung. Wir können die Wertentwicklung einer Aktie X am Markt in unserem Depot haargenau 1 zu 1 abbilden, indem wir

Themenkomplex 5: Die Handelsprodukte

a) genau diese Aktie X in unser Depot legen oder

b) eine Konstruktion aus Optionen finden, welche die Wertentwicklung der Aktie X haargenau 1 zu 1 abbildet.

Gehen wir dies Schritt für Schritt durch:

Die Wertentwicklungskurve eines Basiswertes (in unserem Fall der Aktie X) sieht folgendermaßen aus:

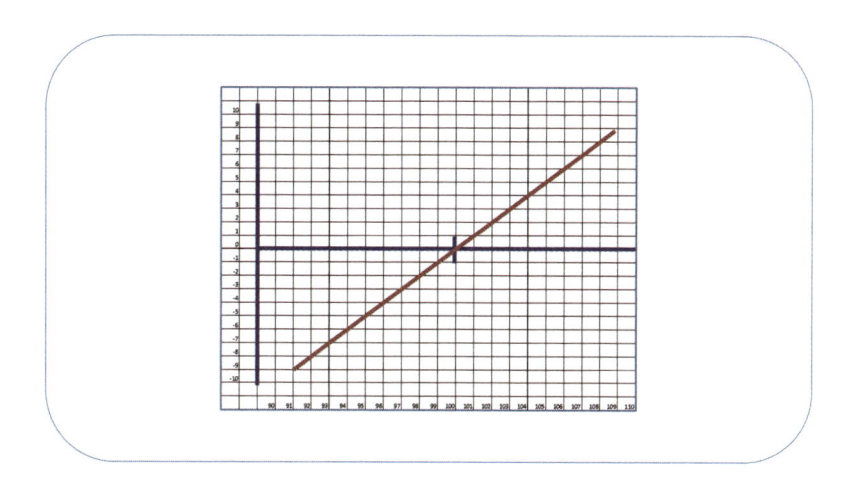

Wir müssten demnach eine Konstruktion aus Optionen finden, die ein absolut identisches Risiko-Ertrags-Profil aufweist wie obige Aktie X. Da jeweils nur ein Optionspärchen (unter Berücksichtigung des jeweiligen Vorzeichens des Deltas) ein solches Delta zulässt, ergibt sich folgende Konstellation, die wir im Anschluss grafisch beweisen wollen.[84]

Basiswert long = Kombination aus Call long und Put short
Delta plus 1 = Delta plus 0,5 + Delta plus 0,5

Das heißt, mit dem Kauf eines Calls und einem Verkaufen (shorten) des Puts aus diesem Optionspärchen erhalte ich eine Risiko-Ertrags-Kurve in meinem Depot, die identisch der Risiko-Ertrags-Kurve eines gekauften Basiswertes ist.

---

[84] Wir fokussieren der Übersichtlichkeit halber bei der Beweisführung jeweils auf Optionen am Geld mit einem Delta von jeweils 0,5. Wir können diese Vorgangsweise wählen, da es unerheblich ist, welchen Basispreis wir wählen, denn entscheidend ist einzig, dass es ein Optionspärchen sein muss, da die Summe beider Deltas (unter Beachtung der Vorzeichen) immer 1 ergibt.

Ich trete den Beweis an. Zu beweisen ist, dass obige Risiko-Ertrags-Kurve identisch über die beiden Optionen dargestellt werden kann.

Ich beginne mit der Risiko-Ertrags-Kurve des Long Calls. Wir unterstellen, dass uns der Kauf des Calls 4 Euro kostet, Basispreis 100. Die zu zahlende Prämie von 4 Euro ist zunächst eine Ausgabe. Somit liegen wir von Beginn an mit diesem Betrag im Minus. Da der Call mit Basispreis 100 so lange keinen inneren Wert aufweist (und damit praktisch wertlos ist), wie der Basiswert unterhalb 100 Euro notiert, schlägt dort immer die ausgegebene Prämie in Höhe von 4 Euro zu Buche. Aber diese 4 Euro sind auch der Maximalbetrag, den wir verlieren können. Klettert der Basiswert auf 101 Euro, beginnt der innere Wert der Call-Option auf zunächst 1 Euro zu steigen. Würden wir jetzt den Call ausüben, damit den Basiswert mit 100 Euro vom Schreiber der Option beziehen und diesen dann für 101 am Markt wieder veräußern, würden wir 1 Euro Gewinn daraus ziehen. Wir müssten aber unsere 4 gezahlten Euro für die Prämie dagegenrechnen. Es bliebe uns somit ein Verlust von 3 Euro. Break even wäre unsere Position erst bei einem Preis des Basiswertes von 104 Euro. In diesem Falle würde der innere Wert der Option die gezahlte Prämie kompensieren. Erst wenn der Kurs des Basiswertes über 104 Euro stiege, würden wir Geld verdienen. Dies veranschaulicht untere Risiko-Ertrags-Kurve unseres Long Calls.

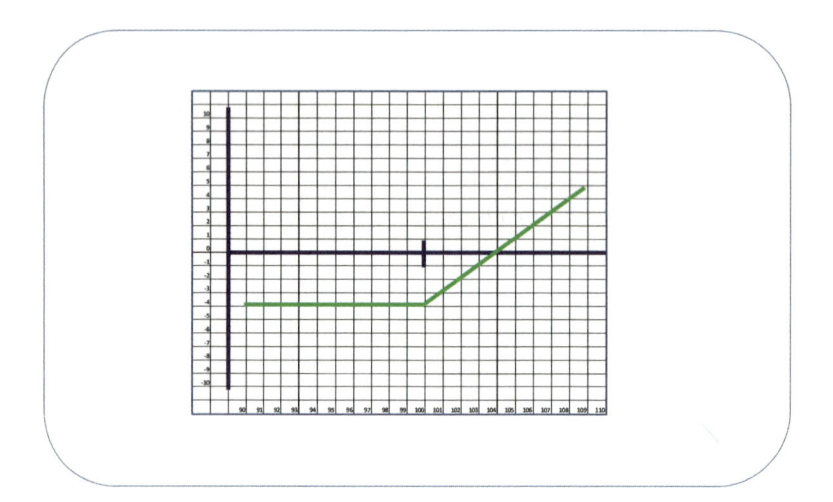

Um ein Gesamtdelta von 1 zu erhalten, verkaufen wir jetzt den Put des Optionspärchens. Dessen Risiko-Ertrags-Kurve sieht folgendermaßen aus:

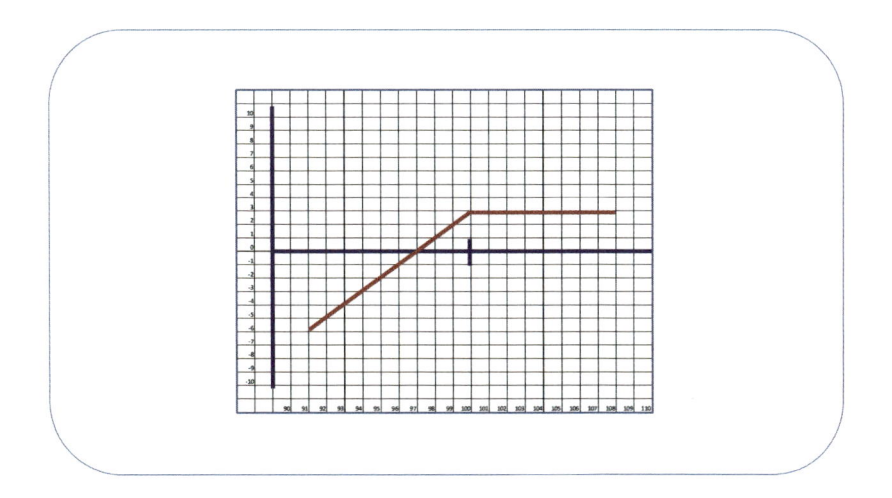

Die hier veranschlagte Prämie, die wir für den Verkauf des Puts vereinnahmen, beträgt 3 Euro. Somit haben wir bereits einen Ertrag, den wir komplett behalten können, wenn die geschriebene Put-Option wertlos verfällt, also nicht ausgeübt wird. Das wäre der Fall, wenn der Basiswert nicht unter den Basispreis von 100 Euro fällt, der Put damit keinen inneren Wert aufbaut und somit eine Ausübung ökonomisch nicht sinnvoll wäre.

Rutscht der Basiswert unter die 100-Euro-Marke, beginnt der Put einen inneren Wert aufzubauen. Er entwickelt sich damit zu unseren Ungunsten. Mit dem Erreichen der Schwelle von 97 Euro ist unsere ursprünglich durch Verkauf der Option vereinnahmte Prämie von 3 Euro aufgebraucht. Unterhalb von 97 Euro beginnt sich unsere Position ins Minus zu entwickeln.

Legen wir jetzt einmal beide Risiko-Ertrags-Kurven übereinander, denn sie spiegeln nun die Wertentwicklung unseres gesamten Portfolios wider (siehe folgende Grafik).

Gehen wir die einzelnen Preisniveaus durch. Notiert der Basiswert bei 100, sind sowohl der gekaufte Call als auch der verkaufte Put wertlos – beide Optionen haben keinen inneren Wert. Folglich haben wir ein Minus von 4 Euro durch den Kauf des Calls und ein Plus von 3 Euro aus der vereinnahmten Prämie des verkauften Puts. Steigt der Basiswert auf 103 Euro, hat der gekaufte Call einen inneren Wert von 3 Euro (davon ziehen wir die gezahlte Prämie von 4 Euro ab, somit weist unsere Call-Position noch immer ein Minus von 1 Euro aus). Der Put ist dagegen wertlos, wir behalten die 3 Euro Prämie. Unser Gesamtgewinn der Position liegt folglich bei 2 Euro. Die folgende Tabelle stellt die Ertragskurve unserer Call-Put-Strategie dar:

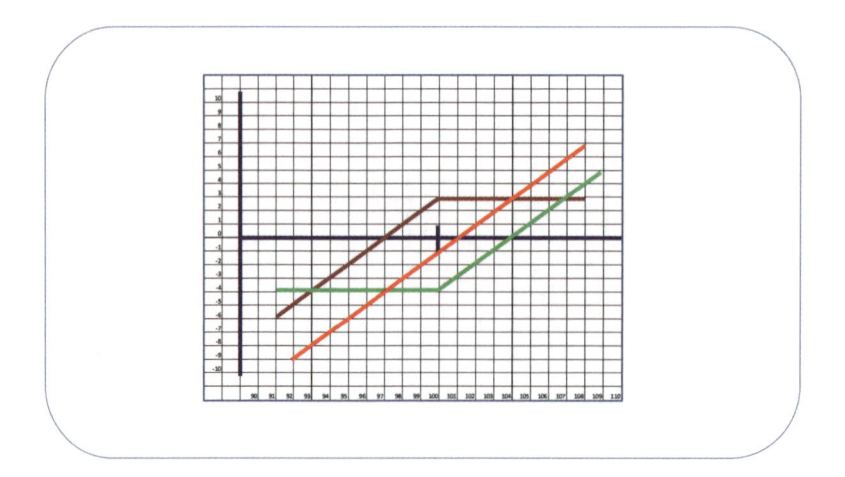

Basiswert	Call long Position	Put short Position	Gesamtertrag
95	-4	-2	-6
96	-4	-1	-5
97	-4	0	-4
98	-4	1	-3
99	-4	2	-2
100	-4	3	-1
101	-3	3	0
102	-2	3	1
103	-1	3	2
104	0	3	3
105	1	3	4
106	2	3	5
107	3	3	6
108	4	3	7
109	5	3	8
110	6	3	9

Achten Sie bitte auf die rechte Spalte (Gesamtertrag). Die Entwicklung unseres Portfolios ist linear. Sie ist damit absolut identisch zur Wertentwicklung des Basiswertes selbst, sofern wir diesen mit 101 Euro gekauft hätten. Diese Erkenntnis zeigt, dass wir mit einem Call long und einem Put short den zugrunde liegenden Basiswert 1 zu 1 abbilden können (vorausgesetzt, beide Optionen entstammen dem gleichen Optionspärchen).

Dies funktioniert auch in umgekehrter Form: Durch den Verkauf eines Calls und den Kauf eines Puts (gleiches Optionspärchen) erhalten wir eine Risiko-Ertrags-Kurve, die identisch mit jener ist, die der zugrunde liegende Basiswert aufweisen würde, wenn wir ihn short gehen würden.

Basiswert short = Kombination aus Call short und Put long
Delta minus 1 = Delta minus 0,5 + Delta minus 0,5

Da Mathematik ja wunderbar erweiterbar und logisch ist, lässt sich jetzt aus dem oben Beschriebenen eine weitere Feststellung treffen: nämlich jene, dass sich nicht nur der Basiswert aus einem Optionspärchen heraus duplizieren lässt, sondern auch jede Option für sich aus der gegenüberstehenden Option des Pärchens und dem Basiswert. Die nachfolgende Tabelle erbringt den Beweis, wobei wir der Übersicht wegen auch weiterhin Optionen unterstellen, die am Geld sind.

Kapitalanlage	Delta-Vorzeichen	Wird zusammengesetzt aus
Basiswert long	Delta plus 1	Call long (+0,5) und Put short (+0,5)
Basiswert short	Delta minus 1	Call short (-0,5) und Put long (-0,5)
Call long	Delta plus 0,5	Basiswert long (+1) und Put long (-0,5)
Call short	Delta minus 0,5	Basiswert short (-1) und Put short (+0,5)
Put long	Delta minus 0,5	Basiswert short (-1) und Call long (+0,5)
Put short	Delta plus 0,5	Basiswert long (+1) und Call short (-0,5)

Dieses Vorgehen nennt man auch Synthetisierung. Hier zeigt sich jetzt, wie vielseitig Optionen eingesetzt werden können. Sie dienen nicht nur als Strategie (einzeln oder in Kombination), sondern auch zur genauen Nachbildung anderer Kapitalanlagen.

Diese Tatsache wirft die Frage nach dem Sinn einer Synthetisierung auf. Und hier kommt wieder die Arbitrage ins Spiel, welche die Märkte mit Liquidität versorgt und diese zudem lebensfähig und fair zusammenhält.

Was ist Arbitrage? Als Arbitrage bezeichnet man einen Prozess, der Marktungleichgewichte bereinigt. Diese Bereinigung ermöglicht dem Arbitrageur einen Arbitragegewinn. Wir werden uns diesem Thema im Abschnitt zur Indexarbitrage noch detaillierter zuwenden.

Die Optionspreistheorie besagt, dass der Markt in sich fair bewertet ist, wenn man keinen finanziellen Vorteil daraus ziehen kann, einen Wert zu synthetisieren. Ist mein finanzieller Aufwand für die Synthetisierung eines Basiswertes identisch mit dem, den ich für den Kauf (oder Verkauf) des Basiswertes aufbringen oder erhalten würde, ist der Markt in jeder Hinsicht fair gepreist. Anders sieht es aus, wenn es zu Abweichungen kommt, weil schließlich jeder Wert für sich genommen frei handelbar ist. Verzerrt sich damit das rechnerisch faire Verhältnis zwischen Basiswert und Optionen (das betrifft auch die Optionen untereinander), wird Arbitrage möglich.

Ich möchte das Prinzip stark vereinfacht an zwei Beispielen darstellen. Dabei lasse ich in diesem Fall Zinsen, Leihekosten und Ausübungskosten weg.

Sagen wir, die Aktie X kostet am Markt 100 Euro. Der Call steht 3,90 Euro zu 4,00 Euro und der Einfachheit halber wird der Put 4,00 Euro zu 4,10 Euro gepreist. Würde man jetzt den Call mit 4 Euro kaufen und den Put mit 4 Euro verkaufen, hätten wir den Basiswert so abgebildet, als würden wir diesen zu 100 Euro kaufen. Das würde keinen ökonomischen Vorteil bringen, denn wir könnten ihn am Markt auch zu 100 Euro kaufen. Arbitrage ist zudem nur sinnvoll, wenn ich das Risiko sofort eliminiere, indem ich ein Gegengeschäft eingehe und somit die Aktie real verkaufe.

Kauf Call mit 4,00 Euro = -4,00 Euro
Verkauf Put mit 4,00 Euro = +4,00 Euro
Verkauf Aktie = +100 Euro

Ausübung des Calls
oder Kauf des Basiswertes,
weil Put ausgeübt wird = -100 Euro
Ergebnis = 0 Euro

Stellen Sie sich vor, es gelänge, den Call mit 3,95 Euro zu kaufen, den Put mit 4,00 Euro zu verkaufen und die Aktie ebenfalls mit 100 Euro zu veräußern. Jetzt ergibt das Ganze Sinn, denn die synthetische Aktie long wäre um 5 Cent billiger als die reale Aktie, die man zu 100 Euro verkaufen könnte.

Kauf Call mit 3,95 Euro = -3,95 Euro
Verkauf Put mit 4,00 Euro = +4,00 Euro
Verkauf Aktie = 100,00 Euro

Ausübung des Calls
oder Kauf des Basiswertes,
weil Put ausgeübt wird = -100 Euro
Ergebnis = +0,05 Euro (Arbitragegewinn)

Vergleichende Rechnungen können Sie auch für die Synthetisierung eines Short-Basiswertes, eines Long, aber auch Short Calls, wie auch eines Long, beziehungsweise Short Puts aufstellen.

1.7 Der Nutzen dieses Wissens für Future-Händler

Für uns Future-Händler wären die Kenntnisse über Optionen nur ein Teil der Allgemeinbildung, wenn der deutsche Aktienmarkt nicht eine hohe Quote an Optionen aufweisen würde, die beträchtlichen Einfluss auf die Kursverläufe des Index und damit auch auf dessen Futures haben. Somit ist es für uns durchaus wichtig, den Einfluss größerer Optionspositionen auf den Kursverlauf des Basiswertes (DAX) genau zu verstehen, um den Einfluss offener Positionen (Open Interest) besser interpretieren zu können.

Die sich im Markt befindlichen Optionspositionen wirken nicht erst am Tag der Fälligkeit auf den Markt ein. Vielmehr beeinflussen sie die Kursentwicklung des Basiswertes bereits auf dem Weg hin zu ihrer Fälligkeit. Dies begründet sich dadurch, dass die Wertentwicklung und damit auch die Gewichtsentwicklung der entsprechenden Optionspositionen aufgrund des Delta-Effektes nicht linear verlaufen. Ihre Gewichtsverzerrungen führen zu entsprechenden Verzerrungen im Kursverlauf des Basiswertes.

Um dies anschaulich zu erklären, möchte ich mich jetzt zunächst dem Delta zuwenden.

Das Delta ist ein Indiz dafür, wie hoch die mathematische Wahrscheinlichkeit für die Ausübung einer Option ist. Je länger die Laufzeit der Option ist, umso mehr kann in dieser Zeit passieren, was die Option in die Ausübung bringt beziehungsweise zu ihrer Wertlosigkeit führt. Mit abnehmender Laufzeit engt sich die Ausübungswahrscheinlichkeit immer mehr ein. Es wird immer klarer, ob die Option ausgeübt wird oder ob sie wertlos verfällt. Folglich verändert sich die Delta-Kurve einer Option mit abnehmender Laufzeit.

Die folgende Grafik zeigt die Delta-Kurve einer Call-Option und macht diesen Sachverhalt deutlich. Unverändert bleibt einzig die Tatsache, dass das Delta einer Option am Geld bei 0,5 bleibt. Denn schließt der Kurs des Basiswertes selbst am Verfallstag genau am Basispreis der Option, ist ihre Ausübung ungewiss (50/50). Wenn er von seinem Kauf- oder Verkaufsrecht Gebrauch macht, hat der Optionsinhaber keinen ökonomischen Vor- oder Nachteil gegenüber einer Direktaktivität am Markt. Liegt die Option jedoch im Geld, strebt das Delta immer auffälliger in Richtung Basispreis und umso unwahrscheinlicher wird es, dass der Basiswert bei einem Call wieder unter den Basispreis rutschen könnte oder bei einem Put über den Basispreis klettert. Ebenso nimmt das Delta immer stärker ab, wenn mit der Laufzeit zunehmend deutlich wird, dass die Option wertlos verfallen wird.

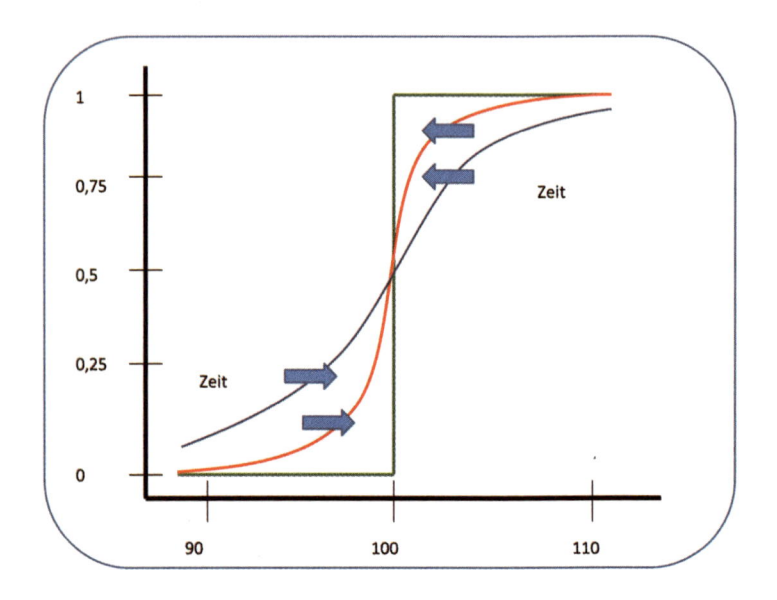

Die vorhergehende Grafik stellt diesen Sachverhalt dar. Am Verfallstag selbst weist die Delta-Kurve ein sehr eckiges Gebilde auf:

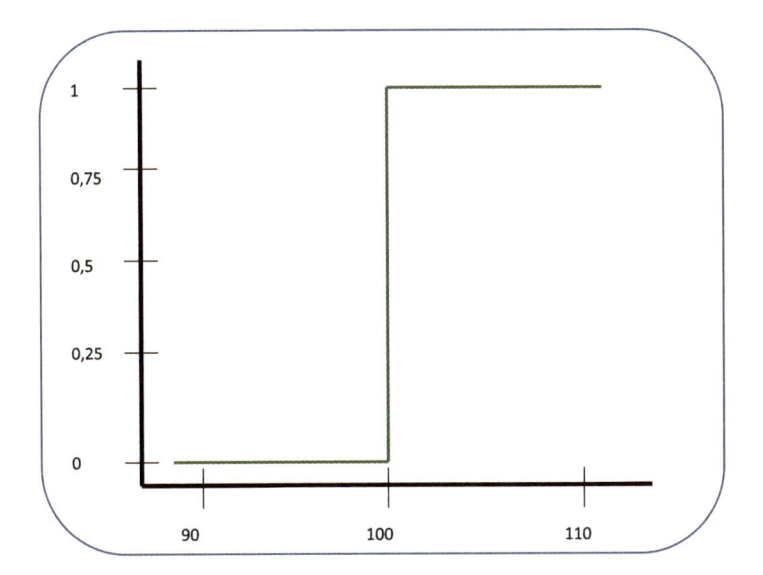

Nun ist klar, dass bis zu einem Kurs des Basiswertes von 99,99 Euro die hier abgebildete Call-Option wertlos verfällt, das Delta somit mit 0 bewertet ist und die Option keinen Wert und kein Gewicht mehr besitzt. Ab 100,01 ist der Call dagegen voll werthaltig, das Delta beträgt 1 und die Ausübung der Option ist sicher.

Beide Grafiken zeigen somit, dass sich das Delta nicht nur unterschiedlich schnell entwickelt, je nachdem, wie nahe der Kurs des Basiswertes am Basispreis liegt (was über die Kennziffer Gamma abgebildet wird). Sondern das Delta schmiegt sich mit abnehmender Laufzeit auch mehr und mehr an den Basispreis an. Einen vergleichbaren Effekt haben wir bei zunehmender oder abnehmender Volatilität (Kennziffer Vega). Sinkt die Volatilität, sinkt auch die Wahrscheinlichkeit, dass sich der Kurs des Basiswertes noch auffällig vom jeweils aktuell gültigen Kursniveau wegbewegt. Das erhöht die Klarheit in Bezug auf die jeweilige Ausübungswahrscheinlichkeit. Somit nähert sich die Delta-Kurve zunehmend rasch an die Endkurvenform an (obige Grafik). Nimmt die Volatilität dagegen zu, wird wieder alles möglich. Das Delta beginnt, sich wieder geschwungener und flacher zu entwickeln. Zunehmende Volatilität hat praktisch einen ähnlichen Effekt wie eine Verlängerung der Optionslaufzeit, eine Verringerung der Volatilität kommt dem Effekt einer Laufzeitverkürzung gleich.

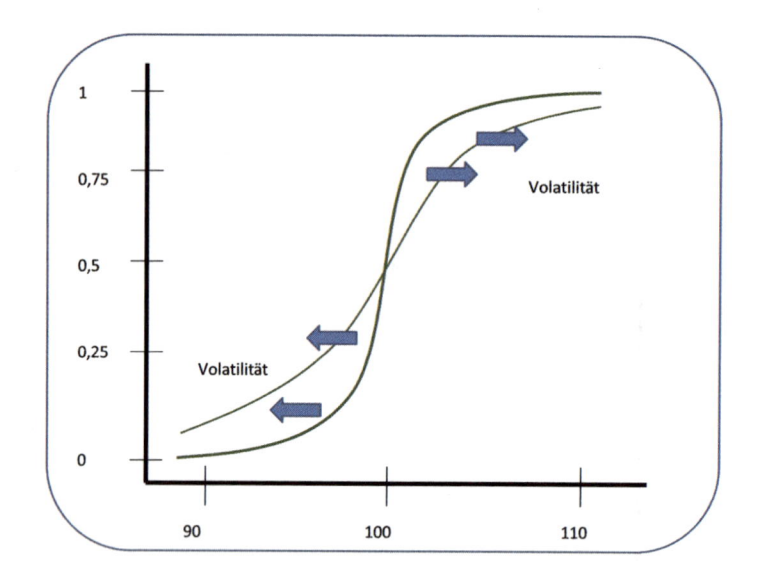

Ich möchte im Folgenden die Bedeutung dieses Delta-Effektes aufzeigen, um die Entwicklung für den Gesamtmarkt darzustellen. Damit wird ein direkter Bezug zu uns Future-Händlern hergestellt.

Ich lege für das jetzt darzustellende Beispiel folgende Prämissen fest:

▶ Wir kaufen 100 Calls der Aktie X mit einem Basispreis von 100. Die Calls sind am Geld (Delta = 0,5).

▶ Ein Call entspricht genau einem Basiswert (eine Aktie X), wenn er das Delta von 1 erreicht hat. Das heißt konkret: Bei einem Delta von 0,5 entsprechen 100 Calls einem Hebel von 50 Aktien X, bei einem Delta von 0,25 läge uns ein Hebel von 25 Aktien X vor, bei einem Delta von 0,8 entspräche dies einem Hebel von 80 Aktien X. Erst wenn der Call ein Delta von 1 erreicht, entsprechen unsere 100 Calls einem Positionshebel zur Aktie X von 1 zu 1.

Wir unterstellen weiterhin, dass wir zur besseren Veranschaulichung die 100 Calls mit einem Delta von 0,5 durch den Verkauf von 50 Aktien X absichern (hedgen). Unser Risiko ist jetzt praktisch ausgeglichen.

Delta Call		BP 100		
(Wir unterstellen: 1 Call mit Delta 1 = 1 Aktie X)				
Kurs	Delta Call	Delta auf 100 Call long	Aktie X short	Delta Diff.
115	1,0			
110	0,9			
105	0,7			
100	0,5	50	-50	0
95	0,3			
90	0,15			
85	0			
80	0			

Annahme: Der Markt steigt, die Aktie X klettert in Richtung 115 Euro:

Mit jedem Pip, den sich die Aktie von der 100-Euro-Marke nach oben hin ablöst, steigt die Ausübungswahrscheinlichkeit des Calls an, was zu einem Anstieg des Deltas führt. Mit ansteigendem Delta erhöht sich das Gewicht und damit der Hebel der Call-Optionen. Bei einem Delta von 0,7 entspräche die Optionsposition einem Hebel von 70 Aktien. Da wir die Position nur mit 50 Aktien short gehedgt haben, liegt unsere Position jetzt im Gewinn, da unser Gesamtdelta aktuell 20 beträgt. Die Position hat sich zu unseren Gunsten entwickelt. Steigt die Aktie auf 110 Euro, erhöht sich das Delta mit zunehmender Ausübungswahrscheinlichkeit auf 0,9, was einem Hebel von 90 Aktien entspricht. Davon ziehen wir den Hedge von 50 Aktien ab und liegen mit einem Netto-Delta von 40 vorn.

Delta Call		BP 100		
(Wir unterstellen: 1 Call mit Delta 1 = 1 Aktie X)				
Kurs	Delta Call	Delta auf 100 Call long	Aktie X short	Delta Diff.
115	1,0	100	-50	50
110	0,9	90	-50	40
105	0,7	70	-50	20
100	0,5	50	-50	0
95	0,3			
90	0,15			
85	0			
80	0			

Auf der Unterseite entwickelt sich die Position vergleichbar zu unseren Gunsten: Fällt der Kurs der Aktie auf 95, verringert sich die Ausübungswahrscheinlichkeit des Calls auf 30 Prozent, was sich in einem Delta von 0,3 widerspiegelt. Das entspräche bei obiger Prämisse einem Hebel von 30 Aktien long, dem ein Short-Hedge von 50 Aktien gegenübersteht. Die Position weist folglich ein Short-Gesamtdelta von minus 20 aus. Die Position verdient nach unten hin ebenfalls Geld, ohne dass es irgendeiner Aktivität bedarf. Fällt die Aktie auf 85 Euro, ist die Ausübungswahrscheinlichkeit unseres Calls in unserem Beispiel gleich 0, was eine Delta-Null nach sich zieht. Der wertlosen Optionsposition steht ein Short-Aktienbestand von 50 gegenüber.

Delta Call		BP 100		
(Wir unterstellen: 1 Call mit Delta 1 = 1 Aktie X)				
Kurs	Delta Call	Delta auf 100 Call long	Aktie X short	Delta Diff.
115	1,0	100	-50	50
110	0,9	90	-50	40
105	0,7	70	-50	20
100	0,5	50	-50	0
95	0,3	30	-50	-20
90	0,15	15	-50	-35
85	0	0	-50	-50
80	0	0	-50	-50

In der Praxis würde jetzt vonseiten des Optionsinhabers immer wieder gehedgt werden (er würde den starren Aktien-Hedge immer wieder anpassen). Der Optionsinhaber tritt somit im steigenden Markt als zusätzlicher finaler Anbieter auf, der den ansteigenden Hebel der Optionen durch Verkäufe im Basiswert ausgleicht. Im fallenden Markt tritt der Optionsinhaber dagegen als finaler Käufer auf, um Gewinne aus dem ansteigenden Short-Hebel zu realisieren. Diese Praxis macht den Markt klebrig. Der Inhaber hat keinen emotionalen Druck, er kann in einem vom Kurzfristhandel dominierten Markt die Kursbewegung immer wieder abdämpfen.

Sehen wir uns die Gegenseite an. Stellen wir uns vor, wir hätten eine Short-Position von 100 Calls unter gleichen Prämissen. Jetzt entwickelt sich die Gesamtposition gegen das Portfolio.

Delta Call		BP 100		
(Wir unterstellen: 1 Call mit Delta 1 = 1 Aktie X)				
Kurs	Delta Call	Delta auf 100 Call short	Aktie X long	Delta Diff.
115	1,0	-100	50	-50
110	0,9	-90	50	-40
105	0,7	-70	50	-20
100	0,5	-50	50	0
95	0,3			
90	0,15			
85	0			
80	0			

Die obige Auflistung zeigt das Problem. Steigt jetzt der Basiswert, steigt auch hier die Ausübungswahrscheinlichkeit der Call-Optionen. Da die Call-Optionen short im Depot eingebucht sind, erhöht sich der Short-Hebel. Die Gesamtposition rutscht zunehmend ins Minus, was den Stillhalter zwingt, aktiv zu werden, um durch Käufe im Basiswert den steigenden Short-Hebel durch zusätzliche Longs im Basiswert auszugleichen. Damit tritt er (gegen seine Marktinteressen) selbst als Käufer auf und treibt den Markt weiter.

Auf der Unterseite, bei einem fallenden Markt, sieht es ebenfalls ungünstig aus. Nachlassende Kurse führen zu einer nachlassenden Ausübungswahrscheinlichkeit. Damit neigt sich die Gesamtposition über den Long-Hedgebestand immer weiter in Richtung der Long-Seite, was den Stillhalter zwingt, weiter als finaler Verkäufer im Markt aufzutreten. Gegen seine Marktinteressen drückt er den Markt weiter.

Was wird deutlich? Der Inhaber einer Option ist auf der Seite des Akteurs. Der Stillhalter muss reagieren. Läuft es völlig gegen ihn, wird er Sklave seiner Position.

1.8 Das Gamma ist unser Treibsatz

Das Gamma sagt aus, wie sich das Delta einer Option entwickelt. Wir hatten bereits herausgearbeitet, dass sich das Delta nicht linear zwischen seinen beiden Extremwerten 0 und 1 entfaltet, sondern um den Basispreis der Option seine höchste

Veränderungsgeschwindigkeit aufweist, da die Nähe zum Basispreis die Unsicherheit (ob Ausübung oder nicht) naturgemäß ansteigen lässt. Um die Geschwindigkeitsveränderung des Deltas um den Basispreis der Option herum optisch deutlich machen zu können, stellen wir uns diese Entwicklung in Form einer Gauß'schen Glockenkurve vor:

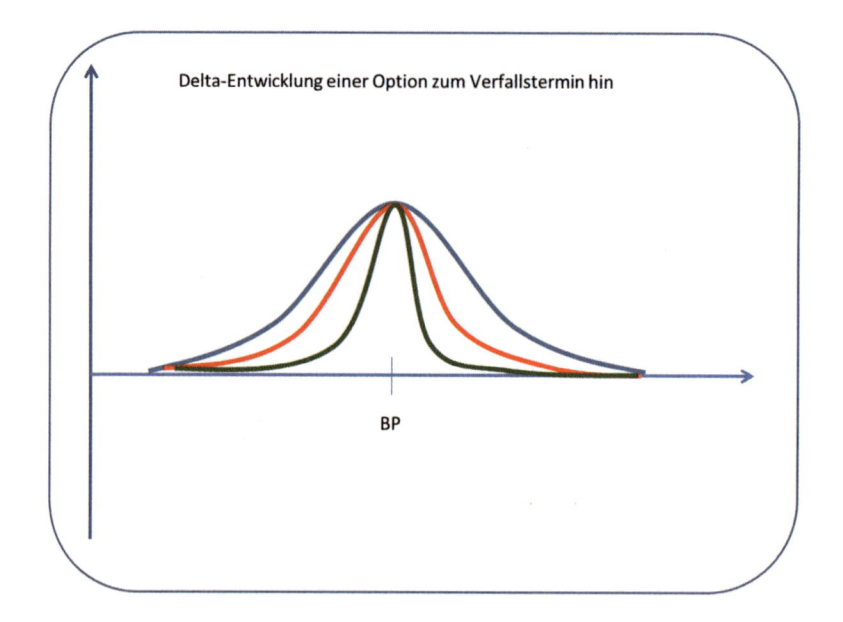

Delta-Entwicklung einer Option zum Verfallstermin hin

BP

Wir sehen, dass sich mit abnehmender Zeit (oder auch abnehmender Volatilität), die Delta-Geschwindigkeitskurve um den Basispreis herum zusammenzuziehen beginnt, da mit abnehmender Zeit (oder auch abnehmender Volatilität) die Ausübungswahrscheinlichkeiten immer klarer werden. Da die Unsicherheit am Basispreis bis zum Schluss jedoch hoch ist, schnellt die Delta-Geschwindigkeitskurve nahe dem Basispreis immer wieder in die Höhe, um dahinter rasch wieder abzubauen. Denn je weniger Zeit bis zum Verfall bleibt (oder je geringer die Volatilität ist), desto klarer werden die Verhältnisse über oder unter dem Basispreis (in Bezug auf die Grafik: links und rechts vom Basispreis).

Jetzt sagten wir, dass die Geschwindigkeitsentwicklung der Delta-Veränderung vom Gamma abhängt. Wie können wir uns nun das Gamma als grafische Kurve vorstellen?

Gamma Entwicklung einer Option zum Verfallstermin hin

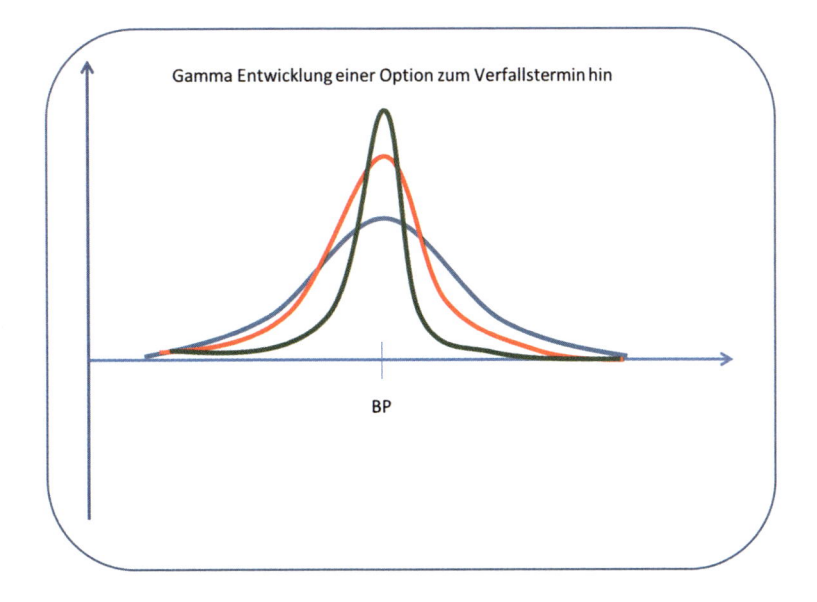

BP

Was sehen wir auf obiger Grafik? Die Grafik zeigt zunächst die Gamma-Kurve ebenfalls in Form einer Gauß'schen Glockenkurve. Da wir gesehen haben, dass sich das Delta tatsächlich nahe dem Optionsbasispreises am schnellsten verändert, muss Gamma folglich ebenfalls diese grafische Form aufzeigen. Diese schnelle Veränderung fällt besonders in den letzten Wochen und Tagen der Laufzeit auf.

Wir wissen, dass sich die Veränderungsgeschwindigkeit des Deltas am Basispreis in Richtung Verfallstermin hin besonders auffällig erhöht. Somit kann die Gamma-Kurve nur einer sich um den Basispreis herum zusammenziehenden Glockenkurve entsprechen. Dabei entspricht die zunehmende Veränderungsgeschwindigkeit des Deltas am Basispreis einer sich zuspitzenden, ansteigenden Kurve. In der Praxis bedeutet das: Das Delta verändert sich zum Verfall hin am Basispreis immer heftiger (was die spitze Gamma-Kurve anzeigt).

1.9 Wie das Open Interest zustande kommt

Im Optionsmarkt sind zwei Akteursgruppen vornehmlich tätig: der Marketmaker und der Optionshändler. Der Marketmaker hält in der Regel seine Position risikoneutral. Seine Aufgabe besteht darin, Liquidität zu stellen und Marktungleichgewichte über die Arbitrage auszugleichen. Auch er baut zwar unter Umständen beeindruckende Positionsgrößen auf, doch sind diese in der Regel risikoneutral. Damit sind die Marketmaker und über diese die Banken nicht die Risikofaktoren im Markt, wie oft fälschlicherweise angenommen wird.

Das Problem entsteht, wenn kein Ausgleich gesucht wird, sondern wenn ein Akteur bewusst eine Risikoposition eingeht. Warum geht jemand Risiken ein? Weil er einen spekulativen Gewinn erzielen will. Der Marketmaker verdient über seine Arbitrage immer nur kleine Beträge. Dafür versucht er dies aber stetig und unter ständiger Beachtung des Risikos.

Ein Optionshändler geht bewusst Risiken ein mit dem Ziel, ein Vielfaches dessen zu verdienen, was ein risikoneutraler Marketmaker verdient.

Wechseln wir die Perspektive: Angenommen, Sie sind jetzt ein klassischer Großinvestor (zum Beispiel ein Fonds-Manager) und haben einen hohen Bestand XY-Aktien im Depot. Diese wollen Sie nicht verkaufen, sondern halten. Sie wollen damit aber monatlich ein zusätzliches Einkommen generieren. Wir unterstellen weiterhin, Sie haben 10.000 Stück dieser Aktien, und wir nehmen an, diese notieren aktuell bei 100 Euro.

Jetzt fokussieren Sie sich auf den Call mit Basispreis 110 Euro und einer Restlaufzeit von etwa 30 Tagen. Der Call ist weit aus dem Geld. Dennoch kostet er noch etwas, nämlich den bereits oben beschriebenen Zeitwert.

In unserem obigen Beispiel hätte jetzt also der Call keinen inneren Wert, da der Basispreis über dem aktuellen Kurs der Aktie liegt. Das heißt: Was er jetzt noch kostet, wäre somit die Prämie, die sich aus der Optionsformel ergibt und über den Zeitwert die Wahrscheinlichkeit einer möglichen Ausübung widerspiegelt. Welches wäre die Ausübungswahrscheinlichkeit nun konkret? Sie wäre die Wahrscheinlichkeit, dass der Basiswert (unsere Aktie) noch bis zum Verfall der Option über den Basispreis (unsere 110 Euro) steigt.

Diesen Call suchen Sie sich als Aktieninhaber aus und verkaufen ihn. Nehmen wir an, der Call hätte noch einen Preis von 1,50 Euro. Nehmen wir weiterhin an, Sie könnten über die nächsten ein bis zwei Tage 10.000 Calls zu diesem Preis verkaufen (was in der Realität nicht ganz so geschmeidig ablaufen würde). Dann hätten Sie

15.000 Euro Prämie kassiert. Ihre Strategie ist jetzt, darauf zu setzen, dass die Aktie in den nächsten 30 Tagen, nämlich bis zum Verfallstermin, nicht um 10 Prozent steigt. Dann würde der Call in 30 Tagen auslaufen und der Betrag wäre Ihr realisierter Gewinn. Fast alle Fonds bessern so Monat für Monat ihren Ertrag auf, indem sie ihre Aktien veroptionieren. Diese Form des Schreibens nennt man Covered Short Call, da die geschriebenen Calls durch Aktien gedeckt sind. Sollte die Aktie dennoch steigen, muss der Schreiber entweder versuchen, die Calls einzudecken. Das wird in der Regel sehr teuer, da er durch den Kauf die implizierte Volatilität in die Höhe treibt. Oder er muss die Position nach oben rollen. Alternativ kann er durch Kauf von Put und Basiswert den Call synthetisch eindecken. Die letzte Möglichkeit wäre, dem Käufer der Option seine Aktien zu 110 Euro über das Ziehen der Calls zu verkaufen.

Bis hierher ist noch alles im grünen Bereich. Die Spekulationen fangen an, wenn Markterwartungen aggressiver umgesetzt werden. Stellen Sie sich vor, Sie sind positiv in Bezug auf die Aktie XY eingestellt. Diese notiert bei 100 Euro. Sie erwarten in den nächsten 30 Tagen einen Anstieg von bis zu 5 Prozent. Daran wollen Sie partizipieren, ohne dafür jedoch auch nur einen Cent Eigenkapital zu investieren. Wir unterstellen, der 100er Call kostet 4 Euro, der 110er noch 1,50 Euro. Jetzt könnten Sie einen Call-Spread kaufen, jedoch auf eine sehr aggressive Art.

Ein normaler Call-Spread würde vorsehen, Sie verkaufen den 110er Call, erzielen 1,50 Euro und investieren diese in den Kauf des 100er Calls. Da Sie durch den Verkauf des 110er Calls 1,50 Euro erzielt haben, benötigen Sie nur noch 2,50 Euro Eigenkapital für den Kauf eines 100er Calls. Ihr Risiko wäre darüber hinaus begrenzt. Sollte die Aktie nicht steigen, riskieren Sie entsprechend weniger Kapital. Die aggressivste Version wäre aber: Sie verkaufen 3 Calls mit Basispreis 110 Euro, um sich einen Call mit Basispreis 100 Euro zu kaufen, und behalten obendrein noch 50 Cent Prämie zurück. Solange die Aktie bis zum Verfall die Marke von 110 nicht übersteigt, aber zum Beispiel auf 105 Euro steigt, machen Sie einen schönen Gewinn ohne Einsatz eigenen Kapitals. Die Risiken, die Sie dabei eingehen, sind oberhalb von 110 Euro aber gewaltig.

Kommen wir noch einmal auf das Open Interest zurück. Sehen wir uns zunächst an, wie dieses überhaupt gerechnet wird, denn auf einem falschen Verständnis des Open Interest beruhen die meisten Fehler in der Kommentierung in der Presse und in vielen Börsenbriefen.

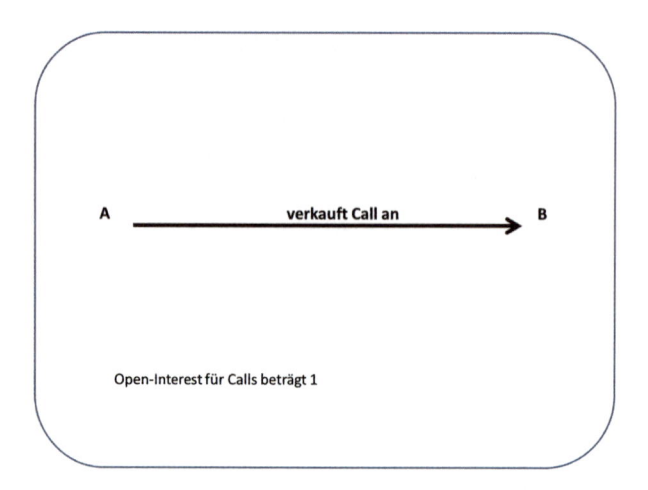

```
        A ─────verkauft Call an─────▶ B



        Open-Interest für Calls beträgt 1
```

Das Open Interest weist den Bestand offener Positionen aus, bei Optionen *unterteilt in Calls und Puts*. Stellen Sie sich vor, Herr Mayer verkauft einen Call an Herrn Müller. Jetzt haben sowohl Herr Mayer als auch Herr Müller eine offene Position: Herr Mayer ist einen Call short, Herr Müller ist einen Call long. Im Open-Interest wird ein Wert von *einer* offenen Position ausgewiesen. Jetzt verkauft Herr Schulze einen Call an Frau Bauer, wieder haben beide eine offene Position, das Open Interest erhöht sich auf zwei.

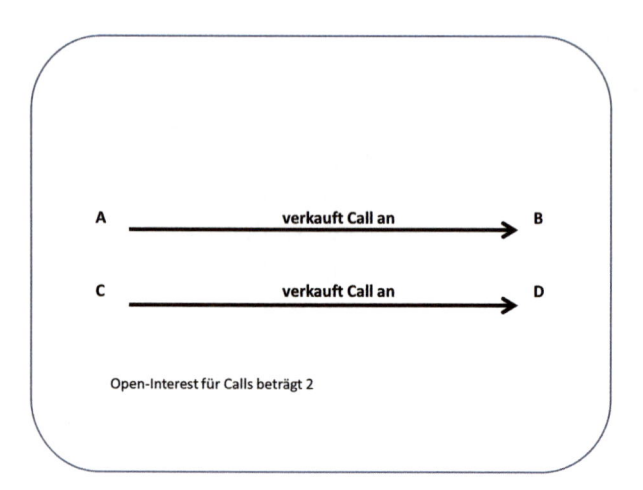

```
        A ─────verkauft Call an─────▶ B

        C ─────verkauft Call an─────▶ D

        Open-Interest für Calls beträgt 2
```

Frau Bauer verkauft ihren Call nach einer Woche an Herrn Müller, der jetzt zwei Calls hält. Damit hat Herr Müller jetzt zwei Calls, Herr Mayer und Herr Schulze sind je einen Call short. Das Open Interest beläuft sich noch immer auf einen Wert von 2.

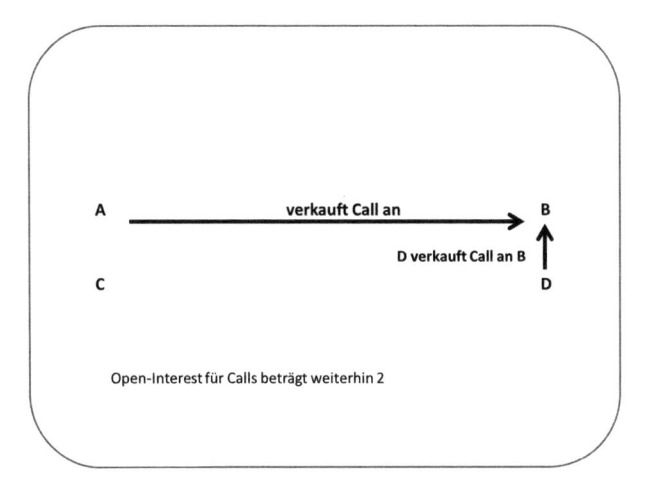

```
A ─────── verkauft Call an ──────▶ B
                                   ▲
                        D verkauft Call an B │
C                                  D

Open-Interest für Calls beträgt weiterhin 2
```

Herr Müller verkauft nun einen seiner beiden Calls und Herr Mayer kauft diesen. Damit schließen sowohl Herr Müller als auch Herr Mayer jeweils eine ihrer offenen Positionen, das Open Interest sinkt auf 1 ab.

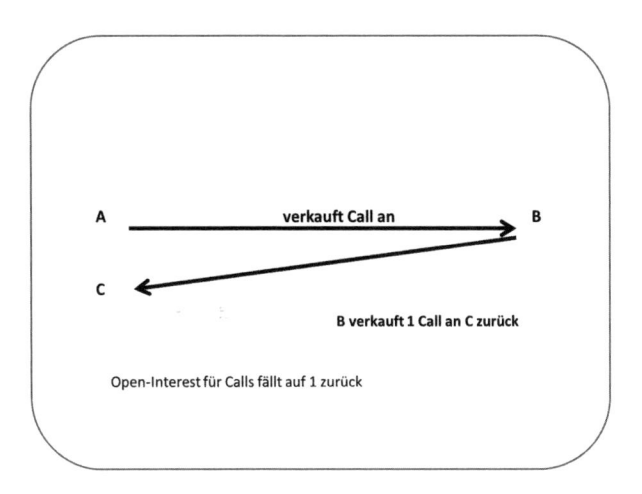

```
A ─────── verkauft Call an ──────▶ B
                                  ╱
C ◀──────────────────────────────
           B verkauft 1 Call an C zurück

Open-Interest für Calls fällt auf 1 zurück
```

Um sein Delta-Risiko zu sichern, verkauft nun Herr Müller (der einen Call long ist) einen Put an Frau Schmidt, ist damit Delta 1 in der Optionsposition und hedgt dieses durch den Verkauf eines Basiswertes. Damit ist er risikoneutral. Dennoch steht im Open-Interest-Ausweis auf der Call-Seite weiterhin eine offene Position. Aber auch auf der Put-Seite steht jetzt ein Open Interest von 1.

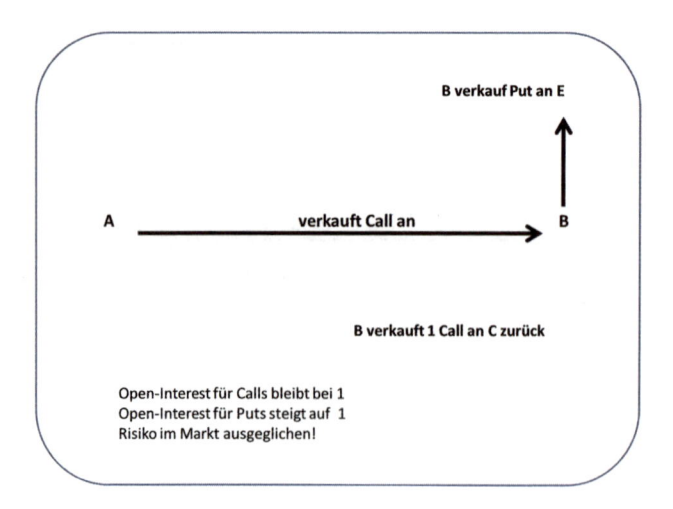

```
                    B verkauf Put an E
                         ↑
                         |
A ——— verkauft Call an ———→ B

                    B verkauft 1 Call an C zurück

Open-Interest für Calls bleibt bei 1
Open-Interest für Puts steigt auf 1
Risiko im Markt ausgeglichen!
```

Worauf möchte ich hinaus? Wenn wir uns immer nur eine Seite ansehen (beliebt ist die Call-Seite), sagt uns das noch gar nichts. Wir müssen auch die Put-Seite beachten. Wenn auf der Call-Seite 10.000 offene Kontrakte ausgewiesen werden, im gleichen Basispreis aber auf der Put-Seite 8000 offene Kontrakte stehen, beträgt das echte offene Risiko nur 2000 Kontrakte. Dieser Sachverhalt wird oft übersehen. Potenzielle Probleme treten erst dann auf, wenn das Netto-Open-Interest sehr groß ist.

1.10 Jedem Kauf steht doch ein Verkauf entgegen – wo ist das Risiko?

Die Risiken im Markt, die zu den bereits im Vorfeld beschriebenen Verzerrungen im Delta-Gefüge führen können, entstehen aus den sogenannten Klumpenrisiken. Wären Käufe und Verkäufe im Markt beidseitig breit gestreut, würden sich die Vorteile und Risiken der offenen Positionen in ihrer Gesamtheit zumindest so weit ausgleichen, dass es keine auffälligen Verzerrungen und nennenswerten Einflüsse auf den Kursverlauf des Basiswertes geben dürfte. Doch sieht die Praxis meist anders aus.

Wir können uns zwei Faustregeln merken:

a) Calls, die aus dem Geld sind, werden in der Regel durch institutionelle Optionshändler bevorzugt geschrieben (leerverkauft). Dadurch kann es zu entsprechend heftigen negativen Delta-Gamma-Effekten kommen, wenn sich der Markt unerwarteterweise doch so weit nach oben entwickelt, dass sich der aktive Handel nahe oder gar in die Short-Positionen hineinschiebt, sodass der Schreiber hedgend aktiv werden muss.

b) Puts, die aus dem Geld sind, werden in der Regel von institutionellen Optionshändlern bevorzugt gekauft. Rutscht der Markt in diese Long-Überhänge hinein, wirken diese mitunter klebrig, wie im obigen Hedge-Beispiel beschrieben.

Das heißt: Wenn wir große Überhänge in der Open-Interest-Tabelle der Optionen sehen, lässt sich durchaus unterstellen, dass es entsprechend große Short-Überhänge in den Calls gibt, die aus dem Geld sind (Short-Klumpenrisiko), da die Käufer wohl eher breit gestreut sind. Auf der Seite der Puts, die aus dem Geld sind, klumpen sich dagegen eher die Long-Positionen, während die Shorts in diesen Werten meist breit gestreut sind.

Sehen wir uns die Begründung dafür an:

Das Ziel hinter einem Verkauf von Calls, die aus dem Geld sind, besteht darin, die heiße Luft (den Zeitwert) zu vereinnahmen. Der Kauf von Puts, die aus dem Geld sind, soll dagegen bestehende Bestände an Basiswerten nach unten hin absichern. Da auch Puts, die aus dem Geld sind, aus heißer Luft bestehen, gehen viele Großinvestoren im Falle von Absicherungsstrategien so vor, dass sie die Long-Put-Bestände über den Verkauf der Long-Call-Bestände vollständig oder doch zum sehr großen Teil finanzieren.

1.11 Lesen Sie regelmäßig die Open-Interest-Tabelle

Optionen werden nicht in der spekulativen Trading-Form eingesetzt wie Futures. Vielmehr dienen diese Derivate dem Aufbau strategischer Positionen, gehalten bis zur Endfälligkeit. Somit können wir durch das Lesen der Open-Interest-Tabelle durchaus eine Vorstellung davon bekommen, wie die Grunderwartung der großen Hauptakteure im Markt für die Dauer der Laufzeiten ist. Besonders interessant wird es, wenn wir zum Ende der Laufzeiten hin auffällige Veränderungen in den offenen Optionspositionen sehen. Steigen die offenen Positionen in den aus dem Geld liegenden Puts an, signalisiert dies steigenden Besicherungsbedarf. Werden große, aus dem Geld liegende Call-Positionen reduziert (nicht nur über Rückkäufe, sondern über Synthetisierungen), werden Risiken auf der Oberseite geschlossen oder verringert.

2 Futures – unser Hauptinstrument und die Waffe des Kurzfristhandels

Unter einem Future versteht man einen standardisierten Terminkontrakt, der eine beidseitige Verpflichtungserklärung zwischen beiden Kontrahenten definiert. Anders als bei einer Option verpflichtet der Future beide Seiten (Käufer und Verkäufer), am Fälligkeitstermin den zugrunde liegenden Basiswert zu kaufen (Future-Käufer) beziehungsweise zu verkaufen (Future-Verkäufer). Die Verpflichtung gilt. Sie kann nur umgangen werden, wenn es vor Ausübung des Future durch ein Gegengeschäft zum Schließen der Position kommt.

Futures sind standardisierte Forwards, sogenannte individuelle Termingeschäfte. Unter einem Forward verstehen wir auch ein Termingeschäft, jedoch ohne jegliche Standardisierung. Normale Forwards sind also – anders als Futures – nur von eingeschränkter Flexibilität. Stellen Sie sich vor, Sie lassen sich in einem Reisebüro eine individuelle Urlaubsreise zusammenstellen – Anreise, verschiedene Aufenthalte in Hotels, die Ihnen gefallen, zu Zeiten, die nur Ihnen passen. Sie bezahlen eine noch anzutretende Leistung. Plötzlich jedoch verschiebt sich Ihr Terminkalender und Sie müssen von der Reise zurücktreten. Da Ihre Reise individuell ausgestaltet ist, wird es allerdings schwierig, jemanden zu finden, der an Ihrer Stelle in genau diese Planung eintritt. So ähnlich müssen Sie sich Forward-Geschäfte vorstellen. Deren Vorteil gegenüber jeder Standardisierung ist die hohe Individualität, deren Nachteil ist die fehlende Flexibilität in ihrer Handhabung.

Der Future-Kontrakt, den wir an der EUREX handeln, ist dagegen so standardisiert, dass er jederzeit ge- und verkauft werden kann. Fest definiert sind Basiswert, Laufzeit (Verfallstermin), Verfallstag und Abrechnung. Diese Standardisierung erlaubt es, solche Kontrakte hochliquide im Markt zu handeln.

Ein Future ist wirtschaftlich gesehen die Kombination aus Kauf (Verkauf) des Basiswertes und einer Kreditaufnahme (Kreditvergabe). Wie ist das zu verstehen?

2.1 Sehen wir uns den Käufer an ....

Durch den Kauf eines Future sichert sich der Käufer den Kurs, zu dem er den definierten Basiswert am definierten Bezugstag kaufen wird. Die Erfüllung kann auch in Form eines finanziellen Ausgleichs erfolgen – das nennt sich Cash Settlement. Somit muss der Käufer den zum Kauf des Basiswertes notwendigen Kapitalbetrag zum Zeitpunkt der Geschäftsabschlusses noch nicht aufbringen, obwohl ihm bereits alle Aspekte der Transaktion zugesichert sind. Folglich wird dem Käufer praktisch ein Kredit gegeben. Denn er hat noch kein Kapital investiert außer der Margin, partizipiert aber gleichwohl bereits ab dem Kauf an allen Entwicklungen des Marktes. Er kann den noch nicht investierten Kapitalbetrag am Geldmarkt anlegen und somit einen finanziellen Zinsvorteil erzielen. Hat er das Kapital noch nicht zur Verfügung, partizipiert er dennoch an den Bewegungen. Damit wird ihm eben ein Kredit eingeräumt, den es zu verzinsen gilt.

2.2 Sehen wir uns den Verkäufer an ...

Der Verkäufer sichert sich durch den Verkauf des Future den Kurs, zu dem er den definierten Basiswert am definierten Liefertag verkaufen wird (sofern der Kontrakt nicht mit einem Cash Settlement erfüllt wird). Da er den Kaufpreis des Basiswertes vom Käufer noch nicht erhält (sondern erst am Verfallstag erhalten würde), vergibt der Verkäufer einen Kredit. Dafür erwartet er Zinsen.

Deshalb weicht im Endeffekt der Preis des Future vom Preis des Basiswertes ab.

Wir unterscheiden an der EUREX zwei Arten von Futures: einmal Futures, denen am Abrechnungstag ein sogenannter Barausgleich zugrunde liegt (Cash Settlement) – hierzu gehören sowohl die Index-Futures (wie der FDAX) als auch Futures, denen eine effektive Stückelieferung zugrunde liegt (wie Futures auf Staatsanleihen, von denen der Bund-Future (FGBL) der wohl bekannteste ist).

Alle an der EUREX gehandelten Futures haben standardisierte Laufzeiten und verfallen alle drei Monate. Die Verfallsmonate sind März, Juni, September und Dezember.

Um den Zusammenhang zwischen Future und Basiswert besser zu verdeutlichen, möchte ich die Arbitrage zwischen Basiswert und Future zum Thema machen.

2.3 Die Indexarbitrage hält Kassa und Future zusammen

Die Indexarbitrage ist ein marktbestimmendes und kursbeeinflussendes Element im täglichen Börsenhandel. Sie ist somit ein Teilaspekt, den jeder Marktteilnehmer zumindest in seiner Grundstruktur verstehen sollte. Streng genommen ist es die Indexarbitrage, die durch die Bereitstellung von Liquidität und durch ihre ausgleichende Funktion einen attraktiven Terminmarkt überhaupt erst möglich macht. Im Folgenden wollen wir uns die einzelnen Elemente dieses Geschäftsbereiches ansehen. Dabei geht es um die Darstellung des Grundprinzips.

Der **Spread zwischen Kassa und Future (die sogenannte Basis)** spielt hierbei die zentrale Rolle. Somit wollen wir uns zunächst der Bedeutung des Spreads (Basis), der Differenz zwischen dem fairen Future-Preis und dem Preis des Basiswertes (in unserem Beispiel ist das ein Aktienindex) zuwenden. In der Fachsprache wird hier von der »Basis« gesprochen, um eine Abgrenzung zum Spread zwischen dem Geld- und dem Briefkurs zu schaffen. Wir wollen uns also auf den Fachbegriff beziehen und werden die entsprechende Differenz zwischen Future und Kassa (Basiswert) als Basis bezeichnen.

Sehen wir uns hierzu am Beispiel eines Aktienindex zunächst einmal an, wie sich der faire Wert (Preis) eines Future errechnet. Die Grundlage bildet ein Basiswert (Index), der sich aus mehreren Aktien zusammensetzt. Jede Aktie hat für sich genommen Haltekosten in Form von Zinskosten, die für die Finanzierung des Aktienkaufes entstehen. Dem stehen in der Regel sogenannte Halteerträge gegenüber, da die meisten Aktiengesellschaften Dividenden ausschütten. Mitunter fließen auch andere Erträge an die Aktionäre, zum Beispiel aus Bezugsrechten oder Bonuszahlungen. Haltekosten und Halteerträge sind eindeutig berechenbar, sofern die Höhe der Zinsen über die Laufzeit richtig eingeschätzt werden kann und anstehende Dividendenzahlungen, Bezugsrechte und künftig geleistete Bonuszahlungen bekannt sind. Wenn die Haltekosten die Erträge übersteigen, notieren die Preise der Futures über dem Preis des Basiswertes (Aktie oder Index) – in diesem Falle wäre die Basis positiv. Liegen die Erträge über den Haltekosten, notieren die Preise der Futures unter dem Preis des Basiswertes – in diesem Falle wäre die Basis negativ.

Wird die Basis zwischen einem Future und einem Preisindex ermittelt (Dow Jones, IBEX 35, CAC 40), müssen Dividenden der in den Indizes enthaltenen Aktien mit berücksichtigt werden. Somit kann die Basis negativ sein, der Future also unter Kassa notieren, sofern während der Laufzeit Halteerträge anfallen, welche die

Kosten übersteigen. Bei der Berechnung der Basis zwischen einem Future und einem Performanceindex (zum Beispiel DAX 30 – der Index, auf den sich der FDAX bezieht) ist die Basis in der Regel positiv (sofern kein Negativzins unterstellt werden muss). Denn hier haben Erträge (wie Dividenden) keine Auswirkungen auf die Kursentwicklung des Basiswertes. In einem Performanceindex werden bei der Kursberechnung Dividenden sofort reinvestiert, während bei Preisindizes Dividendenzahlungen der enthaltenen Aktiengesellschaften zu Preisabschlägen im Index selbst führen.

Einschub: Dieser Sachverhalt macht es auch unsinnig, den Kurs des Dow Jones mit dem Kurs des DAX vergleichen zu wollen (wie es immer wieder gern auf lange Sicht gemacht wird). Eher wäre der Vergleich des Dow Jones mit dem DAX-Preisindex möglich, obwohl auch hier die Aktiengewichtung unterschiedlich ist, was die beiden Ausgangswerte ebenfalls nur schwer vergleichbar macht. Aber der Hauptunterschied ist die unterschiedliche Betrachtung der Dividenden. Während sie im Dow Jones herausgerechnet werden, werden sie im DAX reinvestiert. Der DAX-Preisindex steht tatsächlich erst bei 4793 Punkten (Stand 2. Oktober 2015), während der DAX-Performanceindex am gleichen Tag bei 9553 Punkten schloss. Daraus wird deutlich, dass rund 50 Prozent des Kurses im DAX reinvestierte Dividende darstellt.

Bei der Erläuterung des Indexarbitrageprinzips möchte ich zunächst steuerliche Aspekte und Transaktionskosten unberücksichtigt lassen und diese etwas später noch einmal aufnehmen. Jetzt berücksichtigen wir zunächst nur die Halte- und Finanzierungskosten. Steuerliche Faktoren und Transaktionskosten sind pro Arbitrageur unterschiedlich. Somit gibt es nicht *eine* allgemeingültige Basis, sondern die Basis pro Arbitrageur fällt individuell aus.

Wie müssen wir uns das jetzt konkret vorstellen? Gehen wir davon aus, Sie wollen 300.000 Euro investieren. Sie entscheiden sich für den DAX. Somit müssten Sie mit diesem Geld alle 30 DAX-Werte gemäß ihrer Gewichtung kaufen. Sie hätten dann aber den DAX exakt in Ihrem Portfolio abgebildet. Wie sieht es jetzt in Ihrem Depot aus? Sie besitzen 30 verschiedene DAX-Aktien in der exakten DAX-Indexgewichtung mit der Gesamtsumme von 300.000 Euro. Alternativ könnten Sie sich auch einen DAX-Future ins Depot legen. Hierzu müssten Sie lediglich die von der EUREX verlangte Margin vorstrecken, deren Höhe der Einfachheit halber auf 21.000 Euro beziffert wird. Das bedeutet, Sie hätten jetzt 269.000 Euro übrig, die Sie zur Bank bringen könnten und für die Laufzeit verzinst bekommen. Lassen wir jetzt Transaktionsgebühren und Steuern der Übersichtlichkeit halber weg, liefert

Ihnen dieser Zinsertrag einen finanziellen Vorteil, der, in Punkte umgerechnet, die Basis zwischen Kassa und Future darstellt. Weil Erträge aus Dividenden im DAX-Performanceindex keine Berücksichtigung finden (da diese sofort und komplett reinvestiert werden), ist die Basis hier positiv, denn jetzt spiegelt sie ja nur den Zinsvorteil wider.[85]

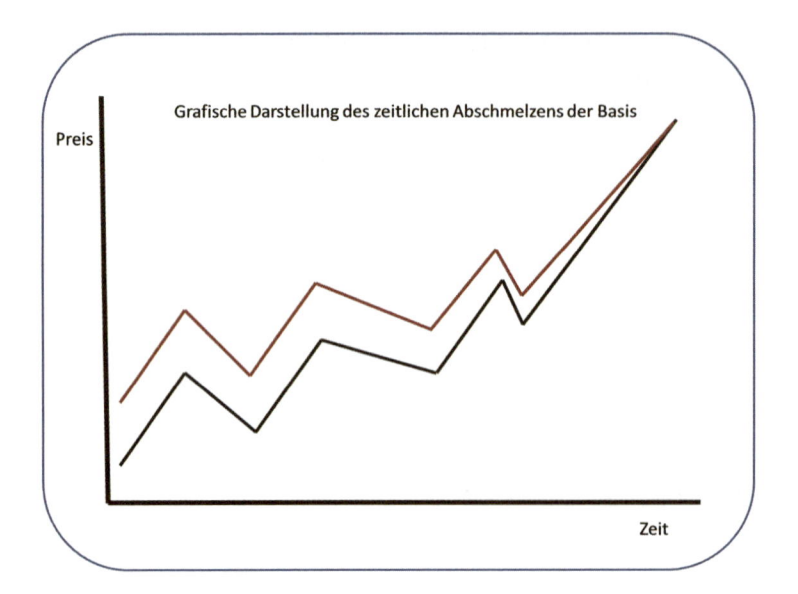

Grafische Darstellung des zeitlichen Abschmelzens der Basis

Das Besondere an der Basis ist, dass sie sich täglich reduziert, da der Zinsvorteil täglich abschmilzt. Folglich ist am Verfallstag die Basis bei 0, da am letzten Handelstag keine Zinserträge mehr anfallen. Eventuelle kleine rechnerische Differenzen lassen sich mit unterschiedlichen Transaktionskosten erklären. Damit strebt die Basis beim Verfall gegen 0, und zwar nicht nur in diesem Beispiel, sondern bei allen Futures.

2.4 Wie die Basisentwicklung in einem Performanceindex aussieht

Wie bereits im Vorfeld erwähnt, wird bei einem Performanceindex die Ausschüttung der Dividenden im Kursverlauf berücksichtigt. Somit muss die Ausschüttung

---

[85] Unternehmen zahlen auf ausgeschüttete Dividenden eine 25-prozentige Körperschaftsteuer. Der Umgang mit dieser Steuer beeinflusst die Basis nicht unwesentlich, soll aber noch nicht Gegenstand der Erläuterung sein.

von Dividenden auch bei der Berechnung der Basis berücksichtigt werden. Übersteigen die Erträge aus den Dividenden die Finanzierungskosten, muss die Basis des Future zur Kassa negativ sein. Zum Verfallstag hin verringert sich die Basis dennoch, sodass auch hier am Verfallstag der Preis des Future und der Preis des Basiswertes (Kassa) nahezu identisch sind. Einzige Abweichungsmöglichkeit sind auch hier die unterschiedlichen Transaktionskosten.

2.5 Wie Arbitrage nun aber möglich ist

Sowohl der Future als auch die Kassa sind zwei voneinander unabhängige, frei handelbare Werte an der Börse. Ihre einzige rechnerische Verbindung, um ein faires Preisverhältnis zueinander zu finden, ist die oben beschriebene Basis. Diese Basis ist aber kein festes Band, das garantiert, dass Kassa und Future immer in einem fairen Verhältnis zueinander stehen. Das führt dazu, dass während des Handelns sich Future und Kassa einander annähern oder voneinander entfernen können. Es gibt also Abweichungen zur rechnerischen Basis. Dieser Sachverhalt ergibt lohnende Arbitragegelegenheiten. Wo diese erst einmal wirken, lässt ihre Ausnutzung gewöhnlich nicht lange auf sich warten.

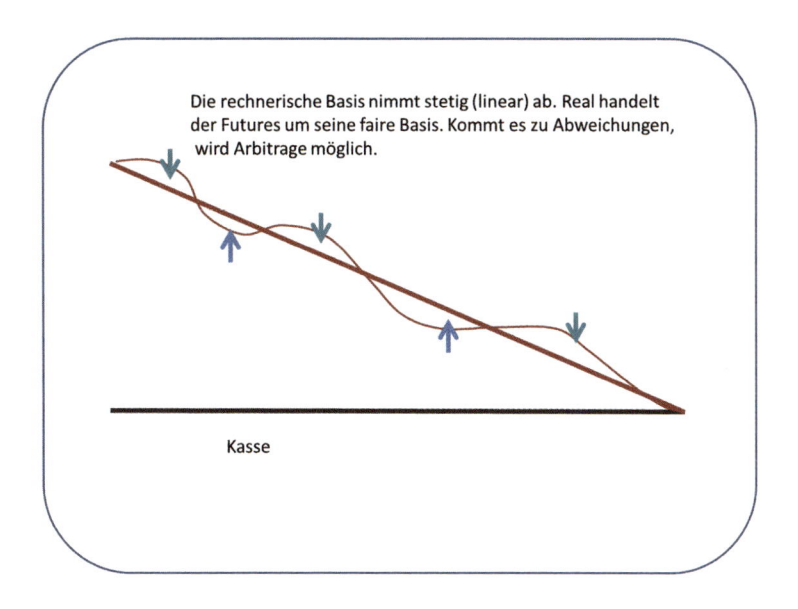

Die rechnerische Basis nimmt stetig (linear) ab. Real handelt der Futures um seine faire Basis. Kommt es zu Abweichungen, wird Arbitrage möglich.

Kasse

Führt das Abarbeiten einer größeren Kauforder im Future zu einer Vergrößerung der Basis gegenüber der Kassa, wird ein Arbitrageur dadurch aktiv, dass er Futures verkauft und Kassa kauft. Damit sehen wir folgenden Effekt im Markt: Die Nachfrage in den Kassawerten steigt, der Angebotsdruck im Future nimmt ebenfalls zu. Im Ergebnis steigt der Kurs der Kassa, während der Kurs des Future sinkt. Damit verringert sich die Basis zwischen Kassa und Future. Wird dagegen durch eine stärkere Verkaufsorder im Future oder eine stärkere Kauforder in der Kassa die Basis zwischen beiden Werten verringert, setzt der gegenteilige Arbitrageeffekt ein. Der Arbitrageur verkauft Kassa und erhöht im Gegenzug die Nachfrage im Future. Damit dehnt sich die Basis wieder aus, der Future steigt, die Kassa sinkt.

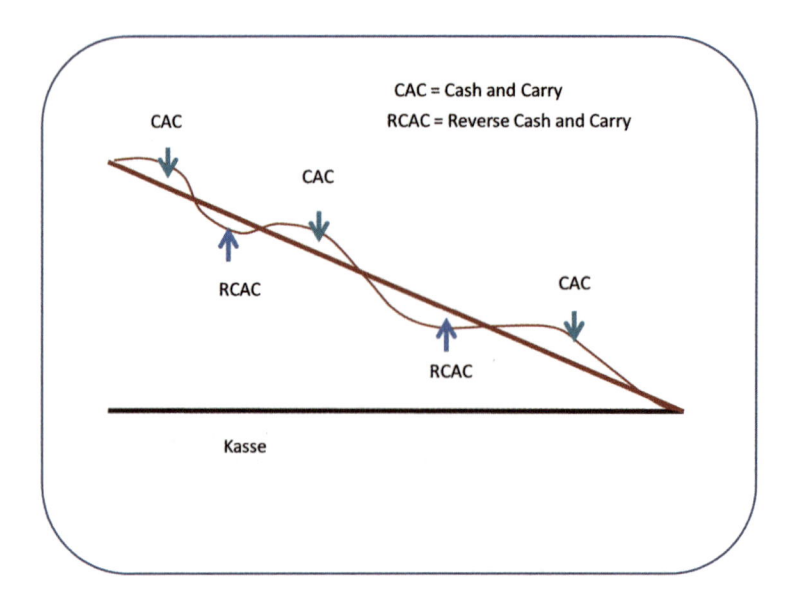

Das Kaufen der Kassa und das gleichzeitige Verkaufen des Future nennen wir Cash and Carry, die umgekehrte Transaktion, nämlich Verkauf Kassa und Kauf des Future, nennen wir Reverse Cash and Carry.

Markt	Cash and Carry	Reverse Cash and Carry
Aktienbörse	Kauf der Aktie	Leerverkauf der Aktie (Shorten)
Terminbörse	Verkauf des Future	Kauf des Future

Der Idealfall für einen jeden Arbitrageur wäre, wenn er börsentäglich oder doch zumindest in kurzen Abständen sowohl Cash-and-Carry- als auch Reverse-Cash-and-Carry-Transaktionen durchführen könnte. Somit ließen sich die Arbitrageerträge in überschaubaren Zeitfenstern realisieren. Denn Tatsache ist, dass ein einmal erzielter Arbitragegewinn erst risikolos vereinnahmt werden kann, wenn die einmal aufgebaute Position auch wieder geschlossen wird. Solange eine Arbitrageposition offen ist, verbleiben Restrisiken, die wir uns im Folgenden ansehen wollen.

2.6 Das Zinsrisiko

Das wohl augenfälligste Risiko eines Arbitrageurs in einem Performanceindex ist das Zinsrisiko. Wie wir im Vorfeld gesehen haben, ist der Zins für die Laufzeit eines Kontraktes eine entscheidende Bewertungskomponente. Steigt während der Laufzeit der Zinssatz unerwartet, erweitert sich rechnerisch die Basis zwischen Future und Kassa. Dieser Effekt tritt dadurch ein, dass der Finanzierungsvorteil erhöht wird, der sich durch den geringeren Kapitalaufwand beim Erwerb eines Future ergibt. Sinkt dagegen der Zinssatz während der Laufzeit des jeweiligen Kontraktes unerwartet, schrumpft naturgemäß auch die Basis zwischen Kassa und Future. Kommt eine solche Entwicklung unerwartet zum Tragen, schlägt sich eine Zinsveränderung direkt durch unerwartete Gewinne oder Verluste im Portfolio des Arbitrageurs nieder.

Beispiel 1: Der Arbitrageur hat eine Cash-and-Carry-Position in Höhe von 10.000 Futures short und das Äquivalent in Kassawerten long bei einem unterstellten fairen Basiswert von 10 Punkten. Führt eine unerwartete Zinserhöhung für die Restlaufzeit der Position zu einer Erweiterung der Basis um nur einen Punkt, ergibt die Verteuerung der Basis bezogen auf 10.000 Future short einen Sofortverlust von 250.000 Euro (10.000 × 25 Euro). Eine unerwartete Zinssenkung hätte dagegen positive Effekte, denn das plötzliche Zusammenschmelzen der Basis um einen Punkt würde einen Ertrag von 250.000 Euro einbringen.

Beispiel 2: Der Arbitrageur hält eine Reverse-Cash-and-Carry-Position in Höhe von 10.000 Futures long und das Äquivalent in Kassawerten short bei einem unterstellten fairen Basiswert von 10 Punkten. Eine unerwartete Zinserhöhung würde für die Restlaufzeit der Position jetzt einen Gewinn von 250.000 Euro pro Punkt einbringen, da die Basis steigt, während eine unerwartete Zinssenkung zu einem entsprechenden Verlust führen würde.

"Zins–Risiken"

Zinserhöhung / Basis steigt

Zinssenkung / Basis fällt

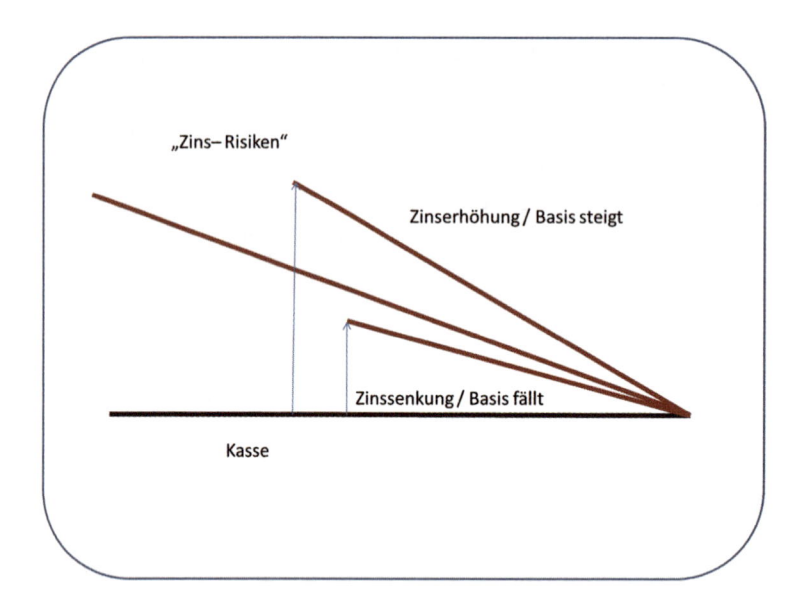

Kasse

Um diesen Risiken aus dem Weg zu gehen, kommt der Einspeisung einer korrekten Zinserwartung eine sehr hohe Bedeutung zu. Dieses Risiko nimmt zu, je länger die Position im Buch des Arbitrageurs offenbleibt.

Das Zinsrisiko schlägt sich allerdings auch in einer Reverse-Cash-and-Carry-Position in besonderer Weise nieder. Hier hält der Arbitrageur Kassa short gegen Future long. Die Kassawerte sind in der Regel geliehen, sodass Kosten für die Aktienleihe fällig werden, die bei der Basisberechnung zu berücksichtigen sind. Kommt es jetzt zu einer unerwarteten Veränderung des Zinses, kann sich dieser Effekt auch auf die Leihekosten auswirken. Damit kann sich die individuelle Basis des Arbitrageurs zu dessen Ungunsten entwickeln.

Das Rollrisiko: Es gibt Futures, an deren Verfall eine effektive Ausübung erfolgt, verbunden mit der effektiven Lieferung des Basiswertes (zum Beispiel Rohstoff- und Anleihe-Futures). Es gibt aber auch Terminkontrakte, die auf einem Cash Settlement basieren (zum Beispiel Aktienindizes). Bei Letzteren erfolgt am Verfallstag keine physische Lieferung des Basiswertes, sondern der Wertausgleich erfolgt auf Basis eines sogenannten Cash Settlement (Barausgleichs). Zu diesen Futures zählt auch der FDAX. In diesen Futures entsteht auf dieser Verrechnungsgrundlage ein zusätzliches Problem.

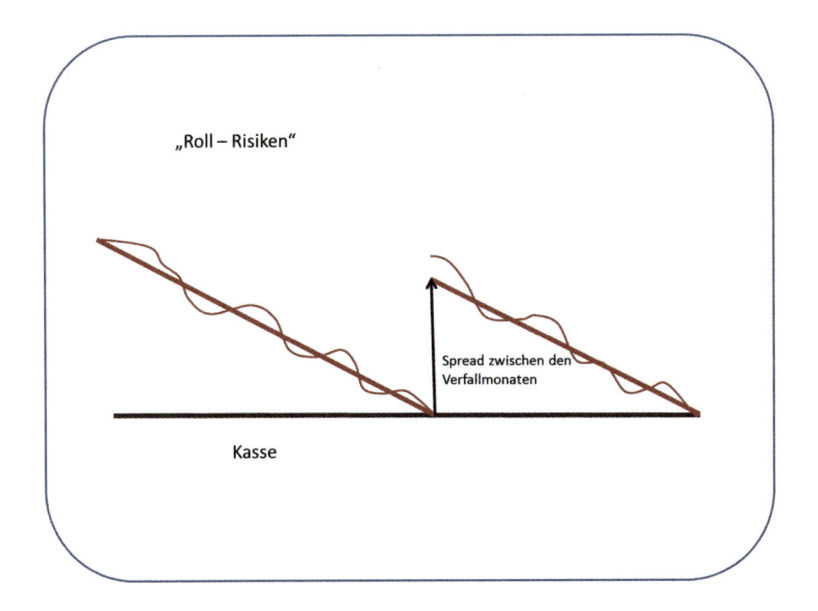

Während der Kassabestand in einem Aktienindex praktisch unendlich lange gehalten werden könnte, ist der Gegenbestand in Futures auf die jeweilige Laufzeit begrenzt. Würde ein Arbitrageur bis zum Verfall seiner Futures-Position nicht aktiv werden, wäre seine Kassa-Position nach dem Futures-Verfall ungesichert. Eine Auslieferung der Aktien ist ausgeschlossen, der Verkauf der gesamten Position im Markt ohne negative Auswirkungen ist nicht möglich. Folglich muss ein Arbitrageur, sofern er seine Position zum Verfall der Futures-Kontrakte nicht schließen kann, den offenen Futures-Bestand in den nächsten Verfallsmonat rollen. Hier besteht ein weiteres Spread-Risiko. Die Differenz zwischen dem Front- und dem Folgemonat ergibt sich aus der Differenz der jeweiligen Werte ihrer jeweiligen Basis. Da in der Praxis jedoch auch diese beiden Futures unabhängig voneinander handelbar sind, kann es auch hier in der Realität zu Abweichungen zwischen den beiden Kursen kommen. Somit kann die Differenz zwischen beiden Futures höher oder tiefer ausfallen, als sie rechnerisch sein dürfte. Daraus ergeben sich wiederum Arbitragemöglichkeiten. Zugleich erhöht sich aber das Risiko einer gehaltenen Arbitrageposition.

Das Dividendenrisiko: Das Dividendenrisiko unterscheidet sich je nachdem, ob wir es mit einem Performanceindex oder einem Preisindex zu tun haben.

Bei einem Performanceindex werden die Dividenden rechnerisch komplett reinvestiert, sodass die Dividendenausschüttung einer Aktie keinen Einfluss auf das Kursniveau des Index hat. Bei einem Preisindex gibt dagegen der Basiswert (Index) preislich nach, wenn eine im Index enthaltene Aktie eine Dividende ausschüttet und sich deren Preis um den Dividendenbetrag reduziert. Dennoch haben Dividendenzahlungen in einem Performanceindex für einen Arbitrageur ebenfalls ihre Tücken. Der Arbitrageur muss seinen Kassabestand in einer Form abbilden, welche dem zugrunde liegenden Basiswert (Performanceindex) absolut entspricht. Durch die Ausschüttung einer Dividende und deren sofortige Reinvestition verändert sich im ersten Schritt die Gewichtung der Aktie im Index. Diese Gewichtung muss der Arbitrageur in seinem Portfolio ebenfalls durchführen. Das bedeutet, dass bei einer Cash-and-Carry-Position die erhaltene Dividende durch den Arbitrageur ebenfalls sofort in den Kauf der entsprechenden Aktie (ex Dividende) reinvestiert werden muss. Bei einer Reverse-Cash-and-Carry-Position muss der Arbitrageur bei Dividendenausschüttung den Short-Bestand der entsprechenden Aktie um den jeweiligen Faktor anpassen, der sich durch die Dividendenausschüttung verändert. In diesem Zusammenhang greift das Thema der Kapitalertragsteuer, auf welche etwas später noch eingegangen werden soll.

Bei einem Preisindex hat eine Dividendenausschüttung einen direkten Einfluss auf die Kursentwicklung des Basiswertes (Index). Das bedeutet, dass der Arbitrageur im Vorfeld bereits eine klare Vorstellung darüber haben muss, welches Unternehmen eine Dividende in welcher Höhe ausschüttet. Fällt die Dividendenzahlung in die Laufzeit seiner Positionierung, hat die Höhe der Dividende direkten Einfluss auf die Höhe der Basis zwischen Index und Future. Je mehr Dividenden während der Laufzeit des Kontraktes ausgeschüttet werden, desto mehr erhöhen sich die Erträge aus den Kassabeständen und übersteigen damit gegebenenfalls den Zinsvorteil. Im Ergebnis liegt eine negative Basis vor. Wird jetzt auf Grundlage dieser errechneten Basis gehandelt, stellt sich im Nachhinein aber heraus, dass eine eingerechnete Dividende nicht gezahlt oder nicht in voller Höhe gezahlt wird, führt dies zur Veränderung der Basis. Das ist vergleichbar mit einer unerwarteten Zinserhöhung oder Zinssenkung. Eine falsch kalkulierte Dividende ergibt folglich eine falsch kalkulierte Basis. Das kann somit einen vermeintlichen Arbitragegewinn rasch in einen Arbitrageverlust umwandeln.

2.7 Warum ein Arbitrageur seine Position nicht immer wieder glattstellen kann

In der Theorie sollte es möglich sein, die Schwankung eines Future um seine faire Basis beidseitig auszunutzen. Theoretisch sollte somit ein Arbitrageur in kurzer Zeit mehrfach die Chance haben, sowohl Cash-and-Carry-Positionen als auch Reverse-Cash-and-Carry-Positionen einzugehen und damit seine gesamten Arbitragepositionen klein zu halten beziehungsweise sie in kurzer Zeit immer wieder zu schließen. Die Praxis sieht in der Regel anders aus. Meist kann man anhand der vorliegenden Kursverläufe des Basiswertes abschätzen, welche der beiden möglichen Positionen von den jeweiligen Arbitrageuren mit hoher Wahrscheinlichkeit gehalten werden. In dominanten Aufwärtstrends neigen die Futures dazu, ihrem Basiswert (Index) vorauszulaufen. Statistisch gesehen kommt es in Phasen der Aufwärtsbewegung häufiger zu einer zu hohen Bewertung des Future als zu einer zu tiefen. Damit führen Aufwärtstrends in den meisten Fällen zum Aufbau einer Cash-and-Carry-Position bei den Arbitrageuren. Umgekehrt ist es in Phasen stetig fallender Märkte. Hier überwiegt ein Unterschreiten der Basis, sodass Reverse-Cash-and-Carry-Positionen dominieren.

Da den Arbitrageuren aufgrund der bereits beschriebenen Risiken auch in den größten Banken nicht unbeschränkt Mittel zur Verfügung gestellt werden, können beim jeweiligen Arbitrageur anhaltende Trendbewegungen zu einem Ausschöpfen der Finanzmittel führen, die zur Verfügung stehen. Tritt ein solcher Fall ein, ist ein weiterer Aufbau von entsprechenden Arbitragepositionen kaum mehr möglich. In kleineren Märkten wie Spanien, Frankreich oder Italien kann eine solche Entwicklung dazu führen, dass sich der Future über längere Zeit in einer Über- oder Unterbewertung bewegt, ohne dass nennenswerte Arbitrage durchgeführt wird. Um hier wieder handlungsfähig zu werden, werden mitunter auch Gegenpositionen durchgeführt, die für sich genommen zwar Verluste bringen, weiterführend aber wieder Mittel freigeben, um die höheren Arbitragemöglichkeiten entsprechend ausnutzen zu können.

2.8 Wie sich die Basis in einem Future auf dem Anleihemarkt errechnet

Das Grundprinzip der Basisberechnung im Anleihemarkt ist ähnlich dem der Berechnung der Basis im Aktienmarkt. Den Terminkurs (Preis des Future) einer Anleihe errechnen wir durch das Aufrechnen von Kosten und Erträgen für das Halten einer Anleihe. Die Haltekosten sind die Zinsen oder Finanzierungskosten. Demgegenüber erhalten wir Erträge aus der Anleihe in Form von Kuponzahlungen (Zinszahlungen). Nehmen wir den Kassapreis der Anleihe und addieren wir die Basis dazu, so erhalten wir auch hier den fairen Wert des Future.

2.9 Die Auswirkung der Körperschaftsteuer

Ein Unternehmen, das Dividendenausschüttungen erhält, zahlt auf diese eine Körperschaftsteuer von 25 Prozent. Von angenommenen 10 Euro Dividende fließen damit zunächst 2,50 Euro an den Fiskus.

Die Börse adjustiert den Performanceindex jedoch in der Form, dass 100 Prozent der Dividende, also die gesamten 10 Euro, reinvestiert werden. Um den Arbitrage-Kassabestand nun auch in identischer Form zu adjustieren, muss der Arbitrageur ebenfalls 100 Prozent der erhaltenen Dividende in den Index (somit in seinen Kassabestand) reinvestieren. Das tut er durch Kauf der Aktie ex Dividende (also nach der Dividendenausschüttung).

Für ein inländisches Unternehmen gestaltet sich diese Reinvestition einfacher als für ein ausländisches Unternehmen, da ein inländisches Unternehmen die Körperschaftsteuer zurückfordern kann und damit über die Steuererklärung zurück erhält. Für ein ausländisches Unternehmen ist dieser Schritt nicht möglich. Das heißt, ein ausländischer Arbitrageur muss diese fehlenden 25 Prozent bei der Bestimmung der Basis berücksichtigen. Er muss folglich eine breitere Basis ansetzen, über die er die zu verlierende Körperschaftsteuer im Vorfeld einnimmt.

Da in Deutschland nach Basel III der Eigenhandel der Banken fast vollständig an ausgelagerte Hedgefonds abgegeben wurde und somit hauptsächlich (zumindest in steuerlicher Hinsicht) ausländische Institute aktiv sind, läuft die Basis zwischen FDAX/DAX während der Dividendenzeit erheblich auseinander.

Damit wird auch hier das Risiko einer falschen Dividendenberücksichtigung deutlich. Es wird stets mit einer bestimmten Dividendenhöhe kalkuliert und deren Körperschaftsteuer wird in die Berechnung der Basis eingepreist. Fällt die Dividende dann aber aus oder reduziert sie sich gegenüber den Erwartungen, ergeben sich entsprechend ungewollte Gewinne oder Verluste für den Arbitrageur, die ähnliche Auswirkungen haben können wie die unberücksichtigte Veränderung der Zinsentwicklung.

THEMENKOMPLEX 6: MARKTANALYSE

Sind Märkte prognostizierbar? Um diese Frage dreht sich eine gewaltige Industrie von Banken, Research-Instituten und Marktgurus.

Der Themenkomplex 6 befasst sich mit dieser Thematik, wobei die Reflexivität der Märkte im Mittelpunkt steht. Die Kernaussage ist: Märkte sind nicht prognostizierbar. Dennoch versuche ich zu klären, inwieweit es die Möglichkeit gibt, Kursbewegungen abzuschätzen und profitabel auszunutzen.

Profitable Arbitragemöglichkeiten haben im Optionsgeschäft nachgelassen. Daraus ergab sich die Notwendigkeit, zunehmend spekulativ im Markt aktiv zu werden. Auch für mich wurde es notwendig, mich mit spekulativen Positionierungen auseinanderzusetzen. Ein Spekulant geht bewusst eine Risikoposition ein in der Erwartung, dass sie den erwünschten Ertrag auch abwirft. Um eine Position einzugehen, bildet sich der Spekulant im Vorfeld eine Meinung zum Markt. Dieser wird diagnostiziert, um daraus Prognosen abzuleiten.

Ich befasste mich mit allen gängigen Methoden der Marktanalyse, da auch ich zunächst der Meinung war, Märkte seien klar prognostizierbar. Gingen die Erwartungen nicht auf, zog ich die Schlussfolgerung, noch härter und detaillierter analysieren zu müssen. Innerhalb unseres Teams in der Deutschen Bank befassten wir uns mit fundamentalen Herangehensweisen, arbeiteten mit Elementen der Portfoliotheorie, zählten Wellen nach Elliott und nutzten die Zahlenreihen und die sich daraus ergebenden Schlüsse nach Fibonacci. Wir beschäftigten uns schließlich sehr intensiv mit allen Themenschwerpunkten der technischen Analyse.

Am Ende blieben wir bei der technischen Analyse hängen und verstärkten hier unsere Anstrengungen. Dennoch wandelten sich mit den Jahren meine Einstellung und Blickrichtung auf die Marktanalyse im Allgemeinen und die technische Analyse im Besonderen. Ich reduziere ihre Bedeutung und ihren Sinn nicht, aber ich betrachte sie heute unter dem Blickwinkel der Reflexivität der Märkte.

Heute bin ich überzeugt, dass Märkte nicht prognostizierbar sind. Märkte sind chaotisch und unsicher. Sie richten sich nicht nach festen, definierbaren Regeln, zumindest nicht in einer Form, die mit überschaubarem Risiko handelbar wäre. Somit erscheint es auch wenig sinnvoll, nach Regeln zu suchen, die noch kaum jemand erkannt oder entdeckt hat und deren Entdeckung dem Entdecker einen gewissen Vorsprung vor allen anderen Akteuren bieten würde.

Ebenso bin ich überzeugt davon, dass uns die Marktanalyse dahingehend Unterstützung liefert, innerhalb eines chaotischen Marktes Leuchtfeuer zu setzen und damit die Reflexivität zu erhöhen. Doch viel wichtiger ist die Möglichkeit, damit die Märkte zu diagnostizieren. Wir können den aktuellen Ist-Zustand beschreiben, darauf aufbauend Szenarien entwickeln, unter Umständen Wahrscheinlichkeiten für die einzelnen Szenarien aufstellen und definieren, wann wir uns geirrt haben und wann wir das jeweilig präferierte Szenario kippen müssen.

In einem Buch der Marktanalyse[86] las ich vor Jahren, es wäre sinnvoll, Indikatoren zu nutzen, die nicht weit verbreitet sind, um dem Mainstream der Analysten zu entkommen, gängige Indikatoren mit anderen Kurszeiten zu nutzen (so nicht immer den Schlusskurs der jeweiligen Zeiteinheit, sondern zum Beispiel den Eröffnungskurs dieser Zeiteinheit), um andere und damit weniger verbrauchte Signale und Indikatoren zu erhalten als die der Masse im Markt. Ich fand diese Auffassung damals überzeugend, heute lehne ich sie ab. Im Gegenteil, ich denke heute: Wenn wir schon mit diesen Instrumentarien arbeiten, dann sollten wir mit den gängigsten, meistgenutzten, am häufigsten besprochenen Instrumenten und hier möglichst mit den am häufigsten genutzten Standardeinstellungen arbeiten. Warum? Um ihre reflexive Funktion in den Märkten ausnutzen zu können. Das ist nicht abwertend gemeint, auch nicht überheblich oder abschätzend. Ich meine es sachlich. Märkte werden von Menschen gemacht. All das sind Menschen mit einem freien Willen, Menschen, die keiner Fernsteuerung unterliegen, Menschen, welche die Instrumentarien der Marktanalyse kennen, beherrschen und auch für sich anwenden. Durch deren Anwendung greifen sie individuell in das Marktgeschehen ein und beeinflussen so den Kursverlauf.

Ich frage nicht (mehr) nach einer höheren Logik hinter den Kursbewegungen. Ich achte nur noch auf jene Menschen, deren Kauf- und Verkaufsentscheidungen die Kursbewegungen verursachen – gleichgültig, ob sie sich dabei an Analysemethoden anlehnen oder auch nicht.

---

[86] Autor und Titel sind mir bekannt.

Ich fordere jeden auf, einen freien Blick auf die wirklichen Triebkräfte im Markt zu behalten und diesen nicht zu trüben durch Glauben an zum Teil unbestätigte oder gar nachgewiesenermaßen falsche Prognosen, Regeln oder Meinungen.

Müssen wir die Regeln der Analysemethoden kennen? Ich meine ja, unbedingt sogar. Aber nur, um diese auch wirklich sinnvoll für uns zu nutzen, weil wir diese zur Fehlerkontrolle oder zur Szenarioentwicklung (nicht zur Prognose wohlgemerkt) einsetzen können. Wenn wir wissen, worauf im Markt geachtet wird, hilft uns das, völlig egal, ob wir die jeweilige Analysemethode selbst für sinnvoll halten oder für unsinnig.

1 Was Reflexivität bedeutet

Wenn der Beobachtete zum Beobachter wird, beeinflusst er die Ergebnisse der Testreihe unbewusst, da er sich darüber im Klaren ist, Bestandteil einer Testreihe zu sein. Er versucht, diese Testreihe jetzt entweder besonders gut oder auch besonders schlecht abzuschließen, je nachdem, welche Motivation dahintersteckt. Auf jeden Fall ist er nicht mehr unvoreingenommen. Deshalb werden in der Verhaltenswissenschaft viele Untersuchungen mit Tieren, Kleinkindern oder kranken Menschen durchgeführt, bei denen eine Reflexivität (noch) ausgeschlossen ist.

Der US-amerikanische Statistiker Nate Silver, auf den ich noch weiterführend zu sprechen komme, untersuchte in seinem 2013 erschienenen Werk *Die Berechnung der Zukunft*[87] die Prognostizierbarkeit von verschiedensten Ereignissen: Das waren Naturereignisse, Wetterereignisse, regelbasierte Spiele (Schach) und Sportereignisse. Aber auch mit der Prognostizierbarkeit von Ereignissen in Politik und Wirtschaft setzte er sich auseinander, bis er schließlich die Prognostizierbarkeit von Börsenkursen unter die Lupe nahm. Seine für mich persönlich in jeder Hinsicht überzeugende Kernaussage lautet: Prognosen werden immer unzuverlässiger, je mehr der Mensch bewussten Einfluss auf den Fort- und Ausgang des zu untersuchenden Ereignisses nimmt. Somit ist die Kurve statistisch sicherer Prognosen von den Naturereignissen (bei denen die Prognostizierbarkeit noch sehr hoch ist) über die regelbasierten Spiele und Sportereignisse bis hin zur Wirtschaftsprognose auffällig abnehmend. Bei der Bewertung von Börsenkursprognosen erreicht die Prognostizierbarkeit ihren Tiefpunkt.

---

[87] Nate Silver: *Die Berechnung der Zukunft*, Wilhelm Heyne Verlag / 2013.

Ich weiß, dass ich mit dieser Aussage sicher den einen oder anderen Widerspruch provozieren werde. Aber diese Sichtweise passt zu meinen Erfahrungen der letzten 25 Jahre meiner aktiven Handelstätigkeit im FDAX.

In diesem Themenkomplex möchte ich mich zunächst mit dem Thema »Prognose« allgemein auseinandersetzen, um dann die einzelnen marktanalytischen Herangehensweisen etwas zu beleuchten. Dabei werde ich mich auf Auswertungen von Dr. Bernd Niquet stützen. Er hat die fundamentale, aber auch die technische Analyse sowie die als wissenschaftlich geltende Portfoliotheorie auf ihre tatsächliche Wissenschaftlichkeit und vor allen Dingen auf ihre praktische Brauchbarkeit hin abgeklopft.[88] Im Anschluss werde ich unter den Gesichtspunkten der Finanzpsychologie die Begriffe »Widerstand« und »Unterstützung« erläutern, um daraus praktisch relevante Schlussfolgerungen zu ziehen. Da ich im Kurzfristhandel ebenfalls mit Formationen arbeite, werde ich mich auch diesen widmen und die Arbeitsweise mit ihnen kritisch bewerten. Am Ende meiner Ausführungen versuche ich die Frage zu klären, warum wir überhaupt Marktanalysen durchführen und worauf wir unter Berücksichtigung der vorangegangenen Erkenntnisse wirklich Wert legen sollten. Wo liegen die offensichtlichen Stärken des technischen Analyseansatzes und was können wir damit nicht lösen? Wie arbeiten wir damit in der handelstechnischen Praxis?

2 Kernfrage: Sind Marktentwicklungen zuverlässig prognostizierbar?

Eine strittige Kernfrage im Börsenhandel schlechthin ist das Für und Wider zuverlässiger Prognostizierbarkeit von Kursentwicklungen. In den Banken werden Heerscharen von Analysten beschäftigt. Deren Aufgabe besteht darin, zukünftige Marktentwicklungen einzuschätzen und daraus konkret umsetzbare Handelsempfehlungen abzuleiten. Doch wir brauchen den Bogen gar nicht so weit zu spannen. Selbst jeder einzelne Marktakteur versucht über die eine oder andere Methodik, den anderen Marktteilnehmern voraus zu sein und die Zukunft in Bezug auf künftige Kursentwicklungen möglichst rasch und möglichst zielgenau vorherzusagen. Das analytische Vorgehen reicht dabei vom technischen Ansatz über das Bewerten fundamentaler Faktoren bis hin zur mathematisch ausgerichteten Portfoliotheorie. Einige zählen eifrig Wellen, andere legen Trendlinien sowie Kanäle an und be-

---

[88] Bernd Niquet: *Der Crash der Theorien*, Börsenbuch-Verlag, Förtsch KG / 1997.

rechnen alle möglichen Bezugspunkte im Markt. Wieder andere argumentieren mit volks- und betriebswirtschaftlichen Kennzahlen oder arbeiten mit dem Abschätzen von Wahrscheinlichkeiten. Werden all diese Vorgehen jedoch im Hinblick auf stetigen Erfolg oder Misserfolg ausgewertet, steht am Ende bis jetzt ein ernüchterndes Ergebnis. Wahrscheinlich müssen wir die Tatsache akzeptieren, dass es entweder keine dauerhaft zuverlässige Prognosemöglichkeit gibt oder dass die Märkte selbst eine Struktur aufweisen, die sich einer solchen entzieht.

3 Was Prognose bedeutet

Das griechische Wort »prognosis« (wörtlich übersetzt: Vorwissen beziehungsweise Vorauskenntnis) wird in seiner deutschen Form »Prognose« für Vorhersage oder auch als Voraussage eingesetzt. Auch wenn es im allgemeinen Sprachgebrauch mitunter gleichgesetzt wird, hat eine Prophezeiung mit der Prognose nur insofern etwas gemein, als dass es sich hier um Aussagen handelt, die sich auf ein Ereignis oder Ergebnis in der Zukunft beziehen. Der grundlegende Unterschied zwischen beiden Herangehensweisen und Begriffen besteht jedoch in ihrer Wissenschaftsorientierung.[89]

Schon seit sie über entsprechende kognitive Fähigkeiten verfügen, waren die Menschen bemüht, Aussagen über die sie betreffende Zukunft zu erhalten. Der Übergang von der Prophezeiung hin zur Prognose vollzog sich allerdings erst mit dem Erfassen und der ersten Systematisierung von wissenschaftlichen Erkenntnissen.[90] Folglich ergibt sich für den Prognosebegriff auch eine grundsätzliche Definition: Eine Prognose basiert auf Fakten, »die oft mit formalisierten Methoden (Messungen, zeitlich gegliederten Messreihen oder Simulationen) zur Erstellung von Datenmaterial erhoben werden. Auf diesen Grundlagen können dann mit einer bestimmten Wahrscheinlichkeit Voraussagen gemacht und Entscheidungen getroffen werden.«[91]

---

[89] Quelle: Wikipedia.
[90] Was unsere heutige Vorstellung von der Zukunft deutlich von den früheren Vorstellungen unterscheidet, ist das Wissen, dass unsere Geschicke nicht in den Händen launenhafter Götter liegen und wir somit der kommenden Entwicklung nicht passiv ausgeliefert sind. Heute nutzen wir für die »Berechnung der Zukunft« nicht mehr Orakel und Weissager, sondern greifen auf Methoden zurück, die in die Bereiche der Statistik und der Wahrscheinlichkeitsrechnung hineinreichen. Wir sammeln, verbreiten und greifen auf Unmengen von Informationen zu in der Erwartung, durch deren Verarbeitung eine immer genauere, nämlich treffsichere Prognose der Zukunft erstellen zu können.
[91] Quelle: Wikipedia.

Unser Prognoseenthusiasmus erstreckt sich auf nahezu alle Lebensbereiche.[92] Im Zeitalter der Mechanisierung ging man davon aus, alle Lebens- und Gesellschaftsbereiche nach diesen Prinzipien erklären zu können. Mit dem Entdecken der Naturgesetze wurden vergleichbare Gesetzmäßigkeiten in Gesellschaft und Ökonomie gesucht und vermeintlich gefunden. Bezogen auf die Prognostizierbarkeit von Kursverläufen von Börsenwerten wurden ebenfalls Regelwerke definiert, Muster klassifiziert und Ableitungen entwickelt, denen ein ganzer Berufszweig von Finanzanalysten seine Daseinsberechtigung verdankt.

Doch eine jede Entscheidung, die wir treffen, ist nur so gut wie die vorangestellte Prognose. Und damit ergibt sich für uns die erste und wohl auch entscheidende Frage nach der Prognostizierbarkeit aller uns tangierenden Lebensbereiche und Betätigungsfelder.

Eines sollte aus unserer bisherigen Erfahrung unstrittig sein: Je mehr Erfahrung (Messreihen) wir in einem Bereich haben, desto treffsicherer ist in der Regel unsere Prognose. Dieser Prozess lässt sich aber nicht unendlich fortsetzen, denn irgendwann kippt das System. Ab einer bestimmten Informationsmenge nimmt die Qualität der Prognosefähigkeit wieder ab und die mögliche Fehlerquote wächst. Doch genau diese Informationsflut ist es heute, die uns tagtäglich überrollt und in vielen Bereichen die Fehlerquote unserer Prognosen in die Höhe treibt.

Eine zweite Einflussgröße kann zu einer drastisch ansteigenden Fehlerquote führen. Sie wurde in dieser Funktion über Jahrzehnte völlig unterschätzt: der Mensch selbst. Bei allem Aufwand, den wir betreiben, stellen wir Unterschiede in der Qualität und Zuverlässigkeit sowie Verwertbarkeit unserer Vorhersagen fest. Untersucht man diese Unterschiede wiederum näher, lässt sich ein Muster erkennen, nämlich dass die Treffsicherheit unserer Prognosen proportional abnimmt, je mehr das menschliche Verhalten selbst auf das Prognoseergebnis Einfluss hat.

---

[92] Auch wenn uns das im ersten Moment gar nicht richtig bewusst ist: Wir erstellen jeden Tag eine unerschöpfliche Menge an Prognosen und treffen darauf basierend unsere Entscheidungen. Das fängt bei so trivialen Dingen wie dem rechtzeitigen Aufstehen an. Dabei nutzen wir unbewusst bereits praktisch durchgeführte Zeitreihenmessungen (Wie lange benötige ich zur Körperpflege, fürs Anziehen und Frühstücken?), um abschätzen zu können, ob wir pünktlich aus dem Haus kommen. Wir rechnen uns aus, wann wir gefahrlos die Straße überqueren können und wann wir unser Gegenüber grüßen (sodass es uns hört und Zeit genug hat, um durch einen Gegengruß zu reagieren). Doch auch in wichtigeren Dingen des Alltags stützen wir uns immer wieder auf Prognosen, auf denen Entscheidungen basieren, die wir anhand bisher gesicherter Erkenntnisse (Messungen) treffen. Führen wir diesen Gedanken konsequent zu Ende, wird deutlich, dass das Prognostizieren ein Bedürfnis und eine Fähigkeit ist, die für uns existenziell ist.

Der amerikanische Statistiker Nate Silver, der 2013 in Deutschland mit der Veröffentlichung seines Buches *Die Berechnung der Zukunft* bekannt wurde, setzte sich mit diesem Phänomen sehr intensiv auseinander, indem er verschiedenste Prozesse auf ihre statistische Prognostizierbarkeit hin untersuchte.[93] Beginnend bei der Prognostizierbarkeit von Sportereignissen (hier in erster Linie Baseball), über Wettervorhersagen, Schach, Erdbeben, Poker, Terrorismus, Seuchen, Klimawandel und natürlich bis hin zur Prognostizierbarkeit der Wirtschaftsentwicklung und der Finanzmärkte deckte er in seinen Forschungen ein breites Spektrum prognostizierbarer Themengebiete ab. Silver kam zu dem Schluss, dass es nicht immer nur die (möglicherweise unvollständig) vorliegenden Mess- und Bewertungsgrößen sind, die zu Fehlprognosen führen. Es sind die Prognostiker selbst, die entweder das Signal mit dem Rauschen verwechseln und umgekehrt oder den Einfluss des irrationalen menschlichen Verhaltens falsch einschätzen oder unterschätzen.

Folgt man dieser Überlegung, lässt sich tatsächlich unterstellen, dass die Prognostizierbarkeit von Prozessen eine höhere Trefferquote aufweist, innerhalb deren der Mensch eine eher untergeordnete Rolle (Wetter, Erdbeben) spielt oder die an Regeln gebunden sind (Schachspiel). Dagegen sinkt die Trefferquote deutlich bei Themenbereichen, innerhalb deren es vornehmlich um die Prognose von menschlichen Aktivitäten (Wirtschaft) oder deren Schlussfolgerungen und Konsequenzen (Finanzmärkte) geht.

Wetterphänomene sind weitestgehend unbeeinflusst von Menschen. Das hat ihre Vorhersagbarkeit in den letzten Jahren auffallend verbessert und macht die heutigen Wetterberichte mitunter beeindruckend zuverlässig.[94] Diese Art der Prognostizierbarkeit wollen wir an dieser Stelle jedoch ausklammern und uns auf Felder fokussieren, die den Menschen und seine Aktivitäten im Blickfeld haben.

Beginnen wir zunächst mit einem Bereich menschlicher Aktion und Reaktion, die jedoch, anders als die freie Wirtschaft, einem strikten Regelwerk unterliegt: das Schachspiel. Der Vater des modernen Schachcomputers hieß Claude Elwood Shan-

---

[93] Nate Silver, ein 1978 geborener amerikanischer Statistiker, wurde international bekannt, als er 2012 zu den amerikanischen Präsidentschaftswahlen die Gewinner aller 50 Bundesstaaten korrekt voraussagte. Doch bereits vor 2012 hatte er sich auf dem Gebiet der Statistik und Prognoseerstellung einen Namen gemacht. Wie man seiner Vita entnehmen kann, wurde er 2009 durch das *Time Magazine* zu einem der 100 einflussreichsten Menschen der Welt gekürt.

[94] Diese Aussage bezieht sich auf die klassische Wetterprognose, wie wir diese aus den täglichen Nachrichten kennen. Ausdrücklich nicht sind die Prognosen über Einfluss und mittel- bis langfristige Auswirkungen unseres Handels im Zusammenhang mit der globalen Erwärmung gemeint.

non vom MIT. Er gilt als der Begründer der Informationstheorie[95] und definierte das Schachspiel als ein Spiel mit relativ einfachen Regeln, das weder mit Glück noch mit Zufall zu tun habe. Wir haben es hier mit einem eindeutigen Regelwerk zu tun, das eine Vielzahl von regelgebundenen Spielzügen zwar zulässt, sie aber in jeder Hinsicht berechenbar macht. Nur aufgrund dieser Tatsache kann ein Computer gegen einen Menschen spielen und auch in hoher Folge gewinnen, sofern ihm die Spielzugmöglichkeiten vorgegeben wurden und er ganze Zugfolgen berechnen kann.

Nate Silver bringt das Schachspiel trotz seiner strengen Regelgebundenheit in die analytische Nähe der Prognostizierbarkeit menschlicher Aktivitäten. Er schreibt: »Die Spieler müssen Informationen verarbeiten: die Stellungen von 32 Figuren auf dem Schachbrett und die möglichen Züge. Sie müssen Informationen verwenden zur Entwicklung einer Strategie, mit deren Hilfe der Gegner schachmatt gesetzt werden soll. Diese Strategien entsprechen im Wesentlichen verschiedenen Hypothesen darüber, wie das Spiel zu gewinnen ist. Wer diese Aufgabe bewältigte, besaß die bessere Hypothese.«[96]

Kommen wir nun zu den Finanzmärkten und hier konkret zu den Kursentwicklungen börsengehandelter Werte. Ich betrachte eine Kursprognose als das komplette Gegenteil von einem regelgebundenen Schachspiel, da hier alle Eigenschaften menschlichen Geistes zum Tragen kommen. Natürlich haben wir auch in der Wirtschaft und in den Finanzmärkten Regeln, Richtlinien und vorgegebene Ablaufmuster. Doch sind diese bei Weitem nicht so klar und richtungsweisend, so unumstößlich und eindeutig wie im Schachspiel. Ist die Wirtschaft in ihrer Entwicklung bereits stark abhängig vom menschlichen intellektuellen Verhalten, wird die Prognose von Kursverläufen noch irrationaler. Hier haben wir es ja praktisch mit einem Derivat der Wirtschaftsentwicklung zu tun. Hier geht es nicht um die Frage der richtigen Interpretation und Prognose der Wirtschaft als Basiswert, sondern es geht um die Frage, wie die Interpretation des Marktteilnehmers lautet, der die wenig rational bewertbaren Wirtschaftsdaten für seine Anlageentscheidung heranzieht. Bei einem Schachspiel, aber auch beim Wetter oder bei der Erbebenerforschung sind der

---

[95] Quelle: Wikipedia.
[96] Nate Silver, *Die Berechnung der Zukunft*, Heyne 2013, Seite 327. Da die strenge Regelgebundenheit menschlichen Stärken wie Flexibilität, Fantasie und logischem Denken nur in Maßen Spielraum lässt, war es nur eine Frage der Zeit, bis Computer den Menschen in diesem Spiel dauerhaft schlagen konnten. Unterstellte man noch bis Mitte der 90er-Jahre, dass es nicht selbstverständlich sein würde, dass eine Maschine den menschlichen Intellekt (zumindest in diesem Spiel) schlagen wird, änderte sich diese Ansicht, als der russische Großmeister Kasparow, der damals beste Schachspieler der Welt, gegen einen der damals leistungsfähigsten Computer (Deep Blue von IBM) antrat.

menschlichen Fantasie bei der Beeinflussung dieser Prozesse Grenzen gesetzt. Eine Beeinflussung ist nahezu ausgeschlossen. Im Wirtschaftsleben ist diese Komponente dagegen prägend. Folglich kommt ihr eine hohe Bedeutung in der Prognose zu.

4 Märkte sind reflexiv und damit nur sehr schwer prognostizierbar

Wir unterscheiden grundsätzlich drei Theorien, mit denen versucht wird, das Verhalten der Anleger an den Börsen zu beurteilen und die Kursentwicklungen zu prognostizieren. Da ist zum einen die technische Marktanalyse, zum zweiten die Fundamentalanalyse und zum dritten die Portfolio- und Kapitalmarkttheorie. Im Folgenden werden wir uns im Schwerpunkt mit der **technischen Marktanalyse** befassen, da diese unser Hauptanalyseinstrument im Trading ist. Der **fundamentale Analyseansatz** und die **Portfolio- und Kapitalmarkttheorie** eignen sich nicht für Handelsentscheidungen in den Zeitfenstern, in denen wir uns bewegen.

Die **Fundamentalanalyse** beruht in ihrem Kern darauf, grundsätzliche Faktoren und Entwicklungstendenzen basierend auf der Ermittlung wirtschaftlicher Daten zu bewerten und daraus Prognosen für die Markt- und Kursentwicklung abzuleiten. Hierbei liegt der Fokus auf Wirtschaftsdaten, die geeignet sein könnten, einen Einfluss auf das Geschehen an den Vermögensmärkten zu nehmen, die jedoch nicht primär selbst Ergebnis von Handlungen auf den Vermögensmärkten sind.[97] Hintergrund dieser Aussage ist die Überlegung, dass ein Vermögensmarkt langfristig betrachtet eine korrekte und effiziente Widerspiegelung der Fundamentalfaktoren darstellt. Kurzfristig jedoch kommt es zu Abweichungen oder Marktineffizienzen, die sich jedoch auf Basis der Fundamentalanalyse dahingehend ausnutzen lassen, dass es möglich ist, hier systematische Gewinne zu erzielen.[98] Hierzu greifen die Akteure auf eine Vielzahl von Fundamentaldaten zu, mit denen sie die Wirtschaftsentwicklung verstehen und bewerten wollen. Ausgehend von auftretenden Verzerrungen, (Über- oder Unterbewertungen) zielen fundamental orientierte Marktakteure darauf ab, durch entsprechende Auswertungen sinnvolle Marktpositionierungen und Han-

---

[97] Bernd Niquet: *Der Crash der Theorien*, Börsenbuchverlag 1997, Seite 99 ff.
Die **Effizienzmarkthypothese** (engl. *Efficient Market Hypothesis*, kurz EMH) wurde 1970 von Eugene Fama als mathematisch-statistische Theorie der Volkswirtschaftslehre aufgestellt. Finanzmärkte, so die These, sind effizient, insofern vorhandene Informationen bereits eingepreist seien und somit kein Marktteilnehmer in der Lage sei, durch technische Analyse, Fundamentalanalyse, Insiderhandel oder anderweitig zu dauerhaft überdurchschnittlichen Gewinnen zu kommen. Siehe dazu auch Wikipedia unter dem Begriff »Effizienzmarkthypothese«.
[98] Ebenda, Seite 101.

delsaktivitäten durchführen zu können. Doch unabhängig von ihrer Stellung zum Für und Wider der realistischen Stärke der Fundamentalanalyse sind sich alle Akteure weitestgehend einig, dass ihre Ausrichtung vorrangig strategischen, weniger taktischen Charakter hat.

Die **Portfolio- und Kapitalmarkttheorie** entstammt aufgrund ihrer Herangehensweise einem hundertprozentig akademischen Umfeld. Im Unterschied zur technischen oder fundamentalen Marktanalysetheorie werden hier keine quantitativen Prognosemöglichkeiten postuliert, sondern eher nur Normen zur Portfolio- und Vermögensanlagestruktur aufgestellt. Das geschieht, um bei einer im Vorfeld klar definierten Risikostruktur einen höheren Ertrag erwirtschaften zu können oder auch umgekehrt bei gegebenem Ertrag ein geringeres Risiko einzugehen.[99] Den Grundstein für die sogenannte moderne Portfoliotheorie legte Harry Markowitz in einem 1957 erschienenen Artikel. Dort zeigte er, wie man die Preisschwankungen eines Portfolios verringern kann durch die Wahl von Wertpapieren, deren Preise negativ korreliert sind, ohne dass dies den Ertrag beeinträchtigen würde. Diese Idee legte den Grundstein für eine auf Mathematik und Statistik basierende Finanztheorie zur Bewertung von Finanzprodukten, zur Steuerung von Portfolios und eben auch zum Risikomanagement in Banken. Auch wenn es die moderne Portfoliotheorie im Jahre 1921 noch nicht gab, wies der damalige amerikanische Ökonom Frank Knight, der später an der Universität von Chicago forschte und lehrte, bereits auf einen Risikofaktor hin, der die Ergebnisse der modern Portfolio- und Kapitalmarkttheorie auch heute noch immer wieder zum Stolpern bringt.[100] Knight arbeitete heraus, dass man zwischen Risiko und Unsicherheit unterscheiden müsse. Risiko können wir messen, Unsicherheiten nicht. Wo die Gesetze der Wahrscheinlichkeitstheorie unbekannt sind, besteht Unsicherheit. Mit Unsicherheit kann aber die moderne Finanztheorie nicht umgehen. Sie blendet sie aus, weil sie dann nichts mehr sagen kann, und geht einfach davon aus, dass nur berechenbare Risiken existieren.[101]

Kritiker der modernen Portfoliotheorie sehen in ihrer Vorgehensweise eine Hauptursache für den Anstoß, der zur Finanzkrise 2007 führte. Der ehemalige Chefvolkswirt der Deutschen Bank, Thomas Mayer, beschrieb die brisante Wechselwirkung wie folgt: »Die Verbriefung insbesondere von US-amerikanischen Hypotheken minderer Qualität nahm in den 2000er-Jahren außerordentlich zu. Durch die Bündelung wenig korrelierter Hypotheken in eine neue Anleihe [...] sollte das mit den

---

[99] Ebenda, Seite 153 ff.
[100] Thomas Mayer, *Die Neue Ordnung des Geldes*, FinanzBuch Verlag, München 2015, Seite 63 ff.
[101] Ebenda, Seite 65.

einzelnen Hypotheken verbundene Risiko reduziert werden, ohne dass darunter die Rendite leiden sollte. Auch diese Technik entstammt der modernen Portfoliotheorie und liefert die erwartete Veredelung wenig attraktiver Hypotheken nur dann, wenn die Erträge dieser Instrumente auch tatsächlich wenig, gar nicht, oder (am besten) negativ miteinander korreliert sind.«[102] Was der mathematische Bewertungsansatz jedoch nicht berücksichtigte, war der totale Zusammenbruch des US-amerikanischen Immobilienmarktes. Eine negative Korrelation blieb aus, vielmehr blieben plötzlich fast alle Hypotheken unbedient. Folglich drängt sich der Eindruck auf, dass die moderne Portfolio- und Kapitalmarkttheorie mit Annahmen über Zustände arbeitet, die in der Vergangenheit bereits tatsächlich aufgetreten sind, aber unbekannte Risiken und Möglichkeiten (schwarze Schwäne) nicht berücksichtigt.

Wenden wir uns jetzt unserem bevorzugten Arbeitsinstrument zu, der technischen Marktanalyse, nachdem wir nun wissen, dass wir mit den beiden anderen Analyseansätzen zumindest in unserem Handelszeitfenster nicht arbeiten können. Vorweg möchte ich festhalten, dass ich ein überzeugter »Techniker« bin. Zumindest halte ich diesen Analyseansatz für das Werkzeug, mit dem wir unsere Ein- und Ausstiege im Markt am ehesten definieren können. Aber all die Jahre haben mich gelehrt, dass man auch den technischen Handelsansatz sehr kritisch betrachten muss, um dessen wirkliche Stärken, aber auch die Grenzen und Schwächen zu erkennen und zu verstehen. Auf keinen Fall dürfen wir diese Theorie ohne Prüfung und Hinterfragung einsetzen. Ich für meinen Teil greife sehr selektiv auf die Instrumentarien der technischen Analyse zurück. Dabei stütze ich mich nur auf jene Teilbereiche, die ich verstanden habe. Der ungefilterte Einsatz von Regelwerken, Indikatoren oder Studien, ohne sich im Vorfeld wirklich intensiv damit auseinandergesetzt zu haben, kann rasch zu Verlusten führen. Hier beziehe ich mich auch ganz konkret auf beschreibende Vorgehensweisen in der Fachliteratur. Wie überall wird auch in diesem Bereich eine Menge Unsinn produziert, der den Verdacht aufkommen lässt, dass nicht alle beschriebenen Analyse- und Handlungsschritte in der Praxis wirklich jemals real erfolgreich zum Einsatz gebracht wurden. Also gilt auch hier: Selektives Vorgehen ist Trumpf. Ich empfehle angehenden Tradern folglich immer wieder, jede Meinung, Aussage oder These zu hinterfragen und abzuklopfen. Pauschalaussagen wie »Der Indikator liefert Verkaufs- oder auch Kaufsignale, wenn der Markt überhitzt ist« oder »Diese oder jene Formation ist eine Kauf- oder Verkaufsformation« sind ohnehin kritisch zu betrachten, da statistische Auswertun-

---

[102] Ebenda, Seite 65.

gen (sofern möglich) zeigen, dass diese Festlegung nicht der praktischen Tatsache entspricht.

Ich möchte folglich in den kommenden Ausführungen zum Thema weniger an der Einführung zur technischen Analyse festhalten, hierzu gibt es bereits Unmengen an Fachliteratur. Vielmehr möchte ich einige Gedankenanstöße für eine kritische Herangehensweise und für eine aus meiner Sicht sinnvolle Nutzung dieser Analyse- und Diagnosemethode geben. Ich beginne mit einer kritischen Hinterfragung der bekanntesten Grundsätze dieser Analysemethode.

Die Kernthese der technischen Analyse lautet, dass hier, ohne Rückgriff auf fundamentale betriebs- und volkswirtschaftliche Daten, allein basierend auf Kursdaten der zu analysierenden Börsenwerte Prognosen auf zukünftige Kursentwicklungen getroffen werden können. Die Hauptprämisse, ohne die der ganze technische Analyseansatz hinfällig wäre, ist, dass es in den Kursverläufen zeitlich invariante Muster gibt, die aus der Vergangenheit Schlussfolgerungen auf die zukünftige Entwicklung zulassen. Zur Begründung dieser Aussage wird das Argument ins Feld geführt, dass wir Menschen im Grunde ein vergleichbares, unveränderliches, emotionsgetriebenes Verhaltensmuster an den Tag legen, das sich unter bestimmten Umständen immer wiederholt und auch zukünftig wiederholen wird. Treiben wir diese Einschätzung auf die Spitze, dann hieße das, wir unterstellen zumindest ähnliche, sich immer wiederholende Gesetzmäßigkeiten in Bezug auf unser Verhalten, wie wir diese in der Naturwissenschaft vorfinden. Eine Besonderheit wird diesen vermeintlichen Gesetzmäßigkeiten dennoch unterstellt: Sie lassen sich nämlich offensichtlich nicht in strenge und exakt berechenbare Ursache-Wirkungs-Prinzipien unterteilen. Somit sind unsere Schlussfolgerungen, die wir aus der Analyse herausziehen, nicht so streng determinierbar wie Naturgesetzmäßigkeiten. Wir räumen folglich den Einschätzungen aus der technischen Analyse größere Freiheitsgrade ein und gehen von einer größeren Unschärfe aus. Dies spiegelt sich darin wider, dass keine quantitativ genau bestimmbaren Kursprognosen getroffen werden (können), sondern nur die (mögliche) zukünftige Kursrichtung angegeben wird.

Jeder, der sich mit Kursverläufen von Börsenwerten schon einmal beschäftigt hat, hat aber selbst schon festgestellt, dass sich tatsächlich Trendtendenzen entwickeln (können), dass es tatsächlich Kursmuster gibt, die mit zum Teil akzeptablen, statistisch bewertbaren Trefferquoten vorhersagbare Entwicklungen ableiten, und dass sich auch das Phänomen der Widerstands- und Unterstützungsbildung innerhalb von Kursverläufen nachweisen lässt. Um damit aber auch sinnvoll arbeiten zu können, müssen wir hinterfragen, wie es möglich sein kann, dass in Bereichen, die von menschlichen Handlungen derart dominiert sind wie Vermögenswerte, zeitlich invariante Gesetzmäßigkeiten offensichtlich existieren.

Der Berliner Volkswirt Dr. Bernd Niquet führt in seinem Werk *Der Crash der Theorien* drei mögliche Antworten auf diese Frage auf. Niquet schreibt, dass ...

a) ... diese offensichtliche Gesetzmäßigkeit der Kursentwicklung das Resultat menschlichen Verhaltens ist, in gleicher Weise wie die Natur von fundamentalen, unabhängig von uns existierenden Gesetzmäßigkeiten bestimmt wird,

b) ... sich daher ergibt, dass die Theorie hier in ihren eigenen Gegenstandsbereich hineinwirkt und damit als eine sich selbst erfüllende Prophezeiung wirkt,

c) ... die Theorie funktioniert, ohne dass wir Gründe dafür angeben können. Diese letzte Sichtweise ist im gewissen Grade verbreitet. Man akzeptiert die Tatsache, ohne nach den Gründen zu fragen. Diese Herangehensweise wird als instrumentalistische Theorieauffassung[103] bezeichnet.

Die Gültigkeit der letzten Antwort widerlegt Niquet allerdings sehr rasch. Er gibt zunächst zu bedenken, dass unter dieser Herangehensweise »kein seriöses Abgrenzungskriterium gegenüber offensichtlich unsinnigen Erklärungen beziehungsweise der Scharlatanerie geliefert werden kann«.[104] Darüber hinaus würde diese Theorie implizieren, dass das menschliche Verhalten durch Gesetzmäßigkeiten bestimmt wird, die unabhängig voneinander existierten. Damit stünde eine echte menschliche Entscheidungsfreiheit infrage. Sich wandelnde Handlungen von Menschen, die diese Gesetzmäßigkeiten außer Kraft setzen könnten und würden, wären dann nicht zu erwarten. Folgen wir dieser Argumentation weiter, lassen sich die Konsequenzen einer instrumentalistischen Theorieauffassung in den meisten Fällen wohl doch auf die genannten Antworten (a) versteckte Gesetzmäßigkeiten oder auch (b) sich selbst erfüllende Prophezeiungen zurückführen.

Wir werden jetzt die gängigsten chart- und markttechnischen Regeln und Instrumente unter Berücksichtigung der beiden verbleibenden Antworten auf ihre

---

[103] Quelle: Wikipedia (Stichwort Effizienzmarkttheorie).
[104] Bernd Niquet: *Der Crash der Theorien*, Börsenbuchverlag, 1997, Seite 66 ff.

Plausibilität hin untersuchen. Ziel dabei ist, zu verstehen, was hinter diesen analysierbaren Phänomenen steckt. Im Ergebnis wollen wir überprüfen, ob und inwieweit wir diese gängigen und hinterfragten Grundregelwerke und Basisinstrumente tatsächlich sinnvoll in unserem Handel einsetzen können.

5 Überprüfung der charttechnisch gültigen Grundprämissen

Beginnen wir mit der Hinterfragung der gültigen Grundprämissen der technischen Analyse. Diese lauten:

a) Die meisten der am Markt bekannten fundamentalen Informationen zu einem an der Börse gehandelten Basiswert (bis hin zu Insiderinformationen) sind im Kurs eingepreist. In der Konsequenz kann sich der technische Analyst somit die eigene Interpretation der fundamentalen Daten ersparen und sich folglich voll und ganz auf den Kursverlauf selbst konzentrieren, da sich darin bereits jede Interpretation durch die übrigen Marktteilnehmer widerspiegelt.

b) Die Kurse der Basiswerte bewegen sich in Trends. Hierbei wird unterstellt, dass ein bestehender Unterschied im Angebot/Nachfrage-Verhältnis dazu führt, dass sich Kurse tendenziell in eine Richtung bewegen, bis das Ungleichgewicht aufgehoben ist, was einen Übergang in eine Konsolidierungsphase bedeutet. Verändert sich jetzt abermals das Verhältnis zwischen Angebot und Nachfrage – diesmal zugunsten der im Vorfeld unterlegenen Seite –, führt dies zu einem Richtungs- und Trendwechsel. Andernfalls würde sich der im Vorfeld dominante Trend fortsetzen.

c) Kursverläufe neigen dazu, sogenannte Kursmuster beziehungsweise Kursformationen auszubilden, denen immer wieder vergleichbare Kursverlaufsentfaltungen folgen. Diese Prämisse wird mit der Tatsache begründet, dass sich das emotional getriebene Anlegerverhalten nicht grundsätzlich verändert und somit ähnliche Situationen immer wieder ähnliche Reaktionen der Akteure hervorrufen, die sich in Kursmustern widerspiegeln.

5.1 Zu a): Sind die Börsenmärkte effizient?

An Börsenmärkten gibt es keinen Konsum oder Verbrauch. Hier liefert der Markt ein Bild der gegenwärtigen Bewertung von zukünftigen Preisentwicklungen der jeweiligen Vermögenswerte. Konkret bildet dieser Markt heute das aktuell gültige, vorherrschende Bild von der Zukunft ab. Ob dies jedoch tatsächlich das Maximum an individuellem Wissen aller Marktteilnehmer nachbildet, können wir nicht nachweisen – wir unterstellen es nur ungeprüft. Wir können noch nicht einmal behaupten, dass der Markt immer recht hat. Denn das wäre nur dann der Fall, wenn tatsächlich die gegenwärtige und zukünftige Knappheitseinschätzung korrekt widergespiegelt wäre. Wenn wir eine solche Einschätzung jedoch tatsächlich treffen könnten, dann bräuchten wir wiederum keinen Markt, sondern könnten allwissend planen.

Volkswirtschaftler bewerten die Funktionserfüllung der Märkte somit nach anderen Maßstäben – nach ihrer Effizienz. Der höchste Grad an Effizienz in einem Markt wäre erreicht, wenn kein einziger Marktteilnehmer mehr in der Lage wäre, durch Kauf oder Verkauf aufgrund eines besseren Wissensstandes einen systematischen Gewinn zu erzielen. Das würde bedeuten: In einem absolut effizienten Vermögensmarkt kann der Definition nach niemand eine dauerhaft funktionierende Theorie einsetzen, aus der abgeleitet werden könnte, ob Kurse steigen oder fallen werden. Die statistische Wahrscheinlichkeit, ob sich vom Zeitpunkt *jetzt* die Kurse in *Zukunft* nach oben oder unten bewegen werden, ist immer gleich groß. Diese Grundthese vertritt übrigens die sogenannte Random-Walk-Hypothese (auch Markteffizienztheorie genannt). Sie besagt: Aktienmärkte sind effiziente Märkte. Was nichts anderes bedeutet als: Die zukünftigen Kursverläufe von Aktienkursen lassen sich nicht vorhersagen.

Die Praxis lässt allerdings an der absoluten Gültigkeit der Markteffizienztheorie Zweifel aufkommen. Deshalb wurde das Problem abgestuft (wie immer, wenn man in der Wissenschaft nicht auf geradem Wege vorwärtskommt). Konkret: Die Volkswirtschaft hat unterschiedliche Grade der Effizienz eingeführt.

Die mildeste Form der Effizienzmarkthypothese unterstellt eine **schwache Markt- und Informationseffizienz**. Hier geht man davon aus, dass alle vergangenen Kursentwicklungen vollständig in den Kursen berücksichtigt sind. Die Theorie besagt aber weiter, dass aus den Kursverläufen der Vergangenheit nicht auf Kurse in Gegenwart und Zukunft geschlossen werden könne. Die beste Schätzung des zukünftigen Kurses wäre demnach der aktuelle Kurs, eine bessere Prognose, zum Beispiel durch technische Analyse, ist gemäß dieser Aussage nicht möglich.[105]

Bei der **mittelstarken Effizienzmarkthypothese** (auch halb-strenge Effizienz genannt)[106] wird unterstellt, dass alle öffentlich verfügbaren Informationen bereits in den Kursen eingepreist sind. Damit wäre folgerichtig auch der fundamentale Analyseansatz hinfällig und würde dem Investor keinen systematischen Mehrnutzen erbringen.

Die höchste Stufe ist die **strenge Effizienz.** In dieser ausgeprägtesten Form der Effizienz wären sämtliche, also auch die nicht öffentlich zugänglichen Informationen in den Kursen enthalten, womit definitionsgemäß auch Insiderhandel keinen systematischen Vorteil erbringen würde.

Seit Ende der 1970er-Jahre wird die Effizienzmarkttheorie bereits in Zweifel gezogen. Denn empirische Überprüfungen von Datenreihen ergaben Anomalien, die klar im Widerspruch dazu standen.[107] Der US-amerikanische Ökonom und Professor für Wirtschaftswissenschaften an der Yale University Rober J. Shiller schrieb 1981: »Für den zwanglosen und ehrlichen Beobachter sollte aufgrund der Volatilitätsargumente wie den hier dargestellten klar sein, dass die Effizienzmarkthypothese falsch sein muss ... Das Scheitern des Modells der Effizienzmarkthypothese ist so dramatisch, dass es unmöglich erscheint, das Scheitern solchen Dingen wie Datenfehlern, Problemen des Preisindex oder Änderungen im Steuerrecht zuzuschreiben.«[108]

Die Fachliteratur verweist zudem auf empirische Tests, die alle drei Unterteilungen der Markteffizienz auswerten. Hierzu lassen sich folgende Ergebnisse festhalten:

▶ Die Auswertungen der **schwachen Effizienz** zeigten, dass sie in der Realität nicht gegeben ist. Eine serielle Korrelation von Kursen besteht höchstens kurzfristig, ein systematisches Ausnutzen von Informationen erfolgt aufgrund der

---

[105] Ich persönlich bin von dieser Einschätzung nicht sehr weit weg und vertrete die Ansicht, dass die technische Analyse ein sinnvolles und wertvolles Diagnoseinstrument ist, aber in Bezug auf ihre Prognosefähigkeit ihre Grenzen hat wie jede andere Analysemethode auch. Ich vertrete die Ansicht, dass wir mithilfe der technischen Analyse und der ihr zur Verfügung stehenden Instrumentarien jedoch sinnvolle Szenarien erstellen und diese über den Zeitverlauf immer wieder auf ihre Gültigkeit hin abklopfen können. Ich werde diese Aussage im Folgenden erläutern und begründen.
[106] Bernd Niquet, *Der Crash der Theorien*, Börsenbuchverlag 1997, Seite 59 ff.
[107] Quelle: Wikipedia (Stichwort Effizienzmarkthypothese).
[108] Ann-Christine Schulz, *Die Rolle der Finanzanalysten bei der Verbreitung von Managementkonzepten*, Gabler Verlag 2011, Seite 55.

Transaktionskosten nicht.[109] Dennoch fällt bei der Durchsicht der diversen Auswertungen und Begründungen auf, dass es einige Auffassungsunterschiede gibt. So weisen einige Experten darauf hin, dass es durchaus längere Perioden geben kann, in denen die Bedingungen der schwachen Effizienz gelten. Daneben gibt es aber auch Perioden, in denen sie nicht gelten. Daraus zieht Niquet die Schlussfolgerung, dass in Bezug auf die Einschätzung, ob Märkte schwach effizient sind, Zurückhaltung geboten sei.[110] Er schreibt: »Da jedoch die Bedingungen über die Gültigkeit nicht angegeben werden können, man also nie wissen kann, wann die technische Analyse profitabel sein könnte und wann nicht, ist auch hier wohl eher Zurückhaltung angebracht.«

- Empirische Untersuchungen zur mittelstarken Effizienz kommen tendenziell zu einer Bestätigung. Aufgrund von methodischen Problemen sind jedoch diese Ergebnisse auch mit Vorsicht zu behandeln.[111]

- Was die starke Effizienz betrifft, herrscht in der Fachliteratur dagegen überwiegend Einigkeit: In der Realität kommt sie nicht vor. Hierbei wird als Hauptargument angeführt, dass bei Veröffentlichung wichtiger Informationen an den Börsen regelmäßig signifikante Kursveränderungen zu beobachten sind, ein Sachverhalt, den jeder Akteur aus eigener Erfahrung bestätigen kann. Diese Informationen können somit nicht schon vorher eingepreist gewesen sein.

In der Konsequenz dieser Auswertungen wird zunehmend auch der Random-Walk-Ansatz abgelehnt. Der US-Amerikaner Paul Krugman, Professor für Volkswirtschaftslehre an der Princeton Universität und Träger des Alfred-Nobel-Gedächtnispreises für Wirtschaftswissenschaften, bezeichnete in diesem Zusammenhang die Behauptung des FAMA, dass es keine Spekulationsblasen gibt, als eindeutig kontrafaktisch.[112]

Ziehen wir also folgende Schlussfolgerung: Die Effizienz der Märkte ist nicht bewiesen. Im Gegenteil: Immer mehr Experten zweifeln diese Theorie an, was den Einsatz der technischen Analyse damit nicht ad absurdum führt und in der Praxis weiterhin als gerechtfertigt erscheinen lässt. Damit behält Prämisse a) ihre Gültigkeit.

---

[109] Michael Heun, *Finanzmarktsimulation mit Multiagentensystemen*, Deutscher Universitäts-Verlag, 2007, Seite 95.
[110] Bernd Niquet, *Der Crash der Theorien*, Börsenbuchverlag 1997, Seite 60.
[111] Michael Heun, *Finanzmarktsimulation mit Multiagentensystemen*, Deutscher Universitäts-Verlag, 2007, Seite 95.
[112] In den USA ist Krugman als Begründer der Neuen Ökonomischen Geographie bekannt und veröffentlicht wöchentlich Kolumnen in der **New York Times**.

Wenden wir uns der Prämisse b) zu: nämlich der Aussage, dass sich Kurse in Trends bewegen.

5.2 Zu b): Kurse bewegen sich in Trends – die Gründe

Die Kernfrage lautet: Wenn doch Märkte und Kursentwicklungen reflexiv sind, lassen sie sich dennoch sinnvoll und im gewissen Grade zuverlässig prognostizieren und handelstechnisch ausnutzen? Sehen wir uns dazu Kursverläufe in verschiedensten Zeitfenstern an (intraday sowie auch auf Tages-, Wochen-, Monatsbasis). Dabei fällt zweifellos auf, dass Kurse zur Trendbildung neigen. Das ist ein unbestreitbarer Fakt. Diese Neigung zur Trendbildung wird in verschiedensten Handelsstrategien ausgenutzt.

Wir wollen die Gründe eines offensichtlichen Trendverhaltens von Kursen in Bezug auf die beiden verbliebenen möglichen Antworten Niquets abklopfen, um eine mögliche Gesetzmäßigkeit zu definieren sowie analytische und handelstechnische Konsequenzen daraus zu ziehen. Rekapitulieren wir: Es gilt, das Trendverhalten von Kursen einmal unter dem Gesichtspunkt versteckter Gesetzmäßigkeiten zu überprüfen, die ähnlich einem Naturgesetz sind. Zum anderen ließe sich das Trendverhalten von Kursen als eine sich selbst erfüllende Prophezeiung verstehen. Eine instrumentalistische Erklärung haben wir im Vorfeld ja bereits ausgeschlossen.

Sehen wir uns eine Trendbildung eines Kursverlaufes unter dem Aspekt einer versteckten Gesetzmäßigkeit an. Ließe sich eine solche Gesetzmäßigkeit beweisen, hätte dies einen nachhaltigen Einfluss auf unsere Handelstätigkeit. Lässt sich eine Gesetzmäßigkeit dagegen nicht nachweisen, müssen wir einen anderen Erklärungsansatz finden und daraus entsprechende Konsequenzen für unsere praktische Arbeitsweise im Markt erarbeiten.

Wenn eine Trendbildung eines Kursverlaufes einer Gesetzmäßigkeit folgt, müssten wir in der Natur weitere Beispiele finden, die sich in Trends darstellen lassen. Und solche Trendentwicklungen gibt es tatsächlich. Grafiken, die Entwicklungen von natürlichen, nicht vom Menschen beeinflussten Prozessen wiedergeben, zeigen ebenfalls Tendenzen – selbst über längere Zeiträume hinweg. So treten Trends in der Evolution im Allgemeinen wie auch bei der Vermehrung einzelner Populationen auf. Wohin wir sehen, neigt die Natur offensichtlich zu einer tendenziellen

Entwicklung. Damit stünden auch Trendentwicklungen der Preise von Vermögenswerten nicht im Widerspruch zu dieser Tendenz. Was wir in der Natur jedoch nicht vorfinden, ist eine Linearität (eine Entwicklung wie mit einem Lineal gezogen). Diese Linearität ist hingegen für sehr viele Trendverläufe in verschiedensten Zeitfenstern bei Kursentwicklungen recht typisch. Sie erlaubt sogar eine Definition von potenziellen Handelssignalen, die genau dann greifen, wenn es Abweichungen von diesem Trend gibt. Somit lassen sich hier zwar durchaus naturwissenschaftliche Analogien finden. Lineare Trends finden jedoch überhaupt keine Entsprechung in der Natur. Damit wäre jede argumentative Begründung linearer Trends in Bereichen menschlichen Handelns mit der Natur und ihren Gesetzmäßigkeiten unplausibel.

Also müssen wir für die Erklärung linearer Trends einen alternativen Erklärungsansatz suchen und diesen dann bei dessen Bewertung im Zusammenhang mit unseren Handelsansätzen berücksichtigen. **Wirtschaftspsychologen haben festgestellt, dass Wirtschaftssubjekte (also Menschen) unter reflexiven Rahmenbedingungen dazu neigen, ihr eigenes Verhalten stark an dem Verhalten der anderen Wirtschaftssubjekte auszurichten.** Folgen wir dieser Argumentation, ließe sich der meist linear exakte Trendverlauf tatsächlich mit einem Verweis auf die sich selbst erfüllende Prophezeiung erklären. Das sieht man an alten Kursverläufen, die grafisch aus alten Kursaufzeichnungen nachgebildet wurden. Sie zeigten diese heute in liquiden Märkten auftretende Linearität noch nicht zu Zeiten, in denen eine grafische Abbildung und Beurteilung von Kursen noch keine Verbreitung gefunden hatte. Zwar bewegten sich auch damals Kurse in Trends (andernfalls wäre eine solche Klassifizierung auch niemals entdeckt worden). Aber der Verlauf dieser Trends war weniger stetig als heute.

Ziehen wir daraus einige Schlussfolgerungen:

Die Prämisse, dass sich Kurse in Trends bewegen, wollen wir als Tatsache akzeptieren, was im Umkehrschluss den Handel von Trendtendenzen schlüssig macht. Es gibt eine Begründung für die Tatsache, dass Kursverläufe in den heutigen liquiden Märkten zum Teil lineare Verläufe nehmen, was das überwiegend exakte Anlegen von Trendbegrenzungslinien gestattet. Diese Begründung ist meines Erachtens der Effekt der sich selbst erfüllenden Prophezeiung. Setzt sich dieser Effekt tatsächlich in dieser Art durch, bedeutet dies: Es muss eine kritische Masse von Marktakteuren geben, die sich an dieser Prämisse orientiert und damit auch entsprechenden Einfluss auf den Kursverlauf in liquiden Märkten nehmen kann, um tatsächlich eine entsprechende Trendform ausbilden zu können. Es bedeutet auch: Der Markt weist noch immer eine ausreichend große Masse an Akteuren auf, die durch das Stellen der Gegenseite ebenfalls dazu beiträgt, dass es trotz der verbreiteten Akzeptanz der Trendlinien zu einem funktionierenden Markt kommt.

Wenn sich Trends in der heute verbreiteten Form in liquiden Werten ausbilden, lässt sich weiterhin unterstellen, dass verbreitete und gängige Handelsregeln bei Verletzungen und Brüchen dieser Begrenzungslinien ebenfalls von einer Vielzahl von Akteuren gesehen und entsprechend umgesetzt werden.

Das bedeutet aber auch, dass die Zuverlässigkeit einer Signalgenerierung, die auf einer sich selbst erfüllenden Prophezeiung basiert, nur dann wirksam unterstellt werden kann, wenn es eine subjektiv offensichtliche Trendbegrenzung ist, die bei Verletzung ein auffälliges Signal liefert. Für mich heißt das: Ich achte in erster Linie auf auffällige, möglichst von vielen Akteuren erkennbare und einfach anzulegende Trendbegrenzungslinien. Nur diesen messe ich einen entsprechend aussagekräftigen analytischen und handelstechnischen Wert bei. Weniger auffällig anlegbare Trendlinien ignoriere ich dagegen. Denn im Grunde spricht die Tatsache, dass wir es in Bezug auf linear verlaufende Trends mit sich selbst erfüllenden Prophezeiungen zu tun haben, nicht für das Aufsuchen von weniger offensichtlichen Begrenzungen, die das Chartbild rasch in ein Strickmuster verwandeln können. Etwas anderes ist es, wenn es um die konkrete Definition eines Einstieges vor oder nach Durchstich dieser offensichtlichen Signalebene kommt. Diesen Sachverhalt haben wir in der Beschreibung der Handelsregelwerke für Ausbrüche und Wiedereinstiege besprochen.

Trendbegrenzungslinien werden immer wieder mit möglichen Widerstands- und Unterstützungsfunktionalitäten in Verbindung gebracht. Somit wollen wir auch dieses Phänomen nach den beiden obigen Kriterien hin untersuchen. Denn wir wollen versuchen zu klären, ob man die Existenz von Widerständen und Unterstützungen begründen kann, ob sich daraus Klassifizierungen im Sinne von »zuverlässig« oder »weniger zuverlässig« ableiten lassen. Entsprechend lässt sich dann einschätzen, ob wir in diesem Zusammenhang Konsequenzen für unsere Trading-Aktivitäten ziehen können.

Aus meiner Sicht erklären Widerstände und Unterstützungen in Kursverläufen die Reflexivität von Märkten besonders gut. Eine versteckte Gesetzmäßigkeit will ich auch hier nicht unterstellen, weil keines dieser Phänomene in der freien Natur auftritt, sofern der Mensch nicht aktiv in Entwicklungsprozesse eingreift. Aber psychologisch ist das Phänomen sehr gut begründbar: Widerstände und Unterstützungen treten dann auf, wenn Positionsschieflagen vorliegen. Stellen Sie sich vor, Sie eröffnen eine Short-Position an einem Kursniveau X, da Sie mit einem Impulswechsel rechnen. Der Markt steigt aber weiter, weil die Nachfrageseite ungebrochen dominiert. Ihre Position geht in den Verlust über. Mit zunehmendem Anwachsen des Verlustes erhöht sich Ihre emotionale Belastung. Angenommen, Sie werden nicht ausgestoppt: Liegen Sie nur lange genug im Minus, um die Nerven zu verlieren, werden Sie bei erneuter Annäherung des Kurses an Ihr Einstandsniveau Ihre Position wieder schließen und damit Nachfrage produzieren. Folglich wird Ihr ursprüngliches Angebotsniveau zu einer Unterstützung. Widerstände definieren sich nach ähnlichem Prinzip, nur mit umgekehrten Vorzeichen. Diese Skizze ist natürlich nur oberflächlich, aber sie weist zumindest einen möglichen objektiven Grund auf, weshalb horizontale, bereits angehandelte Kursniveaus häufig als entsprechende Hürden im Markt auftreten.

Ist das Vorhandensein von Positionsschieflagen (noch) realistisch anzunehmen, sprechen wir von zuverlässigen Widerständen oder Unterstützungen. In der Realität werden wir es aber wohl auch hier eher mit reflexiven Marken zu tun haben.

Besonders auffällig kommt die ganze Diskussion um Widerstände und Unterstützungen ins Schleudern, wenn wir sie mit gleitenden Durchschnitten in Verbindung bringen. Jeder hat von der 200-Tage-Durchschnittslinie gehört. Doch wie soll diese als Hürde oder Stütze im Markt wirken, wenn wir hier nicht einmal das Argument von Positionsschieflagen anbringen können – und zwar deshalb nicht, weil mit hoher Wahrscheinlichkeit auf den Niveaus dieses Durchschnitts im Vorfeld noch gar nicht oder schon Ewigkeiten nicht mehr gehandelt wurde? In meiner Berufszeit bei der Deutschen Bank haben wir eine gewaltige Vielzahl von Untersuchungen und Auswertungen hinsichtlich aller möglichen technischen Phänomene durchgeführt. Das geschah allein schon aus der Notwendigkeit heraus, uns in einem eher fundamental ausgerichteten Haus rechtfertigen zu können, wenn wir einmal nicht die geforderten Ergebnisse erbringen konnten und dies technisch begründen mussten. Diesen Tests unterzogen wir auch die Auswertung von diversen gleitenden Durchschnitten. Wir werteten also den 50-Tage-Durchschnitt, den 78-Tage-Durchschnitt, den 100-, den 150-, den 200- und den 250-Tage-Durchschnitt auf ihre im Markt immer gern zitierte Funktion als Stütze beziehungsweise Hürde statistisch aus. Um dies möglichst objektiv durchzuführen, wurden die Tests in Form von Handelsregelwerken aufgebaut, programmiert und ausgewertet. Hierbei wurden Bänder definiert, die sich um die jeweiligen Durchschnitte schmiegten. Wurden diese angehandelt, wurden Positionen in die jeweilige Gegenrichtung eröffnet, wobei wir auch großzügige Stopps akzeptierten, um uns später nicht dem Vorwurf aussetzen zu müssen, wir hätten bewusst knapp gemessen, um zu beweisen, dass diese Durchschnitte sowohl als Widerstände als auch als Unterstützungen versagen.

Die Ergebnisse waren jedoch selbst bei großzügiger Auslegung und einer Anwendung auf eine zehnjährige Zeitreihe alles andere als bestätigend. Nicht einmal im Ansatz ließ sich eine handelbare, sinnvoll umzusetzende Ergebnisbewertung darstellen, die es rechtfertigen würde, Echtgeld auf diesen weitverbreiteten Mythos zu setzen. Ein totaler Reinfall? Nein – ein einziger Durchschnitt bestand den Test, zumindest konnte man ihn handeln und dabei mit einem blauen Auge davonkommen: der 200-Tage-Durchschnitt. Als potenzielle Unterstützung eingesetzt, gemessen über einen Zeitraum von zehn Jahren, wobei diverse 10-Jahres-Abschnitte gewählt wurden, ermittelten wir eine durchschnittliche Trefferquote von 65,22 Prozent, in denen der Durchschnitt selbst im Sinne unserer Definition als Unterstützung Bestand zeigte. Als potenzieller Widerstand, bei gleicher Anwendung und Auswertungsmethode, kamen wir immerhin noch auf eine 50-prozentige Trefferquote im Sinne unserer Widerstandsdefinition. Besser kann man ein reflexives Verhalten des Marktes wohl kaum beweisen.

5.3 Zu c): Kurse neigen dazu, Kursmuster auszubilden – stimmt das?

Bereits Ende des 19., Anfang des 20. Jahrhunderts wurden in der westlichen Welt Kursmuster in Kursverläufen identifiziert, klassifiziert und beschrieben.[113] Pioniere im Sinne einer umfassenden Formationserfassung und Interpretation sind die beiden US-Amerikaner Edwards und Magee, die 1948 die »Bibel« der technischen Analyse für Aktientrends verfassten. Man kann von der tatsächlichen Aussagekraft von Kursformationen halten, was man will: Allein die Tatsache, dass sie bereits in alten Kursverläufen in so häufiger Menge auftraten, dass sie entsprechend entdeckt und klassifiziert werden konnten, bestätigt, dass die Prämisse c) gilt. Die Existenz von Kursmustern kann somit nicht unbedingt mit einer bestehenden Reflexivität begründet werden, weil diese Kursformationen bereits vorhanden waren, als sich der Markt ihrer Existenz noch nicht bewusst war.

---

[113] Im alten Japan wurden schon Jahrzehnte vorher Kursmuster definiert und zur Interpretation von Kursverläufen eingesetzt.

Ihre Existenz scheint der Tatsache zu entsprechen, dass sich das emotional getriebene Anlegerverhalten nicht grundsätzlich verändert. Nur dann treten in ähnlichen Situationen immer wieder ähnliche Reaktionen der Akteure auf, die sich in Kursmustern widerspiegeln. Allein diese Erkenntnis ist eine gewaltige Leistung der früheren Börsenpioniere. Doch wie ist es um die Schlussfolgerungen bestellt, die einige Akteure auch heute noch aus dem Erkennen der Formationen ziehen? Wie weit ermöglicht es die alleinige Identifizierung von Kursformationen, eine anschließende Kursprognose zu treffen, die es uns erlaubt, bei überschaubarem Risiko Geld zu investieren?

Ich habe in den letzten 25 Jahren gelernt, allem an der Börse mit einer gewissen Skepsis zu begegnen. Sofern dies möglich ist, suche ich nach Belegen in Form einer statistischen Auswertung, andernfalls bin ich vorsichtig. Auf keinen Fall vertraue ich blind auf irgendwelche technischen Formationen oder Signale. Komplexe Kursformationen, also ganz im Sinne der beschriebenen Kursformationen von Edwards und Magee, sind nicht exakt statistisch auswertbar. Man kann sie nicht quantifizieren im Hinblick darauf, wie sich die anschließende Kursbewegung entwickelt. Bei dieser Feststellung werden jetzt einige der im Markt mit diesen Formationen arbeitende Akteure empört aufschreien. Aber es wird wohl niemand mit einer exakten Auswertung aufwarten können, welche die Häufigkeit des Auftretens ebenso berücksichtigt wie die Häufigkeit der Kursentfaltung in Richtung der Erwartung. Es wäre also naiv, zu glauben, solchen komplexen Kursformationen ließen sich eine Trefferquote, ein Profitfaktor und alle üblichen Auswertungskennziffern nach RINA zuordnen.

Es gibt Fachliteratur, in der genau dies gemacht wird. Aber hinterfragen Sie bitte die Art der Auswertung: Die Darstellungen erfolgen ausschließlich visuell. Die genaue Kursformation ist auf keinen Fall exakt wiederholbar. Schon gar nicht ist sie mit gleichem Vorgehen in anderen Märkten anwendbar. Somit ist die tatsächliche Fehlerquelle wohl viel zu hoch und weicht von der Realität ab. Außerdem können auf dieser Grundlage erst recht keine Allgemeinaussagen getroffen werden.

Ich möchte meine Ansicht etwas untermauern. Anders als komplexe Kursformationen lassen sich Kursmuster wie die gängigen Candlestick-Muster und noch einfachere Verhältnisse von Tageskerzen oder -balken im direkten Vergleich miteinander hervorragend auswerten. Aber selbst da ist die aufgeführte Kritik ein real auftretender Sachverhalt, der berücksichtigt werden muss.

Die Auswertung eines Candlestick-Musters bringt folgende Schwierigkeiten mit sich: Obwohl wir hier (nur) vier Preiskomponenten zueinander ins Verhältnis setzen müssen, bringt eine zu scharfe Musterdefinition zu wenige Muster hervor. Sie stellt folglich die statistische Relevanz der Auswertung infrage. Wird das Muster zu unkonkret beschrieben, werden Kursmuster in die Bewertung einbezogen, die unseren gewollten optischen Kriterien kaum noch entsprechen, obwohl auch diese Muster im strengen Sinne des Wortes der Definition entsprechen. Wie stark weichen wir folglich bei der Bewertung komplexer Formationsmuster von der Realität ab?

Bei der Auswertung von exakt definierbaren Kursmustern treten weitere Faktoren auf, die beachtet werden müssen: Wir werten in Abständen viele der gängigen Candlestick-Muster statistisch in verschiedenen Märkten aus. Dabei wenden wir die exakt gleichen Musterdefinitionen an, die exakt gleichen Lagebeschreibungen, Zeitfenster und Zielkriterien. Und doch fällt auf, dass ein und dasselbe Muster in verschiedenen Märkten äußerst verschiedene Ergebnisse im Hinblick auf Trefferquote, Profitfaktor und weitere Bewertungskriterien erbringen. So ist beispielsweise ein weißer Hammer auf Tagesbasis im FDAX durchaus ein akzeptables Kaufindiz mit ansprechenden Trefferquoten. Doch lässt seine Aussagekraft im Future auf den Eurostoxx 50 bereits nach. Noch auffälliger bricht sie im S&P 500 Future ein. Ganz vorbei im Sinne einer Einstufung als Kaufmuster ist der weiße Hammer in der von uns gewählten Definition und Lagebestimmung in einigen Einzelaktien des DAX.

Worauf will ich hinaus? Pauschalaussagen sind tödlich. Testen Sie, so weit es geht, alles, womit Sie arbeiten wollen. Hinterfragen Sie aber jede Aussage, die Sie aufschnappen, und lassen Sie sich Belege dafür zeigen. Fallen diese wenig überzeugend aus, bleiben Sie kritisch.

6 Wie sich die technische Analyse tatsächlich anwenden lässt

Ich möchte im Folgenden meine persönlichen Eckpunkte benennen, nach denen ich mit den Instrumentarien der technischen Analyse arbeite:

- Ich nutze diese Analysemethode zur Diagnose des Marktes. In welcher Trendphase befinden wir uns, welche Qualität lässt sich unterstellen, wo können wir mögliche Wendepunkte erkennen?

- Ich unterstelle einen hohen Grad an Reflexivität. Das erlaubt es mir, einige Lehren zu berücksichtigen, gerade weil sie eine hohe Beachtung finden. Das tue ich nicht unbedingt, weil ich an ihre übergeordnete Natur glaube, sondern weil ich Aktivitätsmuster anderer Akteure dadurch besser voraussehen kann.

- Die wohl größte Stärke der technischen Analyse ist ihre Fehlererkennung. Entwickelt sich der Markt nicht im gewünschten Sinne, wird mir das durch das Erreichen von Stopp-Kursen, durch die Veränderung markttechnischer Indikatoren und Ähnliches angezeigt.

- Nach all den Jahren habe ich mich von technischen Indikatoren wieder weitestgehend zurückgezogen, da sie in dem von mir bevorzugt gehandelten Zeitfenster aufgrund ihrer Trägheit kaum einen messbaren Mehrwert erbringen. Sollten Sie aber auf Indikatoren zugreifen wollen, setzen Sie sich damit gründlich auseinander. Wenn Sie sich mit der Berechnungsmethode befassen, werden Sie mitunter feststellen, dass Interpretation und tatsächliche Leistungsfähigkeit auseinanderlaufen.

- Suchen Sie nicht nach Neuem. Bevorzugen Sie alte Einstellungen – vorzugsweise solche, die möglichst viele Akteure nutzen. Nur so können Sie von der Reflexivität der Märkte profitieren.

Ich möchte Sie ermuntern, mit erhobenem Haupt und klarem Blick, gesunder Skepsis und einer gewissen Portion an Misstrauen dem Markt gegenüberzutreten. Hören Sie niemals auf zu lernen, denn erst das Wissen wird Sie befähigen, stetig Geld zu verdienen.

Schweifen Sie nicht ab und verlieren Sie sich nicht in den Wirkungen, sondern stellen Sie stets Ihre eigenen Überlegungen zur Ursache aller Kursbewegungen an: zu den Menschen, welche die Kurse machen.

7 Wie geht es weiter?
Chancenreiches Handeln in einem nicht prognostizierbaren Markt ...

... ist eine Herausforderung, aber kein Hexenwerk. Nichts geht ohne ein tiefgründiges Verständnis der Theorie, aber selbst dann scheitert recht stetig profitables Trading meist an einem falschen Grundverständnis.

Wie bereits im Vorfeld besprochen, nimmt die Prognostizierbarkeit von zukünftigen Ereignissen ab, je größer der direkte Einfluss des Menschen auf den zu prognostizierenden Prozess ist. Auswirkungen von Entwicklungen, die Naturgesetzen unterliegen, die Vorhersagbarkeit des Wetters sowie die Erwartung des Ausgangs eines regelbasierten Spieles sind in dieser Reihenfolge mitunter zunehmend schwerer treffsicher zu beschreiben, aber die mögliche Trefferquote bewegt sich hier noch immer im oberen Bereich. Sehen wir uns dagegen politische Entwicklungen, wirtschaftliche Prozesse oder gar Kursentwicklungen an der Börse an, versagen unsere Prognosen in der Regel. Zwar können wir großflächig Entwicklungstendenzen definieren, doch sind temporäre Abweichungen so auffällig, dass sich vorhergesagte Entwicklungen entweder gar nicht oder nur stark verzögert einstellen.

Die folgende Grafik soll aufzeigen, was Prognostizierbarkeit möglich macht und was diese verhindert.

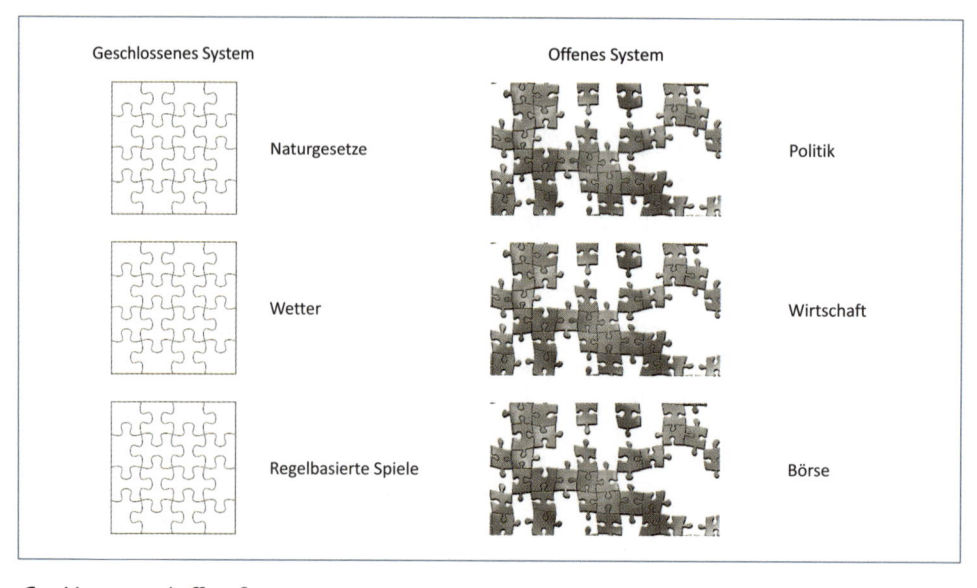

Geschlossene und offene Systeme

Wir unterscheiden zwei Arten von Systemen, die einer Prognose unterzogen werden sollen, geschlossene Systeme und offene Systeme. Kritiker könnten jetzt entgegenhalten, dass jedes System irgendwo als »geschlossen« angesehen werden könnte, es sei nur eine Frage des Maßstabes. Aber gerade in einem Prozess, der auf Ereignisse reagierende und in Wechselwirkung zueinander stehende Elemente enthält, wird es mit den uns heute zur Verfügung stehenden Bewertungsmethoden unmöglich, alle Eventualitäten abschätzen zu können.

Der dänische Wissenschaftler Per Bak befasste sich mit »linearen« und »nichtlinearen« Systemen. Als ein »lineares System« beschrieb er ein Ereignis, das eine Ursache und eine Wirkung hat, wobei diese bei ausreichendem Sachverstand definiert und beschrieben werden können. Bak definierte dagegen ein System als »nichtlinear«, wenn dessen innere Dynamik regelmäßig die Annahme widerlegt, dass eine bestimmte Aktion immer wieder dieselbe Reaktion hervorruft. Der dänische Physiker und Biologe ging sogar noch einen Schritt weiter und behauptete, dass ein großer Teil dessen, was wir untersuchen können, als »nichtlinear« angesehen werden kann.

Teilbereiche dessen, was wir in der hier besprochenen Thematik als »geschlossenes System« bezeichnen, stellen sicherlich auch nichtlineare Systeme dar, aber dennoch können wir Prozesse, die den Naturgesetzen unterliegen, immer genauer erklären und damit auch prognostizieren. Das Gleiche gilt auch für die Vorhersage des Wetters oder die Prognose des Ausgangs streng regelbasierter Spiele. Der Grund ist, dass die hier nichtlinearen Prozesse eben nur Teilbereiche abdecken und somit übergeordnete Ergebnisse zulassen, welche nach dem Ursache-Wirkungs-Prinzip funktionieren. Ganz anders gestaltet sich die Betrachtung offener Systeme, die im Grunde mit nichtlinearen Systemen gleichgesetzt werden können. Dazu gehören ganz besonders all jene Bereiche, welche von intelligenten, sich selbst und ihre Umwelt reflektierenden beteiligten Subjekten (in unserem Sinne also von Menschen) ständig beeinflusst werden und in denen diese miteinander interagieren.

Die Theorie der »nichtlinearen« Systeme hält nun langsam auch Einzug in die aktuelle Politik- und Wirtschaftsforschung, denn hier haben wir eben den Sandhaufen mit denkenden und reflexiv interagierenden Sandkörnern.

An der Börse werden in Teilbereichen des Berufshandels die Erkenntnisse dieser Forschungsrichtung ebenfalls berücksichtigt. Dies hatte auch zur Folge, dass eine immer stärke Spezialisierung der Arbeitsbereiche im Investmentbanking stattfand.

Als ich 1991 in der Deutschen Bank im Handel arbeitete, hieß der Bereich noch »Börse- und Fondsgeschäft« und die Tätigkeiten waren stark auf die Betreuung der institutionellen Kunden ausgerichtet. Auch wenn es natürlich bereits konkrete Aufgabenunterteilungen und Verantwortlichkeiten gab, machte gefühltermaßen dennoch fast jeder Händler alles, ausgerichtet auf die Bedürfnisse und Interessen seines Kunden. Anfang bis Mitte der 1990er-Jahre änderte sich diese Ausrichtung drastisch. Das, was man heute noch aus Spielfilmen kennt und was man gemeinhin von einem Händler erwartet (nämlich dass er große Strategien entwickelt und umsetzt, manipulativ in Kursentwicklungen eingreift und gigantische Positionen vor sich herschiebt, was man immer gern mit den ominösen »Big Boys« in Verbindung bringt), gibt es in dieser Form kaum noch, zumindest nicht mehr im Berufshandel der Banken. Positions-Trading im großen Stil führen eigentlich nur noch investierende Fondsgesellschaften, Versicherungen bzw. große Hedgefonds durch – hier aber auch in einem anderen Sinne. Diese investieren langfristig, vorrangig auf Basis langfristig ausgerichteter, in der Regel fundamentalbasierter Strategien.

Die Aktivitäten der Banken im Trading-Bereich (Front Office) teilten sich dagegen in zwei Schwerpunktzentren auf: (a) Dienstleistungsbereich – hier werden Kundenaufträge auf Kommissionsbasis abgearbeitet – und (b) kurzfristig ausgerichtetes Handeln (zumindest da, wo es aufgrund der strengeren Regulierungen noch möglich ist). Der Kunde wurde zum Counterpart und der Handel fokussierte sich jetzt darauf, Geld zu verdienen mit immer geringerem, reflexiv bedingtem Risiko. Dass dennoch immer mal wieder große Verluste entstehen, die ganze Krisen auslösen, bleibt dabei der nicht prognostizierbaren Reflexivität der Entwicklungen, ungenügendem Risikomanagement, unterschätzter Komplexität und dem Ineinandergreifen von produktbedingen Kursverzerrungen geschuldet.

Sehen wir uns die Seite des Tradings an. Das Handeln von Positionen, die über einen längeren Zeitraum (Stunden, Tage, Wochen) gehalten werden, unterliegt den Risiken nichtlinearer Systeme, da die Börse das nichtlineare System schlechthin ist. Gewaltige Komplexitäten und nicht zu überschauende Reflexivitäten wirken auf eine solche Position ein und übersteigen unsere Fähigkeit, alle diese Faktoren zu kennen, zu bewerten und darauf richtig zu reagieren. Doch der Mensch wäre nicht ein Mensch, wenn er nicht versuchen würde, sich diesem Problem zu stellen. Im Ergebnis schufen die Marktakteure in den letzten Jahrzehnten Methoden, mit denen sie versuchten, eine für unseren Intellekt fassbare Orientierung zu schaffen. Dabei fällt auf, dass bisher alle zum Einsatz kommenden Methoden zwei auffällige Charakteristika haben: (a) Sie basieren vorrangig auf den herrschenden Kerngedanken ihrer Entstehungszeit unter Berücksichtigung der zu dieser Zeit gängigen Rahmenbedingungen und (b) sie folgen unserem nur allzu menschlichen Bedürfnis, in klarem Ursache-Wirkungs-Denken zu funktionieren. Das Erkennen dieser Tatsachen und die Möglichkeiten durch den technischen Fortschritt, gerade aufgrund der zunehmenden Komplexitäten vom großen umfassenden Marktbetrachtungsbild in Spezialbereiche ausweichen zu können, sind die Ursachen für den derzeit vorherrschenden extrem hohen Spezialisierungsgrad der Marktakteure.

Bevor ich auf eine Form der Spezialisierung, wie sie im Berufshandel bevorzugt praktiziert wird, eingehe, möchte ich die Theorie dahinter noch etwas beleuchten.

Aufgrund des Wissens um den Tatbestand, dass Märkte offene und nichtlineare Systeme sind, deren Entwicklung zumindest im Maßstab einer stetigen profitablen Handelbarkeit bei akzeptablem Risiko nicht prognostizierbar ist, wurden Systeme geschaffen (Analyse- und Handelsmethoden), die geschlossenen bzw. linearen Systemen entsprechen und praktisch in das offene, nichtlineare System eingebettet werden.

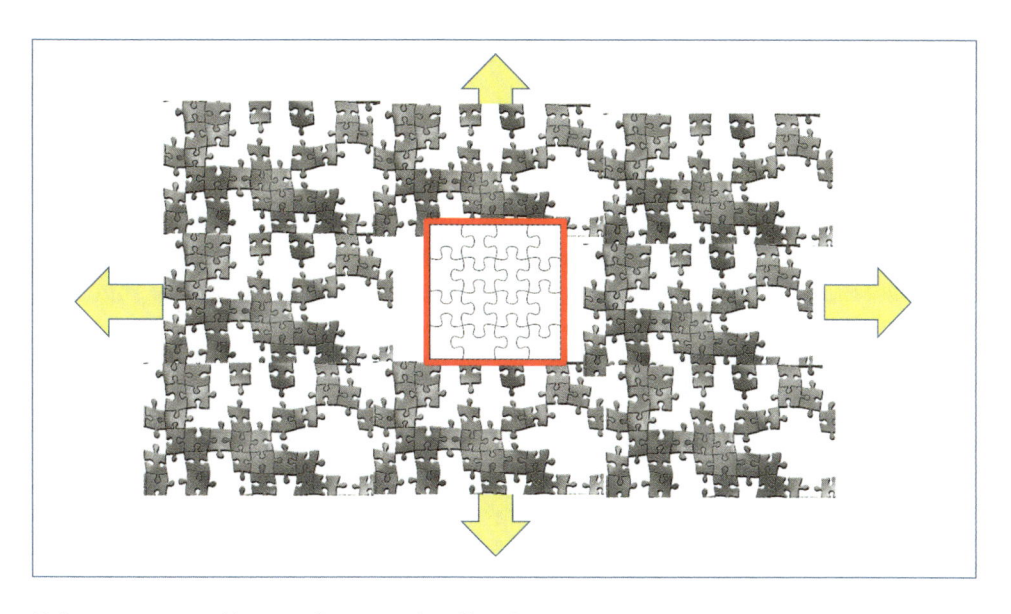

Einbettung eines geschlossenen Systems in das offene System

Dies gilt sowohl für den technischen als auch für den fundamentalen Analyse- und Handelsansatz, ebenso für Aspekte der Portfoliotheorie sowie für Regelwerke der Wellentheorie und Ähnliches. Ein solches Vorgehen ist für sich genommen absolut in Ordnung, wird auch heute im Prinzip so weiterhin praktiziert, es sind allerdings mindestens zwei Prämissen zu berücksichtigen:

1. Uns muss klar sein, dass jeder der klassischen Analyse- und schlussendlich Handelsansätze keine Beschreibung einer übergeordneten »Wirklichkeit« darstellt, sondern dass es Versuche sind, uns eine Orientierung in einem real fragilen, offenen und nichtlinearen System zu geben. Dieser erste und wichtigste Fakt kann nicht oft genug wiederholt werden. Leider wird diese Tatsache jedoch immer wieder übersehen. Sätze wie »Der Markt trifft dort und dort auf einen Kreuzwiderstand, von dem aus er abprallen wird mit einem Kursziel bis xy, von wo aus er sich wieder stabilisieren und bis yz erholen wird« suggerieren, dass der Kursverlauf einer festen Logik folgt, während alle beteiligten Akteure hirnamputierte Zombies zu sein scheinen, denen sich die Weisheit des jeweiligen Analysten verschließt. Vielmehr müssen wir uns im Klaren darüber sein, dass die aus solchen Regelwerken heraus beschreibbaren Szenarien sich nur dann entwickeln können, wenn temporär andere Interessen, andere Produktauswirkungen bzw. andere Reflexivitäten nicht auftreten und die in diesem Augenblick dominante Akteursgruppe im Markt ebenfalls diese Erwartungshaltung reflektiert. Aussagen wie obige sind vergleichbar mit einem heißen Kohleofen auf dünnem Eis.

2. Wir sollten uns der Denkweise und der Rahmenbedingungen jener Zeit bewusst sein, als die noch heute beliebten bzw. bevorzugten Analysemethoden ihren Durchbruch erzielten. So werden in der Technischen Analyse noch heute im Brustton der Überzeugung Regelwerke postuliert, deren Ursprung in der Zeit zu Anfang des 20. Jahrhunderts liegt. Zu der Zeit gab es aber noch national begrenzte Märkte, kaum großflächige Kommunikationsmöglichkeiten, es dominierten Präsenzbörsen, in denen man noch von Angesicht zu Angesicht handelte (was auch die für unser Verstehen der Dinge notwendige nicht verbale Kommunikation erlaubte), und (der mit absolutem Abstand wichtigste Punkt) es gab einen nur rudimentär entwickelten Derivate-Markt. Doch gerade diese Produkte führen durch ihre Funktionsweise bzw. ihre Handelsmöglichkeiten zu Bewegungstendenzen, die bei nicht vorhandenem tatsächlichen Handelsverständnis falsche Schlussfolgerungen und Fehler im Handel verursachen. Ich verweise auf den hohen Einfluss der Derivate auf die Kursverluste 1987, die Russland-, Euro- und Asienkrise Ende der 1990er-Jahre, im Zusammenhang mit der Krise 2007/2008 und im kleinen Maßstab sogar auf den produktgetriebenen Abverkauf am Donnerstag, den 9. März 2016, nach Draghis Aussage, dass die EZB vorerst keine weiteren zusätzlichen Maßnahmen in Richtung weiterer Zinssenkungen plane. Ganz konkret heißt das doch, dass wir die Märkte heute noch immer mit Methoden beurteilen, die einer Verkehrsordnung aus der Zeit der Pferdekutschen entspricht, obwohl bereits die ersten Elektroautos unterwegs sind.

Diese beiden Prämissen sollten deutlich machen, was im Zuge der zunehmenden Spezialisierung der Investmentbereiche der Finanzinstitute und der Verlagerung der Schwerpunkte des Handels – nämlich weg vom Positionshandel (der vorrangig den Fonds und Versicherungen bzw. Hedgefonds, aber auch Vermögensverwaltern vorbehalten bleibt) hin zum kürzerfristig ausgerichteten Trading – zumindest als ein Antrieb dahingehend wirkte.

Sehen wir uns einige Aspekte der Spezialisierungen im Berufshandel an, zumindest im Hinblick auf den Trader. Jeder Händler verantwortet nur noch einen winzigen Teilbereich der gewaltigen Maschinerie, sodass er seinen Markt, seine Kontrahenten, seine Produkte (mit denen er direkt handelt oder die direkt oder indirekt auf seinen Markt einwirken) und alle ihn betreffenden Abläufe kennt und beherrscht. Und mit »beherrschen« meine ich »beherrschen« und nicht »Ich habe da mal was von gehört«. Konkret auf den DAX/FDAX bezogen ist es z. B. ein unumgängliches MUSS, den Ablauf der Indexarbitrage zu verstehen, aber auch die Arbeitsweise des Optionshandels und die Wirkungsweise der Optionen zu verinnerlichen. Das Lesen einer Open-Interest-Tabelle gehört zum Grundwissen (wobei ich nicht die oft falschen Interpretationen auf YouTube und ähnlichen Verbreitungsmedien meine).

Im Berufshandel war es zumindest bei uns in der Deutschen Bank üblich, sogenannte Marktpyramiden für jeden Handelsbereich, aber auch für jeden Trader zu erstellen (was aber die ernsthafteste Anwendung tatsächlich nur im Eigenhandel fand).

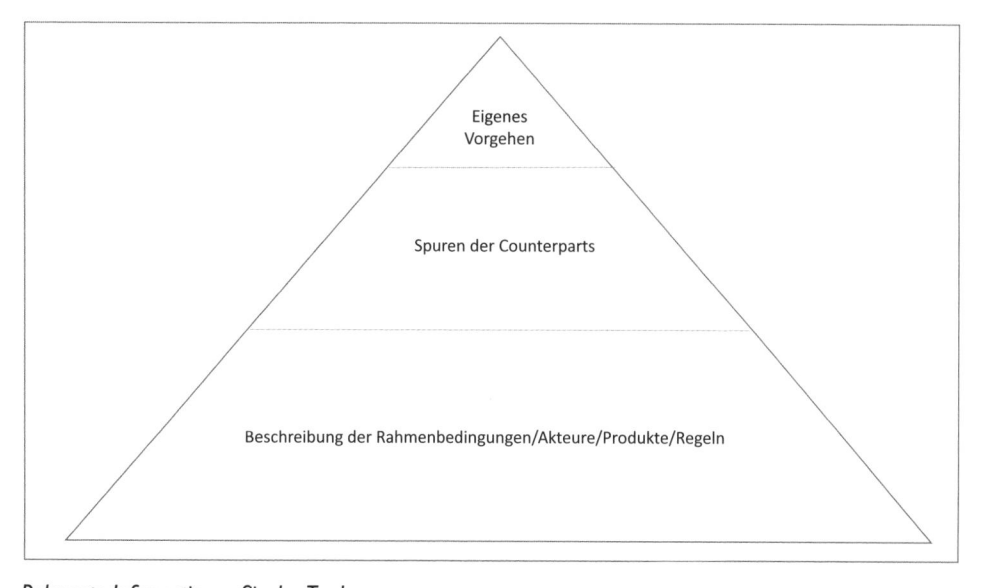

```
                    /\
                   /  \
                  /Eigenes\
                 /Vorgehen \
                /------------\
               /              \
              /   Spuren der   \
             /   Counterparts   \
            /--------------------\
           /                      \
          /                        \
         / Beschreibung der         \
        / Rahmenbedingungen/Akteure/ \
       /       Produkte/Regeln       \
      /_____\
```

Relevante Informationen für den Trader

Diese Pyramide beinhaltet alle relevanten und zu verinnerlichenden Informationen für den jeweiligen Händler in seinem jeweiligen Markt. In der ersten und unteren Etage der Pyramide werden die für diesen Bereich relevanten Akteure aufgeführt, ihre jeweiligen rechtlichen Handlungsrahmen definiert, die Produkte benannt, mit denen sie aktiv sind, und die Usancen beschrieben (und auswendig gelernt). Etage 2 umfasst die Beschreibung des Vorgehens der jeweiligen Akteursgruppe am Beispiel konkreter, auswendig zu lernender Kursmuster (anhand der Spuren, die sie hinterlassen). So lassen sich die Spuren der Kommissionsseite für finale Kunden hervorragend beschreiben und visualisieren, sofern diese Gruppe auch im Future direkt aktiv ist. Zu Verwischungen kommt es hier allerdings, wenn die finale Order in der Kassa abgearbeitet wird und somit nur über Arbitrage auf den Kurs des Future einwirkt. Ebenfalls auffällig und deutlich lassen sich die Spuren der Trading-Seite (Kurzfristhandel) ablesen, die auch indirekt charakteristische Muster ausbilden, sofern Auffälligkeiten über die Indexarbitrage zu erwarten sind. Das heißt, die Akteure der Indexarbitrage sind selbst und direkt nur sichtbar im Kursverlauf von Kassa und Future, wenn sie aktiv werden. Im Vorfeld lässt sich ein möglicher Start der Arbitrage nur über den Kurzfristhandel und sein Bewegungsverhalten ableiten. Die Optionsseite selbst zeichnet ihre Spuren über das Open Interest und wirkt auch über dieses auf die Kursentwicklung des Future (und des Index). Hintergrund ist hier der sich zum Verfall hin verstärkende Delta-Gamma-Effekt.

In der dritten Etage der Pyramide werden alle Choreografien des Händlers selbst aufgeführt, mit denen er auf seine Wirte (Etage 1) und deren Wirken (Etage 2) reagiert.

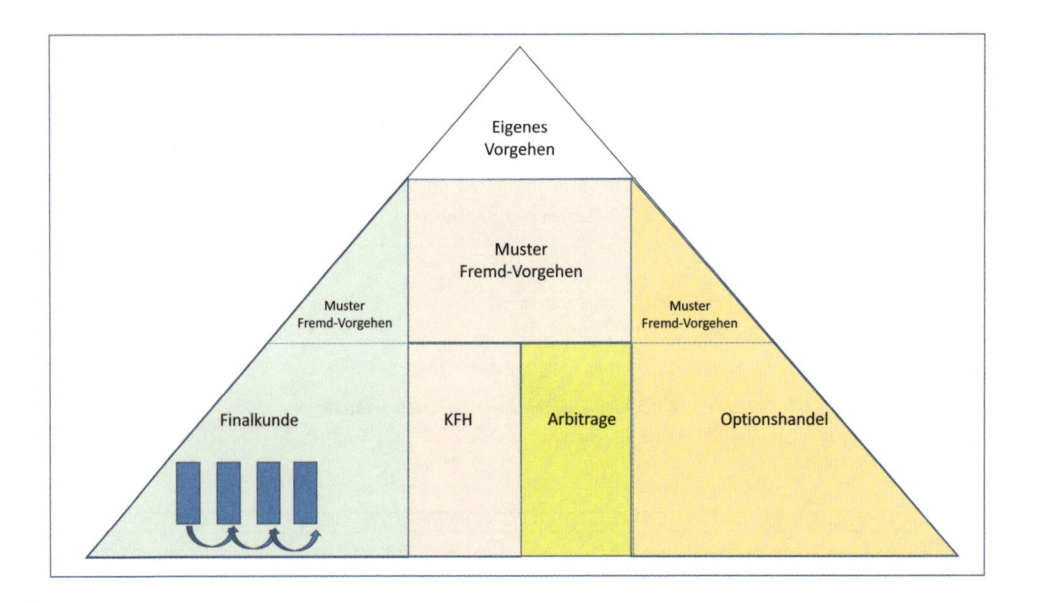

Und damit ist jetzt der Begriff gefallen, der den Kurzfristhandel am besten beschreibt: eine Choreografie.

Das für uns Menschen typische Denken ist die ständige Suche nach Analogien. Das durchzieht alles, was wir interaktiv mit unserer Umwelt wahrnehmen. Für die Börse selbst fehlen uns Analogien, da die Börse an sich (besonders Computerbörsen) und ihre Reflexionen nicht in unserem evolutionären Schema vorkommen. Somit stellten und stellen wir in der Ausbildung von Händlern immer wieder fest, dass trotz der Vermittlung des notwendigen theoretischen Hintergrundwissens (welches übrigens das Primat darstellt, während der praktische Handel letzten Endes nur noch das Ergebnis umfassenden Wissens ist) besonders im kurzfristigen Handel hin und wieder die Frage aufkommt: »Wann gehe ich denn nun in den Markt?« oder Positionen bis zum Erreichen des Stopp-Kurses gehalten werden oder angelaufene Punktegewinne von 2 bis 5 Punkten als zu wenig angesehen werden, um zu reagieren.

Grund für diese wiederholt auftretenden Probleme und Schwierigkeiten sind fehlende Erfahrungen und damit fehlende Analogien. Mehr durch Zufall als durch gezieltes Nachdenken treffen wir in der Ausbildung jedoch auf eine Analogiebrücke, die den Handel an der Börse (besonders im kurzfristigen Handel) ganz eindrucksvoll mit einer Analogie aus dem normalen Leben verbindet und damit Erfahrungen aus dem gleichen Gehirnareal aktiviert, wie wir es im Trading benötigen.

Ich rede vom Mannschaftssport, sei es Fußball oder Basketball, Handball oder ähnliche Sportarten, bei denen es notwendig ist, unter Anwendung von Regeln, Taktiken und Strategien den Ball oder Ähnliches mit der Mannschaft von A nach B zu bringen.

Ich möchte diese Analogiebrücke zwischen Fußball und kurzfristig ausgerichtetem Trading erklären. Da ich selbst kein begnadeter und auch nicht williger Fußballinteressierter bin, mag man mir Fehler im Fußballvokabular nachsehen.

Fußball und andere Mannschaftsspiele haben mit kurzfristig ausgerichtetem Trading vieles gemeinsam: Es gibt Regeln, mit denen das Ziel erreicht werden kann, es werden Taktiken einstudiert und das praktische Vorgehen choreografisch trainiert und verinnerlicht, man lernt die Taktiken der Gegenmannschaft zu verstehen und darauf zu reagieren. Ein guter Fußballer »befestigt« seinen Spannungsbogen beim Angriff am gegnerischen Tor, ohne diesen abreißen zu lassen, wenn er abspielen muss, nur weil seine ursprüngliche Taktik nicht aufgeht. Keine Mannschaft rennt resigniert vom Feld, nur weil ein Angriff aufs gegnerische Tor an der Verteidigung der Gegenseite gescheitert ist.

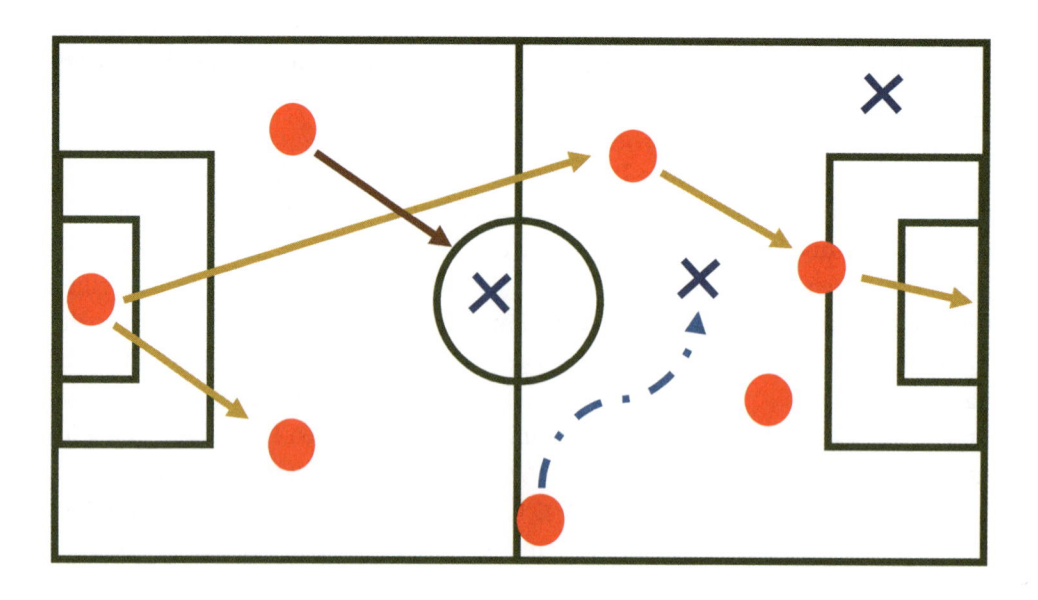

Was macht ein gutes Spiel aus? Alle Teilnehmer/Spieler beherrschen das Spiel, beherrschen die Regeln und beherrschen Strategie und Taktik. Vergleichen wir das Spiel einer Liga-Mannschaft mit dem Spiel von kleinen Kindern bei ihren ersten spielerischen Versuchen, liegen Welten dazwischen. Bei den Kindern sehen wir ein Knäuel von Beinen und Armen um den Ball herum und ein vernünftiges, durchdachtes Spiel kommt nicht zustande. Folglich werden Tore eher zufällig geschossen und meistens nur, weil der Torwart in dem Knäuel mitmischt.

Ähnlichkeiten finden wir im Kurzfristhandel. Im DAX können wir unterstellen, dass die marktbewegenden Akteure ausgebildete und regelbeherrschende Teilnehmer sind (der private Anleger spielt in einem institutionell dominierten Markt, dem DAX/FDAX, kaum eine beeinflussende Rolle – anders als übrigens in den asiatischen Märkten, die sehr stark Retail-dominiert sind). Der Markt selbst unterliegt Regularien, die durch die Börse und übergeordnet durch die Aufsichtsbehörde vorgegeben sind. Und die Abläufe, mit denen besonders in diesem Zeitfenster agiert wird, allen voran von die Trading-Seite (Scalping), aber auch die Vorgehensweisen, wie Final-Orders abgearbeitet werden oder wie arbitriert wird, wie Auswirkungen des Open Interest bearbeitet werden mit all ihren reflexiven Konsequenzen usw., sind vergleichbar mit dem Vorgehen (in Theorie und Praxis) im Fußballspiel. Wo schaut der Fußballer hin, wenn er stürmt und einen Spieler sucht, an den er den Ball abgeben will? Auf seine Füße? Auf den Ball? Wie legt er fest, wann er genau schießt? Zählt er die Schritte, bis er abdrückt? Muss er erst über irgendeine Linie? Nein, nichts von alledem. Er spielt mit erhobenem Kopf und behält die Taktik im Auge, die gegnerischen Spieler, die eigenen Spieler. Er sucht aktiv Freiräume. Die Pässe selbst tritt er intuitiv – er berechnet nicht im Vorfeld, wie stark und in welchem Winkel er gegen den Ball tritt. Und genau das macht ein ausgebildeter und trainierter Trader auch. Er fokussiert auf sein (Kurs-)Ziel, handelt seine Position (er dribbelt), er schließt die Position temporär (gibt den Ball ab), wenn es ihm taktisch geboten scheint, nur um sie gleich wieder zu öffnen, wenn Dynamik in den Ablauf kommt. Der Spannungsbogen reißt nicht ab, wenn der Kontrakt zu ist, sondern erst, wenn der Kontrakt im Ziel ist oder aber die Rahmenbedingungen sich umdrehen und der Sturm abgesagt werden muss. Doch anders als im Spiel wechseln wir im Kurzfristhandel die Handelsrichtung (wechseln praktisch die Mannschaftsseite). Im Idealfall sind wir immer in der Mannschaft, die den Sturm nach vorne trägt.

Somit sollte deutlich werden, wie die richtige Reihenfolge sein sollte, wenn man die »Spielregeln« kennen und beherrschen will/muss. Das Wissen um die gesamte Theorie ist das wichtigste und entscheidende Fundament. Ohne diese Basis wird man früher oder später zum Nettoeinzahler an der Börse. Aufbauend auf diese Theorie kommt die Beherrschung der Choreografie, daran führt ebenfalls kein Weg vorbei. Und dann, erst dann geht man auf das Feld.

Ich wünsche Ihnen jeden erdenklichen Erfolg an einem der spannendsten Orte der Welt: der Börse. Geben Sie sich ihr hin, aber bleiben Sie sich selbst treu. Dann werden Sie gut miteinander auskommen!

Uwe Wagner | Berufsausbildung Trader

Die praktische Ausbildung zum Buch

In seinem Buch vermittelt Ihnen Uwe Wagner das theoretische Fundament, in seinem Intensiv-Coaching lernen Sie die Praxis!

Ihr Coach: Uwe Wagner

9 Monate intensive Ausbildung

- Online-Handelsraum
- täglich 12 Stunden Coaching via Live-Stream
- max. 10 Teilnehmer
- Einzelcoaching je nach Bedarf
- tägliche Auswertung Ihrer Trades
- lizensierter Ausbildungspartner der Deutschen Börse AG

Nach dieser Ausbildung haben Sie eine realistische Chance, von Ihrem Trading leben zu können.

Geeignet auch für Trading-Einsteiger!

kurs+
www.kursplus.de

Mehr Informationen und Anmeldung unter:
www.beruf-trader.de